JN070804

アンナ、イエスの祖母

叡智と愛のメッセージ

クレア・ハートソング 著
大槻麻衣子／北川隆三郎 訳

ナチュラルスピリット

ANNA, GRANDMOTHER OF JESUS
by Claire Heartsong

Originally published in 2017 by Hay House UK Ltd
Japanese translation published by arrangement with Hay House UK Ltd.
through The English Agency (Japan) Ltd.

レオナルド・ダ・ヴィンチ『聖アンナと聖母子』
1502-1516 年頃、イタリア所蔵：ルーヴル美術館、パリ、フランス　提供：アフロ

レオナルド・ダ・ヴィンチ『聖アンナと聖母子、幼児聖ヨハネ』
1499年-1500年頃、あるいは1506年-1508年頃
所蔵：ナショナル・ギャラリー、ロンドン　ウィキペディアより

慈愛に満ちたハートを誕生させる聖母の

転生に、本書は捧げられています。

全存在が自由と統合を知り

平和でありますように。

〝ワンネス〟の中で

アイ・アム

オーム

聖書パレスチナ地図
BIBLICAL PALESTINE
0 5 10 20 30
Miles
Tyre
Mt Herman
Akko
Mount Carmel
Capernaum
Bethsaida
Magdala
SEA OF GALILEE
Sepphoris
Cana
Nazareth
Mt Tabor
Dor
GALILEE
Beth Barah
Caesarea
SAMARIA
Jordan River
PLAIN OF SHARON
Joppa
THE GREAT SEA
JUDEA
Jericho
Qumran
Jerusalem
Bethany
Bethleham
Etam
Hebron
SALT SEA
Map by Claire Heartsong and Aaron Abbasson
①ティール
②アコ
③カルメル山
④ドール
⑤カイザリヤ
⑥ヨッパ
⑦シャロン平原
⑧地中海
⑨ヘルモン山
⑩ベツサイダ
⑪カペナウム
⑫マグダラ
⑬ガリラヤ湖
⑭セフォリス
⑮ナザレ
⑯カナ
⑰タボル山
⑱ガリラヤ
⑲ベス・バラ
⑳サマリア
㉑ヨルダン川
㉒エリコ
㉓クムラン
㉔ベタニア
㉕エルサレム
㉖ベツレヘム
㉗エタム
㉘ヘブロン
㉙死海

もくじ

謝辞

「私は誰なのか?」「この異郷の地で、私の目的は何か?」「どうすれば家に帰ることができるのか?」「自分にも、他者にも、思いやることができるように、私を愛と叡智に導いてください!」という子どもの頃の私の叫びを聞いて、その問いと祈りに応え続けてくれた命の父と母に私は永遠に感謝します。アンナ、イエシュア、聖母マリア、そして光の評議会に対して、私たちが〝ワンネス〟において共に協力しつづけ、全生命の向上のために奉仕をする中で、〝アイ・アム(われ在り)〟は、あなた方のものです。内なる次元には永遠の友と最愛の人がいて、その仲間と非二元(ノン・デュアル)の抱擁が私を支えてくれていることを、私は心の奥底から感謝しています。

　この原稿を書いているのは、二〇二三年です。ヴァージニア・エッセンの会社であるSEE出版社が、シェア財団の指導の下、『アンナ、イエスの祖母~愛と叡智のメッセージ』を出版してから二一年が経過しました。この間の反響は驚くべきものでした。これほど多くの命ある人々と心が開かれ、目覚めているという事実は、苦しみつつも受容力が増す人類に、聖母(デバイン・マザー)の叡智と愛をもたらすという、アンナの時を超えたコミットメントを物語っています。

　二〇〇二年以来、〝ANNA, GRANDMOTHER OF JESUS〟は英語からブルガリア語、フランス語、スペイン語、フィンランド語に翻訳されています。二〇一〇年、続編『マグダレンの声、アンナ』の共著者であるキャサリン・アン・クレメットは、出版、流通、世界的なプロモーションのためのアウトリーチとして、ライトリバー・メディア／ＳＥＥ出版を設立しました。二〇一七年、ヘイ・ハウス・ＵＫ社が英語版を出版し、イギリス、アメリカ、カナダ、オーストラリア、南アフリカ、インドで出版を開始しました。三年前、日本在住の大槻麻衣子さんが、ヘイ・ハウス・ＵＫ社に日本語翻訳者としての契約について問い合わせてくれました。麻衣子さんは献身的に、アジア言語で書かれた最初の版を世に送り出したのです。私は、アンナが日本の受容的な人々に読まれ、統合されることを可能にしてくれた麻衣子とヘイ・ハウス・ＵＫに非常に感謝しています。

この「謝辞」は、アンナを心や家庭に受け入れてくれた多くの人々、そしてアンナの変容のエネルギーを認識し、彼女の声に耳を傾けるすべての献身的な魂に、深く感謝の意を表します。

著者　クレア・ハートソング

序文

天性（セレスティアル）の歴史家や物語作家（ストーリーテラー）は、人間精神に隠された内なる知覚を明るみに出し、大小の謎に満ちた地上の生命を説明する情報を提供してきました。もし、あなたがスピリチュアルな性向とオープンマインドな姿勢を持っていて、そういった高度な意識性を求めるならば、現代人の生活にも影響を与え続けている非伝統的な概念への旅に出ることをおすすめします。

『アンナ、イエスの祖母』は、非営利団体シェア財団の一部であるSEE出版社によって初めて出版されました。語り手のアンナは非凡で力強い女性で、娘マリアを光の受胎（ライト・コンセプション）で産み、エッセネ派の生き方を教え、メシア（救世主）と期待されるイエスの母親としての役割を達成できるようにしました。

エドガー・ケイシー資料の読者は、エッセネ派やアンナが、マリアや孫のイエス、マグダラのマリアなどにとって霊的に重要であったことをある程度知っているかもしれませんが、なぜ聖書や歴史書が彼女の重要な役割についてほとんど言及しないのか、疑問に感じているはずです。アンナが主要な宗教から長い間忘れ去られ、無視されてきたのはどうしてなのでしょうか？　アンナと『偉大なる生涯の物語』〈イエス・キリストの生涯を描いた史劇〉として知られる神の計画をサポートする光の奉仕者（ライトサーバー）たちの聖なる共同体を意図的に作り上げた、ユダヤ人の小さな秘密結社について、ここで紹介します。

その答えを求めてユダヤ教の文献を読むと、アンナがイエス誕生以前の聖書の深遠な時代に果たした重要な役割をまったく無視していることがわかります。ユダヤ教の主流派が、エッセネ派全体の重要性を否定したのか、それともアンナが女性であったという理由だけで、その重要性を否定したのかは不明です。アンナを聖アンナと名付けたローマ・カトリック教会と同様、二千年前の聖地での出来事におけるアンナの真の役割を知らなかったに過ぎないのかもしれません。信じられないことに、最近の『カトリック百科事典』は次のようなコメントでアンナを退けています。「聖母の母については、確かに何も知られていない。彼女と夫ヨアキムの名前についてでさえ、我々は偽典とされるヤコブの福音書に頼らざるを得ないが、非常に古いものであり信頼できる文書ではない」

しかし、六世紀に〈東ローマ帝国皇帝〉ユスティニアヌス帝がアンナを祀る神殿を建てるまで、ローマ・カトリック教会ではアンナの重要性はまったく認識されていなかったようです。その後、八世紀初頭には、ローマ教皇コンスタンティヌスがローマの教会にアンナへの信仰を導入したと言われています。さらに一四世紀から一五世紀にかけて、彼女の人気は再び高まったようです。このようなアンナへの感動を、世界的な画家レオナルド・ダ・ヴィンチ（一四五二―一五一九）は、『聖アンナと聖母子、幼児聖ヨハネ』と題する素描で芸術的に表現しています（現在はロンドンのナショナル・ギャラリーに所蔵されている。口絵の二つ目を参照）。この肖像画では、アンナは娘マリアのすぐ後ろに描かれており、アンナの指先は明らかに上方に描かれた聖なる都を指しています。おそらく、アンナが家族の霊的な源であり、赤ん坊のイエスと洗礼者(バプティスマ)ヨハネの重要性を認識していることを示しているのでしょう。

数世紀が過ぎ、カトリック教会が非倫理的になるにつれ、ある種の神学者や哲学者は公然と教会を非難し、その行動に異議を唱えました。宗教改革運動が告発を続ける中、一七九〇年に「イエスは本当はエッセネ派であった。エッセネ派の倫理に染まっていた」と書いたのは、〈プロイセンの〉フリードリヒ大王自身でした〈フリードリヒ大王は一七八六年没。出典未詳〉。それから百年も経たないうちに、宗教的な疑問と熱狂が続く中、〈フランスの宗教史家・思想家〉エルネスト・ルナンは「キリスト教はエッセニズム（エッセネ主義）であり、それはおおむね成功している」と示唆する著書を書きました。

過去の情報が少ない理由が何であれ、アンナとエッセネ派の両方に出会うことによって、聖書の歴史に新しい章を開くことができるよう、私たちはあなたを招待します。メシア〈救世主〉を地上に出現させるという古代の預言を受け継ぎ、成就させるために、肉体を持った霊的なボランティアの受肉が必要だったという、天界の複雑な援助計画を認めるべきときなのです。マリア、イエス、マグダラのマリア、その他の人々を地球にもたらすという神聖な計画に協力するために、イエスの祖母アンナは多くの天界の存在とすすんで協力したというのが私たちの主張です。しかもイスラエルのカルメル山にあるエッセネ派共同体の規律正しく献身的なメンバーがエネルギーの受容母体となって初めて、これが可能になったのです（2ページの地図参照）。

この秘密主義のエッセネ派とは何ものなのか？　エッセネ派の存在について、初期の西欧諸国が持っていた唯一の論評は、〈紀元後一世紀のユダヤ人歴史家〉ヨセフス、〈神秘主義者（ミスティック）〉フィロ、〈古代ローマの博物学者〉大プリニウスといった古典的著者によるものでした。しかし、残念ながら、これらの著者は、カルメル山のアンナの共同体ではなく、クムランにある別のエッセネ派の集落について述べていると私は考えています。エッセネ派は、社会的、政治的に、またユダヤ教の宗教的実践の主流から切り離された、禁欲的、隠遁的かつ平和主義者の規律ある精神的、農業的な共同体として生きるという共通の特徴をもっていましたが、共通点と同時に大きな相違点もありました。

カルメル山のエッセネ派は、厳格な礼拝の純潔性を保ち、財産を共有し、勤勉に働き、奴隷を持たなかったと言われています。彼らは快楽や富を求めず、自分たちの中から指導者を選びました。食生活や健康習慣も厳しく、他のユダヤ人のように動物の生け贄を捧げることを拒み、太陰暦ではなく太陽暦を使うため、同時代の人々からは非常に奇異な存在とみなされました。エッセネ派の中には、未来を予言することができる者もいたと言われています。

この初期の著者たちは、エッセネの共同体がいくつかあり、カルメル山の小さな神秘的なグループのメンバーが、地球上にメシアをもたらすために熱心に献身し、関与していたことを理解していませんでした。アンナが娘のマリアと、そして後に孫のイエスと分かちあった知恵が、深遠な霊的教えとイニシエーションであり、その影響が後のキリスト教の信仰を形成するのに役立つことを理解していた著者はいなかったようです。

本書では、カルメル山エッセネ派の霊的共同体の秘密の土地にある預言者学校の校長として、アンナが天界の教えを伝えていたことを知ることができます。この非凡な女性であるアンナは、六百歳以上も寿命を延ばすことができました。そして、ローマ帝国による聖地占領という歴史的背景の中で、エッセネ派共同体の人々の人間関係の親密さを明らかにしています。マリアの光の受胎（ライト・コンセプション）と出産、そしてマリア自身の光によるイエスの光の受胎と出産、育児などを成し遂げたアンナの特異な能力と責任を見いだすことができます。このパノラマは、エッセネ派がイエスやマグダラのマリア、その他、多くの有名な弟子たちに対して、何をしなければならなかったかを説明し、キリスト劇の共演者たちは、イエスがメシアとしての役割を果たすのを助けるという重要な役割を担っていたことを強調しています。

教会では各人が自分の内なるキリストを表現することを教えるエッセネ派の教師、治療者ではなく、イエスの復活によって、イエスを救世主として神格化し、教会が形成されたことがわかります。こうして神学と組織としてのキリスト教の発展が始まり、エッセニズムは脇に追いやられたのです。

興味深いことに、現代、一般に読むことができるほどのエッセネ派に関する教えを記述した情報は、一九二八年まで、ほとんどありませんでした。その後、エドモンド・ボルドー・セーケイ博士〈著書『エッセネ派の平和福音書』〉という熱心な言語学者・研究者が、三世紀のアラム語写本と古スラブ語テキストを発見し、翻訳することに成功しました。この資料は、エッセネ派と呼ばれる珍しい霊的集団に関する広範な情報を含んでおり、イエスに象徴される健康と癒しの実践に対する彼らの深い献身に焦点を当てたものでした。セーケイ博士は五十年にわたり、これらのエッセネ派の実際の文書を二十六ヶ国語に翻訳し、主に安価な小冊子として出版することをライフワークとしました。その結果、エッセネ派の信仰は世界の注目を集め、博士は二〇世紀の神秘主義者でノーベル賞受賞者のロマン・ロランと共同で、エッセネ派の国際組織を設立しました。

しかし、セーケイ博士の著作では、アンナとその娘マリアについては特に触れられてはいません。むしろ、エッセネ派の福音書に含まれるイエスの教えと癒しの実践に焦点を当てたことが、今日、世間の注目を集めることになったのです。その著書の一つ『エッセネ派の平和福音書』の中で、博士はエッセネ派の礼拝のプロローグとして次のような関連性を述べています。

「神は、その民が命の光を見ないために滅びるとわかり、民の息子たちの前に命の光を輝かせるために、イスラエルの中から最も優れた者を選ばれた。そして、選ばれた者たちは、無知な者に教え、病人を癒し、毎七日の前夜に集まって天使たちと一緒に祝賀したので、エッセネ派と呼ばれるようになった」

しかし、一九三〇年代から四〇年代にかけて、アメリカで初めてカルメル山のエッセネ派の共同体についての魅力的な記述が明らかにされました。超能力者エドガー・ケイシーは、自己暗示によるトランス状態を通じて、一万四千回の「リーディング」の中で、アンナとエッセネ派について論じました。エッセネ派とは、イエスが誕生する百年前の紀元前二世紀から、イエスの磔刑（たっけい）とユダヤ神殿の破壊の六十八年後まで続いたユダヤの小さなスピリチュアルな宗派のメンバーであると彼は述べています。エッセネ派に関するケイシーのリーディングは、イエスの家族や友人とエッセネ派の共同体の間に明確なつながりがあることを確認しました。

ケイシーは、エッセネという言葉を「期待（エクスペクタシー）」と定義した上で、ユダヤ人の間では、パリサイ派やサドカイ派などのさまざまな宗派と、エッセネ派という小さなグループとに分裂が生じていたことを明らかにしました。この後者のグループは、超自然的なものが訪れたり、夢や幻影、内なる声などの特異な体験をした人物を大切にするユダヤ人たちの代表でした。ケイシーは、これらのエッセネ派は、エリヤ、エリシャ、サムエル〈いずれも旧約聖書の預言者〉によって広められたメルキゼデク〈旧約聖書の伝説の祭司王〉の教えから生まれたものであり、結果として彼らは、神由来の霊的情報を受け取るためのチャンネル〈媒体〉としてみずからを提供したと報告しています。彼らは愛と献身の共同体に参加し、善行を積み、女性を男性と同等に尊重し、聖なる生活を送っていました。エッセネ派は、人類の進化に神の計画があることを信じ、メシアを受け入れるにふさわしい者になるように、意図的に準備していました。

ケイシーは、「平和の王子」が物理的世界に入る前と直後に「約束の地」にいたアンナについて、特に言及しています。星々〈を観察し、その配置〉から物理的な生命に及ぼす影響を数秘術で時間と場所を計算できる組織の中で、アンナは見者（シーアー）であり預言者であったとケイシーは述べています。彼女はエッセネ派で高く評価され、無数の人々をイニシエートし、その中にはメシアを妊娠するのに必要な光の受胎のエネルギーを受け取ることができるほどに純粋性の高い十二人の少女も含まれていました。アンナ自身、光の受胎のプロセスによってマリアを産み、またマリアにも同じことをさせたのです。このように、アンナはメシアの到来に積極的に関わった聖なる女性でした。

ケイシーのリーディングの内容の一部が、一九四七年にイスラエルで物理的に発見されることになったのは、とても興味深いことです。実際、イスラエルのクムランで〝死海文書〟が発見されたため、ケイシーのリーディングにあったように、考古学者たちがそこで女性の骸骨を発見したのです。この科学的な証拠は、エッセネ派が本当に存在し、クムランでも女性が共同体の一員であったというケイシーの発言を裏づけるものでした。

エッセネ派が本当に存在し、人類の歴史に劇的な役割を果たしたことを証明する死海文書の証拠が見つかるまでに、約二千年の歳月を要しました。現代のイスラエルで発見されたこの八百点に及ぶ考古学的発見は、過去からの声のように、クムランの共同体にエッセネ派が住んでいたことを証明するものです。

現存する最古の聖書の証拠とされる死海写本について、聞いたり読んだりしたことがあるかもしれません。もしそうでなければ、エッセネ派が存在した証拠として、私はそれらの文書をお勧めします。しかし、それらは主にクムランの共同体に焦点を当てたものであり、必ずしもカルメル山の共同体の働きを特定するものではありません。クムランの旧共同体の近くにある最初に探索された洞窟で見つかった壷の中から発見された宝物の中に、翻訳が可能なほど状態のいい巻物が七巻ありました。そのうちの一冊は、旧約聖書のイザヤ書を収めた完全に読める巻物で、同じ聖書の出典である最古のユダヤ教典よりも古いものだったのです！　このため、神学者や歴史学者の間では、このことが現在の宗教的理解に何をもたらすのか、大きな興奮と恐怖があったのです（一九八四年に私がエルサレムを訪れたとき、巻物を安全に保管するために〝聖典聖堂（Shrine of the Book）〟という立派な建物が建てられ、加湿ガラスの向こうに素晴らしい古代イザヤ書の写本が円形の部屋全体に展示されていました。文字を読むことはできませんが、このような古代の文字の一部を見ることはスリリングな体験でした）。

この特異な発見の素晴らしいところは、困難な作業である巻物の翻訳が、国や宗教の異なる多くの専門家によって継続的に行われていることです。巻物の内容の機密性と翻訳作業の長期化により、世界中の学者から非難と論争が巻き起こり、関係者間の競争と非協力的な態度が色濃く反映されました。しかし、今日、巻物に収められている福音書の内容を含む、二千年前にエッセネ派が書き残した内容の翻訳を一般人々も読むことができます。残念ながら、巻物には筆記者のサインはなく、その場所や年代も記されていません。多くの謎が残っています。しかし、死海写本に関する書籍、記事、一万九千以上のウェブサイトから、多くの情報を入手することができます。

ところで、死海文書の研究において、イエスの祖母アンナや母マリアについてはほとんど言及されていません。このことは、メシアを誕生させたエッセネ派とアンナに関する真実は、カルメル山の「預言者学校」という初期の共同体の中に隠されたままであることを示唆しているようです。おそらく、本書に含まれる情報を含め、他の霊感を受けた著者によって、あるいはカルメル山の物理的な場所から、未発見の考古学的な遺物の発見によって、私たちはようやく以前のことを知り、満足することができるかもしれません。それまでは、エッセネ派の話題の意味と意義は、二千年後の私たちを、従来のように、私たち各個人の意見、認識、結論によって、その歴史的、宗教的価値を解釈し判断するようにと、うながしています。

アンナとエッセネ派に関する本書の内容や背景について説明してきましたが、読者が何かインスピレーションを得て、意識を高め、読者自身が完成させたいと願っている特定の魂の目的を果たす勇気と決意を得ることを筆者は願っています。本書が読者に新しい洞察をもたらし、最高度にスピリチュアルな人間になろうとする意欲を高めてくれること、それが私たちの願いです。

その前に、本物の巻物の中からエッセネ派のヨハネの黙示録から引用した、短い記述を一つ残しておきましょう。

私は内なる幻影にたどり着き
私の中のそなたの精神を通して
私はそなたの素晴らしい秘密を聞いた
そなたの神秘的な洞察力によって
そなたは私の中に知識の泉を
湧き上がらせてくださった
永遠の光のごとき輝きをもつ
愛と至上の叡智の氾濫のごとく

力の泉、生ける水を注いでいる

ヴァージニア・エッセン

第1章　カルメル山のアンナからの手紙

親愛なる友よ。

今日、皆様に愛と平和のご挨拶をお届けします。

私は、マリアの母であり、イエスの祖母としても知られるアンナです。あなたが私の物語を紹介するこの文書を読んでいるということは、奇跡のようなものです。私はこのメッセージを、広大な時空を越えて、あなたに送っています。私はここにいますが、でも、あなたが思っているよりも、ずっと近くにいます。

私はあなたに、二千年前に私の家族と私が歩いた、隠されたイニシエーション（秘儀参入）の道をたどる旅に、ご一緒に出発しないかという招待状を送ります。私たちの出会いと旅は、この本のページを読み、あなたが想像力を駆使することで成し遂げられるでしょう。私の道と今日のあなた方の道の唯一の違いは、あなた方の現在の日常生活の場そのものが、イニシエーションのための神殿であり、神秘学校（ミステリースクール）であり、あなたがあなた自身の主任教師、グル（霊的指導者）でもあるということです。そして、いつくしみの心をもつあなた方のような人々が、巧みに対等に集い（つどい）、効果的にグループの意志をまとめ上げるならば、あなた方個々人の影響力を、これまで以上に増幅することができるのです。

数ある物語の中でも、複雑で説得力があり、人生を変えるような、人間としてのイエスの物語に加えて、キリストであるイエスを提示する私のバージョンの物語をあなたに提供します。キリストと〝対面〟するための回り道をしながら、私が習得した古代エッセネ派のイニシエーションについて多くを明らかにしていくつもりです。これらのイニシエーションは、聖母マリア、イエシュア・ベン・ヨセフ（イエス）、マグダラのマリア、そしてキリストや「義の教師の道」（エネルギーの正しい使い方の道）を体現し模範となる他の熟達者（アデプト）たちのために私がすすめたものです。私はこれらの叡智と高等錬金術（アルケミー）の教え（内的エネルギーの実践）を多くの人に伝えました。そして今、私は肉体と精神の不死、復活、その他の神秘の秘密をあなたに伝授します。私の親愛なる友人であるあなたが、自由と力を得ることを求めたからです。あなたが地球の再誕生の変化の中で危険な通過点を通るとき、すべての人の利益のためにこれらの贈り物を使用する準備が整っています。

今日、世界が遭遇している後戻りのできない変化のときに、これまでの神への道や「彼」との関わり方を指し示してきた凝り固まった信念や独断的な儀礼（プロトコル）が、悲惨な結果をもたらすと私は理解しています。私はあなたがどこにいようとも、あなたに会うことができます。そして、私たちは、既知と未知が互いに求愛し合い、融合しはじめる出会いの場へと一緒に旅をすることになります。この不可思議な意識の求愛は、世界と世界の〝間〟を歩く神秘的なものです。そこは直観的かつ無条件に愛する「聖なる女性性」が見出されるランデブー・ポイントなのです。彼女の抱擁の中で、すべての極性が出会い、全体性へと癒され、力を得て、バランスをとることで、調和のとれた愛が出現するのです。

私と共に旅をすると、形而上学的な探偵になったような気分を感じるでしょう。古代の宇宙論における「創造主／被造物」、「救世主／犠牲者／試練」といったパラダイムを掘り下げ、探り、暴き、調べ、より明確な光にあてることになるからです。キリストのイニシエート（秘儀参入者）が歩む道をより明確にしようとする私の目的は、二千年前に「実際に起こったこと」について私が真実を知っていると競ったり証明したりすることではありませんし、他の人の視点を間違っているとすることも意図していないことを理解してください。

私は、地球上の歴史的な風景を眺めながら、いろいろなことを考えました。そこには、果てしなく続く苦悩の荒野があり、ボロボロになったドラマの台本が散らばっています。人類の苦悩を感じながら、私は痛烈に問いました。二元論による知恵の収集は終わったのか？　お気に入りの人間模様の役を繰り返し演じるのはもう十分ではないのか？　両極を等しく神聖なものとして受け入れ、神と女神があらゆる形で表現されるのではなかったか？　愛の反対と知りながら、ただ愛の中にいて満足するはずだったのでは？

私は、二千年前の古い秘教的な（隠された）パラダイムの文脈で、私の経験を皆さんにお伝えします。私たちが一緒に進んでいく中で、話している間にも、あなたの人生で起こっている、ときには困難なキリストのイニシエーションを通過するときに、あなたが認められ、力を与えられ、サポートされていると感じられるように、私があなたと分かち合うすべてのことを調べ、質問し、再構築することを、あなたにおすすめします。

もはや役に立たないパラダイムを再構築するには、どうすればよいのでしょうか？　まず最初に、私がこの物語の中で紹介する〝一なるもの（ワンネス）〟についての古い信念の構造を理解することが必要です。次に、個人と世界の真のエンパワーメントの新しい調和のとれた形についてのビジョンを呼び起こし、それを実現することを許可しましょう。このような新旧のパラダイムが融合するとき、重要な問いが生まれます。大きな移り変わり（トランジッション）と変化の時期に、人生の最大の可能性を後押しして、継続性と安定感を与えてくれる永遠の原則とは何でしょうか？　創造主と被造物との古い関わり方の中に、私たちが集団で選んだビジョンを強化する視点があるのか、過去のどのような教義が明らかに機能せず、捨てられなければならないのか？

　この問いを道しるべに、シンプルで、オープンマインド、楽観的で、感謝に満ちた、子どものような冒険者の勇気を持ち続けることをおすすめします。私たちは、さまざまな場所、トピック、視点を訪ねますが、答えを守る立場をとるのではなく、疑問を持ちながら進んでほしいのです。

「正しい答え」を巡っての「聖戦」は、もう十分ではないでしょうか。答えはすでに存在し、明らかにされるのを待っていることを信じながら、この極めて重要な質問に対する最もタイムリーな探求に参加するよう、あなたを招待します。私は自分の物語を、永遠の叡智の小麦を選別し、無用で邪魔な籾殻（もみがら）を取り除くための脱穀板として提供します。私は、あなたが自分自身をより明確に見ることができるように、あなたに鏡をかざします。あなたの心の最も不可解な質問に対する答えは「あなた」であり、それがあなたの心の最も深い切望を満たすものであることを知っているからです。

　なぜなら、今、皆さんと地球は「イニシエーション」を通過し、成人となりつつある、エンパワーメントの時代にいるからです。

　私は何年も前から人類のために母性的な役割を担ってきましたが、今は、仲間として、友人として会うことを望みます。あなた方は十分に成長し、子どもじみた癇癪（かんしゃく）や思春期のパワーゲームにはもう興味を示さなくなりました。私は喜んであなた方に無条件の母性愛と慰め(なぐさ)を与え、模範を示しますが、あなた方自身がメシア（救世主）になるときが来たのです。

お互いに会いたいとあなたが言っているのを私は聞いています。そこで、私はあなたのお住まいにお邪魔して、一緒に旅に出ることにしました。場所は問題ではありません。人里離れた山の庵(いおり)でも、きびしい砂漠の洞窟、修道院、都会の洗練されたマンション、下町のゲットー、刑務所、広大な郊外の土地でも、あなたが今この瞬間の感覚の中で私に会ってくれればよいのです。同様に、私の外見もあまり重要ではありません。あなたが私に対して抱いているだろう「思いやりのある人」という初対面の印象は、最初のつながりの感覚としては役立つでしょう。あなたが開いたドアの敷居の向こうで私を見たとき、あなたは私のことを認識できると保証します。でも、私の望みは、いずれあなたが、私とあなたとの間にある上下関係のイメージや、私たちの古い機能不全の関係を永続させるかもしれないイメージを超えて、私を〝アイ・アム〟（われ在り）として知るようになることです。

私の物語で重要なのは、登場人物ではありません。私がこの惑星の創造に関与した天界からの使者として奉仕しても、「聖母(デバイン・マザー)」を象徴する転生が数多くあったとしても、私が誰であったかを知ることは重要ではありません。私は、天界の愛する宝石であるこの地球の旅が、思いやりと叡智という大きな宝を私に遺したことを皆さんに知っていただきたいのです。キリストの物語に関する私の見解は重要ではありませんし、それが正しいか間違っているかを証明するために争うこともありません。それよりも大切なのは、私の言葉の中に、そして言葉を超えて伝わる、人生を変え、高める、愛のエネルギーです。

私はアセンション（次元上昇）しましたが、地球の進化に参加し続けるために、ときおり、地上に戻ることをみずから選択しました。すべての生命の粒子（パーティクル）と表現に対する深い愛が、私をこの地球の近くにとどまらせているのです。私がこの時期に戻ってきたのは、長い間待ち望んでいたこの最も素晴らしい旅を皆さんと一緒にするためです。犠牲としてではなく、あなた方と「母なる地球（マザーアース）」との統合が不可分であることを、私は完全なる「神との統合」の観点から深く理解しています。私の言葉が、以前、私たちがこの道を歩き、「新しい地球（ニューアース）」のビジョンを夢見たことをあなたが思い出し、私たちの愛が再び私たちを結びつけたと知ることができたなら、それだけで十分な報酬となるのです。過去と未来のすべての冒険が、私たちが約束したこの完結、フィナーレのために準備されたものだと知るなら、慰めと励ましを感じるのです。

私は、パラダイムシフターとして、ライフコーチ、助産師（ミッドワイフ）として、そしてとても身近な友人として、喜んであなたに奉仕します。私は、あなたが探している最愛のキリストが、あなただと知るための道を一緒に歩んでいきます。母なる父なる神の無限の愛と恵みを明らかにする、継ぎ目のない、常に変化する、完璧なタペストリーに、すべての生命を織り上げる道である不変の光の糸を思い出すように、私はあなたに完全な共感と交わりの手を差し伸べます。その名前が何であれ、その永遠の光は、あなたが考えるどんな制限的な考えよりも、あなたの目的地が近いことを明らかにしています。私の永遠の友であるあなたこそ、道であり、光であり、教えなのです。あなたのキリストの心への扉を開いてください。そこに入り、「**汝自身を知る**」ことができますように！

思い出に残る帰郷の旅を楽しんでください。

アンナ

第2章　アンナ、ベツレヘム近郊までやってくる

最愛の友よ、転生する前にあなたが私に約束したように、私たちはついに一緒になりました。この瞬間、私たちを引き寄せたのは運命であり、深く響く共鳴であることがおわかりいただけるでしょう。私の呼びかけを聞くように、あなたのＤＮＡ（遺伝子）にコード化されているのです。本当は、あなたを家に呼んでいるのは私ではなく、あなた自身の自己（セルフ）なのですが、あなたの自己（セルフ）もまた〝アイ・アム〟（われ在り）なのです。あなたは私を見つけられないと思っていたし、私はあなたがいつ私を招き入れてくれるだろうと思っていました。でも、嬉しいことに、私たちは一緒にここにいるのです。あなたは私たちの旅に十分な備えをしています。優雅に移動するために必要なすべてが、あなたには備わっていますから、恐れることはありません。

私たちの旅が始まるとき、私はあなたに、呼吸し、リラックスして、心を開くよう、しばしば伝えるでしょう。ページをめくるたびに、あなたは自分自身についてより深い認識を持つようになります。現在と過去の時間が混ざり合い、融合していくような感覚を覚えるかもしれません。このような知覚の変化によ

り、あなたの想像力は、私の言葉を使って、あらゆる種類の感情を積極的に呼び起こすことができるでしょう。呼吸を整え、マインドとハートを開き、私の言葉があなたの魂に働きかけるとき、あなたの内的体験を受け入れることをおすすめします。もしあなたが、言葉やイメージ、記憶と一緒にやってくる自分の感情に抵抗しているならば、多少の不快感があるかもしれません。私の物語は、ある意味、聖杯騎士団が歩んだ「危険な旅」です。このことを覚えておいてください。あなたが、私たちの相互の冒険のタイミングとペースを決定できます。私があなたにお願いしたいことの一つは、手紙でも申し上げたように、物語に登場する人物に対してあなたが抱いている先入観を、すすんで手放していただくことです。まず第一に、私を「聖アンナ」という台座からおろしてください。私は自分を聖人とは思っていません。その高貴な地位が私を遠ざけるのです。ここにいる私はあなたの友人です。第二に、あなたがこれまで可能だと考えていたよりもはるかに長く私が生きていた可能性があることを認めてください。親しい人には、六百年以上もの間、多少の変化はあっても私は肉体を持った不老不死者であることを明かしてきました。このことを最初にお話しておくと、だんだん複雑になっていく物語の展開に驚くことなく入っていけるでしょう。

皆さんに理解していただきたい第三の要件は、私が人間の不調和を超越していないということです。私は人間の状況と感情の中にある極端な二元性を感じ取り、理解するようになりましたが、それは、私が人生のあらゆるスペクトル（範囲・領域）を経験することを選んだからです。私は自分自身を肉体次元に押し込めました。これは、セルフ・マスタリー（自己達成）を願う人なら誰もがすることです。豊かさとエクスタシーにあふれる時代もあれば、たいへんな苦しみと悲しみの時代もありました。愛する友よ、本当に、私の肉体をまとった人生はあなたの人生とほとんど異なりません。ただ、私が同じ肉体で長期にわたって生きているということが、あなたにとっては未体験であるというだけです。こういった話をお伝えするのは、あなたも私が成したことのすべてを成し遂げることができ、達成し得ると知っていただきたいからです。

アンナについての話を続けます。

（簡略化のため、日付はヘブライ暦ではなく、一般的に使用されているグレゴリオ暦を使用します）。

紀元前六一二年一二月、ユダヤのベツレヘムから南に約五キロメートル離れたエタム村に一人の子どもが生まれました。ユダ族、レビ族、ヨセフ族の子孫であるこの子は、預言者サムエルの母にちなんでハンナと名づけられました。ダビデ王の時代から三百五十八年後の頃で、イスラエル王国がアッシリアに征服され、人々は捕虜となってから百十年ほど経た頃でした。

紀元前五九六年の五月二三日に、私アンナが地球のドラマに再び参加するために選んだ肉体は、私の多次元的な魂の肉体的側面であるハンナでした。バビロンが、当時、台頭して、主の前における穢（けが）れなさを忘れた男女が支配していました。

紀元前五九七年、私がまだ光の世界に滞在していた頃、光の評議会に地球への帰還許可を申請する直前、ネブカドネザル王のバビロニア兵がエタムを席巻しました。彼らは二度目になるエルサレムの包囲をして何千人もの人質を捕虜として連れ去りました。ハンナと私は、翌年の五月に起こった〝臨死体験〟の中で、お互いが混ざり合い結合するプロセスを通して、自発的に立場を入れ替えたのです。そのことを少し説明いたしましょう。

「なぜ私のような熟達者（アデプト）が、ハンナのような困難な境遇に入ることを選ぶのか」と、あなたたちはよくたずねます。あなたは苦難を不愉快なもの、危険なものとさえ感じるかもしれませんが、意識の拡大とエンパワーメントにとって、そういった機会は魂の成長を大いにすすめてくれます。「言うは易く行うは難し」の格言をもっと詳しく説明することをおゆるしください。意識の多くの側面が集合的に集中する「オーバーソウル」のレベルが存在する可能性を考えてみてください。ここでは、はるかに広い視野で、多くの異なる時間軸、現実、次元を評価することの可能性を提供できます。ホログラフィックな意識の領域では、同時に並行して物事が進行し、相互作用で出来事や経験が、あらゆる可能な原因と結果とともに機能していることを認識できます。

そのような場所からは、相互につながった生命の全体性のために、最大の成長と進化を促進する可能性を容易に見ることができるのです。人間の人生における辛い成長体験は、個人レベルでは耐え難いものに思えるかもしれませんが、最終的な結果は、個人の成長を常に拡大させるという慈悲深い創造主の願いを満たすものなのです。あなたが学んでいるように、人生の究極の目的は、自分自身を愛として知ることです。絶望的で無力だと感じるのではなく、魂の本来の意図に再調整し、現在の課題をより調和のとれた喜びのあるデザインに作り直すことを選択できるのです。より首尾一貫して洗練された意識の領域では、可能なかぎり最高の結果が常に選択されています。非の打ちどころのない「青写真」は、音と光の至福の領域でしっかりと保持されているのです。どの瞬間にも、あなたの魂の力を得たデザインを思い出し、よりインスピレーションに満ちた選択からガイダンスを受け取る機会があります。

ハンナとしての私の経験も同じでした。遺伝子の可能性を含むすべての要素がオーバーソウルの観点から考慮され、ある側面を地上に投影する選択がなされました。このハンナという人格は、分離という幻想に浸された「アンナ・オーバーソウル」、つまりグループ・ソウルの集合意識の一面と考えてもよいでしょう。そして、ハンナの視点に限定されることで、転生を選択した自覚や、「アンナ・オーバーソウル」との本当の関係性が見えなくなってしまったのです。それでも、つながりは常にそこにあったのです。また、自由意志による選択を通じて、最高の結果や運命を意識的に共同創造（コ・クリエイト）する可能性も、ハンナにはあったのです。

あなたは、死んだ人が「光の中に入って」、意識を取り戻し、創造主の源への信頼感を獲得してより大きな意識を持つようになったという話を聞いたことがあるでしょう。そのような人は、生前よりも多くの能力、奇跡的な力を持って戻ってくることがよくあります。私が入ったときのハンナも同じでした。「体外離脱」したとき、ハンナは目覚めて、転生前の自分の選択を思い出したのです。その選択とは、特定のDNAコードを保持できる肉体を用意すること、正確な地理的場所と時代に住むこと、セルフ・マスタリーのための強い基盤となるような経験をすることなどです。これらの選択はすべて、適切なタイミングでさらに大きな目的を果たすことになります。私たちが合意したとおり、ハンナが目覚めた正確な瞬間、死にそうになっているにもかかわらず、ハンナの人間の意識と「アンナのオーバーソウル」の意識が強力に「ダウンロード」されて融合したのです。

ハンナのオーバーソウルとの関係を理解することは、瞑想やその他の意識を高める方法を通じて、あなた自身のオーバーソウルやハイヤーセルフと意図的につながることを助けるかもしれません。ハンナと私、ハンナの「高次の自己」であるアンナがなぜ「交替」したのか、この予備的な説明で、私の話に戻りましょう。

私は、今、ハンナの体の中にいて、出産時の傷と感染症で混乱し、死にそうになっていました。たまたまナオミという老女が、牛、ラクダ、ロバ、ヤギに水と餌を与えているときに、私の生まれたばかりの子どもの鳴き声を聞いたのです。彼女は近くに住む助産師に助けを求め、一緒に静かに優しく赤ちゃんと私を洗い、健康を回復させてくれました。そして、ナオミは私を宿屋の隣にある質素な家に連れて行き、そこで私は子どもが歩けるようになるまで過ごしました。「あなたは誰なの？　一体どうしたの？　出産のために十分の避難所もなく、どうして一人でいることになったの？」とナオミは聞きました。私はすぐに思い出すことができませんでした。私は何日も錯乱しており、子どもに乳を与えることだけが唯一のできることでした。自分の姿を見てみると、体は若く、せいぜい十六歳くらいだったでしょうか……

ナオミは辛抱強く私の心を理解し、身体を看護してくれました。彼女は人間の心理を知り、私の手相や顔相を読み、過去や未来を見ることができ、時空を超えて私の魂と交信することができました。こうして、この親愛なる人は、私の「人生の書」を読みました。彼女は熟達者（アデプト）のように「わかっている」わけではありませんでしたが、直観は非常に発達していました。それから数週間、彼女と私は、なぜ私が子どもを産むために安定した洞窟の中で一人でいることを選んだのか、その謎を解き明かしはじめたのです。

それから数ヶ月、私、光の高次元のアンナと、ハンナが具現化している肉体が一つに融合しました。娘の世話をしたり、ナオミの炉辺の仕事を手伝ったりする単純な作業に没頭しているうちに、私の記憶は徐々に戻ってきました。私がもたらしたエネルギーは、はるかに高い次元のものだったからです。ナオミと私は、ハンナの物語と、彼女がどのようにして子どもを持つに至ったかを、徐々につなぎ合わせていったのです。そして、私は彼女の心と魂を引き裂いた傷を癒すことができたのです。今、簡単に、その物語をお話しますが、詳細は省略します。

結婚式の数週間前、ハンナと幼なじみのトマスは、若さゆえの情熱で結ばれ、ハンナは妊娠しました。二人はそのことを隠していました。しかし、結婚の儀式が行われる前に、トマスは捕らえられ、連れ去られてしまったのです。バビロンの兵隊が村々に押し寄せ、女性や子どもを人質に取りました。多くの男たちが、家と家族を守るために命を落としたのです。抵抗する者は残酷に殺されました。残った者は捕虜として連れて行かれたのです。地上に流れた血と殺戮は、生々しく、悲惨なものでした。

ハンナは、両親が食糧や水の調達に出かけている間、二人の弟の世話をしていました。兵士たちは、ハンナと弟たちが両親のベッドの下にうずくまっているのを発見し、ハンナの腕から二人の少年を引き離し、ハンナの目の前で、二人の弟を情け容赦なく殺し、その様子を彼女に見るよう強制したのです。このとき、彼女の心の中で何かが手放されました。ハンナは同じ人間ではなくなったのです。そして、兵隊が、ハンナの身体と精神を犠牲にした快楽をむさぼった後、傷つき、意識を失い、衰弱したハンナを脇に放ったのでした。ハンナは泥まみれの路上に横たわり、幼い頃に住んでいた家には火が放たれました。兵隊が彼女の頭に一撃を加えると、死んだと思い、立ち去りました。

そのとき、ハンナは天の領域に引き上げられ、そこでオーバーソウルと出会い、メッセージを受け取っていました。「そなたの肉体はこれより、イスラエルを暗黒の闇から引き上げるための奇跡を起こす器となるのだ」と告げられたのです。こうして同じオーバーソウルの側面である私と彼女が交わり、その魂の高次元的な側面である私が、後日、彼女の肉体の中に入ることを彼女は受け入れたのです。

このように、第二次バビロニアによるエルサレム包囲の時代、私は、孤児となり、未亡人となり、すべての財産を奪われ、バビロニアに死者のごとく残されたハンナの境遇を受け継ぐことになったのです。意識を取り戻したハンナは、ダビデ王家の血筋に生まれながら、突然、最も貧しい追放者の立場に立たされていました。彼女の心は悪霊に包囲されていました。彼女を庇護してくれるはずの人々はほとんど連れ去られ、エタムに残った身分の高い親族は、彼女を汚れた者として蔑み、「モーセの律法」で無関心を正当化しました。こうしてハンナは、魂の闇夜の荒野をさまよいながら、子を産むという彼女の存在目的が果たされる約束のときにいたるまで、トマスの隠し子を抱いていたのです。

彼女の妊娠の残りの数ヶ月の間、私たちは高次元で交わり、融合し続けました。ハンナの子宮の中で赤ちゃんが成長するにつれて、若い母親はオーバーソウルの深い思いやりから安らぎと自己認識の向上を受け取りました。彼女の陣痛が始まったとき、私、アンナは、頭頂部のクラウン・チャクラからハンナの身体の中に完全に転生しました。さらに私は、子どもが生まれると同時に、その身体に入りました。

私はこの子をオリアンナと名付けました。彼女はグレイト・マザーからの黄金の光の贈り物でした。小さな顔は太陽のような輝きを放ち、その大きな茶色の瞳は星が反射した海のような輝きを放っていました。彼女の性格は、ほとんどいつでも落ち着きがあり、心穏やかでした。オリアンナが私の近くにいる間、その存在はずっと祝福されていました。彼女が生まれてから十三年間、私はエタムやベツレヘムの村々を転々とし、ハウスキーパーとして雇ってもらえるように身を捧げました。私のような、助産や薬草、小さな子どもの世話、家の中に整然とした安らぎの空間を作る方法などを知っている者を必要とする家庭がたくさんあったのです。

オリアンナと私がベツレヘム近辺で暮らしていた十三年間に、私は何人かの賢者と出会いましたが、彼らは私の異常なまでのエネルギーの高さを見抜くことができました。その中には、私が地上に戻ってきた当初、私自身よりも私のことをよく理解している人もいました。なぜなら、高次元の意識が完全に現れるには、必要な適合、心身の調整、細胞の記憶の中のカルマのパターンの変換を行うためのある程度の期間が必要だからです。産道を通って産まれるすべての魂にも当てはまります。そして、私のように「ウォーク・イン」する少数の魂にとっても、身体がすでに完全に発達しており、ベールが少ないことを除けば、何ら変わりはないのです。

古代の聖師団(オーダー)の中にいた私のマスター（師）たちは、丘の上にひっそりとある庵(いおり)や、町や都市の住民の中にまぎれて暮らしていました。このような無名の神秘主義者たちは、一般の人にはごく普通に見えても、互いに相手を認識していました。私は、数年にわたる試練の努力と指導者たちの辛抱強い理解によって、受け継いだ忘却のベールをはがし、なぜ自分が再びやってきたのかを、より完全に思い出すことができるようになりました。

第3章 エルサレムとカルメル山のエッセネ派

年月が経ち、人としての旅に本格的に入った私は、魂の試練を多く経験し、ときには挫折することもありました。私は着実に成長していたので、賢明な先生たちは、エルサレムの城壁の中に住む神秘主義者のもとに私を連れて行きました。新しい先生の名前はヨハネでした。今はその名前で十分ですが、やがて私は別の名前で彼を知ることになります。彼は、十三歳になる娘と私を保護下に置いてくれました。陽気で献身的な妻ハンナ・エリザベスは、石造りの住居の屋根にある小さな物置に、私たちのための場所を作ってくれました。エルサレムの喧噪の中に身を置いていたとき、私は覚醒に到達できませんでしたが、そこで私は、目覚め、思い出し、そして自分の役割を果たすために、自分の魂の謎に深く分け入る機会を得ることができ、喜びました。

かつて誇り高かった都市は、今や崩壊し、その栄光は消えつつありました。預言者エレミヤの再三の警告を無視したエルサレムは、ネブカドネザルのバビロン兵によって、三度にわたって包囲され、荒廃してしまったのです。

紀元前六〇五年から五八五年までの二十年間に、私たちの民族が経験した苦しみは、筆舌に尽くしがたいものでした。多くの人が死にました。さらに多くの人が捕虜になりました。他の人々は命からがら逃げ出しました。貧しい人たちだけが残っていました。預言者エレミヤが『哀歌』〈旧約聖書〉を書いたときのエルサレムの状況は、まさにその書に記された通りでした。そして、紀元前五八三年に私が行ったときも、エルサレムには、同じ状況が続いていました。

さて、私がエルサレムに滞在して二十四年がたちました。ときおり、不穏な動きや暴力がありましたが、私はこの街で成長しました。神殿は廃墟と化し、街は逃げ出した人々の帰還で緊張していました。しかし、外側のシーンで起こっていることを私の感覚器官が感知したとき、どのようなことが起っているとしても、私は自分の存在の中心で冷静さを保つ方法を学んでいました。

ヨハネは石工（ストーン・メイソン）を生業とし、神殿図書館の書記兼朗読家でもありました。ユダヤ人と非ユダヤ人との派閥間の不調和の間に入るとき、彼はやわらかな羽根毛のような性格を表し、共に働く仲間から尊敬されていました。ヨハネは、非常に穏やかで控えめな人物で、神に献身していました。しかし、古代の書物から学んだ律法のある種の原則については、曲げないこともありました。司祭や若者たちに、その内容を教えてもいました。若者たちは、ラビ（律法学者・霊的指導者）になるための学習と訓練のためにヨハネのもとに集まっていました。彼は、ある意味で私の父を思い出させる人でしたから、私とオリアンナは、目をかけられ、世話をされることによって必要性が満たされたのです。

ヨハネは、バビロンに破壊され、茨（いばら）の床と化した神殿図書館の修復に取り組みました。彼はいつも無限のエネルギーを持っているように見え、睡眠時間が短く、疲労でまぶたが重くなることはほとんどありませんでした。私はその秘密を知りたいと願いました。そんな私の心構えを知ってか、知らずか、ヨハネは私の夢の中に現れるようになりました。その夢は、起きているときと同じようにリアルに感じられました。そこには光に満ちた白いローブを着た人々がいて、最初は人間の顔を理解するのが難しいほどでした。このような出会いは、なんとすばらしいことでしょう。このような主任教師と一緒にいられることを、私はどんなに感謝したことでしょう。私の道を最初にエルサレムへ導いてくれた賢者たちに、私はどんなに感謝したことでしょう。

数週間、数ヶ月と経過していくうちに、私も睡眠時間が短くなることを経験するようになり、数時間の安眠で目が覚め、布団の上に姿勢よく座ると、活力がみなぎり、心臓は古（いにしえ）の魂のリズムを強く刻んでいました。光と音の流れが細胞の隅々にまで行き渡っているのを感じながら瞑想していると、やがてヨハネがエーテル的な存在として現れて、私を数ある記録の間の一つに案内してくれるのです。ヨハネに出会う前、私は時々、自分の体が浮き上がり、眠るか、座って瞑想している自分の体を見下ろしていました。そのとき、銀色のゴム紐のようなものが、私を自分の体とつないでいることに気づきました。私はどこにでも自由に行けるのです。私の「体外離脱」体験は、アストラル・トラベルと呼ばれるものでしょう。

記録の間では、ヨハネが巻物を開いて、記号や言語の解読を教えてくれました。こうして、私の書記としてのエーテル的訓練が本格的に始まったのです。ハンナ・エリザベスの忙しい家事を手伝いながら、日々の雑務をこなし、高度に洗練された光と音の流れに瞑想することで、私の身体は強靭さを保っていました。人付き合いの時間はほとんどありません。それでいいと思っていました。私の願いは、より大きな叡智が開かれることだったのです。

外側の私の人生には、最も親密な考えを共有できる女性はあまりいませんでしたが、内向的な引っ込み思案の性質で気が合い、私が愛するようになった女性が複数いました。私は彼女たちとの交わりを楽しんでいたのですが、周囲からは交流は気づかれませんでした。そのうちの何人かは、私たちが共に歩む物語の重要な登場人物なので、これから紹介します。私が市場やシナゴーグ（ユダヤ教集会所）で出会った女性の中には、私が大いなる存在から受けていたような学問に通じている人はほとんどいませんでした。ほとんどの女性は、家庭と密接な関係を保ちながら、社会的地位や名誉を得ることに没頭しているようでした。正直なところ、私は彼女たちのゴシップや平凡な興味は退屈でつまらないと思いました。ハンナ・エリザベスでさえ、最も思いやりのある優しい人でしたが、私が本当に行きたいと切望している領域についての認識を共有することはできませんでした。

最初の数年間は、エルサレム全土で、同じ波長に共鳴して、隠された叡智の教えを求める人は二人の女性しか見つけられませんでした。この不滅の魂の姉妹とは、お互いの状況がゆるすかぎり、あらゆる方法で支え合うという誓いを立てたのです。ルツとマリアムという二人の勇敢な女性は、長い間、私の人生を彩ることになりました。幸いなことに、ベールの向こうの魂が肉体を得て、私とともに神聖な役割を果たす女性が増えてきました。私と共に聖なる役目を担おうと、障害を超越しようとする魂が肉体をまとって現れてきたのです。

十六歳のとき、オリアンナはヤコブという男性と結婚し、すぐに私の初孫を身ごもりました。私はもちろん、彼女の出産準備をする機会に興奮しました。私は幼い頃、弟たちの出産の際に母から教わり、助産術を習得していました。母に連れられて、他の女性の出産に立ち会うこともありました。母性的な性格の私は、生まれたばかりの肉体に魂が宿る過程を、愛と歓迎に満ちたものにするための叡智を集めるのが好きだったのです。

陣痛で波打つ母親の大きなお腹をマッサージしながら、唇から流れる特定の音や音の組み合わせによって、出産を助けました。母親の呼吸によってエネルギーが変化し、色や思考形態が変化するのを透視しながら、私は呼吸と〝一なる神〟の名前を唱えるよう助言しました。また、出産に立ち会う天使たちを呼び集めました。私は、痛み、感染、腫れを和らげ、母乳を出すための薬草の方法を学んでいました。エルサレムでは、二人の友人と薬草のための庭を管理していました。季節に応じて野原や牧草地に出かけ、薬草を採取して補給しました。

私にはたくさんの孫がいますが、そのうちの最初の子を授かりました。オリアンナには、その後、全部で八人の子どもが生まれました。穏やかな存在感、助産の技術、薬草の知識により、貧しい人々も裕福な人々も私を探し求めるようになりました。地球のドラマに参加する魂たちを迎えることは、私の心を温かくしてくれました。こうして私は、外界の生活に従事することになったのです。そして、光の同胞団（ブラザー・シスターフッド）の秘密のマスターたちから夜中に学ぶことと合わせて、私の日々はあふれんばかりに充実していました。

生活の糧を得たので、私はダビデの旧市街に近いキドロンの谷のオリアンナとヤコブの家の近くに部屋をみつけて移り住みました。孫の成長を身近に感じられるのは、何よりの喜びでした。将来性があり、秘教の学習に意欲がある弟子のために、私の膝元で学べるような学校をつくりました。彼らは素早く学び、後にエジプトの砂漠地帯に行く私についてきてくれました。他の分野に興味を持つ人たちもやってきて、私の周りに集まり、楽しみながら、人生の多くの教訓を得ていました。私の孫たちは、皆、私の話を楽しみ、美しい「自然の叡智の殿堂」の中を散歩しました。

この頃には、ヨハネは神殿の図書館に完全に専念しており、石工の仕事はもはや彼の関心を引くことはなくなっていました。ただし、そこは彼と秘密結社に属する石工たちが、古代の地下墓地（カタコンベ）や文書館に通じる地下通路にアクセスできる場所でした。私は、物理的に地下室に入ることはあまりありませんでしたが、古代の文書の読み方を学び、隠された知識を共有するために必要なことは何でもするという気持ちを、心と体に刻み込むには十分でした。私は、渇いた魂を癒すために悟りの泉を手に入れたいと強く願っていたのです。

私がヨハネに会う何年も前に、彼はエッセネ派と呼ばれるユダヤ教の一派に加わっていました。ユダヤ教ヘブライ人の中でも最も啓発され、堕落していない彼らは、その起源をモーセとアクエンアテン〈古代エジプト王アメンホテプ四世の別名〉の古代の神秘学校（ミステリースクール）にまでさかのぼることができます。「esse」（存在）と「ene」（源）という語源に由来するエッセネとは「存在の源」または「聖なるもの（ホーリー・ワン）」という意味になります。私たちはお互いを「太陽の息子」「太陽の娘」と呼び合い、癒し（ヒーリング）の道を守る者としても知られていました。安息日と祭日には、エッセネ派の同胞メンバーがヨハネの家にやってきて、祈り、本を読み、精神的な事柄を話し合ったものです。ハンナ・エリザベスは、私たちの食事に気を配り、その後、暖炉で繕ったり、刺繍をしたり、子どもをあやすなどしていました。彼女は、関心のある話題があれば、そこに加わりましたが、そうでなければ、自分の居場所で、家庭の秩序と平穏を提供することに専念していました。

私たちの交わりは豊かで充実しており、私が内なる領域で目撃した発光現象（ルミネッサンス）を外なる世界でも認めてくれる家族を与えてくれたのです。この共同体の中で、二人の女友達、マリアムとルツもまた、忠実な弟子でした。こうして私は、エッセネの兄弟姉妹の中で、忠実な者、選ばれた者、あるいは選民と呼ばれる者たちとの歩みを始めたのです。私は残りの長い日々をエッセネ派との交わりで過ごしました。

オリアンナの夫であるヤコブは、カルメル山についての彼の話は、私の魂を刺激しました。サムエルとエリヤ〈いずれも旧約聖書の預言者〉が教えを説いた場所でした。カルメル山に行き、古代のエッセネの秘儀の正式な伝授者として身を立てるよう、呼びかけられたような気がしました。そこで私は、オリアンナ、ヤコブ、そして八人の孫のうち五人を連れて、紀元前五五九年にエルサレムを出発し、新しい人生を歩みはじめたのです。その後、マリアムとルツもカルメル山の共同体に加わりました。私の魂は安らぎ、喜びの心で未来を見つめました。

あなたが魂の呼びかけに応え、私たちは生けるキリストとしてより深く「汝自身を知れ」という旅に出るために集まったように、私も心の呼びかけに応えてカルメル山神秘学校に入学しました。私たちのカルメル山修道院は、幾多の文明の台頭の時代を通して存在し続けた最も古い神秘学校の一つです。この修道院には、宇宙、太陽、惑星のサイクルの中で、「聖母（デバイン・マザー）」がキリスト意識をもたらすためのアセンション（次元上昇）とインカネーション（顕現）の聖杯（グレイル）のコードを保持する系統が維持されていました。

さて、海辺にあるカルメル山の私の思い出を、友人であるあなたと分かち合いましょう。

喜びと感謝のうちに、私はカルメル山の美しい丘を歩き、野の甘いユリを集め、さまざまな薬草を集め、それで「義の教師の道」を守る私たち修道会のために薬を調合しました。私たちは、エネルギーを正しく使うことによって、自分の中にある神の力を発揮するために、大きな規律と献身をもって努力し、神の言葉に基づいて行動していました。戦争で荒廃した土地に平和な空気をもたらしていたのです。
カルメルで過ごした年月は三十九年に及び、私は上級のイニシエーション（秘教伝授）と専門的な訓練を受けるためにエジプトに向かいました。その間、ソロモンとエロイーズの指導のもと、準備段階のイニシエーションを受けました。二人は創造主に完全に献身しているカップルでした。軍隊の兵士たちが山へやってくると、一般の人々に危害を加えないかという恐怖で心臓が高鳴る私を、二人は冷静になるようながしてくれました。若い頃の残酷な記憶が私の心を引き裂いたとき、私の胸にゆるしと思いやりを植え付けてくれたのです。私の「人生の書」を開き、「一なるものの法則」、すなわち「一なる神アイ・アム」を思い出すよう助けてくれました。二人は私の心、体、魂を、私たちのコミュニティのより大きな利益のために整えるための訓練をしてくれたのです。私が愛するカルメルに住み、そこで学んだことは、大きな愛に満ちたものでした。

　当時は、独身を選ぶ人に比べて、カップルは比較的少なかったのです。私は、生命力を下腹部に溜めて保ち、それを魂の炎を通して、より大きな存在の全体性へと昇華統合することを選んだ修道女（シスター）の一人でした。結婚していようが、独身であろうが、私たちは性的エネルギーを神聖化し、この偉大な力を尊敬と畏敬の念をもって見つめました。私たちは自然の力を研究し、父なる母なる神、すなわち霊と物質としての神を知るための媒介物であると呼んでいました。私たちは、植物、鉱物、火、水、空気の精霊に同調していました。これらの精霊は天使と呼ばれ、私たちは毎晩、そして毎日、天使に恵みを求めて祈りました。季節ごとに、母なる大地（マザー・アース）と父なる天空（ファザー・スカイ）に敬意を表し、歌や踊り、祝宴を催しました。私たちは生命の法則に身を委ね、精神の物理的表現を補充し維持する法則を利用しました。錬金術の訓練によって、私たちは動物的な性質を変化させました。欲望、怒り、二元的な欲求という物理的なベールを越えて知覚するために、私たちは感覚を発達させました。私たちは、内面と外面の心と体を洗い清め、浄化する儀式に参加しました。ハーブ、シンプルなローフード、そして四季を通じて私たちを支えてくれる園芸の実践について、多くの理解を得ました。

図書館で記録を書き写したり、診療所で病人を介助したり、助産師の仕事をしたりしていないときは、丘陵地帯を歩きまわって薬草や種を集めました。私は村の庭にそれを植えました。共に暮らす仲間は、それぞれの気質と才能に応じて、皆の利益のために働いていました。しばしば、私の周りには若者たちが集まってきて、預言者や民族の歴史、民間伝承の話を聞いて喜んでいました。その中には、私の孫やひ孫も含まれていたのです。この貴重な時間を私は大切にし、心に刻んでいました。私はカルメルと私たちがそこで築き上げた生き方をどれほど愛したことでしょう。

知恵が成熟するにつれて、儀式やセレモニーが私や他の人たちに教えられ、神秘学校のイニシエーションの段階が進んでいきました。十分に準備が整うと、これらの儀式によって、サイキック能力の活性化と身体の若返りが促進されました。これらの儀式は、今、私が説明しても誤解される可能性が高いでしょう。したがって、私は「道（ウェイ）」を用意することにしました。そうすれば、いずれあなた方は、あなた方の許容範囲に応じ受け取ることができるでしょう。

若返りのプロセスは非常に古くから行われているもので、私はカルメルで初めて、自分の身体を維持するための内なる秘密に気づきました。本当に、私は、毎月、自分の体を作り直すための技術を身につけ、心を鍛錬したのです。最初の六十年間は、典型的な心身の老化を反映していましたが、いったん自己再生が始まると、見た目も気持ちも三十五歳の女性のようになりました。しかし、その後、数百年の間に、状況に応じて私の外見が変化することがありました。

ソロモンとエロイーズが私に「義の教師の道」（エネルギーの正しい使い方）を教えてくれたように、私はあなた方が地球に来た目的を達成するための道を共有しましょう。確かにさまざまな目的がありますが、しかし、すべてが一つになったときに完成することが運命づけられているのが「魂の大いなる仕事」なのです。ですから、私たちは影の向こうにある真実を知る者のもとへ通じる門を開くことにしましょう。すべての道はその方の心の中に収斂（しゅうれん）されるという理解に至ったとき、この文章の目的は達成されるでしょう。

では、今、あなたの心の中にある気持ちを熟考してください。「魂の大いなる仕事」は、あなたが来た目的なのでしょうか？　もしそうなら、私たちの物語は神の命令に従って展開され、あなた方は変容とアセンションのエネルギーを受け取ることができます。あなた方は内面から導かれるでしょう。母なる父なる神が無限の供給源であると知る能力に応じて、あなたが受け取れるように私はあなたを助けましょう。あなたの旅は、あなたが創造するものです。神聖なのは、あなたの選択、一つひとつなのです。

私がすべての生命を守っているように、あなたの誕生の経過を励ますためにここにいるのです。私は母の中の母を象徴しています。ある意味では、あなたはいつも私の子どもですが、セルフ・エンパワーメントのこの時代においては、なおさら、私はあなたを最愛の友人と呼びます。私たちは共に、時の果てに一つに融合するのです。あなたは、自分が本当は誰なのかを思い出し、あなたを本当の自分から遠ざけてきたドラマとついに決別する準備ができていますか？　もしそうなら、読み進めてください。あなたの古いアイデンティティを、はるかに大きなものと交換する準備ができています。そして、長い間「一なるものの道（ウェイ・オブ・ワン）」を歩んできた人たちに、私はあなたの顔（かん）ばせを歓迎し、あなたの鏡として私の顔を提供します。私の多くの言葉や謎めいたフレーズを忍耐強く聞いてくれる人には、より大きな輝きをプレゼントいたしましょう。

私たちは、今、「カルメル山のアンナの物語」を始めたところから、一つめのサイクルを完了しました。私の人生の起伏を歩きながら、すべてが集い、完成するまで、まだ他のサイクルが私たちを待っています。次は、私がエジプトに滞在し、イシスとハトホルの高位女司祭（ハイプリエステス）となり、カルメル山のエッセネ派とマグダラの聖師団（オーダー）で働くための準備をした話になります。

第4章 エジプトにおけるアンナのイニシエーション

カルメル山を出発し、エジプトに向かう直前の私の人生を振り返りますが、私はすでに、老化と死を信じる集合意識から離れ、自分の身体を強化するプロセスを始めていたことを、皆さんにお伝えしておきます。カルメル山の神秘学校が提供するセルフ・マスタリーのイニシエーションには、ほとんど参加してきました。私の絶え間ない願いは、肉体を保ちながら、自分の意識と生来の能力を拡大し、神との一体化を知ることでした。エジプトに行き、カルメルに戻ってから、その叡智を分かち合ってくれる人たちがいましたが、その叡智は、私の運命への確信をもたらし、モーセを準備した神や女神たちに向かって私が歩をすすめる動機となりました。

私はエッセネ派の同胞たち、娘のオリアンナ、そして子孫たちとともに、徒歩、馬車、ラクダで旅をすることにしたのです。私たちは商人のキャラバン隊に加わり、他の移民たちとともに陸路でナイル川のデルタ地帯を目指しました。目的地はオンと呼ばれる神殿群からなる村で、この周辺には「出エジプト」以来、多くのヘブライ人が残っていました。彼らは砂岩と泥レンガでできた住居で暮らしていました。この地域は、ギリシア語でヘリオポリスと呼ばれています。古代オン村は、カイロ空港の下に埋もれ、カイロの大都会に飲み込まれているため、現代ではほとんど残っていません。

その後、三百三年間、私は古代の地下都市タトに住み、仕事をしました。その地下道は、グレイト・ピラミッドから、現在アレクサンドリアと呼ばれている海辺の港まで続いていました。また、アガルタと呼ばれる地球内部のネットワークの一部であり、より大きな迷路のような通路の一部にもアクセスすることができました。友人よ、これはあなたの時代にも、まもなく明らかにされるかもしれない確かな事実です。そして、私があなた方の世代を理解できるように、私たちが共に歩み続けるうちに、あなた方も遠い昔の私たちの体験の隠された出来事を理解できるでしょう。

私は、今、時間の保管庫の中で働く準備と覚悟のできた者として、あなた方を私たちの活動に加わるように招待します。前にも申し上げたように、あなたがこの幻想の世界を旅して、「永遠の自己(エターナル・セルフ)」を見出すことに成功したなら、ほんとうの祝福を知ることになり、私はそのことに喜びを感じるでしょう（この章の私の言葉使いは、たぶん聞き慣れない、秘教的な専門用語が多くなるかもしれません。そのいくつかは『エーテル用語集』で短く定義しました〈406ページ参照〉。物語を続けるにつれてより進展します）。

何よりも、数千年の時を経て地上の近くに残った人々が、私を古代エジプトに引き寄せたのです。白い光の同胞団〈白色同胞団〉として知られる彼らは、ロゴス／グノーシス（創造の言葉）の隠された顔を明らかにするシェキーナ／ソフィア（聖母(デバイン・マザー)、万物の背後にある知性）の叡智の松明(たいまつ)を携え続けてきたのです。彼らは、生から生へ、肉体のベールを通して、地球の引力をはるかに超えた永遠の生命に自分の起源を憶えている者たちです。私の魂を育て、「一なるものの法則」を思い出すように心を目覚めさせてくれたのは、この人たちだったのです。

アセンデッド・マスター（次元上昇したマスター）、すなわち強大なトート〈古代エジプトの知恵の神。聖獣はトキとヒヒ〉とその妃であるセシャトが姿を現しました。彼女は私にとって最も尊敬すべき師でした。セラピス・ベイ〈アセンデッド・マスターの一人。古代エジプトのセラピス神と同一視される〉は燦然と輝く表情で、ダイヤモンドのような純粋さとパワーにあふれていました。また、男も女も、輝く光の体で私の前にそびえ立ち、物理的な次元をマスターした者たちです。名前は重要ではありません。古代の存在は、いく人かは歴史に記録されていますが、匿名を選択した多くの存在がいました。私はこうした存在と、昼も夜も交流しました。そして、表層の砂の上を眠るように歩く、精神的に貧しい兄弟姉妹もいました。地上の謙虚な人々もまた、私の教師でした。私はときおり、彼らの間を歩くと、私の慈愛と共感のマントが広がり、自由を求める人々の心に触れることができたのです。

私の魂と光の同胞団の求めに応じてエジプトにやってきた私は、叡智の道においては古（いにしえ）の者でありながら、現在の転生の肉体においては未熟でした。私はエネルギーを集中させ、厳しい訓練と鍛錬に励み、地下都市の迷路のような通路を自由に行き来できるようになりました。夜の盗人のように、私を捕えようとする者に気づかれることなく、オンの街の外にある神殿や周辺の高原を通り抜けることができました。そうして私は、一なる神（ワン・ゴッド）の神聖な真理を嘲笑し、闇に投げ込もうとする者たちの目から逃れ、秘密の世界で生き、働くことを学んだのです。

この閉ざされた世界の中で自由に行動するためには、パスワード、周波数信号、秘密の握手、シンボル、紋章などの知識が必要でした。これらの隠匿的（オカルト）なサインは、あまりに古い時代に生まれたため、ほとんどの人がその起源を忘れていました。私は、自分の血統のために、そして秘教的な叡智を知り、理解し、実践したいという強い願望のために、このような知識を得ることができたのです。そして何よりも、私の心の中にある「大いなる仕事」を成し遂げるという否定しがたい決意が、私の心を支え、魂を支える生命の泉のように感じられたのです。この新しい生き方に慣れると、私はほとんど睡眠も太陽の光も必要としない人間として、昼も夜も働きました。

　私が働いていた秘密の保管庫の中には、パピルスや羊皮紙でできた宝の巻物や、金属や石でできた銘板（タブレット）がありました。あるものは金、銅、青銅、エレクトラム（金銀の合金）の銘板（タブレット）でした。地球外から運ばれてきたとされる未知の元素もありました。私の魂を揺さぶったのは、そうした謎を解き明かしたいという叡智の宝物だったのです。まるで儚い鳥や蝶や虹のように、私は叡智の教えを追い求めました。未知の、しかし既知の手によって刻まれたこれらの最も古い作品は、私を石のベールの下に隠されたエジプトとその図書館に抗しがたいほどに引きつける磁力をもっていました。

　私が集中したのは、星や地球の最も古い人々の記録を、エジプト語、ギリシア語、ヘブライ語、アラム語に翻訳することでした。サンスクリット語やシュメール語など他の言語をパピルス、羊皮紙、粘土板、薄い金属のタブレットや巻物にする仕事もありました。私たちの記録は文書保管庫に保存されました。私の翻訳のほとんどは、湿った粘土板に鉄筆（スタイラス）で丁寧に刻んだ後、学者たちの評議会に持ち込まれ、翻訳の正確さについてコンセンサスを得ました。そして、全員の合意が得られたならば、文字や象形文字のパターンを、より軽く持ち運びしやすい「紙」の文書に書き写しました。

　ナイル川流域に生育するハスからパピルスを作るには、多くの労働力が必要でした。乾燥させ、圧搾した繊維を長大なシートに織り上げました。私たちの兄弟姉妹の一人は、律法学者の寮の中の私の部屋の隅にパピルスを慎重に積み重ねてくれました。私はここで、砂漠の地の下で、俗人から隠され、記録を取り出し、エッセネ派の秘教学校であるカルメル山に持ち帰る写本を作成したのです。

太陽神ラーの光を降ろす方法を知る、力のあるアトランティスの司祭や女司祭が油を注いだオイルランプや輝く石が、読むために十分な光を提供してくれました。彼らは、光と音、色の秘密を保持している私の先生たちでした。彼らは、集中した思考と音の周波数を使うことで、内なる目を目的へと導いていました。帯電された手で、心と体の延長として増幅棒（ロッド）や杖（スタッフ）を持ち、強大な石を彫り、持ち上げ、完璧な場所に配置したのです。このようにして、スフィンクスやグレイト・ピラミッドのような古代遺跡が作られたのですが、あなた方の考古学者は奴隷労働のおかげだと考えています。しかし、テレキネチック（遠隔念動的）な力の多くが失われた後は、確かに多くの奴隷がファラオの宮殿や墓、神殿の建設に使われたことも事実です。

地下の部屋には十分な空気があり、それは、地上の門（ポータル）から地下の広大な洞窟まで、石を巧妙に掘ったダクトを通して供給、循環されていました。私たちはイニシエーションで、酸素だけに頼らず、すべての創造物に浸透している神の力にアクセスするための呼吸法を学びました。地下の水路と水道管が貯水池を満たし、私たちの渇きを癒してくれました。食べ物は、肥沃なナイルの沖積土を耕す人たちによって供給される簡単なものでした。庭で家畜を飼う兄弟姉妹もいました。彼らは、灼熱の太陽とナイルの爽やかな風から身を隠す私たちに奉仕することを喜びとしていました。こうして、私たちの基本的な欲求は満たされていたのです。

私は一晩おきに起き、私の声の力によって開かれた扉を通って、外の神殿に出かけました。夜明けに太陽が戻るまで、仲間と会い「ホルスの高等錬金術」と「イシスの魔法」として知られる儀式を行いました。私たちが集う目的は、体の健康を保つことと、地球、月、星、太陽の周期的な季節を祝うことでした。太陽と月への瞑想を通して、私たちの内なる両極のバランスを取り、心と体を光輝かせました。私たちは神秘的な修行によって、「生命の樹」が置いてある「元型的楽園庭園（アーキタイパル・ガーデン・パラダイス）」に足を踏み入れました。ここで私たちは、朽ちることのないゴールデン・フルーツを収穫するための「光の梯子（はしご）」の立て方と登り方を学びました。このようにして、私たちは内なる光のおかげで、地下で比較的快適かつ安全に生活することができたのです。私たちの肉体の寿命は、もし選択すれば、何世紀にも及ぶことができ、一生の間に大きな奉仕をすることができるのです。

やがて私は、満月と新月の夜にメンバーが集まる、とても古い「タット同胞団」に参加しました。また、太陽サイクルや銀河ポータルの日にも、世界中のさまざまな土地から仲間が集まってきました。何千年も地球で暮らしてきた不老不死の者もいれば、私のように帰ってきたばかりの者もいました。オシリスの復活、イシスの無原罪懐胎、ホルスの完全なる悟りといった元型的な旅を描いた道を思い出しながら成長中の帰還したての人もいました。私たちは、覚醒を望む地上の人間や、持続的な鍛錬の厳しさに耐えられることを進歩成長によって証明する者たちと叡智を分かち合っていました。

私たちは円陣を組み、地球の季節を超えた世界と星の発する周波数が刻まれた直立した岩石の間に混ざり合いました。私たちは、地球を旅して集めた記録やデータを持ち寄り、人類の進化、状況、懸念、解決策を会議の中で共有しました。

あなた方の神秘的な文献の中で、アメンティ・ホール〈ギザのグレイト・ピラミッドの地下にある伝説の空間〉の奥深くに住む「住人」のことを読んだことがありませんか？　この者は、男性でも女性でもなく、私たちの主要な代弁者でした。まさに異次元間のコミュニケーションを促進するアンドロジナス（両性具有）のエネルギー・フィールドそのものの存在だったのです。そこにはイニシエーションの部屋があり、私たちは時々行って「住人」に会い、時空を超えて自分が何者であるかを思い出すのです。それから、私たちはさまざまな任務や義務を果たすために出て行きます。ある者は、宇宙の法則によって定められた地球の情勢を観察し、影響を与えるために光の乗物（クラフト）に戻り、出発しました。ある者は、一見、普通の男女として地球の各地の人々の間に交じり歩きました。また、ある者は無名のまま、地下に隠れていました。私もそのような者でした。ある種のイニシエーションを完了すると、私は自分の役割を果たすために、地球上の部族の間を自由に動きまわることができるようになりました。

学ぶべきことは多く、思い出すべきことも多くありました。幸いなことに、他の人たちや私自身が、前の時代に残した記録がありました。そして、内なる神殿の中には、神秘を完全かつ純粋に保持している「真の自己（セルフ）」が常に存在していたのです。私は、心を静め、七つの封印や力の輪を開くことで、この自己にアクセスする方法を学びました。これらは、ヨーギ（ヨガ行者）がチャクラと呼ぶ微細なエネルギーセンターとして知られています。内的エーテルの光の棒（ロッド）を立てる方法、背骨の三つのチャンネルを通して生命力を高める方法、肉体の生命の杖（スタッフ）や内分泌腺を通して宇宙エネルギーを循環させる方法などがありました。私は、レムリアとアトランティスの勃興の以前に、聖杯であるカップを提供したときの自分を思い出しました。そして、すべてが引き上げられるまで、地球に残るという約束を思い出したのです。

物理法則をより深く理解した私は、古代の者たちがナイル川下流域と上流域に作った多くの神殿の中で、上級のイニシエーションを受けはじめました。私はヌビア〈古代遺跡が数多くあるアフリカ北東部のナイル川流域の地域名〉の奥深くまで行き、〈ファラオ〉ラムセスの墓と、あなたがハトホルと呼ぶ私の血のつながりの記念碑の光景を目にしました。私は獅子の頭をしたセクメトとハトホルの古代の創造の儀式を演じながら、偉大なる母の賛美を歌い、マントラ（真言）を唱え、タンバリン、フレームドラム、シストラム〈打楽器〉で踊りました。

聖母（ディバイン・マザー）の儀式は堕落し、司祭（プリエスト）やファラオの政治によってその声は抑圧されていました。彼らは、果てしない欲望と強欲、盲目的な家父長的ドグマを信奉していました。それでも、私たちの中には、純粋で汚れのない道を守り続ける者がいました。しかし、私たちでさえ、エネルギーを完全に忠実に記憶し、伝えることの困難さを感じていたことは確かでした。私たちは、人間の感覚を超えた現実にアクセスすることで、人々には見えないものを見ることができました。しかし、暗黒の時代を通じて内的な高等錬金術の力を維持しようとする熱意が、不注意にも、秘密の儀式、暗号、エリート主義の階層に固まって、直接体験を最も遠回りする入門プロセスを作り出したことは認めなければなりません。多くの人が道を見失い、外側の修行と自分が求めるものを混同してしまったのです。女神の内なる啓示の杯（カップ）から直接注がれた生ける水を飲んで、渇きを完全に癒す者はほとんどいなくなりました。

エジプトに到着してから四十年後、私は上級イニシエーションを修了し、イシス、ハトホル、セクメトの女司祭（プリエステス）としてグレイト・マザーに仕えるようになり、また書記としての仕事も続けました。私は、アストラルトラベル（アストラル体での体外移動）、バイロケーション（同時に複数の場所に存在すること）、テレポーテーション（自分の体をより微細な形に分解し、別の場所に投射して物理的に組み立てること）を通じて、多くの異なる次元と現実を意識する能力を身につけました。イシスの復活の秘儀である「墓の儀式」を通して、私は自分の身体の細胞を不滅の若さとして再生し続けました。年月が経つにつれ、私は高等錬金術という神秘的な技術と科学に秀でた者として知られるようになったのです。

私は不思議な霊的な力を発揮しましたが、霊的な才能が私の主な関心事ではありませんでした。それは目的達成のための手段であり、創造主に仕え、生命全体を向上させようとする私の献身的な鍛錬と愛の自然な副産物だったのです。旅を通して、私はグレイト・マザーのさまざまな顔とその創造的な力の全領域に親しむようになりました。女神の属性は、アンナと呼ばれる私の旅が終わるまで、私の日々の中で表現されました。私の魂は、すべての転生を通して、彼女の恩寵に支えられてきたのです。

私はグレイト・マザーの高位女司祭（ハイプリエステス）として知られるようになり、多くのイニシエーションを授け、転生するために用意されたエネルギーの育成方法を教えました。私は、身体、心、生活の中で、高周波の光のパターンを首尾よく保持するための学習と能力を評価しました。いわば心理とスピリチュアルのカウンセラーのようなものでした。やがて私の仕事は、イニシエートたちが死の幻影を克服するための復活の墓場へ向かう準備を助けるという形になりました。こうして私は、男女を問わず、死すべき魂のドロス（不純物）を不滅の悟りという黄金に変えることを選ぶすべての人を、神殿の神秘学校（ミステリースクール）で支援する仕事をすることになったのです。

あなた自身の進化とエンパワーメントを助ける方法として、私のエジプトでの経験をあなたと分かち合いました。地球の人生が、あなたのイニシエーションの神殿です。キリスト意識は日々飛躍的に拡大しています。私の親愛なる友よ、時間が加速していることや、極端な両極性がより明白になっていることにお気づきですか？　おそらくあなたは、並外れた、形而上的な（肉体を超えた）体験をしているか、そのような人たちを知っているでしょう。ほんの数年前までは不可能と考えられていた、あるいは関連性すらないと考えられていた意識の領域を、科学がどのように検証しているかをメディアで見たことがありますか？

私のように超感覚的な現象を体験しはじめると、謎が解け、超意識は人類が生まれながらにして持っているものだということが分かってくるのです。キリストの悟りを得たいというあなたの心の奥底にある願望を達成するために、私は必要ではありません。しかし、私は触媒として、内省と慈愛を通して、あなたが究極の自由と統合のより大きな意識に至るのを助けるためにここにいるのです。私がこれまで、そしてこれからお話しするイニシエーションの成果は高度なものであるため、あなたは私の方がずっと進んでいて、この大仕事は自分の能力を超えていると思うかもしれません。しかし、もしあなたが十分な準備ができていなければ、私や他の人たちとこの旅に出ることはなかっただろうと、私はあなたを安心させるためにここにいるのです。私たちが一緒に成し遂げることの本質は、新しいことを学ぶというよりも、思い出すことです。

私が皆さんにお願いしたいのは、現在、進行中の惑星の目覚めに対する皆さんの意識を、日に日に高めていくことです。あなたが一歩一歩進むごとに、見える世界と見えない世界が、あなたは一人ではないのだという慰めと励ましを与えてくれます。そのために、私はあなた自身とよく似た存在であると考えることをおすすめします。「スピリチュアル」な人を探していたら、もし、あなたが現実の私を見たら、私はあまりにも普通なので見逃してしまい、一緒に歩く機会を失ってしまうかもしれません。

私の仕事は、あなたを山頂まで連れて行き、そこであなたの可能性の広がりを見せることです。そして、私たちの本当の旅は、スピリチュアルな山から下りてきて、日常と個人的な適用の谷に入るときに始まります。愛する友よ、キリスト意識を示す私たちは、あなたがみずからの存在と行動を通して模範となり、他の人々に奉仕できるようにと、叡智に参入するあなたの選択をサポートしていることを、どうか理解してください。

第5章 アレキサンドリア

エジプトにおけるイニシエーションを完了した後、エッセネ派の仲間たちと私は互いに相談し合うためにヘリオポリスに集まりました。私たちは間もなくパレスチナに戻るとわかっていたので、アレキサンダー王の名を冠した偉大な港町に移るのが有利であろうということで意見が一致しました。こうして私は、エジプトでの最後の三十年余りを、ナイル川デルタの河口に位置するこの国際的なギリシアの都市で過ごすことになったのです。

都市アレキサンドリアの地下にあるかなり広大な地下洞窟に入ったのは、地表下の住み慣れた場所の方が居心地が良いからということもありました。私はここで再び地下に潜ったのです。アレキサンドリアでの最初の九年間は、隠された部屋の中で過ごし、私とエッセネ派の兄弟姉妹は、古代と最新のテキストを写本するために熱心に働きました。私たちはオン（現在のヘリオポリス）から多くの記録を持ち帰り、聖域にいるための地位を維持するために、アレキサンダー王の図書館に提供するための写本作りにとりくみました。さらに重要なことは、書記の専門知識を提供することで、アレキサンダー王が彼の帝国とヘレニズムの理想を映しだすために建設した巨大な図書館に哲学、歴史などの蔵書が増え続け、規模が拡大し続け、その神聖なる宝に私たちがアクセスできることでした。

私たちの中には、地上の連絡係として、地下や外部の図書館の中で私たちの活動を確保するために働いている人たちがいました。私たちのコミュニティの中には、早い時期にエジプトを出てパレスチナに戻った者もいれば、そのまま居座った者もいます。私は、その後二十年間、研究と文献複写の仕事を続けました。言うまでもないことですが、私は自分の身元を隠して隠遁生活を送ることに非常に慣れていました。しかし、そろそろカルメル山でエッセネ派の共同体に復帰する準備を始めなければならない時期であることはわかっていました。この選択は、私が徐々に地上の住人の生活に再適応していくことを必要としました。

外界の厳しさに対処するため、私は大図書館への遠征を始め、イシスに捧げられた神殿の近くにある市場に勇気を出して公然と行きました。すでに何度もこの神殿を密かに訪れ、聖母イシスに仕える何人かの高位女司祭（ハイプリエステス）たちに長年にわたってかなり知られるようになっていました。そして、ついに外界の混沌に安らぎを覚えた私は、女司祭の友人たちの誘いに応じて、神殿内の宿舎に移住することを決意したのです。まだ隠者ではありましたが、私は再び地上の住人になることに成功したのです。

また、最後の百年間は主にエジプトで過ごしましたが、仲間たちとイギリス、ギリシア、南ガリア、地中海の島々を旅するようになったこともお話しします。これらの旅のほとんどは、アレキサンドリアでの晩年に行われました。私は、外国での冒険が、私の魂を大きく高揚させ、拡大させることを発見しました。特に楽しかったのはイギリスの滞在で、まるで特別な帰郷のように感じました。私はケルトの族長の養女となり、族長の何歳も年上の娘の一人となったのです。その何年か後には、アヴァロンのフェア島で自分の肉体を休ませる準備をしている自分が見えたのでした。しかし、それはまた別の機会にお話しましょう。

アレキサンドリアの話に戻り、その名の由来であるアレキサンダー大王の略歴を紹介しましょう。マケドニアのアレキサンダーはアリストテレスの弟子であり、内的見性に対して目を閉ざすタイプの人々からはもっとも遠くに隠されたエジプトの神聖な部屋で、イニシエーションを受けました。燃え立つ蛇のエネルギーを人体の背骨の底から引き上げる方法を彼は知り、また、秘教的（オカルト）世界観における難解な暗号を解読する方法をも知る人として、神秘学を学ぶ弟子たちからは、しばしば「蛇のような賢い人だ」と呼ばれていました。

アレキサンダーは、神の選民、賢者（マギ）、預言者、魔術師、身体・心・魂の医者たちを支援し、自分のもとに集めていました。カルメル山に戻るためにエジプトを離れるずっと前に、私はアレキサンダーがまだ若かった頃、秘密の評議会で偶然に会ったことがあります。彼は風変わりで、後年、権力の魅力に惑わされ、魂を偽る者に共通する病によって心に腐敗が入り込みましたが、当時の初々しい彼を知っているので、私はどうしても身内の兄弟のように感じられるのです。彼が活躍した年月はとても短期間でしたが、その影響力は巨大な遺産となって残っています。

ある日、都心に出かけたとき、ふと見上げると、三十三歳の若さでこの世を去った彼を偲んで建てられた記念碑的な墓の上にアレキサンダーの征服旗が翻っていました。アレキサンドリアとナイルの神殿都市に住むすべての人々は、プトレマイオス朝エジプトの無能な統治によって、大きな抑圧を感じていました。あふれかえる人の群れが、確かにアレキサンドリアを故郷としていたのです。エルサレムとは比較にならないほど壮大な国際都市でしたが、私の探究心にはアレキサンドリアの方がはるかに多くの驚きを与えてくれました。

私がエルサレムとその穢れを離れてから、もうずいぶん経っていました。エルサレムは政治と不和のために堕落し、主の道が歪められたという知らせを諸国を巡った旅人から聞いたので、そのそびえ立つ城壁の中に戻ることを考えるだけで、私の心に痛みを感じました。しかし、ああ、アレキサンドリアにいること自体は、その陰謀、暴力、苦しみのすべてにおいても、安堵と慰めでもあったのです。港には遠方の船が停泊し、狭い道や広い並木道には、さまざまな色の肌、信仰、習慣の人々が住んでいました。

私の中には、心や感覚を刺激するような喧騒や興奮、冒険を楽しむ一面がありました。一方で、静寂や内なる瞑想的な生活、自然がもたらす若返りの効果を好む自分もいました。ありがたいことに、ここ新生アレキサンドリアは、アトランティスから来た光の同胞団の残骸の上に建てられていたので、その両方の側面を楽しむことができます。ここには、大理石のホールや神殿、花崗岩や砂岩の巨大な要塞があり、人類の進化を示すモニュメントがあります。その地下には、すでに明らかにしたように、暴動を起こし、戯れ、魂を麻痺させる者たちには知らされていない、隠された都市があるのです。古代の叡智の恩恵に、私は永遠の炎に吸い寄せられるように引き寄せられ、直接の啓示の光に引き上げられたのです。

アレキサンドリアは、建国当初から国際的なメルティングポット（坩堝）になることを運命づけられていました。そして実際、アレキサンドリアは多くの異なる文化の融合を促進していました。アトランティス、エジプト、クレタ、フェニキア、ヘブライ、アッシリア、バビロニア、ペルシア、ギリシア、マケドニア、そしてローマなどなど。しかし、支配的な文化はエジプトよりも、むしろギリシアであったため、エジプトにおけるギリシアの前哨基地として、ヘレニズム文化の育成に本質的に専念することになったのです。

エジプト系の司祭やファラオ系の人々は、アレキサンドリアに一時的に居住し、そこで接待を受けました。しかし、彼らの主な居住地はヘリオポリスやテーベなどナイル川流域の都市でした。彼らの存在は尊重されましたが、ローマの侵攻によってプトレマイオス朝が終焉を迎えるまで、アレキサンドリアの政治・社会環境にはほとんど影響を与えませんでした。マケドニア系のクレオパトラは、紀元前五一年から三〇年までエジプトの女王として君臨することをゆるされました。一方、アレキサンドリア国内の労働者階級のエジプト人は従属的な立場に置かれ、婚姻によって社会的地位を高める機会はほとんどありませんでした。

ヘブライ人は特に歓迎され、数年間はギリシア人と同等の特権を与えられました。しかし、この政策により、ユダヤ人の人口は急速に増加し、私が紀元前二〇七年に出発する頃には、彼らはかなりの憤慨を覚えるようになっていました。

出発までの数ヶ月間、私は図書館での課題や神殿での奉仕活動を終え、別れを告げるために本格的な活動を開始しました。残りの日々、私はエジプトの影響を感じ続けることになるのですが、いずれまた、エジプトの古代遺跡に話を戻すことになるでしょう。親愛なる友よ、再び会うときは、エジプトで集めた叡智の宝庫を取りあげることになる、私の愛する海辺のカルメル山へ向かいましょう。

第6章 カルメル山へのアンナの帰還

さて、簡単に私が生まれた土地に帰るまでの経緯をお話しましょう。実際のところは、私の真の親とは、すべての生命の宇宙的な創造主としての父／母ですが、つまるところ、私の肉体の親元ということです。アレキサンドリアを出発する前のその最後の日々に、多くの準備が必要でした。ある者はカルメル山に、ある者はエルサレムに、そして死海の近くにあるクムランの、当時、再開発されたエッセネ派の共同体に、共に旅をする仲間がいました。十五人が贖罪の日〈ユダヤ暦の断食と悔い改めの祈りの期間〉に一緒に出発することになったのです。私たちにとって、このパレスチナへの帰還は、まさに新しい出発でした。あなた方のローマ暦では、その年は紀元前二〇七年でした。

私たち同胞団（ブラザー・シスターフッド）のことについて何かしらは知っているギリシア人の船員が所有する帆船と契約したのですが、彼は私たちの仲間ではありませんでした。女性五人と男性十人が乗船し出航しました。私のようにパレスチナに帰る者もいました。何人かはエジプトで肉体の産道を通って生まれ、二人は私のように肉体をもちながらも不死の身でした。二人は一行に混じりパレスチナに入るにあたり、自分たちのことをあまり目立たせないように旅に同行していました。マルコとトマスという偽名を使い、最初の目的地はペルシアでした。二人は熟達者（アデプト）やマスターたちの秘密会議に参加するためにインド、ヒマラヤへ行く予定でした。そこで写本を渡し、報告をし、指示や資料を受け取って、各地の神秘学校に持ち帰るのです。私たちは皆、義の教師、つまりメシアとして預言された方の到来を準備するために、具体的な仕事をする高位の熟達者（アデプト）たちだったのです。

エジプトに来た目的の一つが、翻訳した記録を集めることでした。杉の箱、釉薬（うわぐすり）のかかった土壺、密閉された金属製の容器などに収められていました。この記録をできるだけ短い時間に、アレキサンドリアの地上の住人たちに目立つことなく地下室から運び出そうと意識することにおいて、私たちの活動は熱にうかされたとも言えるものでした。人々の間には多くの不安があり、ヘブライ人の血を引く者は疑われていました。私たちは、宝物を持って出発するのを目撃する者がほとんどいないことを望んでいました。

前の章で説明したように、アレキサンドリアとその周辺に都市が建設されるずっと以前から、ファロス島を見下ろす海辺の村ラコティスは、同胞団（ブラザー・シスターフッド）が大海を渡って遠い土地と行き来するための港として使われていました。幸いなことに、私たちは古代の地下通路を利用して、直接、岸壁に行くことができました。数日の間に、たくさんの貨物を倉庫に運び、我々の雇った船に、食料とともに積み込みました。計画では、都市が眠りについている満月の夜に出航することになっていました。

私はすでに、愛する友人や親類に別れを告げていました。私は、秘教的仕事（エソテリック・ワーク）を続けるために、必要であれば意志の力を発揮してバイロケーションすればいつでもエジプトに戻ってこられるとわかっていました。最も困難だったのは、愛娘のオリアンナの生んだ子孫に別れを告げることでした。オリアンナは、はるか昔に私がハンナと融合したときに生まれた娘です。私の家族の残りの者の多くがイニシエーションを受け、秘儀の熟達者（アデプト）になりましたが、アレキサンドリア、ヘリオポリス、テーベに残り、「エジプトから、わが子を呼び出した」という預言を実現する者を迎えてその役割を果たすことになるのです。そのうちの一人、私のひ孫のヒスマリアムは、私と一緒に来ました。彼女は、エジプトで生まれた私の多くの子孫のうちの最初期の一人です。そして、中でも不老不死の秘訣を身につけた数少ない一人でした。彼女については、後で詳しく述べることにしましょう。

いよいよ運命の出発のときが来ました。ファロス灯台は薄い霧の中から黄金の光を放ち、アレキサンドリアの灯台が霧の中に消えていくと、満月が我々の行く手を照らしてくれました。風と海流が大海原を渡るのに十分な推進力を与えてくれたので、私たちの航行は妨げられることはありませんでした。私たちと一緒に来た同胞の一人はフィロアスといい、ヘリオポリス、メンフィス、アビドス、デンデラにおける神殿の活動で時々会っていた人でした。彼はソクラテスの弟子で、紀元前三九九年の裁判と処刑を目撃していました。真理を知ろうとする者のために、ソクラテスは闇夜を経て高次元の領域で弟子たちに秘儀を伝授できる存在になっていました。試練に合格して、復活への方法を知ったのです。

フィロアスは、その力強い存在感と不思議な予知能力で、私の心を和ませてくれました。彼はフルートと竪琴を演奏し、航海中の私たちの気分を盛り上げてくれました。私はこの兄弟と深い絆で結ばれているのを感じましたが、手を取り合って近くにいることで、私たちは十分に生命力を謳歌することができたのです。最後に男の人に暖かいベッドに連れて行かれてから、ずいぶん長いときがたっていました。この人と一緒にいると、シェケム（生命力）をマスターしていたときに脇に置いていた記憶が呼び起こされ、ホルスの高等錬金術をマスターするために必要な禁欲的な規律の報酬を要求したくなるのでした。ときおり、私は高位女司祭（ハイプリエステス）として、イシスの性的エネルギーの実践をパートナーと共に学ぶために、ホルスの光の受胎（コンセプション）の実践に参加したことがありました。そのようなきざしはごく稀でしたが、フィロアスと一緒にいる日が続くと、まるでイシスに仕える司祭に戻ったかのように、急に自分のセクシュアリティが激しく高まってくるのを感じたのです。

きっとフィロアスは、私のまだ見ぬ未来に目を向けさせてくれているのでしょう。もしかしたら、結婚相手が現れるかもしれない。そんな私の思いを察したのか、フィロアスは黙って飄々としていました。しかし、このままでは、私の人生で、結婚という天蓋の下に共に立つように呼ばれるのは、まだ何年も先になってしまうでしょう。

友よ、私もあなたと同じように性的衝動と交際願望があります。私もまた、愛の満潮に身を開き、私の子宮を人の精子で満たし、不妊の刺を取り除き、子孫の実を結ばせたいと願う肉の疼きをよく理解しています。

カルメル山の北十六キロメートルのところにあるプトレマイス〈都市名〉の港に上陸しました。古代フェニキアでは、この港はアッコと呼ばれていましたが、現在のイスラエルでは、再び元の名前で呼ばれています。私たちを待っていたのは、プトレマイオス〈朝エジプト〉の兵士と徴税人でした。その中にはマタイという名の若いイニシエートの司祭もいました。この人については後で詳しく述べることになります。

幸いなことに、私たちはアレキサンドリア総督から、総督自身の手によって封印された書類をもらっていました。そして、マタイの説得力のある言葉によって、私たちの荷物はすべて、好奇の目にさらされることなく、検査に合格しました。私たちはこころよくプトレマイオス政府に税金を支払いました。準備が実を結びました。賄賂が絡んでいたわけではありません。人類のために仕事をするためには、土地の権力者に気に入られる方法を知っていることが必要な時代でした。そんなとき、機知と論理とヘレニズム的な人脈で影響力を行使する方法を知っている人は、政治的な障害を克服することができました。外交が必要な状況に対応するため、同胞団のメンバーは、通常なら閉ざされたままの扉を開くための特別な訓練を受けていました。

マタイはカルメルから牛やロバが引く荷車を持ってきていました。私たち一行と大切な荷物は、プトレマイス市からゆっくりと南下し、耕された草地を通って、カルメル山、あるいは「実りある庭」と愛情を込めて呼ばれる岩の絶壁に向かいました。そして、内陸に入り、現在、皆さんがハイファと呼んでいる耕作地を横切りました。そして、石を敷き詰めた荒削りの〝ハイウェイ〟を、揺られながら上へ上へと進んでいきました。杉や松の香りが漂う風を受けながら、私の心はどんなに高鳴ったことでしょう。誰よりも好きだったこの聖地に戻ってこられたことを、神に感謝しよう。小さな松林にさしかかると、疲れが吹き飛びました。私は馬車から降りて、徒歩で先を急ぎました。砂漠に比べれば、ここは草は枯れ、空気は冷たいけれど、ああ、ここが我が家なのだと、私はありがたく秋風に吹かれて漂う歓迎の香りの贈り物を受け取りました。

鐘が鳴り響き、子どもたちの歓声が響き渡り、エッセネ派の仲間のコミュニティから歓迎されました。老いも若きも、私たちを迎えに来てくれたのです。私たちはお互いの腕の中に飛び込み、歌い、笑い、その日は皆にとってすばらしい一日となりました。そして、愛する人を抱き寄せ、両頬にキスをすると、私は心も足も羽ばたきながら、カルメル山地の薄暗い森を駆け上っていきました。見慣れた木々を前にして、私はうっとりとしました。昔は苗木だった木々が、今では私の頭上にそびえ立っています。あるものは古く、時代を超えて静かに佇んでいます。あるものは、遠く離れた場所に建物を建てたり、修道院を増築するために旅立っていきました。私は彼らを、人類を助けるという互いに合意した目的のために手放しました。

その間に子どもたちが私のスカートを引っ張って、預言者サムエルの聖域に続く道と、律法学者の宿舎にある私の古い部屋に戻されました。

私、アンナは、三百三年にわたるエジプトでの生活を終え、紀元前二〇七年に愛するカルメルへ戻ってきました。カルメルの美しさ、広く開けた土地、そびえ立つ木々、新鮮な風、その平和な聖域に住む大切な存在たちのことを、私はどれほど度々追憶したことでしょう。この神聖なる場所に、私のすべてのエネルギーと存在を集中できることは、とても久しぶりのことでした。実際に帰ってきた今、これから何が待っているのか？　正直なところ、まったくの謎でした。でも、私は何百年もかけて、その為にみずからの魂を準備してきていたし、展開すべき物語が手元にあることはわかっていました。我に返ると、成すべきことを成すために高次の心の意志に従うのだとみずからに命じました。ダビデ王の血統から生まれる高位の王の到来を支える人物たちを生み出すという、秘められた大いなる願いを満たすために、私の長い人生の次の段階が始まったのです。

カルメル山に集まったすばらしい人たちについて、私はあなた方にお話いたします。私が紀元前五一〇年にエジプトへ旅立った当時から、そこにいた人たちを紹介することから始めましょう。まず、ソロモンがいました。彼はエッセネ派の聖師団（オーダー）の最高位にあり、祖先である賢者ソロモンの名を継いでいました。肉体をもったままで五百年近く生きていました。彼はまもなくその生涯を終え、より高い次元への移行に向けて、当時、準備していました。私が戻ってから数年後、彼が創造主の源に戻る旅に出るとき、私は彼と一緒にいることができ、心底、光栄に思いました。

次に、私がエジプトに出発する準備をしていた頃、エッセネ派に入門しはじめた若者のように明るく陽気なテモテがいました。彼は私の招きでエジプトにやってきて、そこで書記と「道」の教師としての仕事を準備したのです。その後、彼はカルメルの図書館と少年たちの指導のために戻ってきました。彼の存在は、まだしばらくの間、カルメルを祝福し続けることになるでしょう。そして、後にクムランの図書館の基礎を築く際にも、彼の偉大な叡智と献身は大きな助けとなりました。

また、幼少期をエルサレムの神殿で過ごしたミカもいました。彼は、ユダヤ教の各宗派が理解しているモーセの律法について、あらゆる方向から熟知していました。また、モーセやアクエンアテンにさかのぼる根源的記録に良く精通していました。それらの書は、同胞団が秘密の管理者としてソロモンの神殿の下にあった丸天井の地下室に残していました。叡智を役立てる機会が訪れればいつでも彼は高次元の法則のもとで真実を観察し、証言者となりました。陰謀と混乱にまみれたエルサレムの代わりに、カルメル山でのシンプルで気楽な生活へと解放されたことに彼は感謝していました。ゼデキア王〈南王国ユダの最後の王〉の統治時代、紀元前五八七年にエルサレムが包囲されたとき、ミカはエッセネ派の数名の兄弟たちと共に逃げて来たのでした。

ミカの肩には、秘密結社の一員だった家族や兄弟が、投獄され、拷問され、命を奪われた記憶が重くのしかかっていました。ネブカドネザルの大軍は、やがてエルサレムの城壁を越え、街全体が略奪され、焼き払われたのです。ミカも負傷しました。手足が折れ、無残に砕かれました。そのため、彼は癒しの力を持つ熟達者（アデプト）でしたが、長い年月、松葉杖をついて歩きました。自分の心が裁く相手に対して、思いやりの心を持ち続けるために、魂が念を押したかのようでした。今やミカも、祈りや儀式のための集会を呼びかけ、教えるといった地上の役目から、まもなく去ろうとしていました。ある冬の寒い夜、愛する同胞の古の姿は白い光に包まれ、私が抱き寄せたときに魂がすっと抜けていきました。私にとって、それは本当に光栄なことでした。

それから二世紀、私は叡智の教えを伝え、秘儀を伝授し、薬草を栽培して集め、この小さな共同体が徐々に拡大していくために自分の時間とエネルギーを捧げるという日課に喜びをもって取り組みました。カルメルには、「道」の秘儀の教えを受け、その秘儀に入る準備をするために、多くの新しいイニシエートがやってきました。その中には、私がエジプトで出会ったイニシエートもいました。大半は（私に比べれば）まだ生まれて間もない人たちでした。

覚えておいてほしいのですが、私は細胞再生の方法を知っていたので、かなり長い間、肉体の見た目を維持し続けました。毎月、私は微細な光の体（ライトボディ）に意識を拡大しました。そうすることで、私は乾きはじめた細胞の一つひとつに永遠の命の光の霊薬を注ぎ、肉体の中の聖杯、あるいはキリスト・コードを活性化（アクティベート）させたのです。このような方法は、私が長年エジプトで過ごす前から行われていたことです。自分の肉体を一新する能力を開発したことで、私は実に何世紀もの時間の廊下を通り抜けたのです。まるで時間の紡錘が私の言葉と命令に従って巻き戻されたように、私は年を取らない者として存在し続けたのです。このことについては、また後日お話しいたします。

私の長寿を語る言葉の真実は、発掘された記録、そしてこれから発掘される記録が証明してくれるでしょう。しかし、友よ、あなたの能力に応じて信じてください。私が成したことは、あなた方も成すことができ、あなた方の時代には、さらに成すことができると、告げたいのです。ですから、私はこのページを通して、魂が肉体の中にどれだけ長く収まっているかにかかわらず、永遠の命の吉報をもたらすために表に出てきたのです。したがって、私の言葉を食べ物や飲み物であるかのように味わってください。そうすれば、私の言葉の本質が、あなたの中の聖杯をかき混ぜ、魂の運命を満たし、達成できるのです。

これからのページでは、不老不死の仕組みや肉体と精神のマトリックスを目覚めさせ、拡大し続ける宇宙のエネルギーを受け取るためのイニシエーションについて、より詳しくお伝えしましょう。

第7章 ヒスマリアムのアセンション

エジプトに一緒に行き、アレキサンドリアからカルメル山に船で帰ってきたときも、ずっとコミュニティの中にいて、私に付き添ってきた存在がおりました。彼女の名はヒスマリアム。すでに申し上げたように娘オリアンナを通して生まれ、細胞再生の秘儀をマスターすることに成功した孫の一人です。

彼女の魂は、過去生において処女懐胎（バージン・バース）と肉体の不死を教え、そして、その例証となるために、同胞団（ブラザー・シスターフッド）によって準備されていました。古代レムリアでは、ナカール神秘学校（ミステリー・スクール）を卒業していました。より近い時代では、エジプトに売られたイスラエル人ヨセフの娘ティイとして転生していました。聖書では彼女の身元は隠されていますが、ティイはアメンホテプ三世の王妃となりました。ティイ女王は、アメンホテプ四世を含む多くの子どもを産み、エジプトの王家の血統と古代ヘブライ人の血統をさらに融合させ、アメンホテプ四世はアクエンアテンと改称しました。

ティイ女王は、エジプトの神々と女神たちを祭る神殿（パンテオン）を「一なる神（ワン・ゴッド）」の傘の下に統合する能力で知られていました。アクエンアテンは母の影響により、エジプトの司祭たちの抵抗をしりぞけ一神教をもたらしました。後にアクエンアテンは〝異端の王〟と呼ばれ、革命的統治の痕跡は根こそぎにしようとされました。また、あまり知られていませんが、母のティイは息子が生命の不死やアセンションについて神秘学校で学ぶことを助けていました。

さて、ヒスマリアムのことですが、さらにお話したいのは、彼女が後にあなた方が「聖母（デバイン・マザー）」と呼ぶものの完全な化身として再び現れる運命にあることです。現世でのイニシエーションを完了すると、あなた方の教会が聖母と呼ぶマリアの役割をこの者は演じる準備が整ったのです。

ヒスマリアムは疲れを知らず、人類の進歩に献身的で、目的に向かう彼女を阻むものは何もありませんでした。彼女は心も体も光輝いていました。まさに、生身の肉体に聖母が化身したと言っても過言ではないでしょう。でも、彼女は謙虚で、まったく控えめで、いつも人のために何ができるかを考えていました。彼女は、やり方が単純で、完全に共感でき、自分と周りを通るエネルギーのすべてのニュアンスに気づいていました。

私とヒスマリアムは、カルメルの草原や聖域の中で共に祈り、語り、歩いたのです。瞑想の過程で、神の計画の具体的な内容が徐々に明らかにされました。その結果、彼女と私は、適切な時期に彼女のエッセンスが私の子宮に集まるようにすることに同意しました。そのとき、私は再び彼女の母親となるのです。私たちは母と娘の役割を果たし、人類のための責任として「聖母（デバイン・マザー）」の聖杯を手にしました。しかし、そのときはまだ来ていません。彼女の肉体の帰還への道を開くために行うべき多くの準備がまだあったからです。

ヒスマリアムと私は聖なる聖師団（オーダー）の高位女司祭（ハイプリエステス）であり、肉体的な不死のプロセスについてよく知っていました。ですから、私がエッセネ共同体と秘教学校の主要な監督者の一人として職務に就くことになったとき、彼女が私の主要な助手の一人となることは誰もがよく理解していました。カルメル山で共に奉仕した長い年月の間、私たちの関係は深まり続けました。

年月が経つにつれて私とヒスマリアムは、彼女が地上の世界からどのように移行していくのかを話し合いました。私たちは何年も前から内的錬金術を実践し、微細なエネルギー体に対する意識を高めてきました。私たちは、肉体が解体されても意識は存続し、地上の体験の記憶はすべて霊的な次元に妨げられることなく受け継がれるとわかっていました。死を経験した多くの人々とヒスマリアムや私のようなイニシエートとの違いは、「眠りに落ちる」のではなく、死の過程でも意識を保っている方法を知っていることです。また、「肉体を置いていく」か、肉体を次元上昇させるか、選択ができることを知っているところにあります。

いずれにせよ、私たちは生命に奉仕していることに変わりありません。もし、意識的に光の体（ライトボディ）を物理的な焦点から外し、意識的に抜けるとしたら、物理的な要素の遺体は、アセンションした意識のより高い状態によって充電されます。埋葬された遺体は、アースマザーに善意の祝福を放射し続け、彼女の最終的なアセンションを支援することになるのです。もし肉体をアセンションすることを選択した場合、私たちが地上から姿を消すように物理的要素の周波数を上げることができ、それによって地球の物理的要素を「ベールの向こう側」に上昇させることもできます。

意識的に死を通過するということは、肉体と自分を同一視したままでいることではありません。私たちは、自分たちが肉体以上の存在であることを知っています。私たちの願いは、生命は永遠であり、神との統合を選択した者はすべて、肉体に閉じ込められているという制限のある信念を超えて上昇できることを人類に例証し、意識を拡大することでした。私たちの願いは、自分自身の魂を進化させ、使いこなすことによって、集合意識を、肉体と精神が分離した荒野に迷い込むという恐怖から解放することです。

ヒスマリアムの選択は、肉体を光の世界へアセンションすることであり、彼女が地上の肉体の焦点から外れるときが来たとき、私たちは準備ができていたのです。安息日の日没後、ヒスマリアムが夜明け前に旅立つように指示されたと私に打ち明けた、あの穏やかな夜のことをよく覚えています。私たちは、彼女が私の娘として地上に戻った後、彼女のお腹を通してやってくるであろう方と、より高い光の領域で再びつながるときが来たのだと知っていました。

ヒスマリアムは、カルメル山の頂上付近の場所に行くよう導きを受けました。そこは何世紀も前に預言者エリヤが主の名によって十二の石で祭壇を築いた後、地面に頭を着けた場所でした。彼女は内密に、ユディト、ジョシー・マリア、そして私を同行させるよう招いてくれました。その日の夜遅く、私たちは静かに聖域を出て、満月の光を浴びながら山の頂上まで登りました。ヒスマリアムは、蛇行した道にたくさんある平らな石で作られたベンチに座るようにと私たちに告げました。ユディトは低いベンチに座り、ジョシー・マリアは少し離れたところに座りました。そして、私は山の頂上からそう遠くないところで座って祈るようにとうながされました。

ヒスマリアムが頂上に向かうのを私は見守り続けました。風がスカートやショールをたなびかせ、小柄で華奢な身体の周りに吹き付けました。彼女の姿が見えなくなると、長い黒髪が風になびいたのか、バラとユリの香りが周囲に漂いました。目には映りませんでしたが、私の内なる目は、彼女のハートセンターから輝く白い光の球が広がっていくのを見ていました。体の分子そのものが、螺旋状の光と融合しながら、より洗練された形へと変容するのを感じました。そして、まるで風が突然、真空を突き抜けて、爆発したかのように、彼女は持ち上げられたのです。

私たち三人は、東の方角から光が差しはじめるまで、その場にとどまっていました。そして、内なる合図で一斉に立ち上がり、ヒスマリアムがアセンションした場所まで歩みよりました。そして、すべての生命の父と母を賛美し、歓喜の涙を流しました。私たちは心の奥底で、最愛の妹を失ったのではなく、この地上で何をするために呼ばれたかに関わらず、命は永遠であるという最高の真理の証人になったのです。そして、そのときが来れば、私たちはそれぞれの方法で、最愛の友のアセンションの足跡をたどることもわかっていました。

すると〝シェキーナの精霊〟が私たちを包み込み、理解を超えた平和を、私たちはそれぞれの許容量に応じて受け取りました。こうして、聖霊の証が深い平安と直接的な啓示をもって私たちを貫き、私たちが生まれる前に光の評議会と合意した役割を理解しました。私たちはキリストの光を胸に宿し、後にヒスマリアムが、〝人の子（ソン・オブ・マン）〟の母となるために戻ってきたときに、彼女を受け入れられるよう準備をしたのです。

ヒスマリアムの白い手紡ぎの麻のローブをそっと拾い上げ、彼女が座っていた場所にきれいに畳んで置くと、太陽が地平線のはるか上まで昇っていました。静かに抱き合った後、安息日に先立つ儀式に参加するために聖域に向かいました。その日のうちは無言で過ごしたので、ヒスマリアムの不在となった理由を説明し、彼女を偲ぶ人々を慰めることができたのは、翌日になってからでした。

私たちのコミュニティの誰もが、彼女の突然の旅立ちを理解できたわけではありませんでした。カルメル神殿を時々巡回している兵士が力づくで連れ去ったのではないかと、彼女の失踪を嘆く者もいました。しかし、私たちのコミュニティには、ヒスマリアムが肉体のベールを脱いだ目的を知っている高位のイニシエートたちがいました。若者や初心者のために、彼女の予告なしの出発は、彼らのイニシエーションの目的をよりよく理解するための教訓として使われました。こうして、私たちのコミュニティはメシアの到来の準備過程に入ったのです。ヒスマリアムのアセンションは、人々が徐々に目覚め、「彼」の到来が間近に迫っていることを内面的に認識していくための、多くの兆候のうちの最初のものに過ぎないと、私が心の中でわかったのは、夜になってからでした。

ところで、ベールの向こう側でヒスマリアムの光への帰還を喜んでいる存在たちは、どのような体験をしたのでしょう？　内なる目で見ると、天使の軍団が彼女を腕に抱きかかえているのが見えました。天使たちは、ヒーリングのエネルギーで優しく彼女に触れ、彼女は次元の回廊を螺旋状に楽しく上っていきました。ヒスマリアムは、多くの存在（ビーイング）に挨拶をしながら、凱旋のコーラスに加わり、彼女のお腹から地上に誕生することになっている「光り輝く者（ラディアント・ワン）」と対面することになりました。

二人が抱擁しながら、大きな光の門を通過するのを私は見ました。人型（ヒューマノイド）の形態は残していましたが、私は自分の体験から、二人の意識はまだそのままであることを知っていました。彼らが光の評議会の前に「立ち」、報告をし、助言を受け、来るべきキリストの秘儀の執行のための次のレベルの準備を始める姿が私の内的なヴィジョンに映りました。私の意識の大いなる側面も、その会議に参加していることも感じていました。ヒスマリアムが見事に示したような経験を人類と地球ができるように、もう一度、すべての時間を超えて私たちの叡智を集め、エネルギーを結集する機会がやってくるのでしょう。

ヒスマリアムのアセンションについての話を読んで、キリスト意識へのアセンションなどということは、ヒスマリアムのような特別な人だけのものだと思うかもしれませんね。でも、ここで、ご自分の人生を振り返ってみてください。あなたが何かを考えてからそれが現れるまでの時間が、以前よりずっと短くなっていることに気づいていないでしょうか？　また、あなたの思考に深い感情がともなうと、あなたの願望や恐れがどれほど速くあなたの物理的現実に現れるかを目撃していますか？　シンクロニシティ、デジャヴュ、親しみを感じる人々との出会い、そしてあなたの人生で起こっている感情のジェットコースター体験の増加に気づいていませんか？　これらの出来事はすべて、意識の悟りとアセンションの指標となるものです。

すでに悟りを開き、アセンションしているのですから、あなたが目を覚まし、気づき、すべての瞬間の体験に感謝の気持ちを持つことを選択したとき、そうなるのです。自分こそが道であり、求める目的地であると知るようになることは、瞑想や内的エネルギーの実践によって大いに助けられます。しかし、私の愛する友よ、これを知っていてください。アセンションは、遠い未来にあなたを遠ざけるような道の先にある目的地ではありません。神への統合が実現するのは、今だけなのです。

あなたはすでに、この呼吸の中で、キリスト意識への個人的・惑星的な上昇の真っ只中にいます。あとは、あなたが、ただ統合を選び、創造主があなたを通して表現するのをゆるすだけです。そして、ヒスマリアムは親しい友人たちに「スペースを確保してほしい」と頼んだのと同じように、二人以上の人が集まれば、あなたのアセンションの道もサポートされ、加速されるかもしれないことを、知っておいてください。魂の集団が、望ましい結果がすでにそうなっていることをわかるために、気持ちを合わせて今この瞬間に集中するとき、奇跡は簡単に、楽に起こるのです。そして、あなたが聖母マリアとして知っているヒスマリアムの意識は、今あなたたちと一緒になって、あらゆる多様な形と上昇するハートを通して意識的な表現として生まれつつあるのです！

第8章　アンナが解き明かす復活の神秘

私がエジプトからカルメル山に戻るまでの百五十年間、そして私が多くの子どもたちを産む人生の始まりの段階の期間に、パレスチナの政治的側面に多くの変化がありました。

紀元前三二三年、アレキサンダー大王が熱病で三十三歳の若さで亡くなった後、マケドニアの将軍たちは残された戦利品を山分けにしました。彼らは戦争には長けていましたが、政治的な統治や社会改革に関しては、ほとんどの場合、どうしようもなく無能でした。そのため、彼らの子孫が、自分たちが受け継いだ土地の支配権をめぐって、互いに争うようになるのは時間の問題だったのです。私がカルメル山に戻った直後から、再び嵐はやってきました。

ヘレニズム文化がユダヤ人に強制されると、その結果、政治的緊張が徐々に高まり、ついに紀元前一六七年にマカバイ戦争が起こりました。紀元前一四二年、ハスモン朝が統治するユダヤの独立国家が成立しました。この王朝の末裔が、新約聖書の記述で知られるヘロデ王です。後にユダヤ人熱心党〈反ローマの急進派〉を生みだし、クムラン・エッセネ派の保守的原理主義に拍車をかけた原動力の多くは、この分裂した反乱に由来し、征服したローマ兵や総督の存在によってさらに増幅されたのでした。このような政治的混乱の中で、私はカルメルでの日常生活を送ることになったのです。

カルメル山からパレスチナの肥沃な丘陵地帯に、エッセネ派の仲間たちと出かけはじめたあの頃、私たちはこのような状況にありました。まず、ガリラヤの近隣の村に行き、次に南のサマリアとユダヤの町や都市に行きました。ガリラヤ湖畔のカペナウムや死海沿いのクムランにもよく出かけました。地中海に面したプトレマイスからティールまで、北はカルメル山、南はヨッパまで、船で旅をしました。カルメル山からヨッパまで海岸沿いに広がるシャロンの平野を私はよく知っていました。

また、ヨルダン川を北上し、ガリラヤ湖を越えてその源流までさかのぼり、ヘルモン山の頂上近くにある古代の聖域に登りました。アララト山の高台にあるさらに古代の聖域にも巡礼しました。あの頃、ほとんどの巡礼者が陸路または船などを生身の体で移動しましたが、私もそれ以上は行けませんでした。しかし、私はテレポートやバイロケーションによって、さまざまな場所や時間軸を越えて旅をしました。

エッセネ派の聖師団（オーダー）の最高位の女司祭として、私はそのとき、人々に手を差し伸べるという神聖な責任を負っていました。ですが、カルメル山出身の私たちは、そう思う人もあるようですが、伝道に対して熱心でも狂信的でもありませんでした。むしろ、私たちの活動は静かなものでした。聞く耳のある人には、「義の教師の道」（エネルギーの正しい使い方を明らかにする叡智の教え）を伝えました。しかし、私たちのメッセージを受け入れてくれた人たちだけを、私たちの同胞団の聖師団（オーダー）に招いたのです。

私が巡礼する理由は二つあります。一つ目はすでに説明したとおりですが、二つ目はもっと隠れた理由です。私が「義の教師」として肉体を代々維持するために用いた、あまり知られていない復活のプロセスをこれから紹介しましょう。

毎日の深い瞑想で、苦しみや病気、自覚のない死という通俗的な信念から離れ、さらに、心の集中をさまたげる可能性のあるものから遠ざかり、長時間、静寂の中に身を置きました。思い出していただきたいのですが、私はエジプトで「墓の儀式」をマスターしたと言いました。そのため、ヒンズー教がサマディ（三昧）と呼ぶ意識状態、つまり神との一体化に入ることができたのですが、その間、私の身体の生命反応は見分けられず、場合によっては存在しないこともありました。でも、私の身体は心地よく、生命力を保っていました。私は、奉仕の日々を長く続けるために地上に留まることを選んだので、神に完全に帰依するような高い三昧状態を会得することはあえてしませんでした。そのため、地上での目的を達成するために、数週間の若返りと休息だけでなく、何年も仮死状態になることが必要な場合もありました。

実際、私の肉体は、そのような状態に一世代以上留まった時期もありましたが、私が地上での歩みを再開したとき、周囲の一般社会は私に疑問や恐れを抱くことなく、彼らの一員とみなしてくれたのです。義の教師の道を知るエッセネ派の仲間が、その実践を厳重に守り、休暇中は互いの身体を支え、葬儀を演出し、偽名を使い、謎めいた私たちの行ったり来たりに納得のいく説明を施していたからです。

もし、あなたが自分の年齢が周りの人よりも上だと想像したら、不老不死の人が経験する微妙な状況を理解できるかもしれませんね。不老不死を知らない人に、自分が何百年も生きられることをどう説明するのか。あなたは若く見えるかもしれませんが、何百人もの子孫の祖先であり、そのほとんどが死亡し、現在生きている人の中にはあなたより年上に見える人がいることを率直に認めますか？

私はしばしば、エッセネ派の共同体に奉仕するために周辺の田園地帯に出かけ、さまざまな村にいる私の子孫を訪ねたとき、休息と再生を支える秘密の場所に行くことがありました。これらの場所は光の同胞団（ブラザー・シスターフッド）に幾多の古代文明の台頭を経る中で守られてきました。そこは常に、不慣れな者、ナイーブな好奇心の探求者、あるいは略奪的な盗賊から守られてきました。私の細胞の再生をサポートしてくれる聖域は、主に三つありました。私が最も頻繁に訪れたのは、カルメル山の洞窟の中です。他の二つは、クムランとヘルモン山の近くにある洞窟の中でした。この三つの洞窟は、その維持管理を担当する司祭（プリースト）と女司祭（プリーステス）によって一定に保たれ、三角形のエネルギーの焦点として機能し、そこに来る熟達者（アデプト）に奉仕していました。

洞窟の中には、正確な寸法で彫られた石棺があり、魔術的な処方と生命を維持する効果のある厳密で立体的な幾何学模様が掘られ、羊水のような粘性を持つ独特の生きた血漿（プラズマ）が満たされていました。私は、休息と再生を望むときはいつでも、深い瞑想をともなう浄化と長期の断食を行った後、しばらくの間「不在」期間を設けては、「墓の儀式」の準備をしました。

私のような進化した魂が、なぜ「墓の儀式」の厳しさと、仮死状態にある潜在的な危険性を受けることを選んだのだろうか、とあなた方はよくたずねます。私がそうする理由は、多岐にわたります。まず第一に、私は内面から深く導かれて、短期間および長期間の肉体の保存と復活の方法を獲得しました。これは後に、皆さんがイエスと呼ぶ私の孫に肉体の復活の方法を教えるための準備であったと理解しました。第二に、私は個人的に、自分の魂の目的にかなうかぎり、産道や幼児期を通り抜けたり、再び肉体を「歩む」のではなく、肉体を維持することを好んだのです。

私の望みは、物理的な面の法則と霊的な不死をマスターし、ごく普通の人間に見える者として人類に奉仕しつづけ、私の魂がやるべきことをすべてやり遂げたときに、最終的にアセンションを受け入れることでした。私の数少ないアセンデッド・ビーイング（次元上昇した存在）との経験では、彼らが地球次元の密度に訪れることはまれで、人類を助けるために来たとしても短期間であったと聞いています。いずれはアセンデッド・マスターとして「出入り」することも私の選択ですが、今は、導かれるかぎり人類と母なる大地の近くに留まることに満足しているのです。

「墓の儀式」のための浄化を適切に受けた後、私は深い変容した脳の状態へと進みます。私の体が眠り、意識が高次の光体（ライトボディ）と完全に同一化される望ましい状態に達すると、「カート」と呼ばれる油を注がれた布に体は包まれます。これは、ミイラにするときに使う綿や麻の白布（シュラウド）に似ています。この布には、組織を保存し再生させる効果のあるエッセンシャルオイルが染み込ませてあります。もし私が比較的に短時間で再生したいのであれば、私の包まれた体は墓の上に置かれるか、蓋をせずに中に入れられます。その際、私の顔の上にナプキンが置かれ、それ以外は露出されません。再生して呼吸が戻るとナプキンがはためき、私の体が動き出したことを侍医や司祭に知らせたのでした。

数ヶ月から数年にわたる長期不在の場合、私の全身は丁寧に包まれ、「羊水のような液体」または「分子構造変化した水」が注がれた棺の中に置かれ、浮遊状態または反重力状態になることができました。参列する司祭（プリエスト）と女司祭（プリエステス）は、石棺を正確な位置に浮かせると、その蓋を密閉するのでした。このように、「墓の儀式」のすべての要素は、完全にシナジー（相乗効果）を発揮する中で行われました。

ときには、私は「カー（エーテル体の双子の片割れ）」の姿で洞窟に戻り、私の体、または「カート・ボディ」の近くで空間をホバリングして、その再生をサポートしました。そのようなとき、私は墓を守っている人たちからよく見え、私たちは一緒にコミュニケートし、私の肉体が必要とするかもしれない適切な癒しのエネルギーを与えたのです。ほとんどの場合、私の意識は他の場所にあり、他の惑星を訪れることさえありました。金星のハトホルの癒しの神殿に行ったり、プレアデスやシリウスBにある高次のスピリチュアル大学で勉強を続けたりするのが特に楽しかったです。そこで私は、マリアの母として、また「義の教師の道」、キリストの道を公に示す彼の祖母としての役割を果たすための準備を整えました。

地上に戻るとき、私は監督する司祭（プリエスト）や女司祭（プリエステス）に自分の存在を知らせ、肉体への完全な再突入をサポートしてもらいました。私のすべての身体と常につながっているシルバー・コードや秘密のチャンネルに生命力が充電され、私は出て行ったときと同じように螺旋状に戻ってきました。蓋が開けられ、私は墓場から持ち上げられ、包みを解かれ、入浴し、液体を飲まされました。身体の機能が完全に回復するまでには、通常、数日、ときには数週間を要しました。これらの経験はすべて、私の魂を進化させ、来るべき地上での仕事の準備に役立ったのです。

あなたは、私がおとぎ話か、せいぜいSFをでっち上げたと思うかもしれません。しかし、私はあなたに保証します。近づく黄金時代が肉体的・精神的不死のこの古代の科学を明らかにするとき、あなたは超意識に目覚め、私たちが「義の教師の道」と呼んだもの、「光の聖杯コード」を思い出すかもしれないのです。これらは現在、あなたが自分の体と呼ぶ墓と、無意識の物質世界であるより大きな墓の中で眠っており、復活した意識の中で蘇りつつあるのです。私の人生はあなたの人生よりも重要であり、私のセルフ・マスタリーのレベルはあなたが到達できるよりも大きいと思うかもしれませんが、私はもう一度強調したいのは、あなたもまた、あなたの魂の過去と未来の転生におけるマスタリーを覚えていて、それが今あなたの日常生活の中で頂点に達しているのです。あなたは、私が示したのとは違った方法で、セルフ・マスタリーを通して人に奉仕することを選択するかもしれません。しかし、それとは関係なく私は、あなたが自分の完全な神性をどのように表現するか、その方法を常に知っているあなたの真の自己である内在のキリストを復活させるための触媒としてここにいるのです。

　このように肉体やエゴという分離したアイデンティティーを「磔（はりつけ）」にして、その小さな自己を休ませ、創造主と常に一体であるより広大な意識を復活させるイニシエーションのプロセスを私がよく理解していたことをおわかりいただけたでしょうか？　恐怖によって大衆を支配しようとする人たちによって教えられてきた磔のイニシエーションは、贖罪（アトウンメント）（神と一体になること）は苦しみと血の犠牲によって達成されると信じ込ませるでしょう。私は、「分離した自己」が神と一体化することに抵抗する場合にのみ、苦しみが結果としてもたらされることを再確認します。「神／女神」が愛の源であると認識されるとき、必要な唯一の犠牲は、愛が自分自身を主張できるように、自分の傲慢な分離意識を喜んで差し出すことです。

　長い年月をかけて、私は「墓の儀式」に参加し続けました。ときが経ち、私の熟練度が増すにつれ、私は他の人々を磔刑と復活のイニシエーションの神秘に導く機会を得ました。ときが経つにつれて、間もなく来られる方のために道を整えるという私の任務の本質を、次第に明確に理解するようになりました。そして、私が経験したことはすべて、より大きな役割を果たすことになるのだということも理解しました。しかし、その前に、私たちを支えてくれる役者たちに、舞台に立つ機会を与えなければならないのです。そうして私は、意識的で神聖な愛を通して得られる、より拡大した慈愛に満ちた愛を経験するために、独身という敷居をまたぐことになったのです。

第9章　マタイとアリマタヤのヨセフ

〝光輝く者(ラディアント・ワン)〟のサポートチームの役を演ずることになる子どもたちを生み出すという、私の天命を自覚するための期間となったあの頃、私よりもはるかに広い範囲を旅していた賢者たちがいたことを思い出してください。〝賢者の聖師団(オーダー・オブ・マギ)〟と呼ばれる非常に古くからの仲間です。ある者は肥沃な三日月地帯や極東から、またある者はイギリス、エジプト、ギリシアから来た者もおりました。何世紀にもわたってカルメル山にやってきて、私たちの図書館を利用し、それぞれの伝統の中に保存されている太古の叡智をもたらし、私たちと交換していました。

カルメル山の私たちエッセネ派は、〈多層に分光する〉光のスペクトルのすべてを受け入れる人であることを意味します。私たちは、風のように行き来する賢者たちによって広められた多くの叡智の教えを掛け合わせた存在と言えるかもしれません。私たちエッセネ派は、いわゆる宗教というよりも、生き方のようなものでした。したがって、私たちは、昔のアクエンアテンやモーセ、古代ではクリシュナ、イシス、オシリスについて知っていたように、同時代のゴータマ・ブッダやツァラトゥストラについても知っていました。

私たちの折衷的でエキュメニズム（超教派的普遍主義）の伝統は、あらゆる視点を尊重することを可能にし、それによって、「一なる神・女神」が多くの異なる文化や言語において獲得したすべてのさまざまな名称を評価することを可能にしました。私たちの教えは、主に口伝と生き方そのものを手本として伝えていました。また、文書による記録も残しました。私たちの中には書記の才能のある者もいましたし、多くの者がさまざまな言語を理解していました。ただし全体として私たちは主にヘブライ系であり、共通言語はアラム語でした。

私はこれまで四百年以上にわたって、友人であるあなた方とさまざまな形で関わってきました。今、私の物語を語るときが来たのです。あなたが親密な関係になるときに経験するような、人間らしい感情を持った女性として、私を知ってもらいたいという願いからです。実際、私は人生をより完全に受け入れ、ヒスマリアムを再び娘として産み出す準備を整えていくにつれて、聖なる鏡となる相手を自分に引き付けるようになりました。こうして私は、これまでの長い年月では知り得なかった方法で、自己を知るようになったのです。

日が経つにつれ、久しく体験したことのないエネルギーの流れを感じるようになりました。人と親しくなりたいという気持ちがどんどん強くなったのです。これは、神秘学校で密かに教えられ、描かれたキリストの復活劇を共同創造し、演じる登場人物たちを生み出すために、自分の役割を果たす上で必要な行動をとるようにと内なる導きが準備を迫っているのだと、私にはわかっていました。私は結婚の天蓋に抗いがたいほど引き寄せられるのを感じながら、婚礼の儀式を受ける資格がある者として自分を認めました。

カルメルには、私にひかれる同胞(ブラザー)が何人もいました。その一人がマタイでした。彼はレビ族の高位司祭マタイの息子で、私が紀元前二〇七年にエジプトからカルメル山に戻ったときにプトレマイスの港に来た長老マタイの孫にあたります。もう一人は図書館を管理していたテモテです。マタイはテモテとは対照的に、年齢がずっと若く、カルメルで受けられるすべてのイニシエーションを完全にマスターしてはいませんでした。私は、これらの高位イニシエートのいずれかがふさわしいと理解していました。

私の心はマタイに引き寄せられました。自然を愛する心、そして美しい花や農産物を育てる能力が、私の心を引きつけました。加えて、コミュニティの福祉に純粋な関心を持ち、神に献身的であることから、私は彼を有力な候補者としました。そして、前世の魂がトマスであり、マタイに転生しているため、私のハンナの側面も尊重したことを告白しなければなりません。トマスはハンナの婚約者で、私がハンナの身体に入り込む前に(ウォーク・イン)捕らえられてバビロンに連れ去られたのでした。私の心の奥底から、何とかしてハンナの片思いを成就させたいという思いがわき起こったのです。

私たちは、お互いの魂の本質とペルソナをより深く理解するために、普段の仕事から短期間離れて、求愛の期間を設けました。その結果、私たちは相性が良く、数週間のうちに婚約をしました。婚約の儀は紀元前五八年の秋、収穫の後に行われました。私たちのために素晴らしい祝宴が準備されました。カルメルのコミュニティ全体が祝宴に包まれました。私たちのことを〝尼さん〟とか〝行者さん〟と呼んでいたこともあり、皆の気分は大いに盛り上がりました。多くの人が思い出せないほど長い間、禁欲的な独身生活を送っていたので、この日は、たくさんの笑いと心から幸せを願う真心があふれて、カルメル山にとっての最高の祝祭日となりました。

冬至の頃、マタイと私は天蓋の下で向かい合い、指輪と誓いの言葉を交わしました。そして、一年で最も長い夜の前夜に、私は子どもを授かりました。この子の受胎は光の同胞団によって監督されていたことをさらに申し上げましょう。私の子宮には、この子の偉大な魂のエッセンスが置かれ、マタイの精子は、この子が地上の限界を超えた意識で成長できるよう、高い周波数の光を受け取りました。私は夫であるマタイに、結婚の喜びと光の受胎のすばらしさを深く教えてくれたことにいつも感謝しています。

私は、ずっと独身を貫いてきたマタイをイシスの秘儀にイニシエートしました。イシス神殿での経験を思い出しながら、マタイにイシスの性的エネルギーの修練法を伝授したのです。私たちの子どもの魂が物理的な次元に入るように誘われたのは、この高い愛の状態の中だったのです。そして、この子が私の子宮の中にいた数ヶ月間、私たちは意識的な愛で育てました。

男性との親密な関係、そして子どもの誕生は、なぜ今までゆるさなかったのかと思うほど、深い気づきのある贈り物でした。しかし、関係の深化の代償を考えてみると、その禁欲の解放は、私が避けてきた自分の心を砕く傷によってもたらされたことに気づきました。ハンナの傷ついた心にこびりついた不治の痛みは、私に結婚を先延ばしにするあらゆる理由を与えてくれました。イニシエートとして、私は多くの不調和な感情を変換してきました。しかし、私はそれにもかかわらず、自分の個人的な意志をスピリットの意志だとねじ曲げて、最も心地のよい道として長期の独身生活を正当化することで、愛の親密さを避けてきたことに気づきました。

マタイの優しいタッチを感じると、どんなに心地よかったことでしょう。そして、私の老いていても若々しい体の中で、生命を謳歌することは、どんなに素晴らしいことでしょう。私の娘、オリアンナは四百年以上前にこの世を去っていました。そのため、この時点で彼女の子孫はたくさんいました。そのほとんどはまだエジプトに住んでいたのです。ある者はカルメルで、またある者はガリラヤやユダヤの周辺地域で暮らしていました。こうして、私の出産の時期が来ると、長男の割礼〈生後数日以内に行われる主にユダヤ教徒の儀礼〉と命名のために、私の子孫たちが大勢集まってきたのです。

　私たちの息子は、グレゴリオ暦で紀元前五七年、乙女座と天秤座の境目（カスプ）で生まれました。彼はエジプトに売られたイスラエル人ヨセフの血筋であったので、私たちは彼の祖先にちなんだ名前を選びました。ヨセフとして、私たちの息子は皆に知られました。

　この才能ある子どもは、大きな愛と献身をもって育てられました。幼い頃、私は息子を膝の上に乗せ、私たちのイスラエル民族の血統や、「イシス、ラー、エロヒム」という言い方が好きで、その話をしました〈「イスラエル　Israel」を分解すると「イシス　Is」、「ラー　ra」、「エロヒム（神）の単数エル　el」となる〉。そして、古代エジプトをはじめ、私が旅した場所の不思議な物語を語り聞かせました。また、イギリスに滞在していたとき、ケルトの王家の養子になり、ドルイド〈古代ケルトの祭司階級〉の女司祭になったことも話しました。息子の心はスポンジのように、私が与えることができるすべてのものを吸収しました。そして、もっと知りたがっていたのです。

　ヨセフの誕生から一年半後、お互いの愛が強いうちに、マタイと私は女の子を宿しました。私たちは彼女をマルタと名付けました。彼女は堅実で毅然とした性格で、炉辺の知恵と細々したことを管理する才能に恵まれていました。彼女も、ヨセフのように、私たちの物語の中で役割を果たすことになります。

　さて、ここで神の計画の中で重要な役割を果たすことになるヨセフについて、もう少し詳しくお話しましょう。ヨセフは言葉の学習に熱心だったので、一歳から二歳の間に母国語のアラム語を教えました。そして二歳から三歳の間にヘブライ語とその炎のような文字を教えました。その後、私が記憶していたケルト語の一部が、ヘブライ語との基本的な親和性から、私たちの関心の的になりました。六歳になると、ペルシア語やサンスクリット語にも触れました。次にギリシア語、そしてエジプト語。ローマ人の正式な言語であるラテン語は、十一歳のときにやや不本意ながらカリキュラムに組み込まれました。

　ローマ語の導入を先延ばしにしたのは、紀元前六三年、ポンペイのローマ軍団がパレスチナに侵攻したときの苦い味がまだ残っていたからです。貴族的なサドカイ派と正統的なパリサイ派の政治抗争に、ローマが介入してきたのでした。エルサレムは包囲され、一万二千人近いユダヤ人が虐殺されました。紀元前六三年末には、パレスチナ全土がローマのシリア州地方に編入され、ローマの属国となりました。そして、さらに苦々しいことに、ローマは民衆を支配するために、抵抗する者には罰として磔（はりつけ）の刑を再び導入していたのです。十字架が立ち並ぶ道を通り過ぎたときの感情的ショックは甚大でした。心を閉ざすことはできませんでした。人類は、いつになったら精神と物質との結合の象徴である十字架の真の意味を学ぶのでしょうか？

　マタイは息子を可愛がっていましたが、私のようにヨセフに学問を授けることはできませんでした。そのため、ヨセフの養育に関して、私たちの間に緊張が走るようになりました。嫉妬と自己批判の影がマタイの心を蝕みました。ヨセフは父と一緒に野原や庭に出て、星空の下を手をつないで歩くのが大好きでしたが、私のところに来て、図書館で延々と古代の巻物を調べているのが、さらにお気に入りでした。こうしてマタイは息子を失ったと感じ、その激しい喪失感を私のせいにして、私と距離を置くようになったのです。私たちのベッドは、甘い香りのバラではなく、棘で満たされたものになりました。
月日が経つにつれ、マタイは自分自身を冷たい毛布でおおい、周りと距離を置きました。長年にわたる独身生活で、彼は「より安全な」禁欲的な生活に戻り、私たちの家庭環境を乱す感情の起伏を感じないよう自身を保護したのです。私の心は痛み、夫を失ったことに自責の念を覚えました。でも、どうしたらいいのでしょう。ヨセフはヨセフですし、マルタは女同士でいることを好みました。私は、すべての出来事には神の目的があることを知り、ただ神を信頼し、この状況を受け入れるために最善を尽くしました。

ヨセフの四歳の誕生日から数ヶ月後、マタイは、カルメルから南東に百二十キロメートルほど離れた死海の近くにあるクムランのエッセネ派の共同体に移ることが、すべての関係者にとって最善であると判断しました。彼は、一時的な別離に過ぎないかもしれないと考え、これを実験的に行いました。しかし、私は心の中で、私たちの結婚はもう駄目だと思いました。彼は数ヶ月に一度、子どもたちと一緒にカルメルを訪れました。しかし、私に対しては、傷を負ったようで、私をベッドに誘うことを嫌いました。そこで、私たちは共同体の長老評議会に訴え、お互いに罪や不満を見つけられないにもかかわらず、結婚の誓いの取り消しを願い出ました。それは異例な願いでしたが、評議会は私たちの願いを認めました。こうして、マタイはクムランの農園で、その類まれな才能と並外れた献身を自由に表することができるようになったのです。

エドムの王ヘロデの命令によりアントニーのローマ軍団がクムランを焦土と化したときに、マタイは抵抗したことにより負った傷で亡くなった紀元前三七年まで、クムランで平和と満足を享受しました。

マタイがカルメル山を去った後、私は息子が神聖なドラマの中で果たすべき役割を準備するために、多くの注意を払いました。こうして、ヨセフは大きく成長しました。彼の学習能力は私のそれをはるかに超えていました。彼はモーセの律法と古代の記録を読み、誰に対しても熱心に説明しました。特に、遠くから来た賢者（マギ）を慕っていました。彼らの話を聞いているうちに、魂は飛翔していきました。十二歳のとき、彼は賢者たちと一緒に旅をすることに引き寄せられました。息子を手放すのは簡単なことではありませんでしたが、そうしなければならないことはわかっていました。

ヨセフはアレキサンドリアの大図書館に連れて行かれて勉強し、ナイルの神殿でイニシエーションを受けました。次にパルティアを経てインドに渡りました。ツァラトゥストラ、ブッダ、クリシュナの教えに精通するようになりました。ヒマラヤ山脈の高地まで、財布も証文も持たずに旅をしました。数年間、彼は聖人やマスターの間で暮らしました。その中には、肉体を持った不死身の人もいました。たとえば、現代の皆さんもご存知の、クリヤ・ヨーガの系統の尊敬すべき父として知られるババジと呼ばれる人です。ババジは私の孫弟子だという話もありますが、〝平和の息子〟の教祖（グル）となるのは、この愛すべきマスターです。アバター（神の意識を完全に具現化した者）同士が出会うとき、統一性（ユニティ）においての人生を経験していない人々には混乱が生じますが、本当は誰がグルであるとか、弟子であるとかは重要ではないのです。彼らは〝ワンネス〟という鏡の中で、明らかに神性を映し出しているのです。

二十代前半の青年としてカルメルに戻ってきたヨセフは、身につけた知識を共同体のそれと融合し、豊かにしてくれました。彼はまさに光り輝く存在でした。その後、数年間、カルメル山とクムランに本拠を構えました。チベット、インド、メソポタミアから持ち帰った巻物を翻訳しました。この間、クムランのエッセネ共同体にできるだけ多くの記録を届けました。そこで彼は、記録が置かれている部屋の周りに強力なエネルギー障壁を設置するために、同胞たちを支援しました。

紀元前三七年、ヘロデ王がクムランの熱心なエッセネ派が自分の支配に永続的に反対することに激怒し、クムランを攻撃したように、いつローマ軍団が攻めてくるかわからないという不安から、カルメルでの図書館に大きな不安を感じるようになりました。保守的でかなり過激なクムランにとって、ヘロデ王は、その腐敗した倫理観から統治者としてふさわしくないだけでなく、ヤコブではなくエサウの子孫〈創世記に登場する双子。エサウは「みだらな者」の典型とされる〉であることからも、共同体から見放されたのです。

ヘロデの憎悪にもかかわらず、クムランは、今や、ユダヤ人の中の二つの新しい宗派、すなわちヘロデの腐敗した支配に過激に反対する熱心党とヘロデを積極的に支持するヘロデ党の間で警戒心を強めながらも、復活を始めていたのです。しかし、カルメル山は脆弱な位置にあるため、この大きな不安の時代に貴重な記録を保管するには、クムランが適していると考えられたのでした。その後、クムランが大地震の震源地となった紀元三一年に、ヨセフはクムランとカルメル山の図書館の多くの資料を、地中海の広い地域とイギリス諸島、特にアルビオンと呼ばれる大きな島に散在するエッセネの共同体に分散させる計画をたてました。

紀元前三二年、カルメル山を訪れていた賢者（マギ）の聖師団（オーダー）の一人が、ヨセフをイギリスに招き、ドルイド教の評議会が認めたイニシエーションに参加させました。ヨセフはエジプトにいたとき、すでにドルイドの賢者の何人かに会っていました。ドルイド教は、古代アトランティス〈さらに古代のパンゲア〈現在の諸大陸が約二億年前に分裂・移動を開始する前の超大陸〉〉の叡智をイギリス諸島に残した残党だったのです。

モーセはヘブライ人をエジプトから連れ出す前から、イスラエルの十二部族の代表をアルビオンに派遣し、植民地を設立させました。イギリスはまた、アッシリアとバビロンに捕囚されたイスラエルの「失われた」部族の一部を受け入れていました。ヘブライ人が中近東からヨーロッパを移動してきた長い年月の間に、婚姻によってケルト人が出現したのです。これらの移住の波が混ざり合い、アルビオン島は「ブリト・アイン（Brith-ain）」〈ブリテンはイギリスの正式名称ではないが連合王国（ユナイテッド・キングダム）の代わりに使われる〉として知られるようになりました。ヘブライ語で「契約の地」を意味する言葉です。

春になると、私の息子は、アイルランド、スコットランド、そして大海の北岸を囲む土地への旅を含め、イギリスへの最初の旅に出ました。イギリスでは、ヨセフは長期間のイニシエーションのプロセスを開始し、やがて老齢期になってからドルイドの高位司祭になりました。

息子は、最初のイギリス巡礼からパレスチナに帰国して間もなく、主に錫と鉛の鉱石を運ぶ貨物船の船団を所有し、運営することを思いつきました。また、イギリスにある二つの鉱山の一部の所有権を取得したことで、彼は、ローマ帝国の鉱山大臣になる資格を得ました。これらの資格と資源は、イギリスや大海を囲む山岳地帯にある他のエッセネ図書館に、入門者や文書を密かに運ぶための完璧な隠れ蓑となったのです。

こうして、ヨセフは起業家精神と外交能力を身につけたのでした。その後十年間、ドルイドの評議会の援助を受けて、彼は十二隻の船団を購入し、蓄財に努めました。それ以来、彼は毎年少なくとも一回はイギリスに渡るようになったのです。

エルサレムのローマ帝国の行政機構の中で、彼の富と影響力がかなり目立ってきた頃、裕福なハスモン教徒の王子の目に留まるようになりました。アリマタヤという名でサンヘドリンというユダヤ教の最高司法・立法機関のメンバーでした。彼は、マケドニア人の先祖からサマリアの土地を相続していました。この広大な土地は、ガリラヤとユダヤを結ぶキャラバンルート上のサマリア南部に位置していました。アリマタヤは私の息子をたいへん気に入り、ユニス・サロメという自分の娘がお似合いだと結婚を申し込みました。このようにすれば、二人の野心的な構想がさらに進むにちがいありません。結婚は決まり、紀元前二九年の夏、エルサレムで祝福されました。

アリマタヤはヨセフに、現在エルサレムに多くの争いの種をまいている腐敗を正すことができる神童を見出したのでした。アリマタヤ家に婿入りした息子は、義父のもとで調停法を学びはじめ、義父はヨセフを婿としてだけでなく、養子としても迎えたのでした。

このとき、ヨセフはガリラヤとサマリアからエルサレムのサンヘドリンに臨時代表として参加するようになりました。その後、彼はエルサレムに移り住み、裕福な人々や学識ある人々の中に身を置くようになったのです。そこで、長年にわたって有力な相談役として活躍しました。このように、ヨセフは、しばしば対立する多くの派閥や宗派の間の連絡役として活躍しました。また、語学に優れ、人間性も豊かで、誰からも尊敬される人物でした。彼はときに冷静で控えめな態度をとることもありましたが、困っている人や、彼を熟達者（アデプト）として知っている同胞団の人たちには、常に手を差し伸べていました。エルサレムにある彼の三つの住居は、ソロモンの同胞団の秘密指令で知られる地下通路にアクセスできるよう、戦略的に配置されたものでした。これらの秘密結社の子孫が、〈中世キリスト教異端〉カタリ派や〈中世キリスト教騎士団〉テンプル騎士団として知られるようになり、ヨーロッパの支配階級の多くにその名が知られるようになったのです。

　ヨセフはその長い生涯を通じて、エッセネ派が公に知らしめた不老長寿の科学と、ごく少数の人が理解しつつも、あえて実践していなかった肉体的不死の秘教的科学を実践し続けたのです。こうして、ヨセフは多くの人々のために力をふるうようになったのです。彼は表向きは人々に仕えながら、その類まれな才能と献身の模範を、光の同胞団の隠された聖師団（オーダー）に静かに、自由に捧げたのでした。

　前置きが長くなりましたが、長男であるアリマタヤのヨセフの幼少期の話をすることで、これからの話の土台を築きたかったのです。

第10章　アンナの光の受胎イニシエーション

アリマタヤのヨセフについて随分と長々とお話をしてきましたが、私の残りの人生の大部分において重要な役割を果たすことになるからです。さて、ヨセフが五歳の誕生日を迎えた頃、紀元前五三年後半、彼の父マタイがカルメルからクムランに移り住んで間もなくの頃に戻りましょう。

ヨセフとマルタの養育は私の責任となり、私はカルメルのエッセネ派の共同体の人々が全面的な支援を与えてくれる中で、この仕事に専念することができました。私はこの責任を心から感謝しながら迎え、ときおり、夫を失ったことを思い起こしながらも、その感情を怨念に染めることはありませんでした。しかし、私の体は開かれ、私の肉体は婚姻によって性に提供されていました。私の魂に目覚めた激しい欲望は、消えない炎として経験されていました。

この情熱を、私は以前、特にエジプトで知っていました。そこで私は、この偉大なエネルギーを背骨にそって、そして体全体に流す方法を学んでいました。私は自分の性欲を細胞の再生と霊的な悟りのためにに捧げていました。ですから、私はセケム〈古代エジプト語で性的エネルギー〉の生命力をずっと使い続けてきたのです。私はハトホルとイシスの侍女として、タントラ高等錬金術に開眼するために神殿にやってきた若い男女のイニシエートたちと神秘的な結婚をするためにエネルギーを与えていましたが、私は決して結婚はしていませんでした。私は、私の存在の源と一体である永遠の最愛の人と結婚していたのです。そうです！　しかし、私は自分の心を完全に捧げることができる男性を知っていたでしょうか？　いいえ、婚姻のベッドは私の選択ではありませんでした。

私は、今、漂流者のようにここにいます。今まで見逃していた感覚の世界が開かれたからです。私は、これまで集めてきた叡智をすべて実践してきました。私はこの大きな力を循環させ、嵐のように押し寄せる自分の感情を変換しました。そして、押し寄せる感情の潮流を鎮めましたが、再びそれは高波となって私の心の岸辺に押し寄せてくるのです。長い人生の中でも経験したことのないような動揺を覚えました。私は、すべての細胞で猛威を振るうこの生命力の大きな高まりの意味を知りたいと思いました。この強烈なエネルギーに、私はどう対処すればいいのか、何のために対処するのか？

私は一瞬一瞬を目の前の仕事に捧げていましたが、一日が長く感じられ、数時間の睡眠は落ち着かず、熱を帯びていました。私は愛のエネルギーに燃えているようで、今まで知り得なかった体の感覚の領域に連れて行かれました。過去にこの炎に飲み込まれて私のところに来た人たちに対して、大きな同情心が私の魂を満たしました。そして、私は彼らの思いの強さを否定し、自分の中で静寂を達成するために知っていた方法に従って、彼らを冷却するために送り出していたのです。

彼らは、私が、今、感じているようなことを感じていたのだろうか？　もしそうなら、私は彼らに仕えるのが間違っていたことになる。かつて感情の高ぶりを鎮め、心と体を焼く炎を鎮めたものは、今の私には効き目がないようでした。この家の中でアドバイスをしてくれる人は誰もいません。しかし、この巨大なエネルギーを内に秘めることで、私はますます飄々とした態度になり、よそよそしくなっていきました。それは、私がマタイに対して苦手意識を持っていた行動そのものだったのです。普段の忍耐強さや静けさの代わりに、私は苛立ちを感じるようになり、以前はときおり垣間見る程度だった自分の本性を知ることになったのです。

私は引き続き、カルメルの入門者たちを監督しました。私は若い少女たちに、グレイト・マザーからの授かりものである血の流れをどのように受け取ればよいかを指導しました。若い男性には、男らしさを尊び、精子を保存する方法について指導していました。私たちは神聖な儀式を行い、初心者たちを聖別し、卒業させて、私たちのエッセネ派の神秘の初級イニシエートの地位に就かせたのです。性的生命力のエネルギーが私の中で暴走しているそのとき、私はコミュニティで増え続ける若者の血に流れるエネルギーを憐れみを持って理解したのでした。

そしてある夜、人生を変えるような深い夢の中で、イシス、オシリス、ハトホル、ホルスは、私が過去に細胞再生の秘密を伝授されたことのある部屋に連れて行ってくれました。ここで彼らは、私の肉体を強化し、「光の受胎（ライトコンセプション）」のプロセスを通じて高度に進化した魂の参入に備えるときが来たと告げられました。私は、マリアと呼ばれる、約束されたメシアを産む女の子の母親となることを教えられました。私は徐々に、私の胎内から人類は偉大な贈り物を受け取るのだということを理解しはじめたのです。

母性（マザーフッド）というギフトが私の前に広がっていることを考えると、私は母の中の母であるイシスの不思議な存在を感じました。夢は続き、イシス、オシリス、ハトホル、ホルスが、部屋の中央にあるピンク色に光るクリスタルの巨大な祭壇に横たわるよう私を手招きしました。祭壇は丸く彫られ、その中心にはソロモンの封印と呼ばれる六角形の星が置かれ、鋳造した黄金には磨かれたエメラルド、サファイア、ガーネット、トパーズ、ルビー、ダイヤモンドがはめ込まれていました。私が祭壇の上に横たわると、十二人の偉大な光の生き物がそれぞれ別の扉から部屋の中に入ってくるのが見えました。見覚えのある存在もいれば、初めて見る存在もいます。その十二人は祭壇の周りに集まり、外側の輪を形成していました。彼らの右腕は私の方に上げられ、左腕は隣の人の肩に置かれていました。すると、私が横たわっている祭壇の周りに、ひんやりとした乳白色の霧が立ちこめてきました。その霧の中から光の柱が現れ、私を包み込んだのです。

このとき、イシス、オシリス、ハトホル、ホルスはそれぞれの位置につきました。私の体の周りに、オシリスは頭の上に立ち、イシスは足元に、ホルスが腰の部分にエネルギーを送り、ハトホルが高鳴る心臓に手を当てました。私はすぐに光、音、色の驚くべき幾何学的なマトリックスに巻き込まれてしまいました。球体のようにとりかこむ音楽が、脈打つ触知可能な水紋のような光のパターンで私を包みました。

彼らの手と指先から流れる光で、高周波エネルギーが私の臓器、分子、原子を加速し、私のＤＮＡを開き、光の受胎と呼ばれるプロセスで子どもを妊娠するために必要なコードを覚えさせました。十二人の美しい光の存在が一人ずつ現れ、私の前に座りました。私はそのうちの一人がヒスマリアムだと認識しました。私はそれぞれの魂にエーテル的に向き合い、将来の受胎が起こるときに活性化される原初の細胞エンコーディングを自分の中に取り込みました。こうして、それぞれの魂は、私を通して物理的な生命に産み落とされる前に、私の子宮に振動的に固定されたのです。私は今、自分が十二人全員の母親になることを理解しました。でも、男性なしでどうすればいいのかしら？　私は理解したかったのです。

そのとき、私にビジョンが開かれ、一人の男がカルメル山にやってくるのが見えました。私が内的次元に訪れていたときにヒマラヤ高地で私の愛する師である主マイトレーヤの蓮華座の前にひざまずいていた人だとわかりました。彼が視界にはっきりと姿を現したときには、お互いの腕の中に駆け寄りながら、私たちはうなずき微笑みを交わしていました。このように、私は物理的な次元で会う前に、誰が私たちの十二人の子どもの父親になるかを知ったのです。

私の内的ビジョンが終わると、その超自然的な光景は消え、突然、私は自分の身体が部屋のベッドに横たわっていることに気づきました。汗が噴き出し、毛穴の隅々から甘い香りが漂っています。私は完全に疲れ果て、朝の祈りと洗礼のために立ち上がる気力もありませんでした。ですから、私はこの時間を、私の人生の最も重要な経験の一つを統合するために休息に使うことにしました。時間が経つのも忘れていると、部屋のドアをやさしくノックする音がして、ユディトのささやき声が聞こえました。私は起き上がり、彼女を中に招き入れました。大きな輝く玉のような目で私を見ていました。彼女もまた、明晰夢の中で、後に私の役割と責任が大きくなることを目撃していたのです。彼女は私と同じように子を宿すことはできませんが、私の自発的な侍女として、私を通して生まれてくるすべての子の誕生を助けることになるのです。こうして、その頃、私が来て準備してきたことを達成するために「高貴なる者（モーストハイ）」の手に引き渡されたのです。

お子さんを産んだことがある方も、そうでない方も、いかに並外れた祝福と力を与えられているかを理解しはじめた私の驚きと畏敬の念を共有していただけるでしょう。男性であれ女性であれ、あなたは今、自分の心の子宮に、あなたの内在するメシアであるキリストを無垢に宿し、誕生させるための準備をしているところなのです。

あなたの人生とこれからの運命に関連している光の受胎の謎を理解して、私と共に取り組むことを望みます。私は、あなたがこの重要な時期に母なる地球にいることを選んだのは、地球の大気圏に入ってくる非常に高い周波数の光を、あなたの体のすべての細胞と物質のすべての原子が受け取れるように、意識的に援助するためであり、一種の霊的受精のようなものであるということを知らせ、あなたを安心させたいのです。

あなた方の中には、このアセンションのプロセスに、母親または父親として、意識的に高度に進化した子どもを妊娠し、彼らの敏感な魂と共鳴し、地球次元（アースプレーン）の密度への調和のとれた入口を保証できる人たちがいます。このことを理解する手助けのために、私の理解の一部を分かち合いましょう。このすばらしい奉仕を実現するために、あなたは私と一緒に参加することを選択できるのです。

光の受胎で生まれる子どもたちの多くは、熟達者（アデプト）やアセンデッド・マスターであり、地球規模のアセンションの偉大な仕事に前例のない方法で参加するために戻って来ています。新しい魂の多くは、地球で転生したことがなく、物理的密度の肉体を経験したことがない人たちです。彼らは純粋な愛の使者として奉仕するために来ており、多くは黄金時代をもたらすために必要な変容の技術をもたらします。これらの子どもたちは皆、二千年前に私の孫であるイエシュアがしたように、意識的なサポートチームを呼び寄せています。彼らは、確かに、黄金の夜明けへの道を導く、あなた自身の内なるゴールデン・チャイルドを反映しています。

光の中で子どもを宿すにせよ、光の錬金術で身体、感情、思考を変容するにせよ、あなた方が通過しているアセンションのプロセスは光の受胎であることを理解してください。あなたと母なる地球が光を孕んでいるとき、あなたは物質を霊化するという大いなる仕事に奉仕しており、それは統一と調和に対する人類の無知で好戦的な抵抗がシフトするのをアシストしているのです。これが起こる間、あなたが付随する混沌とした産みの苦しみを調和させるので、地球次元（アースプレーン）はより多くの首尾一貫した高次元の統一、またはキリスト意識のパターンを保持することができます。この瞬間、あなたはキリストの光を妊娠していると同時に、あなたのあらゆる行動の中で、その存在を誕生させているのです。

それは、あなたが自覚的に親であることを選択し、文字通り光の最高の周波数で子どもを妊娠する方法を思い出すかもしれません。あなたが自覚的な助産師、配偶者、親族、友人となって、妊娠、出産、幼児時代に母親と子どもを包み込む調和的（コヒーレント）な愛のエネルギーを支援することもできます。文字通りの「光の受胎」であれ、比喩的な「光の受胎」であれ、あなたは自己の中にキリストの存在を誕生させており、すべての生命が愛の力を思い出すのを助けているのです。あなたがキリストであり、愛の使者であることを理解すれば、意識の高い子どもたちが、彼らがここで分かち合い、示すべき愛を容易に表現し、明示できるような、調和のとれた支援的環境を共同で創造することができるのです。

光の受胎は複雑で、しばしば誤解されるテーマですが、私は、今後数年の間に、キリスト意識の受胎と出産を促進するためのあなたの選択を評価し、大切にしはじめることを深く望みます。**私はあなたに次のことを思い出させます。親愛なる友よ、私があなたと私の物語を分かち合っているのは、主にキリスト、またはすべての生命との統一性（ユニティ）の意識の誕生を手助けするためであるということを、もう一度言わせてください。**あなたには、今生の一瞬一瞬に目覚め、最高の運命を実現することを選択するために、私の計り知れない愛とサポートが惜しみなく与えられているのです。

第11章 アンナとヨアキムの出会い

愛する友よ、私は人間の心が真の愛を求めていることを知っています。地上の愛の体験は、ひそかな憧れだったり、知り合う可能性だったりといったはかない関係にすぎず、欲求不満に終わりがちです。私は、すべてのレベル、特に霊的なレベルで意気投合する伴侶を求めるあなたの魂の祈りを聞いています。あなたの魂の充足は、全体性と無条件の愛を献身的に示すことによって人生を高揚させることです。あなたの魂が進化するにつれて、運命的な相手と人生を共にしたいという強い願望が生まれます。

そんな愛があるのでしょうか？　はい、私の親愛なる友よ。すべての準備が整ったとき、そしてほとんどの場合、あなたがそれを予期していないとき、最愛の人は創造主の神聖な愛を反映するために物理的な形で現れます。永遠の最愛の人との関係を、私がしたように、あなたも深めていくほどに、お互いの内なる、聖なる女性性と男性性の神秘的な結婚を反映するソウルメイトを引き寄せることによって、生命の進化に貢献するでしょう。

ここで、私の大切な思い出の一つである最愛の人が私の人生に現れてくれたときのことをお話しましょう。確か、乙女座が天のサインであった紀元前五二年の夏の終わり頃でした。私は夜明けに、聖域の回廊の中にある庭園の区画の中を歩いていました。女たちの寮の近くで、私は立ち止まって内なる音に耳を傾けていました。その音は小鳥のさえずりのようでもあり、またパイプの音のようでもありました。この音はどこから来たのだろうかと思ったけれど、きっと私の内なる耳が聞いたのだろうと思いました。私は、この心の琴線に触れるメロディーの源を探りたいという衝動に駆られました。私は急いで野菜や果物の収穫を終え、共同倉庫に運びました。

手と顔についた土と汗を丁寧に洗いながら、手招きする音を独り占めしました。下着のリネンを取り替えると、安息日を迎えるかのように身支度を整えました。私の細身の体に一番新しいローブを羽織りながら、心臓は早鐘を打ち続けていました。きめ細かなエジプト綿を胸や腰になじませると、私は自分の体を珍しく意識するようになりました。私は、エジプト製の亀の櫛で、長く太い栗色の髪を丁寧に整えました。この髪は、夏のまぶしい太陽の光にさらされ、亜麻色に脱色していました。香油を手のひらに取り、腰まである髪を軽くマッサージして、三つ編みにして頭に巻き付けました。自分の外見にこれほど気を遣うのは自分らしくないので、何が私を呼んでいるのだろうと好奇心を募らせました。

磨き上げられた青銅の鏡を一目見てから、私は一番外側の門から回廊を抜け出しました。牧草地の中を走りました。木の実や果実、木陰の小さな木立や、わずかに残った松や杉の間を、私は雌鹿のように飛びまわりました。心臓が胸の中の檻から飛び出そうとするようにドキドキするのを感じながら、私は山へと登っていきました。やっとの思いで立ち止まりました。眼下には羊飼いの少年たち、そしてカルメルの外壁の中にいる人々の姿がかすかに見えるだけで、誰も見えません。海に向かって、谷の下の丘で小麦や亜麻を収穫している人たちがいました。大海原から吹き上げる暖かな風が、蒸し暑い私の肌を冷やし、丁寧に整えた髪を乱します。私は、最愛の人への熱烈な思いが、手ぶらで山頂にたどり着いたことを笑うしかありませんでした。

私は火薬のように乾いた草の中に身を沈めました。憧れの涙が、笑いの甘い吐露と混ざり合っていました。滑らかで温かい石に背を向けて横たわりました。ツバメ、タカ、カモシカ、海鳥が飛び交うコバルトブルーの空を眺めていると、柔らかい草が頭のクッションになりました。太陽は頭上で昇り、私は心を奪われるほど親しみのある内なる音楽を聴きました。私は至福の波に包まれながら、そこに横たわり続けました。ゆっくりと、炎の海に溶けていきました。こんなに燃えるなんて、私はあまりにも酔って立つこともできませんでした。

何時の間にか、私は我に返り、この旅の目的も、あの音の出所もわからないままでした。スカートをなでながら立ち上がると、「ハーブや根っこ、花などを集めなければ。私がここに来た口実が必要だわ」と思いました。茎、葉、実、ローズヒップ、そして花びらなどを摘み取りはじめました。スカートやショールの中に入りきらなくなるまで、摘み取り、根っこも掘り起こしました。最後に野バラと一握りの夏ユリを祭壇の上に置くために摘みました。

私は作業に没頭していたので、内なる歌が風に乗って漂ってくる歌と同じになったことに気づきませんでした。たくさんの収穫を終えて立ち上がったとき、私はその美しい音色が丘の向こうから聞こえてくることに気づきました。私は慎重に、私の宝物を断崖絶壁まで運び、岩の間にひざまずきました。そのすぐ下の、寂しそうな杉の木陰にローブをまとった吟遊詩人（ミンストレル）がいました。彼は竪琴とパイプを順番に演奏していました。これこそ、私の心に響く音楽であり、私を山へ呼び寄せるものだったのです。私は恥ずかしげもなく、彼の歌と演奏のメロディーを聞きながら、じっと見つめました。すると彼は、私に気づいたかのように、日に焼けた髭面を上空に向け、尾根を見渡しました。私たちの目は永遠の抱擁で結ばれました。

こんなに嬉しいことはありません。ここに、ついに、物理的な形で、私の魂を完璧に映し出すと知っている人が現れたのです。「高みにいる最愛の人」の広大な腕の中に完全に溶け込むために持っていたかもしれないあらゆる抵抗を焼き尽くそうと、私の心の奥底から消せない炎がわき上がってきました。体中のあらゆる感覚に気づきながら、私の魂は再び自由に飛び出したのです。

まるで引き離すことのできない強い磁石に引き寄せられるように、私は大事な収穫物を手放し、季節最後の一握りのバラとユリを除いて、眼下の一本杉に続く道へ走りました。最後の岩場を回り込む前に、彼が私に向かって走ってきました。私たちはちょうどいいタイミングで追いつき、ゆっくりとした足取りで、それぞれが相手を見つめ、感情と理性を天秤にかけながら、正念場に臨みました。私たちの胸には、何年にもわたる「最愛の化身」への憧れが秘められており、その緊張から涙があふれてきました。私たちの目は光で燃えていました。私たちの唇から、抑えたため息が漏れました。そして、深い認識によって早められた笑いの声が、私たちの歩みを軽くし、私たちはお互いの前に、顔を合わせて立ちました。私は彼の手に花束を突きつけ、鹿のように逃げ出そうとしましたが、彼は手を伸ばし、私を抱きしめたのです。彼は私の顔を優しく包み込み、涙で赤く光った私の頬を撫でました。

私はどうしたらいいのかわからず、気まずさと恥ずかしさでいっぱいだったのです。何を言っていいのかわからず、私は黙ってこの人と一緒にいることをゆるしました。「ペルシア人の同胞からはヘリという名で知られ、ガリラヤの同胞からはヨアキムと呼ばれている」と彼は言いました。太陽が彼の顔を照らしていました。彼のカールした白髪交じりの髪は、ミッドナイトブルーとシルバーの巻き髭を紡いでいました。その瞬間、彼はギリシアの太陽神のようでした。まるでヘリオス〈ギリシア神話の太陽神〉が私の前に立っているかのようでした。私にとっては、ヨアキムは決してそうではないのですが、その瞬間、私の心の中で、彼はヘリオスキムになっていました〈ヘリオスとヨアキムを組み合わせ〉。カルメルのコミュニティに彼を紹介した後、人々は私がそうしたように、彼をヨアキムと呼ぶようになりました。

愛する人は私より背が高く、私の頭は彼の心臓と同じ高さにありました。肩幅は広く、力強かったです。体型はやせていて、色褪せた麻のローブにシルエットが描かれていました。長く、密に絡まった髪は、ナジル人（禁欲的なエッセネ派ユダヤ人）のもので、インドのサドゥーが母神の恵みによって生きるように、この地を放浪していました。髪はガリラヤの人たちと同じように真ん中で分けていましたが、オリーブのような肌とアーモンド形の黒い東洋人の目が、彼がペルシア人でもあることを物語っていました。

私たちは互いに見つめ合い、エネルギー・フィールドを読みながら、数ヶ月前にイシスとオシリスと共に光の世界へ引き上げられたときのことを思い出していました。私のビジョンは、キリストのマスターであるマイトレーヤの足元にひざまずいた人を目の前にして戻ってきたのです。そして、彼が誰であるかを知り、今こそ私たちの一つの魂の契約を実現させるときであると悟りました。ようやく一息ついて、翼のある心が休まったとき、私は自己紹介をしました。

私は、自分が誰で、カルメルでどのような立場にあるのかを説明するとき、自分の声がいつもより柔らかく、低くなっていることに気づきました。まるで長い歴史を振り返るかのように、まるで子どものように、私たちは互いの探究心を伝え合うと同時に、古代のリズムを歌う心の証しを感じたのです。私たちの手は、太陽が山頂の向こう側を通り過ぎたことに気づくまで、相手の手を離すことができませんでした。鐘の音は、夜の祈りと共同の食卓に来るようにと人々を呼ぶために響いていました。ヨアキムの到着の興奮をカルメルの人々と分かち合いたいという子どものような気持ちと責任感で、ランデブー（密会）中の時間に置いておいた荷物に意識を戻しました。

ヨアキムは、ヨセフ、マルタとの初めての出会いを楽しみにしながら、私たちはカルメル山の頂上から下りてきました。長テーブルを囲む人々は、ヨアキムの正式な紹介のために、私たちが身ぎれいになり、準備された姿をすぐに見ることになりました。こうして、私と愛する人は、カルメルという平和の聖域で、人生と運命を共にするために、外門をくぐったのです。

さて、私のソウルメイトであり、ツインソウル、ツインフレームでもあるヨアキムとの出会いについてお話しましたが、ここで、非常に人気が高く誤解されているソウルメイトという関係の本質について、簡単にご説明します。すべての魂には、肉体的にも精神的にも数多くのソウルメイトがいます。あなたはソウルメイトを、地上と光の世界に住む巨大な大家族のように考えるかもしれません。しかし、ソウルメイトとの外的な関係を理解する前に、永遠の絆で結ばれている自分の内なる魂と親密になることが不可欠なのです。

外的な関係についても詳しく述べますが、私が強調したいのは、自分自身と愛と受容の関係を築くこと、つまり、肉体、感情、精神、霊的な面が一体となって、存在の全体性を保つことの重要性です。スピリチュアルなパートナーがいなければ神聖な目的を果たすことができないと考え、自分の人生を誤って「保留」にしてしまう人がいます。最愛の人の魂の本質を隠す人間的な要素を受け入れることができないため、適切なソウルメイトを逃してしまう人もいます。もしあなたが独身であったり、スピリチュアルに眠っているか、目覚めているかのどちらかのパートナーと一緒にいたりするならば、あなたの主要で最も充実したソウルメイトとの関係は、あなたの愛する自己との関係であることを知っておいてください。

ソウルメイトは、神聖な相補的な鏡のように、あらゆる瞬間にあなたの意識を完璧に映し出します。ときには、あなたが意識的に経験していることとは反対の極性で映し出されることもありますが、あなたが知覚するものは、同じ共鳴を通して表現されているあなたのエネルギーを映し出していることに変わりはありません。このような経験を引き寄せることで、あなた方は潜在意識や影の物質に意識を向けることができるのです。そうすれば、自己の中の両極性だけではなく、二人の関係の化学反応に現れる両極性を調和させ、バランスをとる機会を得ることができます。

ソウルメイトは、性的に親密な関係に限定されるものではありません。彼らは、親類、教師、友人、そして敵であることさえあります。彼らは常に、あなたの魂が加速度的に成長し分離意識を癒すことを望む完璧なタイミングで、あなたの人生に現れ、あなたは彼らの人生に現れます。あなた方の間には、魂のレベルで非常に多くの愛があるので、あなたたちは転生する前に、互いに相手を見つけ、人生のドラマの中で最もふさわしい役割を果たすことに魂は同意しているのです。

これらの関係は、あなた方一人ひとりが最高のエンパワーメントと運命のために準備するものです。ときには、その役割はとても愛情深いものであり調和のとれたものもあれば、ときには、極度の苦しみがあることもあります。それでも、ソウルメイトの関係の究極の目的は、最初は自己が鏡のように映し出される神聖な関係に入っていくことです。そして、ゆるしと慈愛に満ちた愛によって明らかにされると、いつも存在している最愛の人が姿を現します。意識的な関係の中で得た自己知（セルフ・ノウレッジ）とセルフ・エンパワーメントを通して、それぞれの魂は自己と認識された他者の両方に存在する方法を覚えているのです。

あらゆる人間関係を通じて愛を与え、受け取ることが、永遠に広がる最高の贈り物になるのです。いずれにせよ、あなたの魂は、犠牲者も暴君も存在せず、本当にゆるすべきものは何もないことを理解するようになります。しかし、ゆるしこそが、傷つき、冷え切ったハートを、欠落し渇望していた愛を感じるために開く鍵なのです。ゆるし、思いやりのある愛は、自己と他者を無邪気に見ます。この限界のない愛こそが、天国を地上にもたらす開かれた扉なのです。

生命全体との意識的で神聖な関係を通じて得られるエンパワーメントについて、私は何度も何度も説明することができます。実際、私はすべての生命を性的なものとして祝福するようになったのです。人間のセクシュアリティは、目覚めた心を通して、意識的に、思いやりをもって表現されると、愛人、恋人、そして最愛の人として、みずからの自己（セルフ）を知ることができる強力なスピリチュアルな道となります。このハートの領域は、しばしば誤解されがちですが、私にとっては身近で大切なものです。

その間に、内側に目を向けて、あなたがすでに永遠の結婚生活を送っている最愛の人の優しい存在を感じましょう。

第12章 アンナとヨアキムの子どもたち

かくして私は、そのとき、最愛の人に出会いました。求愛と祝福の三ヶ月は、なんと素晴らしかったことか！　カルメル共同体の全体が、私たちのために、そしてヨアキムのもたらした恩恵のために喜んでいました。

しかし、婚約からわずか三ヶ月後、ヨアキムは心の内で主任教師の主マイトレーヤから「ヒマラヤに戻るように」という呼びかけを受けていました。この知らせは私たちの心に重くのしかかり、このとき、別れ別れになることは容易ではありませんでした。しかし、執拗な呼びかけが、個人的な望みを超えた目的のためであることを私たちはわかっていました。ヨアキムは数人の若者を集め、早春、ヒマラヤ山脈に向けて出発したのです。

再会は一年以上も先のことでした。その間、私は自分の職責を果たすため、多忙を極めました。そして毎晩、眠りにつく前に心身を静め、エーテル意識に自分を投影して標高の高い谷あいにある修道院にバイロケートして、愛するヨアキムに会いに行きました。私たちは一緒にマイトレーヤからさらなるイニシエーションを受け、私たちの一体性と仕事のために高い周波数のエネルギーを授けられました。私はすでにこれらの光のコードの多くを肉体の中で活性化していたので、物理的に同席する必要はありませんでした。

私たち二人を通してやってくる十二人の子どもたちの到来に備えることが、ここでできました。私たちは、子どもたちそれぞれの魂のエネルギーと完全に一致することができるのです。そして、一人ひとりの魂の受胎が、地上で発現することに同意した計画に従って促進されることになるのです。

カルメル山の斜面で出会ってから二年後の紀元前四九年の晩秋、ヨアキムは巡礼の旅から帰ってきました。その後、一ヶ月以内に、私と愛する人は心を一つにしました。結婚という至福の中で、私たちはお互いのエッセンスを集め、お互いの中に神性の鏡を見出したのです。確かに、内なる輝きを覆い隠すような人間的な限界はありましたが、しかし、そこには、私たちは地上での滞在中に大きな変容を遂げていたので、個性の欠点に惑わされることはありませんでした。私たちの愛する〝アイ・アム・プレゼンス〟の贈り物によって、私たちはお互いに裸で透明な状態で前に立っていました。相手の鏡の中に、私たちは天界の威厳と不思議さ、そしてスピリットの化身であることの喜びを見出したのです。かつて私たちは肉の欲望をスピリットのワイン樽の中で変換していました。今、私たちは神聖な愛の流れを育み、私たちの下半身に押しつけ、最愛の人のワインを「生命の樹」の王冠に持ち上げていました。

私の長年のエネルギー修行の中でも、最愛のヨアキムと体験したような歓喜とエクスタシーを感じたことは一度もありませんでした。ヨアキムは長寿の科学を実践し、霊的な不死の力を与えるエネルギーの儀式を行っていましたが、私のように「墓の儀式」による肉体の不死の道は選んでいませんでした。最愛の人はすでに年齢が熟していたので、私たちの一緒にいられる時間には限りがあることはわかっていました。私たちは貴重な一瞬一瞬を大切にすることを選んだのです。お互いを無条件に愛し、創造主に仕えることを深く誓い合いながら、私たちは十二人の子どもを授かる準備をしました。

私たちが初めて会ったとき、私の心から生まれた詩を、今、あなたにお伝えします。あたかもあなたが私の最愛の人であるかのように、私はこの詩をあなたに贈ります。この詩は、婚礼の後、聖体拝領に立ち会った参列者の前で、私がヨアキムに贈ったものです。最初に言っておきますが、薔薇(ばら)は私の魂が最も一致する花です。その香りと柔らかい花びら、そして棘もあります。この神秘の中で、あなたは私を知ることになるでしょう。

この詩は次のようなものです。

秘教(ロサ・ミスティカ)の薔薇

結婚式の天蓋(てんがい)の下に二人が立つように
季節　最後の贈り物　薔薇が招いている
黄金の夕日に輝く星　見守る家族
銀の聖杯の中に　注がれた愛する金星

かつて蕾(つぼみ)だった薔薇が

ついにこの道に来たりて
満たされたカップが　今　叫ぶ
薔薇の心が聖杯となる

薔薇の香りのくちづけに
吸い　吸われなさい
注がれる愛のワインに
呑み　呑まれなさい

赤きハートの中に
白色と黄金の薔薇がある
それを私はあなたに知らせたい
愛する人よ　私の新しい枕の床にいらっしゃい

湧き上がる炎を呼び起こし
無数の花びらのある寝室を照らしなさい
雅歌を一緒に唄いなさい
ソロモン神殿の輝きを再興しよう

永遠の愛の三つ巴の炎よ
この薄汚れた石ころを溶かして
二人の心の祭壇の上に
ダイヤモンドの星　地球　現る

愛する人の庭に入ろう
やわらかく濡れた薔薇を見つけなさい
あなたの　神の金貨（ゴールド）と銀貨（スターリング）
私の　女神の真珠と紅玉（ルビー）

薔薇の庭に隠された
花びらと茨におおわれたキリストの心を鎮めよう
薔薇を映す鏡は　真の姿を映す——
神なるアイ・アム……最愛の人よ

　こうして、私たちは切子模様のような自己を愛の炉に投げ入れ、融合させ、磨き上げ、輝かせることができたのです。魂の輝かしい探求の試練にふさわしいと認められたのです。愛の甘い井戸に深く入り、情熱の液体を混ぜ合わせ、ついに精子を収穫し〝エッサイの樹〟〈イエス・キリストに至る先祖の系図〉の系統を引く十二人の子どもを授かりました。私たちの血筋を通して、聖杯伝説の羊飼いの王の系譜の者を次々ともたらすことになったのです。同様に、ときが、ダビデの先行者も、後継者も含めて、その一族に危険をもたらすこともわかっていました。賽（さい）は投げられたのです。私たちの運命は、まるで満月に明るく照らされた魂の岸辺に潮が波打つように執拗に手招きしていていたのです。自分がなすべきこと、あるいは、そうなるべきこと以外のことなど、どうしてできるでしょう。ダビデの後継者の道を用意するために、私たちを遣わした最愛の創造主に栄光を捧げることが、私たちの使命だったのです。

私たちはそのために天を仰ぎ、星や惑星のサインを確認し、婚姻の季節を知り、恵みの光のおおいの下で子を宿すことをねらいました。私が翻訳した古代のタントラのテキストを読み、神秘学校の伝統の中で学んだ高度な性の錬金術を実践しました。私たちの周りに集まり、私たちを親と呼ぶであろう十二人と共鳴するために、私たちは熱心に体と心と魂を準備したのです。

紀元前四九年のある秋の午後遅く、太陽の残り火が地平線に沈む頃、私たちはベッドに導かれました。内なるビジョンが開かれると、大天使ガブリエル〈聖書に登場する天使。「受胎告知」など神のことばを伝える。「神の人」という意味〉が私たちの前に立っているのが見えました。顔から燃えるような白い光を発して光の受胎コードを活性化し、私の受精卵とヨアキムの精子に直接、完璧なＤＮＡのパターンを刻み込んだのです。私たちの真上には、人類の進化を監督する光の存在たちがいました。エーテル体の螺旋状のクリスタルの階段を上っていくと、光の部屋に入り、地球上に入ることに同意したその者の前に立ちました。星のように輝き、くるくる回転する淡い虹を紡いでいました。魂のエッセンスが私の子宮に入るまで、渦を巻きながら私たちは魂を絡め合いました。〝光の精子〟は、私の豊穣な卵子に注意深く接ぎ木され、私の愛する人の精子は、液体の光のように爆発しました。

そして、我に返り、ヨアキムの目を深く見つめると、額が触れ合い、私たちの魂の星（ソウルスター）が一つに収束しました。私たちの肉体は見事な柱となって回転し、巻き込まれて一つに合体していったのです。私はヨアキムの勃起（エレクション）を光の杖（ワンド）として意識し、私の子宮の神聖な神殿の扉を貫きました。すぐに彼の光に照らされた精子が私の子宮を満たすばかりか、私の心（マインド）をもエネルギー的に引き上げたのです。

深く呼吸をした後、私の心は爆発しました。空間の中にある別の形態の身体を、もう意識することはありませんでした。私たちは、ただ存在するという神秘に解き放たれたのです。どれくらいの時間、愛の抱擁の中にいたのか、また、どれくらいの時間で身体の意識が戻ったのか、私たちにはわかりませんでした。しかし、お互いの輝く顔を見ると、裸の私たちを暖かい光の毛布が覆っているのを感じました。

日が暮れて、部屋の壁にピンクの光が差し込むと、もうまる一日が経っていたのだと実感しました。私たちはランプを灯し、その日のために用意したものの、情熱で脱ぎ捨てたローブを互いの体にまとわせました。震え、汗ばむ、手や足、顔をさすり合いました。そのとき、私たちの目は、光の受胎の驚異で輝いていました。今、私の胎内では、この愛しい人の魂が温かく燃えているのを感じました。もうすでに彼女は私たちの抱擁の中に入ってきて、愛され、大切にされていたのです。自分の名前をルツと名乗り、女の子であり、古（いにしえ）のルツ〈旧約聖書のルツ記の主人公〉のように、〝人の子（ソン・オブ・マン）〟が地上に再来するまで、私たちの日々を共に過ごすと告げたのを覚えています。

ルツは、その大地の体（アーザンボディ）で私のお腹を膨らませながら成長していきました。ユディトは図書館での仕事の合間を縫って、ルツ出産前の最後の数日間、私の手伝いをしてくれました。ユディトを含む三人の女性が、リネン、水、オイル、ハーブ、そして清潔な分娩台を用意してくれました。陣痛が本格的に始まると、彼女たちは、私が休息と瞑想のために愛用していた庭のベンチから私を連れ出しました。私の部屋では、新鮮な草を敷き詰めた寝台に私を寝かせました。ヨアキムは、羊の番をしていた野原から連れてこられました。陣痛で顔に汗をかくと、走って玄関まで来てくれました。彼は外で待っていましたが、ときおり、小さな窓から輝く顔が微笑んでいるのが見えました。彼の目は慈愛に満ちた涙で濡れており、その顔は私たちの前に現れ、驚きで輝いていました。この子は彼の最初の子どもでしたが、この子が光の世界の人で、自分はこの子の魂を地球に運ぶ道具に過ぎないことを本当は知っていました。

私は自分の体の叫びをより高いオクターブに意識することで、痛みを克服していきました。陣痛は、私が助産師として立ち会ったほとんどの出産よりも長く続きました。エリザベスは、逆子になっていることに気づくと、力強くも優しい手で、手を伸ばして赤ん坊を回転させました。背骨を刺すような痛みが走り、全神経系が震えました。しかし、彼女たちは、私が産婦に教えてきたことを思い出すように励ましながら、一緒に働いてくれました。

恐怖に基づく独断的な信念に反して、出産する女性は苦しむ必要はありません。私は悲鳴のような声を、深く、しわがれた小声の音色に変えました。組織や骨の一つひとつに、その感覚を音で伝え、同時に私の身体意識を拡大した意識へと高めていきました。ついにルツが誕生したとき、その小さな身体はいくぶん傷ついていました。苦労の多い産道の旅ではありましたが、彼女は強く、健康でした。

ちょうどマルタが共同炊事場から走ってきたそのとき、ルツは私の腕に抱かれていました。マルタは妹ができたことに、どれほど興奮していたことでしょう。彼女は水差しから水をカップに注ぎ、平たいパンの一切れを私の手にそっとのせてくれました。このような愛すべき者たちに囲まれていることは、なんという祝福なのでしょう。特にマルタは、私の胸で乳を吸うルツのうぶ毛の生えた頭を撫でていました。

ヨアキムはもう自分を抑えられなくなりました。女性たちが汚れたリネンを全部集めたわけでもなく、お風呂で私の清めが終わったわけでもないのに、彼は部屋に飛び込んできて、共同創造した誕生の祝福の前に釘付けになったのです。張りのある唇に大きな笑みがこぼれ、ため息まじりの感謝の祈りが、「死の谷の近く」を私と共に歩いていた間に溜め込んでいた緊張を解きほぐしてくれました。静寂を破ったのは笑い声でした。小さな部屋の壁が光に溶けていきました。私は娘を優しく腕に抱き、魂が最高の使命を思い出すのを助けるハトホルの子守唄を歌いながら、心の中で、この魂の出産を〝万軍の神〟が喜んでおられることを知ったのです。こうして、私たちの十二人の子どものうち、最初の子どもが誕生する日がやってきたのです。

それからヨアキムと私は、メシアの到来への道を準備するために、この時期にステージに登場することを選んだ十二人の光り輝く魂を呼び出すという任務を遂行したのです。高みから定められたように、私たちは天の軍勢に呼ばれ、光の世界に自分たちのエネルギーを持ち込み各魂のモナド〝アイ・アム・プレゼンス〟と交わるために、決められた時間に集まりました。そこで私たちは、それぞれの魂の運命と光の目的に従って、出会い、融合し、私の「存在の主なる神」が与えたすべての責任を果たすことができました。

さて、私たちの十二人の子どものうち十一人が懐妊して生まれたのは、紀元前四九年から三三年までの十六年間でした。まずルツが生まれ、続いてイサクとアンデレ、その一年半後にマリアムネとヤコブという二組の双子が生まれました。さらにヨセフス、続いてナタン、ルカという双子が相次いで生まれました。二度の流産を経て、リベカとエゼキエルが生まれました。十一人目の子どもはノアと名付けられました。

　これらの尊い魂が、まるで輝く星座の星のように私たちを取り囲むように現れても、まだもう一人子どもがいることを私たちはわかっていました。その子は、何年も前にアセンションしたヒスマリアムという名前だと、以前からわかっていました。私たちは以来ずっと親しく交流を続けており、私は瞑想の中で彼女にヨアキムを紹介していました。私たちには、彼女の出番が近いとわかりました。

　ノアがまだ乳房に吸い付いていた頃、離乳の直前、ヒスマリアムが光の領域から呼ぶのが聞こえました。

「愛するお母さま、私の番が近づいてます。尊い存在であるあなたが見えます。〝彼〟と私はすでに一つになり、今や私が降りていく準備ができています。すぐに、私が地球上に到来するという知らせを聞くでしょう。ですから、最愛のお母さま、お父さま、準備をしてください」

　エノク〈旧約聖書に登場する人類の父祖の一人。秘儀、暦に通じる賢者、預言者〉とイザヤ〈旧約聖書の預言者〉の約束に従ったエッセネ派のモーセの律法に関する祝日に備えながら、ヨアキムと私は大天使ガブリエルの知らせを待っていました。仮庵（タベルナクス）の祭り〈秋に行われるユダヤ教三大祭の一つ〉の前夜に星々が光を集めるように、私たちは超自然的な光が私たちの部屋に集まるまで、互いに抱き合いました。すると小さな部屋の中に、私たちと親密な関係を築いてきた大天使ガブリエルが立っていたのです。彼は、他の十一人の受胎をそれぞれ予告していました。そして今、彼は約束通り、再びここに現れたのです。

　ガブリエルは私たちの心に語りかけました。「見よ、あなた方の〝父なる神〟の左の座に君臨する女、それも〝聖母（デバイン・マザー）〟なる原理、すなわちすべてのものの背後にあり、内なる知性を象徴する者が、あなた方のために生まれるであろう。彼女は世界に対して〝新しき契約〟のまさにその基礎を象徴するものとなり、女たちの間で好かれているあなたを通して来るように、主は彼女の腹を通して来られるであろう。そして彼女のエッセンスは父を表すヨアキムに刻印されるが、彼の肉体の精子はあなたの子宮に入ることはない。しかし、エーテル的に彼の精子は入り、彼のエッセンスはあなたのものと融合し、また約束された彼女のそれと結合するであろう。

見よ。光の受胎が行われる光の部屋に入ってくるときではない。まださらなる準備があるからだ。私たちの愛するアンナであるあなたが、さらに七段階のイニシエーションと洞察を受けると、巨大な大天使のエネルギーと他の巨大な意識の流れが合成されて、マリア・アンナと呼ばれるあなたの娘として現れるようになる。これだけのエネルギーが今あなたの子宮の中で融合したら、流産してしまう可能性が高い。私の愛する同胞よ、あなたもまた、彼女の来訪のきざしに耐えられるよう、七つの敷居を越えなければならない。

あなたに告げる。あなたの家系とヨアキムの家系の女性のうち、男性の精子が着床する者と、男性を知らない進化した魂をもたらす者たちがいる。これらすべてが、地球の人々にとってキリストとして知られることになるあなたの孫の出発を支えることになるのだ。愛するアンナよ、これらの少女たちが健全な実を結ぶことができるように、すべてのことを準備するのはあなたの役目だ。遠くない将来、これらの少女たちが立ち上がり、あなた方を女性の中の祝福者と呼ぶようになるだろう。私は言おう、あなたたち二人に平和あれ！　ホサナ（神をたたえよ）！」

そして、大天使ガブリエルのメッセージから、その約束が実現するまでには何ヶ月もかかることがわかりました。その間、私たちは家族の中で働き、カルメルの共同体と喜びや悲しみを分かち合いながら、子どもたちは強く育ちました。そして、ヨアキムと私は、男性だけでなく女性や少女の小さなグループに光の受胎の秘儀を教える仕事を始めましたが、私は神からの好意を失ったのではないかと心配になるときがありました。月日が流れ、何年経っても、私たちの中で約束は成就しませんでした。それでも、私たちは、それぞれの神聖な役割を果たすために適切な配置とタイミングに入ってきた多くの魂によって、複雑な筋書きが共同で作られていることを知り、強い信仰を持ち続けました。

また、天使ガブリエルがヨアキムと私に徐々に明らかにした七つの敷居を超えるために、時間が必要でした。そのたびに、マリア・アンナの受胎に必要な強烈な周波数パターンを適切に保持できるように、私たちの能力が高まっていることが証明されたのです。さらに私は、マリアを妊娠している間、私の体の中に一貫した居場所を提供しようと決心しました。

これらのイニシエーションについて、私は今、少ししかお話いたしません。別の機会に、人類に存在する多くの要因が整ったとき、私はより多くを明らかにするでしょう。親愛なる友よ、私はあなたの成長とあなたが与えるようになった奉仕に役立つかもしれない情報を意図的に隠しているわけではないことを理解してください。もしあなたが気づきを深めるためのガイダンスを感じたら、ハイヤーセルフにこれらの七つの洞察を明らかにするよう頼むことができることを知っておいてください。これらは、あなたがこの霊的な力を有益な目的のために使うことが確実なときに与えられます。

そうです、私の子どもはたくさんいて、このかわいい魂たちの世話で毎日があふれかえっていたのです。幸いなことに、エッセネ派の共同体には、あらゆる年齢の姉妹たちがいて、喜んで私を助けてくれました。

私が二度の流産で体調を崩したとき、ある者が、乳母として私の赤ちゃんに母乳を与えてくれました。ですから、短期間にたくさんの子どもを産む母親には、本当に同情しています。また、子どもを待ち望みながら、子宮が空っぽである人の気持ちもよくわかります。私は地球上での長い人生の間、そしてその後も、受胎、妊娠、出産を助けるために、しばしばエーテルで立ち会ってきました。

親愛なる友よ、私を通して入ってきた魂を産み出すという契約を果たしたかどうか、読み進めることでわかるでしょう。

第13章 マリア・アンナの受胎と誕生

紀元前二二年の初夏、ヨアキムと私は、息子のアリマタヤのヨセフから、次のイギリス旅行に同行しないかと誘われました。喜び勇んでヨセフと相談した結果、ヨアキムと私は、アンデレ、マリアムネ、ヨセフス、リベカ、エゼキエル、ノアの六人の子どもたちを連れて行くことになりました。エゼキエルはピタゴラス学派のマスターのもとで音楽の勉強をするため、まずはアレキサンドリアに行くことになりました。マリアムネとリベカは、エジプトでのイニシエーションを希望していたので、アレキサンドリアの親戚がヘリオポリスまで付き添うことになりまた。そして、すでに十八歳の誕生日からエジプトに住んでいたイサクは、新しい生活を始めようとアレキサンドリアからマシリア（マルセイユ）へ、ピレネー山脈の麓にある人里離れた地域のエッセネ派共同体のところに住んでいるヤコブを訪ねるために途中から同行しました。

ルツはカルメル山に残り、ナタンは最近結婚してカナの近くの義父の土地に住み、ルカはエルサレムで医学の勉強をしていました。もちろん、娘のマルタもいました。彼女は今、ベタニアにある美しい家に住んでいましたが、それは彼女の兄、アリマタヤのヨセフが第二の住居として建てたものでした。

驚いたことに、ヨセフの妻ユニス・サロメが土壇場で参加することになりました。二人の娘、ロイス・サロメとスザンナ・マリアを出産し、二度の難産で健康を害しはじめていました。彼女は、自分の地上における人生の残りが少ないことを感じ、夫の人生に影響を与えた人々をもっと知りたいと深く願いました。夫は不在がちで、個人的なふれあいが欠けていたため、彼女は地上での経験が終わる前に、夫との間に内的な平和を作りたいと願っていたのです。海外に行くのは初めてで、娘たちも連れて行くつもりでした。しかし、ヨセフと彼女の両親は、娘たちを預けるように説得しました。

夏の終わりには、必要な準備はすべて整い、私たちは、ヘロデ王のためにローマ人が建設したばかりの、カルメルとヨッパのほぼ中間にあるカイザリアの新しい港から出航しました。ヨセフの大型貨物船に乗り、アレキサンドリアに向けて出航した私たちは、そこで息子イサクと彼の花嫁となる若く愛らしいエジプト人女性の出迎えを受けました。

私たちは約二ヶ月間、エジプトに滞在しました。「タット同胞団」の残党メンバー数人と会いました。賢者たちは、エゼキエルにピタゴラス学派の音楽の秘儀を紹介してくれました。また、アレキサンドリアとヘリオポリスに住んでいる娘のオリアンナの多くの子孫たちと、家族の絆を新たにすることもできました。特にヘリオポリスとギザ台地の古代遺跡を、マリアムネとリベカと共有できたことは、満足のいくものでした。アンデレ、ヨセフス、ノアはエジプトにかなり魅了されたようですが、それ以上に私が話したイギリスに興味を持ち、ぜひ行きたいと言いだしました。

エジプトを出発する直前に結婚式を挙げた息子のイサクと、彼の美しい浅黒い肌の花嫁タビタと一緒に、私たちは三隻の貨物船で大海を渡り、ヨセフが貨物を引き受けるマシリア（マルセイユ）へと向かったのでした。海岸線に沿って西へ進み、村の波止場に船を係留して、陸路でラングドック地方に向かいました。ピレネー山脈のふもとに最近できたエッセネ派の集落で、息子のヤコブと合流しました。私たちは、この美しい地方を数週間訪れ、イサクとタビタが滞在し、新しい生活を始めるつもりでした。その後、私たちは船に戻り、海路を進みました。ジブラルタル海峡から大西洋（アトランティック・オーシャン）に入り、イベリア半島を北上してビスケー湾を渡り、ブルターニュ半島を回ってモン・サン＝ミシェル〈古代ケルト文化に含まれるフランス大西洋沿岸。修道院がある〉と呼ばれる小さな集落に到着しました。そこで歓迎を受け、一週間ほど滞在して物資の補給と小修理をしました。そして、海峡を渡り、ランズ・エンドと呼ばれるイギリスの南端をかすめながら、強風と豪雨に見舞われる前に到着しました。コーンウォールの西海岸にあるいくつかの小さな港のうち、ヨセフが取引した錫を受け取る最初の港に到着したときは、どんなに嬉しかったことでしょう。神のご加護で、険しい断崖絶壁に嵐が吹き荒れる前には、汽笛が鳴り響く、暖かいシェルターの中に入ることができました。

　海が静まると、セヴァーン川〈イングランドとウェールズを流れる〉の氾濫した水路に向かっていきました。当時は、現在ブリストル海峡と呼ばれている入り江よりもはるかに広大なものでした。平底の小舟に乗り換えて、ブリュー川の河口をさかのぼり、現在の海岸線から二十キロメートルほど内陸に入ったところにある島々を目指しました。リンゴの島という意味のアヴァロン島に上陸しました。かつてはイニス・ウィトリン（神秘の島）とも呼ばれ、現在はグラストンベリーまたはガラス島として知られています。ヨセフの案内で、美しいリンゴの木の果樹園を抜けて、ドルイドの聖なる塚の頂上へ向かいました。そこは、私が紀元前三百年頃にエジプトからイギリスに初めて巡礼したときとほとんど変わっていませんでした。実際、あなたの時代になっても、世界中の人々がこの聖地を巡礼しています。この聖地は、これから見るように、初期の神秘的なキリスト教の教えを守る砦となったのです。

夏の島アヴァロンの西方、現在のウェールズの沖合に、古代人がアヴァロンまたはモナと呼んだ大きな島があります。ドルイド教の聖地であるこの島は、ご存知のようにアングルシー島と呼ばれています。ケルトのドルイド教の名誉ある客人として、モナで冬の間過ごした後、私たちはさらに内陸にある巨大な青い石のモニュメント、ストーンヘンジを訪れました。さらに、巨大な一枚岩で構成された蛇紋岩のグリッド〈格子〉、ご存じエーヴベリー〈ヨーロッパ最大級の巨石遺跡群がある〉でのセレモニーにも参加しました。そこでは、ドルイド教の地元の高位司祭と女司祭とともに、ベルテインの祝祭〈ケルトの夏祭。秋のハロウィンと対を成す〉に集まり、儀式を執り行いました。

昔、私を養子にしたケルト族は、私が約束した再来をはたしたときに私を見分けるための伝承を受け継いでいました。私の額の生え際に深い藍色の小さな刺青(タトゥー)のような三叉の矛を象(かたど)ったマークが描かれていて、年齢と共にかなり薄くなっていましたが、私の身元を証明してくれました。これが何年も前にエジプトからイギリスに来た者として記憶されていたのです。私はドルイドの高位聖職者で、グレイト・マザーの伝承に連なり、エネルギーを操る者と認識されたのです。実際、木や石、水と対話する方法を私は知っていました。聖なる木立や井戸で礼拝する司祭や女司祭の輪に加わり、地球と精霊の世界を開く祈願をして、この地に来た賢者たちの最も古い物語を明らかにし、今もなおその名残をとどめていることを認めました。

ストーンヘンジ、エーヴベリー、そしてアヴァロンで、私は再びドルイド教団の白いローブを身にまといました。霧をまとい、時間と空間のヴェールを作り出し、それを通して向こう側へと足を踏み入れたのです。アヴァロンでは、自然の精霊、妖精、小人、ユニコーン、巨人たちと出会いました。あなたが子どもの頃に読んだおとぎ話の本の中に出てくるようなものです。しかし、実際にそのようなものは、非常に薄いベールの向こう側に存在します。すべての富と養分を与えてくれる母なるものを愛する方法を人類に教えるために、今もなお、そこに残っているのです。

私たちの旅は多くの聖地を訪れ、古代の土地に対する愛を深めました。行く先々で、たとえ北の島や高地であっても、皆が喜び、私に丁重に礼儀正しく握手を求めてきました。この握手によって、私に関わってやってくる者たちがこの土地で認められ、歓迎されることがわかりました。私は高位の女司祭たちを集め、〝人の子（ソン・オブ・マン）〟を産む「女神」の化身が現れることについて、知るかぎりのことを話しました。私は彼女らの「聖師団（オーダー）」に従って油を注ぎ、洗礼し、「母系キリスト聖杯の系統」の隠されたコードを開きました。彼女らは、順番に、私の運命を清めて私を聖別してくれました。

その間、旅の間中、ヨアキムは同胞（ブラザー）として受け入れられていました。ドルイド教の司祭は、教えを受けられる者としてヨアキムを認め、ケルトの秘儀の印証（トークン）を与えたのです。私たちは、それぞれやるべきことがあり、離れていた時期もありましたが、重要な日には集まって儀式的な聖餐を行い、指導的立場の人たちとは役員会で夕食を共にしました。慣れ親しんだエッセネの慣習の多くを続けましたが、ケルトの兄弟姉妹と一つになるためと、より高い目的にとって無用となるものを捨てることに躊躇はありませんでした。

大天使ガブリエルが予期せぬ訪問をしたのは、イギリスでの最終の日々のある日、モナのストーンサークルを訪れていたときのことでした。ヨアキムと私は、ドルイド教の修道院が女司祭を養成している少し内陸に入ったところの古代の聖なる泉にいました。私たちは素晴らしいシスターたちの聖域に招かれたのです。修道院の長はアリアンロッドといい、私たちは天使ガブリエルから授かった叡智と預言を伝えていました。「聖母（デバイン・マザー）」の生き写しである「女神」が間もなく現れるのです。

　私がこの知らせを伝えると、アリアンロッドとその女司祭たちは私を特別な部屋に連れて行き、そこで二つのフラスコから聖油と聖水を注いで、私の全身に塗りました。そして、体に顔料入りの粘土（クレー）を塗り、女神のサインと祝福が込められた古代の螺旋状のパターンを描きました。こうして、私は高貴な任に堪えるように聖別されたのです。美しい修道女たちは私にお辞儀をし、私の周りに女神がいることを確認しました。すでに私の子宮からは輝きが放たれていました。彼女たちは、「マリア・アンナと呼ばれることになる太陽と大地と月の娘を産む器に触れさせていただけることは、自分たちにとっても、ありがたい祝福です」と言いました。

　コーンウォールに戻ると、ヨセフはパレスチナに戻るための貨物船を数隻用意しており、私たちはさらに二週間、私が大好きな人々と緑の丘に囲まれて過ごしました。

　二十六歳のアンデレ、二十一歳のヨセフス、そして十二歳のノアは、ドルイド教団のイニシエーションをはじめるために招かれました。そして、三人の息子たちは、グラストンベリーとモナという小島の近くに残ることを選択しました。別れを惜しみつつ、イギリスを離れ、パレスチナに戻ることになりました。まず、ラングドック地方に戻り、ヤコブ、イサク、そして子どもを生んだタビタと落ち合いました。石と茅葺き屋根の新築の家で、ほぼ一ヶ月を過ごしました。その後、エーゲ海の東岸にあるエフェソスへ向かいました。

エフェソスに到着して驚いたのは、とてもストレスを感じているユディトと、彼女の新しい夫でエッセネの兄弟でローマ市民でもあるユスティニアンがいたことです。てっきりカルメルに行っているものと思っていました。彼らは、ヘロデ王の厳しい命令、不道徳な行為、ユダヤ人のあつかいに対する無神経さによって、パレスチナ中に広がっている最近の不和の高まりを報告してくれました。

不安の増大により、カルメル共同体は図書館と人々の多くを移転させることになりました。紀元前三七年のマーク・アントニー〈ローマ帝国のユリウス・カエサルの部下を務めた将軍〉の軍による攻撃と紀元前三一年の大地震以来、クムランはもはや安全な避難所や保管場所とは見なされなくなったのです。そこで、ユディトはエフェソスに来て、エッセネ派のもう一つの共同体の基礎となる小さな図書館を作ることにしました。この図書館は、エッセネ派の同胞たちが沿岸部の遠隔地にあるさまざまな拠点に物資や記録を送るための共通の倉庫や拠点としての役割も果たすことになる予定でした。

ヨセフと相談した結果、ヨアキムと私はエフェソスに残り、記録の分散保管を支援することを選択しました。その一部は、私自身が何年もかけて書き留めた巻物でした。これを人里離れた丘陵地帯にある兄弟たちの集会所に持って行きました。非常にアクセスしにくい洞窟にこれらの記録を持ち込み、修道士の兄弟たちに預けて、保管してもらいました。これらの共同体の中には、後のキリスト教の修道院の基礎となったものもあり、皆さんは新約聖書の歴史を通してそれを知るでしょう。

ユニス・サロメの病状は、イギリス滞在中には回復していましたが、エフェソスに着く頃には、旅が体への負担になっていました。ヨセフは、妻の身を案じながら、娘たちに会えない病気の妻と新しく手に入れた荷物を持ってカエサリアに向かい、さらに両親が不在の間に娘たちが移り住んでいたアリマタヤに近い父の土地に向かいました。ヨセフは家族を集め、エルサレムを目指しました。後に、私たちはユニス・サロメが家に戻って間もなく亡くなったことを知ることになりました。彼女はヨセフに同行した目的を果たし、大きな平安を感じながら、夫にその重要な仕事を引き継がせるために旅立ったのです。

　ヨセフは十二年後、ガリラヤ湖西岸のマグダラの近くに土地を取得していたとき、マリアという身分の高い女性と知り合いました。彼女は若い頃、大司祭の父の厳しい規律に反抗して、マケドニア人の傭兵フィリポと結婚していました。この夫との間に、マグダラのマリアはトマス、マタイ、スザンナという三人の子どもをもうけました。フィリポはしばしば家を空け、家族といるときには虐待をしました。夫に捨てられ、貧しくなってから数年後、マグダラのマリアは市場でヨセフに出会います。彼はマグダラの新居の主な家政婦になるように頼みました。その後まもなく、彼女は愛人となり、求婚されたのでした。

　大天使ガブリエルがヨアキムと私のもとを訪れたのは、私たちが初めてエフェソスに到着してから一ヶ月後の紀元前二一年の一二月下旬のことでした。コーンウォールの以前の訪問で、私たちの神聖な存在である最愛の娘がすでに到来していることは明らかだったにもかかわらず、彼は私たちを驚かそうと突然、現れたのです。

　私たちは二人とも高みに引き上げられ、愛するヒスマリアムと対面しました。ヒスマリアムは、そのとき、マリア・アンナと名乗り、そのときが来たと告げました。私たちは彼女を胸に抱き、その存在が私たちの体のすべての細胞に降り注ぐのを感じました。ヨアキムもまた、この人の存在である光を感じ、彼女の存在に飲み込まれました。私たちは、他の十一人のときのように、私のお腹に彼の精子が入り込むことで一緒になったのではありません。私の胎内に、処女懐胎（バージン・バース）の約束を果たすために、マリア・アンナが完全な形で入ってきたのです。こうして、エフェソスで、マリア・アンナの中に受肉した「聖母（デバイン・マザー）」が地上に戻ってきたのです。

私たちは妊娠中ずっとエフェソスに滞在しました。ユディトだけが私たちと一緒にいましたが、リベカとルツが私の妊娠の知らせを聞いて、カルメルで小集団を組織し、マリア・アンナの誕生に立ち会ってくれました。私の家族はあちこちに散らばっているように見えましたが、内面では私は皆と共にいて、すべてがうまくいっていることをわかっていました。このように、幼いうちに子どもを神に捧げる修道院の慣習は、母性本能と心満たされた願望とを再調整する機会を与え続けてくれたのです。子どもたちを失って悲嘆に暮れることもありましたが、私は自分の人間的な意志を明け渡し、より大きな目的と計画があるという認識に委ねました。ありがたいことに、私の子どもたちは皆、慈愛に満ちた共同体の家族に支えられていました。

日々は和やかに過ぎていました。シェキーナの存在が私の毎時間を祝福してくれました。彼女の超自然的な光は、私の存在の中で増大していました。それはまれな至福な妊娠だったのです。一度も病気になることなく、体が痛むこともありませんでした。私は深く内側に入り込みました。私はユダヤ人が好んで考える「選ばれし民」の預言を実現する神の計画の多くを目にしたのです。

マリア・アンナは私の子宮の中でとても早く成長し、通常の九ヶ月よりも短い期間で、聖母のサインとも言われる乙女座で出産のときを迎えました。最後の三ヶ月は、私は強く内側に向かい、言葉を発しないことにしました。沈黙の中で、私は彼女の恵みの証人となったのです。ルツとリベカが到着した後、私たちの小さなコミュニティの人たちは、聖なるシェキーナの輝きを感じられるように、私のそばに座っていました。座っていると、彼らは至福の中に溶けていくのです。ヨアキムもまた、マリア・アンナの存在によって輝きを放ちました。それは、普通の男性が経験するような、女性が子どもを産むということではありませんでした。最後の三ヶ月間、ヨアキムは私のそばにいました。彼は、私が感じるすべてを感じ、私とともに沈黙の中に入っていったのです。

ついにマリア・アンナの地上への完全なる降臨のときが来ました。その夜、星は異常に明るく輝いていました。真上から星団が光の網を張っていました。東側の窓からは、シリウスが石灰岩の壁に影を落とすほど明るく輝いていました。細い三日月が、すでに西に沈みました。ユディト、ルツ、リベカの三人は、何日も前からリハーサルをしていました。

必要なものはすべて用意しました。彼女らは常に私の上から心配そうな顔、質問する顔で私にせまりました。私は、そのときが来れば、彼女らが私のそばにいてくれると信じて、手を振っていました。そんなわけで、破水して陣痛が始まると、ヨアキムはユディトのアパートに出かけて行き、小さな二階の部屋に来るようにと言いました。

息子のヨセフは、台座の上に起こすことができるベッドなど、あらゆる快適さを提供してくれました。特別に捧げられた壷、水桶、エジプト綿の柔らかいシーツ、甘く渋いハーブ、癒しのエッセンシャルオイル、そしてキャンドルが収納籠から取り出されました。ユディト、ルツ、リベカは、マリア・アンナの無痛分娩を見守る天使のようでした。ヨアキムは、私の頭の近くに座るように言われました。彼もまた、陣痛の力を感じており、私たちは二人で聖母の再来に〝誕生〟を与えたのです。

最後の陣痛でマリア・アンナの頭が出されると同時に、私の魂は飛び立ちました。マリア・アンナの完全な存在が私を通して降りてきて、彼女の小さな姿を包むと、私の全存在は爆発的な光に包まれました。彼女の小さな体は、ユディトの優しい手に受け渡されました。ああ、なんという天上の音楽が私たちの心の中で合唱していることでしょう。

出産が終わり、マリア・アンナが私の胸に抱かれると、カルメルから来た人々はゆっくりと私たちの小さな部屋に入り、まるで祭壇の前にひざまずくかのように、こう言ったのです。「ここに〝新しき契約の母〟がいる！」と。厳粛な喜びとともに、それぞれの魂が私の膝の横に贈り物を置いてくれました。とても温かい歓迎でした。マリア・アンナの赤褐色の髪は、黄金のような輝きを放っていました。肌は白く、瞳は深い青灰色。他の子どもたちは皆、黒髪で、肌は明るいか暗いオリーブ色、瞳は茶色でした。しかし、この子は磨かれたアラバスター（白色陶器）に薔薇の淡いピンクをつけたような子でした。

そしてヨアキムは竪琴で天上の音楽を奏で、私は女神ハトホルの最高の運命の子守唄を歌い、この世に生まれたばかりのその子を迎えました。私たちは、愛と感謝の気持ちでいっぱいになりながら、彼女の誕生を喜び、祝福しました。その場にいた全員が、彼女が誰であるかを知り、彼女の存在を心の中にしっかりと留めておくことを誓いました。こうして、道は準備されました。私たちはそれぞれ、すべてが満たされるまで、彼女を守り、彼女のイニシエーションをサポートすることを誓ったのです。

また、過去に光の受胎をした女性や、これから光の受胎をする女性が、ほかにもいることもわかっていました。それらの女性たちは、カルメルへやってきて私の指示で登場することになるでしょう。マリア・アンナと一緒に準備をし、生まれる前に同意したすべての魂が、運命的な役割を果たすでしょう。ある者は、待機するのです。人の性質と自由意志が考慮されました。あらゆる可能性をエーテル界でリハーサルしておいたので、何もかもが偶然に任されてはいません。もし、ある人が恐怖に負けて、目の前の仕事から手を引いたら、他の人が入ってくるでしょう。私たちは、大きな力と勇気と叡智が、まもなく訪れるテストに合格するために必要であることをわかっていました。

「聖母（デバイン・マザー）」の愛に包まれて「もう大丈夫」と安心できたことは、私たちの魂にとって何よりの慰めとなりました。

第14章　マリア・アンナの幼少時代

愛する友よ、あなたの心の声に耳を傾けると、〝新しき聖約〟を成就される方の母親となるべき方についてもっと知りたいと願っていることは想像に難くありません。彼女の喜びや試練は何だったのか？　人間的な欠点はあったのか？

その質問に答えながら、マリア・アンナのエフェソスとカルメル山での幼少期について簡単にお話しましょう。私は「人生の書」を開き、今、彼女があなたのそばに来ているのと同じように、あなたは「聖母（デバイン・マザー）」の化身としての彼女の近くに行くことができるでしょう。あなたの好奇心を満たすことを通して、あなたがいつでも身近にいる「聖母（デバイン・マザー）」の存在にあなた自身を開くことができるでしょう。

マリア・アンナは輝く光でした。あなたの心が想像する以上にまぶしい存在でした。当時も今も、彼女を知るためには、子どものようにじっとして、中心を定め、今という瞬間に心を開くことが必要です。しばし立ち止まって、その平和な沈黙をゆるしてあげましょう。

＊　＊　＊

マリア・アンナが誕生したばかりの頃、彼女は太陽の光を浴びるのが大好きでした。エフェソスの質素な住まいの窓から差し込む光に向かって小さな手を伸ばし、イルカの同胞（ブラザー）と同じような鳴き声をあげて、次元を超えて、はしゃいだり跳ねたりしていました。彼女は父親に連れられて、はるか下に青と銀に輝く大海原を見おろす段々畑のポーチに行くのが大好きでした。鋭い目と心で、イルカの群れがアクロバティックな踊りを披露しているのを見ることができました。

ヨアキムは、雑用をしたり、点在する小さな修道院の同胞に物資を運んだりしていないときは、家で娘を抱いているのが好きでした。娘はヨアキムの話を聞くのが大好きで、手拍子でリズムをとりながら、一緒になって楽しそうに歌っていました。それから間もなくのことです。ヨアキムが竪琴やパイプを、私がフレームドラムを演奏している間、マリアは歩けるようになると、ダンスを始めました。マリア・アンナのお気に入りは、父親の膝の上に座って、長い灰色の髭を指でなぞることでした。次に好きだったのは、ゆりかごに寝るときに、父親の豊かな眉毛をなでることでした。二人は、蝋燭（ろうそく）に照らされた深い水たまりのような瞳で、愛し合うように見つめ合っていました。

小さな中庭には、ブドウの木の東屋があり、鳥たちが好んで巣を作っていました。私たちは、カルメル山に戻るまでの三年間を、このブドウの木の木陰でのんびりと過ごしました。この平和な環境で、私は小さな織り機と繊維と紡錘を使って仕事をしました。私が紡いだり織ったりしている間、マリア・アンナは滑らかな石畳に囲まれた、カラフルなデザインのエナメルタイルが敷かれた床で遊んでいました。彼女は見るものすべてを調べました。小さな歌を作っては、両親や、ときどき訪ねてくる大人や子どもたちに歌って聞かせたものです。そして何より、太陽やイルカ、花、スズメ、小石、アリ、つながれたミルクヤギ、そして私たちを迎えてくれた三匹の猫に歌うのが大好きでした。

マリア・アンナの精神は急速に発達し、二年目には、私たちが与えた詩篇や格言を暗唱することに大きな喜びを感じるようになりました。私たちがエフェソスを離れる前に、彼女はアラム語、ヘブライ語、ギリシア語の会話と読み方を学びはじめていました。彼女は素早く、非常にエネルギッシュで、一度に二つ以上のことができました。しかし、彼女は落ち着いていて、慌てず、いつも優雅で、年齢以上に賢明でした。ヒスマリアムのように、マリア・アンナは明晰なエンパス（共感能力）を持ち、自分の周りに渦巻くエネルギーのあらゆるニュアンスを感じ取っていました。近くにいる大人の行動に焦ったり、がっかりしたりすることもありました。小さな足を踏み鳴らし、くるくる回って、片手でエプロンを引っ張り、もう片方の手を口にあてて、爆発にたえていました。顔を赤らめ、涙を流し、それが頬に伝わってこぼれました。青灰色の目を閉じて唇を尖らせ、小さな庭の区画まで走って行って、嵐が去るまでオリーブの木のそばの高い草の中に隠れているのです。

マリア・アンナの出産のためにカルメルから来た人々のほとんどは、もうとっくに自分の仕事に戻っていました。ただ一人、未亡人となったばかりのルツが、私たちと一緒にいることを選びました。私たちがカルメル山に出発する一年ほど前、ルツはティトスと結婚しましたが、エフェソスに残り、仕事を続けていました。ヨアキムは、年に数回、カルメルやクムランからのエッセネ派の同胞をはじめ、さまざまな物資、写本などをエーゲ海の険しい島々や山腹の修道院といった新設の前哨地まで護送するために来て、アリマタヤのヨセフを支援し続けました。その後、任務を終えた者たちがガリラヤやユダヤに戻るための準備を手伝いました。

ヨアキムの便利屋稼業と、私の手紡ぎ製品、薬草、助産の技術などの物々交換で、私たちの基本的な生活は簡単にまかなうことができました。そして、アリマタヤのヨセフが年に数回持ってきてくれる資金や物資のおかげで、私たちの質素な生活はとても快適なものでした。

紀元前一七年の初秋、マリア・アンナの三歳の誕生日の少し前に、私たちはカルメル山に戻り、エッセネ派共同体の一員として心から歓迎されました。三歳の誕生日、彼女は「いと高き主」に捧げられ、その世話や学校教育、イニシエーションなどの親権はカルメル山神秘学校に委ねられました。実質的に彼女はもはや私たちの子どもではなくなったのです。

さて、私の友人であるあなたにお伝えしたいのは、マリア・アンナを他人の世話や、のびのびとした子ども時代に代わる厳しい規律に手放すことは苦痛であったということです。「大いなる計画（グレイト・プラン）」のことがあるとわかっていたので、他の愛する子どもたちを捧げたときと同じように、私たちはこの大切な一人も捧げたのです。さらに申し上げれば、チベット、インド、メソポタミア、エジプト、ギリシア、イギリスからカルメルに来た熟達者（アデプト）たちが、両親から秘密のイニシエーションを行う聖地に引き渡された他の若い女性や男性とともにマリア・アンナを指導したということです。イニシエーションを続けることを選んだ者はすべて、来るべき「義の教師」の到来する舞台を用意するために、聖約された仕事に備えたのです。

幸いなことに、私は少女たちの学校教育を担当していました。そのため、私は毎日マリア・アンナと一緒に過ごすことができました。修道院にいるすべての少女に公平でありたいという思いから、私はどちらかというとストイックに娘と距離を置いていました。これは、私たち夫婦にとって難しいことでした。週に一度、安息日が終わると、マリア・アンナはヨアキムと私の家に泊まりに来てくれました。一晩中、娘の存在を身近に感じられるのは、とても幸せなことでした。

　暖かい季節になると、私たち三人は夜、星空の下、杉の木立の中に出かけました。毛布で覆われたパレットに寝転び、星をすみずみまで眺め、分かち合い、夜更けまで祈り続けました。ヨアキムは竪琴を持参し、一緒に詩篇を歌い、私たちの喜びの心から沸き上がる楽しい歌を作りました。

　しかし、マリア・アンナにとって、修道院生活は必ずしも容易なことではありませんでした。ときには、厳しい修練、長い時間、聖書を読み、書き写すこと、一部の修道士たちの不親切で無神経な発言、病気で眠れずに医務室で過ごすことなどで、彼女は肩を落とし、顔はのっぺりとして憂いに沈んだこともありました。カルメルの壁では防ぎきれないパレスチナの人々の不安の高まりも含めて、彼女はすべてを感じていました。

　年月が経つにつれ、自分が何のために準備させられているのかを彼女が理解するほどに、しばしばそれは重荷のようにのしかかりました。ときおり、首や背中に張りと痛みが出るので、ヨアキムと私はヒーリングオイルや軟膏でそれを和らげました。彼女は、羊やヤギの世話をするために短期間だけ畑に行ったり、庭で耕したり、植えたり、収穫したりすることを切望していました。そして何よりも、牧草地を自由に走りまわり、杉や糸杉の間を歩き、大海原を見下ろす断崖絶壁にバスケットを持ってピクニックに出かけることが大好きでした。マリア・アンナは、彼女の繊細な心を分かち合ってくれる友人もほとんどなく、しばしば孤独を感じていました。しかし、マリア・アンナと親しくなった大切な人たちは、その後の人生を通じて彼女に忠実であり続けました。

　十二歳の誕生日が近づいた頃、彼女の生理が始まりました。他の二人の若い女性と一緒に、私は彼女をグレイト・マザーに捧げられた聖なる洞窟に連れて行きました。そこで私は、この貴重な若い魂たちに、血液に秘められた神秘、体と子宮の成長、グレイト・マザーのエネルギーのための身体の成熟について教えました。

丸一年間、新月と満月のたびに、私はこの少女たちと、イニシエーションを受けて間もない人たちをストーンサークルと洞窟に連れて行き、グレイト・マザーの歌、物語、瞑想、儀式を受けさせました。その年の終わりには、少女たちは年上の女性たちとともに、別の聖なる場所に行き、そこで聖なる女性性のエネルギーを自分の身体を通してチャネルする方法についてさらに学びました。彼女たちに、結婚とタントラの愛の技術のための準備をさせました。彼女たちは、また、子宮と背骨の神聖なエネルギーを特定の方法で保持し循環させる方法を学び、自分自身と他人を癒すことができるようになりました。そしてもちろん、私たちは月の周期に合わせて集まり、女神のさまざまな顔を持つ神話的、元型的な旅を実施したのです。

これらは、若い女性や成熟した女性なら誰でもよく理解している通常の訓練でした。復活と光の受胎の儀式に備えるより厳しい訓練は、ヨアキムと私が与え、カルメル山に来るようにという内なる呼びかけに応えた男女にも惜しみなく与えました。

また、十二歳から十五歳の間に数回、エルサレムの神殿に連れて行かれ、三ヶ月もかけて、さらなる指導と入門を受けることができました。このように、マリア・アンナは、私たちエッセネ派の小さな共同体とは異なる、より大きなユダヤ人社会の戒律と慣習に触れる機会を与えられたのです。ご想像のとおり、愛する娘がエルサレムの城壁の中で遭遇した不和なエネルギーは、彼女の非常に敏感な性質にとって衝撃的なものでした。

マリア・アンナは数々の試練を乗り越え、心身ともに強くなっていったのです。そして、日々、心も体も魂も、自分を通して表現してくださる宇宙の「聖母（デバイン・マザー）」に捧げたのです。私たちの愛する娘は、後に多くの子どもを産み「油を注がれた者（救世主）」の母となるための準備を整えていったのです。

第15章　アンナの山上のビジョン

マリア・アンナが成長した時代は、実に危険な時代でした。十二歳になる頃には、さまざまな政治的、宗教的な派閥間の対立や扇動が、わずかな平和を絶えず乱していたのです。その結果、ローマ帝国はパレスチナを完全に手中に収め、平和を維持しようとしましたが、それは非常に問題の多い平和でした。兵士たちが諸派閥の人々をローマに従わせようとして十字架の刑につけているという恐ろしい知らせに、私たちは激しいショックを受けたことを今でも思い出すことができます。

紀元前六三年のマカバイ戦争以来、私たちエッセネ派の共同体は、カルメル山からクムラン、シナイ、エジプト、小アジア、ヒマラヤ、ガリア、イギリスへと徐々に分散していきました。カルメルに残った私たちの多くは、より深く内省的になりました。私たちにとって大切なことは、第一に「義の教師の道」を生きる人々の命であり、第二に、口述や写本した資料であり、それらを守る方法を探りました。

宗派としては、仲間たちだけの中に閉じこもり、人口密集地に行くことは極力避けました。カルメル山出身の私たちは、これまで以上に同胞愛と寛容というエキュメニズム（超教派的普遍主義）に固執したので、ときにはヘブライ原理主義を取り入れた禁欲的な修道院であるクムランの兄弟姉妹とは著しい対照をなしたのです。エッセネ派共同体に分裂が増すことは、私の魂を悩ませました。

不満や暴力、抑圧が身近なところで起こっているとき、権威や富を失う危険を冒してまで大衆に権限を与えることを恐れる人々を非難するのは簡単なことです。しかし、そうすることは火に油を注ぐようなものだと、私は気づいたのです。私は、内なる主権を高める根源的（アーケイン）な叡智を、これまでと同じように、静かに、そして創造主の計画に対する信頼を根底に置いて、伝えることを優先してきました。これこそが私が長い人生の中で獲得した叡智です。私がすべての子どもたちと共有しようとした方向性であり、同時に、子どもたちはみずからの自由意志に基づいて選択し、みずからの経験から学ぶ権利も尊重しました。

拡大する混乱の中で、私はある日、当時、起きたばかりであったローマの政治的動乱の生存者を見つけて癒したいと願いながら、焼けたカルメル山の中腹を歩いていました。ローマとヘロデのきわめて厳しい税金を非難するために熱心党とともに立ち上がった農民の行き過ぎた反抗への報いとして、ガリラヤの草原が焼かれました。家も畑も、牧草地までもが焼き尽くされたのです。丘陵地帯は漆黒の焼け跡に覆われていました。空は竜巻（ダストデビル）が暗くおおい、ハゲタカが獲物を狙って旋回していました。

「これで全員を見つけることができた」と私は思い、帰路につきました。日が暮れるにつれて、私の心は重くなりました。太陽の照りつける暑さに、砂漠の風が加わり、黒い灰が舞い上がります。ショールで顔をおおい、風と瓦礫に足を取られながら、私は心の奥底から嘆きが湧きがってくるのを感じました。

ガリラヤの丘陵斜面で、私は燃える草地の中を歩いていました。灰が風に舞い上がっています。私は、これから何が起こるのか怖くて、へとへとで、一人ぼっちでした。積年のひどく悪い気分がわきあがり、私に重くのしかかってきました。私は私であること自体が辛く感じられました。私は神に語りかけました。「神よ、仲間たちはどうなってしまうのでしょうか？　私にはわかりません。神よ、同胞の民、イスラエルのために私は心の底から燃えています。なぜ、私の心はこんなにも嘆くのでしょう。私たちは選ばれた民、あなたの選民ではなかったのですか？　神であるあなたに守られてはいないのですか？　どんな理由があるのでしょう？　時の流れとか、来たるべき〝その者〟の支持者たちの小さな集まりにとって、何が最良かを知ると言う者たちの無謀な行動について、私にはほとんど理解できません。神よ、心と魂の苦しみがあるとき、私たちはどのように信仰を歩めばよいのでしょうか。ああ、信仰の薄い私。私の魂よ、主の山に登ろう。わが神よ、あなたの顔を見せてください。自分の存在の小ささに震え、私は魂の痛みに押しつぶされそうです。立ち上がれ、わが心よ。神よ、打ち捨てないでください！」

私は、ガリラヤの焼けつくような丘陵地帯を横切りながら、このような嘆きを神に表し、到来のときが近づいているその者である神を待っていたのです。私の心には多くの疑問が押し寄せました。

私に求められていることをどう実行すればよいのか？　愛するヨアキムに、胸を焦がすこの苦しみをどう話せばよいのか？　教えている小さな子どもたちにも、どのように接すればよいのか？　長く待ち望んでいたときが、ついに来るということを、彼らにどう分かち合えばよいのか？「大きな苦難の中で、神に預言された〝義の教師〟をお連れください、この深い夜の中で、肉と魂の苦しみから救い出してください」と、私は神に懇願しました。こう考えたとき、稲妻のような光が心の中を走りました。

そのとき、私、アンナはガリラヤの焦土と化した草地を歩いていました。私の魂は嘆き疲れて、恐れにとらえられていました。心に重くのしかかるのは、地上の民の叫びでした。地球の全体が、この暗い時代の周期の中で、大きな疲れを感じていると知りました。私の魂は、闇夜の荒野に迷い込んだ者のように落ち着きのない苦悩を感じていました。人々の間には実に多くの苦難がありました。誰もが眠りの中で安らげませんでした。大きな災難が身近に降りかかる予感に震えていましたが、いつ、どれほどの規模の災難が降りかかってくるのかわかりませんでした。真っ黒になった草地をさ迷っているとき、私の心には静かな痛みが走り、両肩には重荷がのしかかっていたのです。

カルメルの地域に戻ろうとしたとき、突然、山の最も高い丘に登ってみたくなりました。まるで見えない手に導かれるように山頂まで行き、地面にひれ伏したのです。そこは百年以上前にヒスマリアムがアセンションした、その場所でした。気づくと私は天に引き上げられ、来るべき日の啓示を受けたのです。

私という存在の〝主なる神(ロード・ゴッド)〟と対面したとき、魂は大いに高揚し、その右手には、〝光り輝く方〟、まさに到来のときのお方がおりました。輝く光の中に私は引き込まれ、個の意識がすべて溶けていきました。するとベールが左右に開かれ、そこに新しい天国(ニューヘブン)と新しい地球(ニューアース)を見ました。多くの苦難が待ち受け、地球の創造の本質を火で焼き尽くすものさえあるとわかったのです。

まもなくマリア・アンナを通して生まれ来る〝彼〟は、私を傍らに連れて行きました。一緒にこの上なく美しい庭の中を歩きました。彼はその腕を私に回し、私のことを「小さなお母さん」と呼びました。深く浸透する眼差しで見つめると、彼の存在は私と一つになりました。私たちは〝父なる神の玉座〟の前にいました。いったいどれだけの時間、自分がその〝存在(ワン)〟と一体化していたのかわかりません。分離意識が戻ると「来年は、マリア・アンナの子宮に入るための大事な準備期間になる」と彼は私に告げました。

彼の先駆者となる者がすでにヨアキムの兄弟ヤコブの長女であったエリザベスの子宮に入ろうとしてい

るところでした。彼女はカルメル山での修行を完了した後、ベツレヘムに戻りそのときを待っていました。同じような啓示を受けた女性たちが他にもおりました。それぞれが、自身の魂の同意に基づいて、お役目を授かるのです。

マリア・アンナは、さらに何段階かのイニシエーションを受ける必要があります。これらが達成され、彼女の肉体と精神が安定した後、非常に広大で高い光の周波数を完全に孕むことができるようになります。最後に、ヨアキムの兄弟ヤコブの末子であるいとこのヨセフが、マリア・アンナとの婚約に名乗りを上げ、舞台を整え、光の受胎コードを活性化し、母子を守る強力な砦と精神的慰めを与えることになっていました。

次に私は自分の役割を見せられました。エジプトの偉大な神殿で受けたイニシエーションが「義の教師の道」において、いかに私を準備させたかを教えてくれたのです。この叡智は、彼の青年期に引き出され、行うことになる偉大な仕事を支援することになるでしょう。私はこのことを胸にしまっておきました。

そして、彼の地上での歩みと、これから起こる出来事を垣間見せてくれました。最も暗い瞬間は、最も明るい瞬間でもありました。彼は、すべての預言を成就し、全人類に生命の父と母の贖いの愛を注ぐために来るのだと私に告げました。彼の弟子たちは、彼が成したことをすべての人が成すように、そしてそれ以上にできるように、すべての人に示すのです。神の計画はホログラフィックに描かれていました。天上で決定され、すべての役者が地球の舞台で自分の位置を占めるのです。すべてが準備されたのです。

私の手のひらに指をそっと押し当て、彼は「命の息(ブレス・オブ・ライフ)」を吹きかけました。天の風が私の肉体と骨の奥深くまで入り込み、永遠の領域における私の個体のアイデンティティを復活させてくれました。私の小さな体を香油が包み込み、癒され、すべての悲しみが消え去りました。私は、謎が解けて、すべてがうまくいくことを知ったのです。神秘学校物語（ミステリー・スクール・ドラマ）が間もなく開演されますが、何世紀にもわたって誤解され、完全には受け入れられずに終わっていました。太陽系、銀河系、宇宙の中で、より大きな進化を遂げるために、今回の開演が運命づけられているのです。私には万事が順調であるとわかりました。

　そして、私の手を開いて、それぞれの手のひらを唇に当て、「この手に、父と母を讃えるために生まれよう」とささやかれました。「あなたは女性の中で最も祝福されている。恐れてはならない、私の小さな母よ、あなたが現在マリア・アンナと呼んでいるあなたの娘のように、私の天の母の化身であり、あなたも同様に、すべてが私の父の国に戻るまで、〝人の子（ソン・オブ・マン）〟を抱き上げるために生まれてきたのだ。この言葉を胸に刻みなさい。夜が重いマントで覆われても、夜明けはやってくる。そのとき、死という扉を覆う恐怖の石を転がし、天国の父と母の庭に出てきなさい。そこで私はあなたを待っている」

　すると、天はさらに後退し、私の目の前には、最も不思議な光景が広がりました。その水と大地は、原始的な美しさで輝いていました。生命は強靭な活気と豊壌に満ちあふれていました。すべての敵意と不和は取り除かれたのです。すべての生命が、私の前にいた預言者たちの言葉が伝えるビジョンをはるかに超える輝きに満ちていました。私は創造主の祝福を喜び、感謝で心があふれ、シェキーナの燃えるような、消えることのない存在の証しの威力に震えながら、祝福が私の上に降り注いだのです。「ホサナ（神をたたえよ）！　ホサナ！」と天使たちが叫び、ラッパを吹き鳴らしました。「ホサナ！　神に栄光あれ！」「平和よ、インマヌエルよ、人類に来たれ！」

　私の心、地球の大いなる心（ハート）、人類の満腔の心（ハート）に、歓喜の涙が流れました。この広大な心（ハート）は、万物を包み込み、全てを包み込んでいるのです。

愛のエネルギーの伝達が続くうちに、私は孫が父なる神格を表すだけでなく、彼のツインソウルもまた、マリア・アンナと一緒に転生して、母なる神格の完全なる帰還を地上にもたらすと、意識するようになりました。魂は確かに喜び、私はゆっくりと身を固め、カルメルの北門へと山道を下りました。

第16章 マリア・アンナとヨセフ・ベン・ヤコブ

私がカルメルの聖域（サンクチュアリ）への外側の門にさしかかると、二人の同胞が地面に伏せているヨアキムを上からのぞいているのが見えました。彼らは私に、静かに近づくように手招きしました。私の愛する人の上に大きな光がありました。彼の顔は太陽のように輝いていました。私の内なるビジョンでは、ヨアキムの光の体が大天使ガブリエルを含む天使の一団とともに降臨しているのが見えたのです。二人の兄弟は言葉を失いつつも、ヨアキムのそばに磁石のように張り付いていました。こういった事柄を熟知している者として、彼らは私の知識と経験に助けを求めていたのです。私は夫の頭の脇にひざまずき、幅の広い頭蓋骨を両手で抱えました。彼の白い髪は、私の指の間から流れ落ちました。ヨアキムの黒い瞳は開いていましたが、この世のものは見ていませんでした。私たちは沈黙のうちに、夫が元の体に戻るのを待ちました。

ついに彼の体はガタガタと震え出しました。顔からは汗が流れ、涙とまざり流れ落ちました。私の愛する人もまた、引き上げられていたのです。私たちはお互いの目を見ながら、二人とも同じ啓示を受けたことを知りました。同胞の一人が布に水を浸して、ヨアキムの顔をやさしく拭いました。夕食の後、全員が聖所に呼ばれ、知らせを受けるために夕刻の時間を待ちました。ヨアキムが声を上げると、その場を静寂が包みました。

ヨアキムは尊厳を保ちながら報告しました。「わが愛する聖なる家族のみなさん、あなた方に平安あれ。私たちの〝主〟の〝偉大な日〟が私たちに迫っています。私たちは天に引き上げられ、これから起こることを見せられました。私たちのインマヌエル、それも私たちが義の教師と呼んできた待望の方の到来を認識するための象徴と兆しが与えられています。預言者たちが伝えた方が、私たちの前に現れて、その方が来られる日が今、私たちに迫っていることを証しています。彼の存在は太陽のようであり、彼をこの世に産む子宮の門を今もたたいています。私たちに明らかにされた約束の器は、私たちと共にいる娘の一人です。やがて、まさに女性の中で祝福された者が誰であるかわかるでしょう。

今は、この嬉しい知らせを胸の中に隠しておきましょう。誰が選ばれたのであろうと、自分たちのことを見て、恐れやねたみを抱かないようにしなさい。あなた方の間には、まだ、兄弟姉妹と共に、道を整えるための仕事があるのです。あなた方は、それぞれの適切な時期に、〝至高の神〟への義の捧げ物として、それぞれが求められるものを示されるでしょう。自分の心を見つめ、闇の谷に誘う思いをよく見極めなさい。立ち上がりなさい。見よ、新しい日の夜明けが私たちに迫っているのです。些細な不平や明日への不安から目を背けなければなりません。信仰を取り戻し、強さを身につけよう。待ち望んでいた日が近づいています。それぞれの仕事は、すべてのことに備えることです。

以上で、今日の報告は終わりです。二週間後、約束の時間に、私たちは再び集まり、口述で、主の到来を予言する文章を書き残すことになるでしょう。今、私たちは平和の中にいて、理解を繋いでいきましょう。すべての生命の父と母に栄光あれ。そして先達の父と母に讃美を。アーメン」

こうして、私たちの言葉は、私たちの地域の証人となるために放たれたのです。そのとき、私たちの間に大きな動揺が起こりました。すべての人が、今、目の前にあることに興奮を感じていたのです。各自が自分の能力と準備に応じて理解しました。祝賀の雰囲気が漂い、しかし、神への新たな献身をもって仕事に従事する私たちの上には、静寂が広がっていました。私たちは聖約を更新する特別な儀式を行い、霊（スピリット）の交わりを静かに秘めたのです。光の受胎のために訓練を受けている若い女性たちは、特に期待感に包まれていました。彼女たちはそれぞれ私のところにやってきて、自分の役割を果たすにふさわしいと認めてもらいたいという願望を口にしました。この若い魂たちには、以前にはなかった敬虔さが、ほとんど重苦しさとなって影を落としていたのです。そこで私は、この美しい女性たちの心を軽くするためのお手伝いをする機会を得ました。

マリア・アンナは特に静かで、数週間が経つと他の少女たちから遠ざかっていきました。彼女は沈黙のうちに私のもとにやってきました。グレイト・マザーの懐の中で、私たちは休息し、互いを優しく包み、受胎のときが来るのを待ちました。彼女はいつも内なる領域では私と一緒におりましたが、外なる領域では適切な距離をおいていました。彼女の成長は日に日に増していました。訓練やイニシエーションはさらに厳しく、要求の高いものとなったにも関わらず、彼女の表情は輝きを増していました。私は、長い年月を経てきた数々のイニシエーションから学んだことすべてを、マリア・アンナをはじめとする光の受胎の候補者である少女たちに与えました。私たちはたゆまぬ努力を続けました。眠れない日が何日も続きました。主にあって新しく生まれ変わるためにやってきた者たちは、ときには、落ち着きを失う者もいましたが、全体として、謙虚になり、鍛えられ、磨かれ、イニシエーションの試験に合格しました。その年に続行不能として両親のもとへ帰ったのは、たった一人だけでした。

マリア・アンナに加え、その季節に私と一緒に秘儀を歩んだ十三人の少女と九人の女性がいました。若い男性の中には、カルメル山で試練のイニシエーションを受けた十九人の少年と五人の男性がいました。このうち五人は、精子で光の受胎を促進するためのイニシエートとして準備されることになりました。この一年間は大変な年でした。ときにはコミュニティは緊張にいらだち、感情的な癇癪(かんしゃく)が起こり不安定になりました。そうなったときは、私たちは集まり、歌を唄い、踊りました。ときには、荒野に一人で出かけ断食と祈りをしました。私たちの目的は、低次の性質を克服し、神秘の領域への門をくぐることです。門の守護神は、すべての人が通過する準備が整うまで、道を閉ざしたままにしています。

カルメル山には秘密の部屋があり、そこでイニシエーションを受け、通過します。これらの部屋の中には、次元やアストラル界を魂が通過するのをシミュレートしたある種のエネルギーが存在していました。ある部屋では、あらゆる恐怖がホログラフィックに沈殿していました。他の部屋では、肉体の欲望が描かれ、イニシエートは人間性の中にある獣と対面することになりました。これら低次元の部屋は、欲望と肉体を浄化し、力を与えられる場所でした。基本的な要件を満たした後、より高い経路と霊的な力を開くための特別な指導が行われました。男性も女性も、心と体に非常に高い周波数を保持する方法、霊とエネルギーを見分ける方法、アストラル・トラベルとバイロケーションの方法、特定のパターン、音、次元の焦点に何日も注意を集中する方法などを学びました。

光の受胎を準備する男性候補者のうちの何人かは、同じく準備の整った女性たちから花嫁を選ぶことが認められていました。こうして、多くの偉大な魂の親たちが、献身的にその任務に応えたのです。ヨアキムと私は選ばれた人たちを教えました。私たちは多くの子どもを産むことで多くの経験をしてきたからです。ヨアキムの兄弟ヤコブとその妻ロイスの末子であるヨセフもその一人でした。ヨセフはこのとき三十二歳で、五年間男やもめでした。結婚して一年しか経っていないのに、妻と赤ちゃんが出産時に亡くなってしまったのです。

私たちは、ヨセフが神から非常に好かれていることを知っていました。なぜなら、彼はすでに私たちが教えたすべてのことの熟達者（アデプト）だからです。若い頃にエジプトとインドで上級のイニシエーションを受けていました。偉大なる幻影でもヨセフとマリア・アンナを通じて成就されることを、スピリットが確認しているのを感じていたのです。

二週間が過ぎたとき、私たちは再びカルメル共同体の人々を呼び集めました。救世主（メシア）に関するエノク、ザドク、イザヤ、ダニエル、ミカ、マラキなどの有名な聖書の預言を再確認した後、約束したとおり、私たちのビジョンをさらに明らかにしました。次に、ヨセフとマリア・アンナが婚約することを認め、この二人が同意するのであれば、この取り決めに祝福を与えることを伝えました。私たちは一人ひとりに質問しながら振り向くと、輝く目と赤らんだ顔の輝きを見つけました。そして、この二人はすでに愛の誓いを秘め、これから二人を通して展開される計画を、私たちよりずっと前に知っていたのだとわかりました。こうして、ヨセフとマリア・アンナは、結婚の権利を共同体から祝福されるために、前に進み出たのです。

他の数組のカップルも、彼らが見た夢について語り、一緒になると報告し、結婚を発表しました。中には私の長男であるアリマタヤのヨセフと、彼が三年前に出会った愛するマグダラのマリアもいました。この小さな男女の一団が同時に結婚の天蓋の前に連れて来られたのです。カルメル山では、待ち望んでいたときが来たと、大きな歓喜に包まれました。

その頃、私アンナは、その時間に出てくることに同意したすべての魂への奉仕を始めたのです。私の働きは、すべてを飲み込むものでした。私のエネルギーは至高のものへと引き上げられ、私の体の焦点は、主が顕在化するための道具として機能しました。私の言葉はわずかなものでしたが、その影響はそれぞれの魂に、風の音、地の音、太陽の音、海の音を発しました。シェキーナの息が、私の前に現れた人々の魂に吹きかかり、彼らはみずからの中に住む偉大なる母の叡智を受け取りました。私を通して行われたワークは力強いものでした。

私たちカルメルの共同体は、彼の到来を準備するために、さらに強力な働きをしました。私たちは、父なる母なる神の偉大な働きのために魂を織り込み、意志を向けるために集まり、たゆまぬ努力をしました。小さな共同体の全員が、光の受胎をした魂たちの誕生を最も調和のとれた形で促進するために協力した、輝かしい時期でした。

月日が経つのは早く、マリア・アンナと婚約したヨセフは、精神的に成長し続けました。彼は、共同体の人々から愛着を持たれる傾向がありました。ユーモアと親しみのすべてを人の間に育みました。また、隠蔽された教義の中にある最も複雑な謎を解き明かす才能も持っていました。教義という厄介な重荷の中で、最も隠された真理をシンプルかつ明瞭に浮かび上がらせたのです。年下の少年たちは、道をわかりやすく教えてくれる輝く手本として尊敬していました。ヨセフはまさに「メルキゼデクの聖師団（オーダー）」に続く「ザドクの息子たち」であり、まるでどこからともなく現れる転任された存在でした。ヨセフはこの古代の者からイニシエーションを受け、ザドクの司祭の杖を所持していました。この杖はサンザシの枝から切り出されたもので、その杖の中には宝石や彫刻、お守りが埋め込まれていました。

ヨセフはマリア・アンナに気に入られるようになり、マリア・アンナは一人の時間の中で、クリーム色の白いリネンと上質のウールでヨセフにショールを織り上げました。このショールは、マリアがヨセフに贈ったもので、マリアの献身の証でした。こうして日々は過ぎ、この二人が声を合わせて詩篇を捧げ、朗読するとき、共同体の中のすべての人々は愛が深まるのを感じて高揚しました。二人が手を取り合って散歩するのを見るのは、すべての魂が喜ぶことでした。庭や畑、あるいは神学校（セミナリー）で二人のそばで働くことは、インスピレーションを受けることでした。二人の前では、あらゆる重荷が溶けていくかのようでした。

この頃は、私たちの人生で最ものんびりとした日々で、前途多難な試練に見舞われることはめったにありませんでした。

第17章 イエシュアの光の受胎

紀元前五年六月の最終週のある夜、日の出前にヨアキムと私がベッドの上に横たわっていると、巨大な光が私たちのところに訪れました。その光の中には、ミカエル、ガブリエル、ラファエル、ウリエルの四人の天使がいました。私たちは旋風に巻き込まれるように、光に満ちた大きな部屋に引き上げられました。私はこの部屋が、私たちの子どもが光の受胎をしたときに経験したところと同じだと認識しました。〝新しいエルサレム〟と私が呼んでいた〝光の都市〟の中にある部屋の一つで、この信じ難いほど美しい場所のことを思い浮かべるのが私は好きでした。

マリア・アンナと彼女の愛するヨセフが部屋に入っていくのを見ることができ、私たちは嬉しく思いました。家族や、近所の人、遠方の住民など、他の人たちも入ってきました。マグダラのマリアとアリマタヤのヨセフ、タビタとイサク、リベカとシメオン、そして長いストロベリーブロンドの髪をした美しい正体不明の女性のそばに立つノアもその中に含まれていました。これらのカップルやその他の人々が、重要な役割を果たす魂が登場するために、光の受胎に参加することを知らされました。力強く、驚くべきものを私たちは見聞きしました。

マリア・アンナとヨセフ・ベン・ヤコブは、〝人の子（ソン・オブ・マン）〟の完全な臨在によって、光をあてられていることを四人の天使が順番に告げました。マリア・アンナと同じように、イエシュアもまた、広大な宇宙意識のフィールドを地上に定着させることができる化身（アバター）として誕生するのです。そして、マリア・アンナがヨアキムの肉体の精子を持たずに私の子宮に完全に入ったように、彼女の息子の受胎も同じようになるのです。ヨアキムの遺伝子がマリア・アンナの地上での出現に必要ではなかったように、ヨセフの肉体のDNAも必要ではありませんでした。同様に、ヨアキムのときと同じように、ヨセフのエーテル体の精子とDNAは、彼の息子となる偉大な宇宙の魂とエネルギー的に融合する際に、光で浸透させられるのでした。

聖堂の鐘の音を聞きながら、私たちは再び、夜明けの最初の光に触れた肉体を意識しました。涙を流し、体を震わせながら、優しく抱き合い、高いところにおられる神様に賛美の心を捧げました。やっと彼が来てくださったんだ！　私たちが感謝の気持ちを表すやいなや、ドアを優しくノックする音が聞こえ、ゆっくりとドアが開きました。

そこには、とても輝いているマリア・アンナとヨセフが立っていました。二人の表情は白い光で輝いていました。マリアとヨセフは、私たちが何が起こったかを知っていることを内心で知りながら、私たちと一緒になって静かにひざまずき、感謝の祈りを捧げました。すると、ユリやバラの甘い香りが漂ってきました。私たちの心は感謝でいっぱいになりました。

朝の祈りの呼びかけを聞いて、私たちは共同体の前に出て、自分たちの身に起きたことを告げました。マリア・アンナと共に準備をしていた若い女性たちは、喜びと悲しみを同時に感じて涙を流しました。それぞれが、〝人の子の無原罪の受胎〟を可能にする立派な候補者でした。皆、よく準備をし、しばしば困難な仕事に心を砕いていました。

マリア・アンナが選ばれた今、〝選ばれし者〟であることへのこだわりの度合いに応じて、長い月日のイニシエーションの重みを、それぞれの女性たちが感じ、取り除かれたのです。ですから、この時間は、それぞれの愛する魂にとって、さらにもう一つ別のイニシエーションとなりました。失望に屈することなく、今こそ、イエシュアの弟子となる他の偉大な魂を生み出すこと、またキリストのイニシエーションを実演しサポートすることに、彼らの意識をシフトするときとなったのです。

畑に出て働くのではなく、まず必要な雑用をこなし、それから聖所に集まって丸一日断食と祈りの日々を送りました。夜遅くまで祈り続けました。ある者は数日間、この方法を続けました。そして、すべての者が証しを受け、次のステップへの導きを受けたとき、カルメル共同体はいつもの日常を取り戻したのです。

マリア・アンナの懐妊の知らせを、ヨセフがいかに受け取ったのかについては誤解がありますので、あなたが私と共に二つの世界の真ん中を歩けるように、この件についての話を織り込みましょう。この誤解の多くは、福音書がどのように記録され、翻訳されたかに起因しています。一方では、恐怖と不均衡な極性に支配された人間の心によって理解される物語があり、もう一方は、三次元の限界に縛られない人々によって生きられた、もう一つの物語なのです。

福音書の記述では、ヨセフは取り乱し、マリア・アンナに何が起こったかを理解できないでいるように描写されています。また、マリア・アンナも光の受胎についてほとんど知らなかったことが暗示されています。ヨセフがマリア・アンナを妻として受け入れ、逆恨みしないように、ガブリエルの訪問によって、悪事がなかったことを納得させる必要があったと言われています。このように、人間のエゴ意識は、光の受胎の神秘的な科学を知らない人たちが、イエシュアの受胎を奇跡として紹介する物語に何らかの意味を持たせるために、このような説明を工夫したのでしょう。

その後、何世紀にもわたる暗闇の中で、秘密のミステリーを知る少数の熟練者（アデプト）たちは、その意味を隠蔽し、出来事を目撃した人々の手からもたらされた記録を隠しました。これらの記録の中には、今もなお隠されているもの、教会や国家によって弾圧されているもの、破壊されてしまったものがあります。しかし、隠された記録は、サイクルが変化し、今、光の時代が誕生するとき、明らかにされようとしているのです。あなたの聖書の多層的な暗号が解かれたとき、多くの人が驚くでしょう。

すでにお話したように、ヨセフは何が起こっているのかをよく理解していました。

受胎から数週間後、マリア・アンナは大天使ガブリエルからカデシュ・バルネアのエッセネ派のキャンプに巡礼するよう指導を受けたことを打ち明けました。そして、マリアは彼女のいとこのエリザベスと共にベツレヘムに滞在することになっていたのです。それは同じ光の受胎をしたエリザベスの妊娠後期のあいだでした。そこで、彼女とヨセフは旅の支度をしました。マグダラのマリアとアリマタヤのヨセフ、タビタとイサク、そしてリベカとシメオンが同行しました。

シナイ半島を南下する交易路に近いパラン荒野にあるエッセネの野営地、カデシュ・バルネアへの旅の準備が整ったのです。ここは、古代ヘブライ人の家長であるサラとアブラハムが、息子イサクを妊娠するための準備をした場所です。この場所で、マリア・アンナの子宮と、三人の娘を産むことになった他の三人の女性の子宮に、さらに神の光の洗礼(バプティスマ)が行われることになったのです。マグダラのマリア、サラ、マリアムの三人でした。

これらの女性の子どもたちは、やがてイエシュアの重要な弟子となり、復活とアセンションという大きな謎にもイニシエートすることになるのです。このうち、マグダラのマリア、サラ、そしてマリアムは、イエシュアの人生と仕事を支える極めて重要な役割を果たすことになります。マリア・アンナ、マグダラのマリア、タビタ、リベカとその夫たちは、より大きな光を受け取るために、夏の悪条件の中を旅してでも、大天使ガブリエルの呼びかけに応えたのでした。私は物理的にその場にいませんでしたが、ときおりバイロケーションに同調し、心の中に抱くように言われた多くの素晴らしいものを目の当たりにしました。

こうして、私たちの人生の新しい章が開かれたのです。イエシュアが受胎された今、私たちは、イエシュアが地上の世界で成し遂げようとしているすべてのことが成就されるのを待ち望んでいました。皆さんも、自分の人生に迎え入れた子どもたちを思い浮かべると、私たちの心が喜びに包まれるのがよくわかるでしょう。あなたが生みの親であろうとなかろうと、地上に誕生した魂に寄り添うことは、天界に寄り添うことなのです。これは、旅立つ魂に寄り添うときにも言えることです。

母なる地球のアセンション・プロセスを支援するために、多くの高度に進化した魂がこの時期に具現化していることを、私は以前お伝えしました。ちょうど、イエシュアとそのいとこたちが意識の高い両親と支援的なコミュニティによって光の受胎と支援を受けたように、今日も光の受胎に参加することは可能です。両親、親戚、出産介助者、介護者が意識的に自分の波動をより大きな光に引き上げることを選択すると、地球の密度に入ってくるプロセスがすばらしく高まります。首尾一貫した愛が存在するとき、これらの非常に敏感な子どもたちと調和して共鳴することが可能です。このサポートによって、大きな愛を表現する能力を持ったこれらの素晴らしい奇跡の魂は、機能不全に陥った社会の構造を、より意識的で人道的なものに置き換えるという変革の仕事を成し遂げることができるのです。

このように、光の受胎を宿した親子を導く母としての役割を果たしながら、私はカルメルでの共同体としての家庭生活の大切さをしばし考えていました。私はヨアキムと私の愛する子どもたちを育てた年月を大切にしていました。しかし、模範的な父親として、また教師としてのヨアキムの役割は、やがて終わりを告げるかもしれないことを、私は不本意ながら理解したのです。

こうして、ヨアキムと私はさらに睦(むつ)みあいました。私たちはコミュニティに奉仕しながら、光の受胎で宿った赤ん坊が母親の胎内で成長するにつれ、輝かしい光の領域の親密さを感じていました。

第18章 ヨアキムの旅立ち

ヨアキムが、神聖なる光の領域へと旅立ったことをお話しするのは、深い悲しみをともないます。ベツレヘムでエリザベスのもとに三ヶ月間滞在していたマリア・アンナの帰りを私たちが心待ちにしていたときに、ヨアキムは私に、自分が地上を離れるのはそう遠くないということをしぶしぶと打ち明けはじめました。

彼は夢の中で、自分のときが近づいていること、ヒスマリアムのように肉体を昇天させるのではなく、身にまとった自分の肉体の要素を母なる地球に還すことを告げられました。光の中に行く間、ハイヤーセルフが彼の肉体の要素に、地球を祝福するための意識の一部を追加する形で融合させることが示されました。私たちの愛する教師である主マイトレーヤとマハー・ババジが近くにいて、彼の不滅の魂を意識的に持ち上げるプロセスを指導しはじめていました。

三ヶ月後、ヨセフ・ベン・ヤコブとシメオンは、マリア・アンナとリベカをカルメル山に連れ戻すために、ロバの引く荷車でベツレヘムに向かいました。彼らが戻ると、マリア・アンナとヨセフのために正式な結婚の祝宴を用意しましたが、リベカとシメオンは、光の受胎が起こったときすでに結婚していたので、披露宴の用意はしませんでした。三日間の儀式準備の後、紀元前五年の晩秋に、ヨセフとマリア・アンナはアブラハムとサラの天蓋の下で伝統的な結婚式を挙げました。

マリア・アンナとヨセフのほかにも、何組かの夫婦が共同体の祭典で結婚式を挙げました。しかし、全員が子どもを授かったわけではありません。すでに説明したように、マリア・アンナとリベカは光の受胎の祝福を受けていましたし、マグダラのマリアとタビタもそうでした。私たちは、このような女性たちを敬愛の念をもって見ていました。結婚したカップルは厳粛な誓いを交わし、それから歌い、踊り、歓喜の祝宴に入りました。

結婚式から一ヶ月後、庭で冬の根菜を掘っていた私のところに、ヨアキムがやってきました。彼は私に、道具を置いて、一緒に預言者エリヤの石の場所へ行くようにと言いました。私たちがそう呼んでいた聖なる祭壇は、エリヤが〝太陽の馬車〟に乗って旅立っていく直前に建てたものでした。すべてを脇に置いて、私たちは山頂の小高い丘まで歩きました。

ヨアキムは何も言わずに、私たちの道を歩いていました。一二月の寒風が骨身にしみわたり、私の心は不吉な予感におそわれました。山頂に立つと、ヨアキムは私を抱きかかえ、冬の枯れ草の上に身を沈めたのです。彼の顔は青白く、厳粛でした。しかし、彼の目には輝きがあり、その体の様子を読みとると、私の恐怖心は消え去りました。それでも彼は黙ったまま、私の手を優しく握り、指と手のひらにそれぞれキスをして、私の手を彼の乾いた唇に押し付けました。ダークブラウンの瞳は、燃えるようなエネルギーに満ちていました。まるで目の前に座っているスフィンクスそのもののようでした。

そして、私を膝の上に乗せ、まるで子どものように抱きしめてくれました。彼の胸は、抑えた涙で高鳴りはじめました。そしてついに、あえぎながら、彼の心（ハート）から涙が川のように流れ出たのです。私は唖然として、この異常な感情の爆発が何を意味するのか、知る由もありませんでした。私の顔を両手で包み込むようにして、涙が止まると、彼は話しはじめました。私の目をじっと見つめながら、ヨアキムは、羊やヤギと一緒に羊飼いとしての共同作業を楽しんでいたとき、深く内側に入り込んでしまったのだと説明しました。そして、私たちが、イエシュア・ベン・ヨセフと呼ぶことになる子どもの誕生のために集まっている地球とすべての光の存在たちを彼は見せられたのです。

このとき、私の愛する人の表情が太陽のように輝きはじめたのです。風が私たちのまわりを吹き抜けていきました。ヨアキムの白い巻き毛の長い髪と髭が、燃えさかる蛇のように頭のまわりで踊っていました。重たい毛糸のショールがうねりながら、私たちは互いに抱きあいました。

今度は私が泣く番です。最愛の人がもう物理的に私のそばにいなくなることを徐々に理解していったからです。そして、大いなる決意をもって、私の理解する「大いなる役割」を促進するために、自分の意志を明け渡したのです。私の胸は、ヨアキムが少し前にそうだったように高鳴り続けました。そしてついに、私たちは腕と脚を絡ませながら横たわりました。私たちの心はお互いを求め、光の糸を紡ぎ、永遠の愛のタペストリーが織り上げられ、それは物理的な別れがあっても引き裂くことはできないものでした。ゆっくりと目を開き、互いの中にある真実を見つめました。私たちは永遠に一つなのです。それを知ることで、私たちは大きな安らぎを得ました。揺さぶられ、弱りながらも、私たちは互いに抱き合いながら、立ち上がり、家路につきました。

太陽が灰色の厚い雲を突き破り、まるで神の手が私たちを祝福してくれているかのようでした。私たちは、その黄金の光線に従って、エッセネ派の家族の中で保護されている住まいに向かいました。

私たちは、ガリラヤとユダヤに住む子どもたちに、カルメル山での祝宴に参加するようにと知らせました。夕食の後、私たちは身内の子どもを呼び寄せ、小さな寝室に招きました。蝋燭と素焼き（テラコッタ）のランプの灯火の薄暗い中で、ヨアキムは成長した子どもたちを一人ずつ抱き寄せ、洗礼のために頭に香油を注ぎました。そして、一人ひとりに父親からの祝福の言葉をかけました。私たちは涙を流しました。ヨアキムの存在がなければ、私たちはどうなっていたことでしょう。ヨアキムはマリア・アンナのそばに留まり、膨らんだお腹に手を当てました。私たちの周りに光が広がり、私たち一人ひとりが落ち着き、慰められました。

翌日は安息日でした。儀式が終わると、ヨアキムはカルメル共同体の全員を聖堂に呼び集めました。自分はもうすぐ旅立つが、正確な時間は分からないと説明しました。それぞれの魂が、このカルメルの族長に祝福を受けるために前に進みました。私たちの家族のうち、義理の息子、娘、姪、甥、いとこ、孫たちなど、私たちの小さな部屋に呼ばれなかった家族は、今、この愛する魂から父親の祝福を受けたのです。ヨアキムは、私たちカルメルの一家にとって、彼抜きでどうやってやっていけるのかを想像もつかないほど頼りにしてきました。いつも一緒にいてくれる仲間であり、教師であり、兄弟だったのです。

ヨアキムの旅立ちの気配が、それ以上は感じられないまま、数週間が過ぎていきました。しかし、私たちが共に過ごす日々は、私たち個人の意志で選んだ日数よりはるかに少ないとわかっていたので、できるかぎり多くの時間を共に過ごしました。私たちは、神と生命への愛にいつも心を開いてきた、お互いのためのあらゆる小さなことをしました。カルメル山周辺のお気に入りの場所を訪れ、特に、何年も前にローブを着た吟遊詩人が竪琴とパイプを演奏し、私を運命の出会いへと導いた一本杉の木のそばで長居をしました。そして毎日、私たちは二人だけになり内なる平和を見出すために、共に深い瞑想に耽っていました。

彼の旅立ちのときが来たと知ったとき、私たちは一緒になって、これまで分かち合ってきたすべてのものを心の中から出し、「いと高き主」に捧げました。私たちは小さな部屋でひざまずき、両手で互いの胸をそっと撫で、互いのすべてを神にゆだねました。そして、私は立ち上がり私の最愛の人のそばを離れました。彼は私たちのベッドの上で蓮華座のポーズのままでした。私は彼の反対側の扉のそばに座りました。私はサンダルウッド（白檀）、フランキンセンス（乳香）、ミルラ（没薬）の香を焚きました。私は愛する者の前に立ち、ダビデの詩とハトホル、イシス、オシリスの詩を捧げました。

ヨアキムは深い瞑想に入りました。私は、彼の周囲にある微細な身体が、虹色の輝く幾何学的なパターンで広がっていくのを見ました。エネルギー・フィールドは彼の深くリズミカルな呼吸とともに脈打ち、まるで呼吸が吸い込まれるような深い静寂が訪れました。そして、ヨアキムの最後の息が、つぐんだ唇から、かつてないほどゆっくりと吐かれると、そこには沈黙が訪れたのです。それ以来、ヨアキムの身体はプラーナによって支えられていました。その美しい表情からは、深遠な静けさが感じられました。

彼の周りに光が集まり、背骨の付け根から螺旋状にゆっくりと意識を持ち上げていくのを目撃しました。蛇のエネルギーが速くなり、上昇しました。光はますます強くなり、ヨアキムは霧のようなものに包まれました。彼の顔は透明になりました。彼の微細なエネルギー・フィールドは、ますます速く回転するようになりました。それから私は、彼の魂が頭頂のクラウン・チャクラを通して持ち上がるのを見ました。彼の栄光は、感じるにも見るにも素晴らしいものでした。彼の魂と肉体をつなぐ銀の紐（シルバーコード）が螺旋状に回転し、生命力が肉体のすべての細胞から上へ下へと移動していったのです。

ヨアキムの頭上にあるエーテル状の黄金のピラミッドのキャップストーンが、まばゆいばかりの金色の光で輝いていました。ヨアキムの体が徐々に空っぽになる中、私の体の細胞のすべてが生命力を高めていました。彼の生命力が私の中に入ってきたのではありません。ヨアキムの意識が肉体の外に出ていくのを、私が受け止めている間に、私の体の中で普遍的な生命力が拡大されたのです。

そのとき、ヨアキムの銀の紐（シルバーコード）が切れました。

ゆっくりと天の幻影が閉じられ、私たちの部屋は薄暗くなりました。ヨアキムの体は、まだお気に入りの瞑想の姿勢で座っていました。私は何時間もその場にとどまり、ヨアキムの意識の上昇を助け続けました。すると、目の前にいるヨアキムの姿から光が消えはじめ、ぼんやりとした青い光に包まれるだけとなったのです。そのとき、私はそっと遺体に近づき、愛情を込めて抱きかかえ、ベッドに寝かせました。私は衣服を脱がせ、スピケナードの香油と海塩を含み浸させたものを使って、その体を癒しました。

私はヨアキムの体を洗って、ヒーリングオイルを塗りました。そして、陶器の壷の中に、オイルを染み込ませたリネンと、死者の覆いに使う綿のガーゼを入れ、先に説明した再生目的のために、ガーゼの繭を体に巻き付けました。

私は部屋を出て、マリア・アンナや他の人たちのところへ急いで行き、来るように呼びかけました。次に、私はカルメル山の敷地の周りを歩き、私たちの共同体の一人の魂が亡くなったことを示す小さな鐘を鳴らしました。そして、身を清め、一人ずつ私の部屋に入ってくる人たちと共に、ヨアキムと自分自身に祈りと祝福を捧げました。そしてついに、私よりも防腐処理に精通しているエリが、他の二人の兄弟と一緒に、ヨアキムの遺体を診療所に用意された特別な部屋に運び出しました。

　埋葬の三日前から、私たちはヨアキムの魂が新しい命へと旅立つことを確認しました。私たちの共同体は、彼が肉体から意識的に離れる方法を知っている熟練者（アデプト）として旅立ったことを理解し、実感したので、大きな泣き声や悲鳴ではなく、何かお祝いのような雰囲気に包まれました。しかし、私たちの最愛の兄弟であり父親である彼が、もはや肉体の次元では私たちと一緒ではないので、涙と悲しみがあったことは確かです。

　私自身は、不滅の最愛の人を自分自身としてゆっくりと解放していくような、苦しい悲しみがありました。私の魂の中には、慰められることのない場所がありました。まるで、私たちの魂が初めて男と女に分かれた記憶で、私の心は引き裂かれ、壊れてしまったかのようでした。私の慰めは、私たちが一つであること、そして父なる母なる神の神聖な愛が、ヨアキムをより大きな任務へと召したことを知ることでした。ベールの向こうから「義の教師」がやってくるのを助けるために、ヨアキムは私たちのオーバーソウルのより大きな部分と融合したのだと私は知っていました。ヨアキムがエーテル的な役割を果たす間、私とヨアキムは内なる次元で交信を続けることになるのです。

　ヨアキムの旅立ちの目的を知って安心したのも束の間、私は死別の悲しみに打ちひしがれ、神様のご計画であった最初の別れの魂の苦しみを新たに感じていました。そこで私は、今、私たちに課せられている「大いなる仕事」に自分の存在を開くことで、自分の心を癒そうと決心しました。「油を注がれた者」、キリストの道を示す者を体現する彼が私たちの間に来てくださったのです。彼はここ、まさにこのカルメルにいたのです！　彼は私たちの愛するマリア・アンナの胎内にいて、その貴重な肉体は日々成長していました。その偉大な魂は、地上への降臨を間近に控えていたのです。長い年月をかけて準備してきたことが、今、私の目の前に現れているのに、どうして私は自分の孤独を嘆くことができるでしょうか！

ですから、私は冷静さを失わず、目の前の仕事に集中することにしました。ヨアキムの遺体は、杉や糸杉の林に近い共同墓地の洞窟に安置されました。私は毎週、安息日の前に花と詩を捧げ、二人の愛を偲びながら、若い娘たちの光の受胎と出産の準備に大きな関心を向けていました。

第19章 イエシュア・ベン・ヨセフの誕生

マリア・アンナがゆるしてくれるかぎり、私は彼女のそばを離れませんでした。美しい女性たちの身ごもって膨らんだお腹に手を置いて、光の受胎の赤ちゃんを自分の子のように思うのが好きでした。私は彼女たちに、子宮の中で育っている魂と交信する方法を教えました。一人ひとりの魂は、「神の玉座」から直接、非常に高い周波数の光を運んできます。私はそれぞれの魂が、多面的な格子状のエネルギーパターンを完璧な配列に保つように支援しました。メタトロン〈ユダヤ教の天使〉と大天使のセラフィム〈熾天使〉とケルビム〈智天使〉と共に、私たちはDNAグリッドを膨大な量の情報で織り込み、コード化しました。私は、母親、夫、コミュニティの内部の人と周囲の環境の周波数を整えて準備し、可能なかぎり調和させて、痛みをともなわないようにすることで貴重な魂が入って来ることができるようにしました。

そして正月、ローマから帰国したばかりのユディトの夫ユスティニアンから不穏な知らせを受け取りました。アウグストゥス・カエサルが、春分の日から三週間、帝国の人口調査を行うよう法令を発布したのです。そのため全世帯は先祖代々の起源の町に行き、徴税人に登録され、ローマ帝国に忠誠を誓わなければばなりません。カルメル共同体は、カエサルから課せられたこの難題について、さまざまな意見を出し合いました。多くの人は、神か、カエサルかに忠誠心を分けなければならないことに対して激怒しました。そんな中、ヨセフ・ベン・ヤコブの杖が床を大きく叩き、注目を集めました。

ヨセフの方を向くと、預言者ミカの言葉が記された巻物を開いたところでした。彼は読み上げました。「ベツレヘム、エフラタよ、汝、ユダの氏族の中でいと小さき者よ。汝の中から、私のためにイスラエルの支配者が出づる。彼の出生は古きより預言され、永遠の昔にさかのぼる。まことに主は彼らを救い出されるであろう。産婦が子を産むときまで。そのとき、彼の兄弟の残りの者は、イスラエルの子らのもとに帰って来る。彼は立ち、主の力、神である主の御名の威厳をもって、群れを養う。彼らは安らかに住まう。今、彼は大いなる者となり、その力が地の果てに及ぶからだ。彼こそまさしく平和である」〈ミカ書　第五章一～四〉

ヨセフが預言者ミカの書から読み上げると、創造主は預言の成就のための一つの道具としてカエサルを利用し、神の目的を組織的に具現化しているということを皆が理解しはじめました。ヨセフは、議論してエネルギーを浪費するよりも、ダビデ家の出身でベツレヘムから出た家族を持つ者全員が集まって、必要な旅をできるだけ快適かつ安全にできるように、資源を出し合うことを提案しました。

また、マリア・アンナやリベカなど、妊娠が順調な女性たちのことも考慮しなければなりませんでした。お腹に子どもがいるのに長旅をするのは大変なことです。そこで、ヨセフは数週間の間に、馬車や物資、そして旅をスムーズに進めることができるように健康な男性たちを手配しました。冬の寒さは過ぎ去り、春の気配が訪れていました。過越祭（すぎこしのまつり）が間近に迫り、冬の穀物の早い収穫、子羊を産む季節、羊毛の毛刈りなど、旅を始める前に払う必要のある注意がありました。また、収穫した穀物の税金の割り当てを、地元の徴税人の手に渡さなければなりませんでした。

中心的な男性たちが少数でも、常に共同体に残るよう保つために、出身部族と目的地によってグループに分かれ、それぞれの出発の時期を周期化してずらしました。集団で移動すれば、街道で油断のある旅人を襲う盗賊団の心配もほとんどありませんでした。私たちは、自分たちを憐れむのではなく、「身辺を固めて」、このような逆境を最大限に活用することを選んだのです。

出発の一週間前に、リベカがマリアムという名の美しい女の子を出産するという嬉しいサプライズが起こりました。私たちが出発するとき、マリア・アンナとリベカは毛布を積んだ荷車に乗せられ、二頭の頑丈な牡牛に引かれました。若者や老人も荷車に乗りました。私はラバに乗りました。他の何人かの女性は、ロバやラクダに乗り、あるいは歩きました。男性と子どもたちは、ほとんど歩いて行きました。楽器、食料、テント、動物の飼料を持参しました。歩きながら歌い、キャンプファイヤーを囲んで話をし、必要な仕事を代わるがわる担いました。石畳のローマ街道をこうして進んで移動しました。エルサレム郊外を過ぎると道は広くなり、ローマ軍の兵士や奴隷が切り出した石が敷き詰められるようになりました。道中には水道橋や深い井戸があり、水も豊富に供給されていました。ベツレヘムの狭い路地に入るまで、私たちは安全に守られ、大切にされていると感じていました。ローマの兵士が至る所にいました。剣や槍が天を衝き、鞭が奴隷や礼儀を知らない通行人の背中を叩いていました。このような喧騒はアレキサンドリア以来のことでした。

ベツレヘムの先、私が昔住んでいたエタムの近くに、小さな泉が湧き出る谷がありました。遠い親戚の土地で、私の息子ルカの妻アビゲイルの父が所有していました。私たちは、村の喧騒を離れて、そこに避難したのです。羊や牛に水を供給する井戸の近くにキャンプを張りました。親しい友人や家族が近くにいてくれるのはありがたいことです。ガリラヤ、ユダヤ、サマリアから来るであろう他の家族も待っていました。この機会に、家族の絆を深めるために、素敵な集まりを作りました。

ヨセフ・ベン・ヤコブの姉エリザベス（マリア・アンナの父方のいとこ）は、その六ヶ月前に光の受胎による出産をしていました。エリザベスが最後に妊娠したときから二十年が経っていました。閉経してから八年経ち、その間、不妊の状態でした。ですから、私たちはこのミラクル・チャイルドを歓迎したくてたまりませんでした。夫のザカリアが大天使ガブリエルから受けた導きにより、二人は子どもをヨハネと名づけました。二人にはアジラという成人した娘もいて、彼女は最近結婚して第一子を妊娠中でした。ザカリアはエルサレムの神殿に滞在して司祭の務めを果たし、マリア・アンナと私はベツレヘム郊外の小さな住処にいるエリザベスのもとに滞在することにしました。リベカはシメオンと赤ん坊と一緒に宿営地に残り、まだ産後の出血の時期、家父長制でいうところの「清めの時期」を過ごしていました。ヨセフは毎日キャンプに出入りしていたのです。

ガリラヤの人たちが登録される最初の日が来たとき、私たちは、ベツレヘムで国勢調査人と徴税人の前に行きました。どう哲学的に考えても、それは試練でした。その夜、私たちの登録が終わった頃には、マリア・アンナの陣痛が始まっていました。ヨセフはマリアをエリザベスの忠実なロバに座らせ、小さな上の部屋に急ぎました。この部屋は馬小屋の上にあり、動物の檻や貯蔵庫として使われていた丘の中腹にある洞窟に面していました。エリザベスの部屋は、ザカリアの兄弟ゼノスの三つの家がつながっている中庭に通じる風の通り道になっていました。それから、ヨセフはマリア・アンナをエリザベスの家の狭い石段まで運び、彼女の仕事のために用意された特別なベッドに寝かせました。ヨセフは、万一、合併症が起きたときのために、ルカを主治医として連れてくるよう、すでに伝令を送っていました。

昔、ハンナがオリアンナを産んだ丘の洞窟や柵のある厩舎から五キロメートルも離れていない場所に私たちはいました。ハンナと私、つまりハンナの大いなる自己がナオミの義理の息子の質素な厩舎の洞窟で融合したあの瞬間から、もう五百九十二年も経っているのだと私は思いにふけりました。そして今、私は再びベツレヘムで、はるか昔に具現化した、目的中の目的であるその瞬間を待っているのです。

ヨセフとマリア・アンナに続いて、エリザベスが、ヨハネを抱えて、もう片方の腕にはエジプト綿のシーツの束をかついで来ました。私は水の入った壺をかつぎました。マリア・アンナの小さな体は震え、喘いでいました。真夜中に近づくにつれ、陣痛はどんどん早くなり、激しさを増しました。私たちは何度も呼吸を整え、リラックスして陣痛に耐えられるよううながしました。痛みを和らげる木の根を噛む合間に、愛する我が子を落ち着かせるためにマントラを繰り返しました。そして、脳の中心にある「至聖所」に集中して、祈り、深いトランス状態に誘導しました。私はイエシュアの位置を確認し、彼が順調に産道を下りてきていることを確認しました。

陣痛は真夜中まで徐々に強くなっていきました。十六歳の若い娘にしては、とても強い力を発揮して耐えていました。圧倒される感覚や感情を声に出すようにうながしました。するとすぐに、マリア・アンナのヨニ〈サンスクリット語で「女陰」〉が開きはじめ、イエシュアの頭が出てきました。この一ヶ月間、出産に向けて彼女の体を整えてきたのがよかったのです。彼女は男性の侵入（ペネトレーション）を知らないので、私たちは軟膏を塗ったり、マッサージをしたり、イエシュアが通る繊細な組織を広げたりして介助しました。

私の存在のどこか深いところから、連祷（れんとう）の音がわきあがってきました。私の喉から親しみのある最高の運命の歌が聞こえてきました。ハトホルの女司祭が生まれたばかりの新生児の魂に唄う歌でした。頭上には天空に静止したベス・エロヒム・マカバ〈神の乗り物〉が、〝星〟のようにはっきりと見えていました。天使の群れ、ドミニオン（主天使）、エレメンタル（自然霊）たちが集い、浮遊していました。まるで全生命が息を潜めてしまったかのように、深い静寂が天と地の中心を貫いていました。

やがて、赤みがかったブロンドの巻き毛の頭が、続いて小さな体の一部が現れて、私の手の中に収まりました！「崇高なる神に栄光あれ！平和と、人類への善意を！」と天使たちの声が響き、部屋は黄金の天界の光で輝きました。「見よ、息子よ。〝アイ・アム〟のうちに、我は来たる。そなたの中に在りて、いと喜ばしきことか！」という「至高の神」の言葉が、私たちの心に刻み込まれたのです。こうして私たちは〝人の子〟を受け取ったのでした。そして、一年以上前に約束し、見せてくださったように、イエシュアは私の小さな手に、ご自身を届けてくださったのです！本当に、私は女性の中で、彼の大切な母親として、祝福されたのです。

イエシュアは牡羊座で生まれました。ユダヤ暦ではニサンの二一日、グレゴリオ暦では紀元前四年の四月初旬に相当する日の午前〇時一分過ぎに誕生しました。

ヨセフは、陣痛から出産までずっと私たちと一緒でした。私たち年配の女性が夢中になっている助産の邪魔をしてはいけないと、時々、床を歩きまわることもありました。マリア・アンナの夫でありながら、まだ性交渉をしていないという恥ずかしさも、ヨセフの気まずいジレンマに拍車をかけていました。ところが、イエシュアの頭が出はじめると、ヨセフはすぐに私のそばに来たのでした。
数日前、ヨセフは下の馬小屋に、羊やヤギの餌となる小さな木製の飼葉桶を取りに行きました。私たちはすでにそれを洗浄し、その年のこの季節に見つけられる最高に新鮮な藁と羊の毛を敷き詰めておきました。その上に、柔らかいエジプト綿のシーツを折り畳んで敷きました。この質素な飼い葉桶が、後に赤子のイエシュアを迎え入れて守り、マリア・アンナが休むことができたのです。

ヨハネはエリザベスのベッドの近くの揺りかごに横たわっていました。ヨハネは出産の間、ずっと目を覚ましていました。時々泣くので、エリザベスはヨハネに乳を飲ませながら、マリア・アンナの顔と手を洗い、冷やしてやりました。そして、マリア・アンナにもっと世話をしなければならなくなると、ヨハネはゆりかごに寝かされるか、あるいはヨセフの神経質な腕の中に置かれました。ヨハネは物事の真っ只中にいることを好んだのです。そのため、彼はいとこの誕生を見守り、その道を開き、準備することになったのです。

エリザベスがマリア・アンナの胎盤の処理をする間、私は臍(へそ)の緒のついたままのイエシュアを母親のお腹にそっと寝かせました。そして、胎盤を特別な容器に入れ、防腐剤の入ったオイルに入れ、後で儀式的に埋葬することにしました。ヨセフは息子と最愛のマリアを見守るように、彼女を呼びました。私たちは、マリアと赤ん坊をつなぐ命の鼓動が静まるまで沈黙を守り、臍の緒を切り、結び、生まれたばかりの赤ん坊を洗いました。

ここに、彼は無事に届けられたのです。私たちは、父なる母なる神を、心(ハート)、思考(マインド)、魂(ソウル)を込めて賛美しました。イエシュア・ベン・ヨセフを守り、その目的を達成するための力と叡智が与えられるよう祈りました。

ルカがまだ来ていないことを不思議に思いましたが、彼の医療技術が必要でなかったことを感謝しました。外はまだ暗いのに、私たちの小さな部屋には、まるで真昼のような大きな光が差し込んでいました。私たちはマリア・アンナを洗い、油を注いだ後、リビングルームを仕切っている垂れ幕の奥にあるマリア・アンナのベッドに連れて行きました。マリア・アンナが丁寧に裾上げし、ダビデの家系に共通するカラフルな幾何学模様の刺繍を施した最高級のエジプト綿で、イエシュアは包まれました。私たちは、大いなる者たちの存在をそこかしこに感じることができました。多次元のさまざまな領域間の聖なる交流(コミュニオン)を心の中で聴きながら、私たちは静寂の中に座り、その後の数時間を過ごし、マリア・アンナの胸の上で眠る赤ん坊を見つめていました。

するとドアがノックされました。エリザベスが走って行って開けると、地主で義兄のゼノスがルカと一緒に立っていました。ルカの息は速く、走ってきたことがわかりました。ルカはすぐに末の妹と赤ん坊のイエシュアに近づきました。手を洗ってから、二人を注意深く調べると、二人とも健康で丈夫であることに大喜びしました。ルカは若い頃から訓練されていたので、この最も不思議な物語を文書に記録しています。この記録は改変されたものの、何世紀にもわたって比較的無傷で残っており、現在でも**ルカによる福音書**として知られています。ルカは、出産に立ち会えなかったことを深く詫びるとともに、他の産婦に付き添っており、その母と子の両方が危険な状況を切り抜けるのを助けていたと説明しました。私は内心で微笑みました。ルカの手ではなく、私の手が、イエシュア・ベン・ヨセフを受け取ったからです。孫の約束通りだったのです!

しばらくしてゼノスが帰ってきて、下の通りにある彼の家の戸口にお祝いに駆け付けた人々が集まっていることを告げました。その中には、ルカの義父のところで働いている羊飼いもいました。彼らは、丘の中腹で羊の世話をしていると、天使の大群が現れたと言いました。他の人々は、エリザベスの家に行くように言われ、非常に明晰な夢から目が覚めたと報告しました。彼らはマリア・アンナを最後に見たとき、出産が近いことを知っていました。ザカリアの息子で後に洗礼者（バプティスマ）ヨハネと呼ばれることになるヨハネがそうであったように、神から寵愛を受け、その生まれたばかりのインマヌエルと呼ばれる〝平和の王子〟を起きて見に行きなさいと、皆、告げられていたのです。

太陽が昇りはじめると、愛する巡礼者たちは、ゼノスの母屋の裏の階段を二人、三人と順番に上がり、眠っている赤ん坊の前に座り、短い瞑想の時間を持つように招かれました。ときおり、不意にイエシュアはアーモンド形の青灰色の大きな目を開いて、最初に彼を迎えた家族や友人を見つめました。

私の子どもたちのうち、ナタン、ルカ、リベカはパートナーと一緒に来ていました。リベカは赤ん坊の娘、マリアムを連れてきました。ヨアキムや他の息子や娘たちは、遠く離れていました。アリマタヤのヨセフと妻のマグダラのマリア、妹のマルタはベタニアで国勢調査に登録されました。魅力的なシンクロニシティーが起こりました。マグダラのマリアの娘が、まさにその同じ日にベタニアで生まれたのです。イエシュアの誕生は日の出の数時間前に起こりましたが、マリアの誕生はその日の日没の数時間後に起こり、その数時間という時間の長さが同じだったのです。

ルカの義父の使用人の中に、ナタナエル・ベン・トルミ（アラム語でバルトロマイ）という名の十二歳の少年がいました。彼は、天使を見た羊飼いたちと一緒にいました。彼の腕の中には生まれたばかりの子羊があり、イエシュアに捧げるために持ってきました。イエシュアを見るなり、膝をついて、数ヶ月前に幻を見て、天使から約束のメシアだと告げられたこの子を見たのだと叫びました。彼は泣きながら、その涙は、飼っていた羊の柔らかい毛に落ちました。顔を上げると、マリア・アンナは彼に前に出るよう勧めました。マリアはナタナエルの頭に優しく手を置くと、目をじっと見つめながら言いました。「わが子よ、あなたは神の恩恵を受けています。今、私たちと共におられお方が、あなたがこの世から出てきて、永遠にそのお方の友であり、弟子であるようにとあなたを召されたのです」。そして、ヨセフに子羊を取るように頼み、自分は赤ん坊のイエシュアをナタナエルの日に焼けた腕に預けたのでした。

　愛する友よ、私の物語はますます複雑になってきていることを自覚しています。また、私があなたと分かち合っていることの多くが、今日のクリスチャンが一般的に受け入れている物語と矛盾していることもわかっています。私は、あなた方のために混乱と対立の危険を冒していますが、私の意図は、明瞭さと開放的な心をもたらすことです。伝えるべきことはたくさんあります。そして、それは部分ごとに、トピックごとに、エネルギーの流れごとに与えられています。

　しかし、私の話を盲目的に受け入れるのではなく、あなたの心（ハート）に働きかけ、そしてあなたの思考（マインド）に働きかける機会を与えてください。私は、これらの言葉は、あなたが代替案を考えることができるように、あなたの意識を開き、伸ばすような方法で与えていることを忘れないでください。ここに書かれていることの真偽を見極めるのは、あなた自身であり、あなたの知性を高揚させ、変容し、存在の力を増すのか、どうかご自身で判断してください。

　キリストの物語に新たなバージョンをもたらすこと以上に、私の深い目的は、あなた自身の心の中にキリストの出現を準備させることです。このようにして、あなたは自分に訪れる大きな変化に対して準備されるのです。ですから、ハートを開いて、あなたの感情を通して目撃されるエネルギーを覚えておいてください。

さらに申し上げると、私はあなた方と一緒にここにいるのです。私が大昔に来た目的は、まさに今この瞬間に私がここにいる目的なのです。私が時空を超えて遠くにいるとか、二千年前に起きたことが今日のあなたと関係がないなどと考える必要はないのです。あなた方は今、過去の歴史を塗り替えている最中なのです。実際、あなた方の中には、まさにこの目的のために未来から帰ってきた人もいるのです。

私はカルメル共同体のアンナです。あなたの中にキリストが誕生したことを証言するために戻ってきました。二千年前に洗礼の「油を注がれた者」を受け入れたように、私もあなたを受け入れるためにここにいるのです。私があなたに出来事の年表と、あなたが勉強してきたおなじみの人物の物語をもたらすとき、変容の周波数の伝達のほうが、それをもたらす言葉よりも重要であることを知っていてください。言葉の向こう側を聞くようになれば、本当の自分を思い出し、私たちが共に創り上げているこの壮大な惑星アセンションのドラマの中で自分の役割を果たし、自分の使命を果たすために一歩前進することができるかもしれません。

第20章 賢者の訪問

イエシュアをこの手で取り上げたあの驚くべき日は、以前に受け取っていた預言の成就でしたが、この劇が今後どのように展開されていくのかは、私にはまったくわかりませんでした。預言やイニシエーションから推測できたことは、その道程が困難をともない、危険だということでした。神との一体性を示すことが、彼の到来の究極の目的ですが、その過程には、鋭く強靭な分離の刃(やいば)が、使い込まれて鋤(すき)になるほどに激しく打ちのめされる激烈さが感じられました。鏡ばりの廊下に紛れ込み、行き先の知れない暗く歪んだ幻想世界を歩んでいる私たちの肩には、大きな責任がのしかかっていたのです。

モーセの律法にしたがって、ヨセフが生後八日にはイエシュアを抱きかかえてルカのところに行き割礼を施してもらい、ベツレヘムのシナゴーグの記録簿にイエシュア・ベン・ヨセフという名を書き記しました。六週間後には預言実現のためにこのヒューマンドラマの役者となることに同意している私たちは、イエシュアをエルサレムのソロモン神殿の跡地に連れて行き供物を捧げました。動物を捧げることに私たちは抵抗がありましたが、慣例にしたがい二羽のキジバトを捧げました。ナタナエルがイエシュアに捧げた子羊は生け贄にしないことにしました。モーセの伝統の教えは確立され定着しているので私たちは伝統を認め、預言のすべてを成就させようとしていたのです。

神殿には、イエシュアのことを認めているシメオンという名の長老がおりました。シェキーナの臨在の恵みに満たされているマリア・アンナを見つめる目に涙をにじませながら、老司祭は予言するのでした。

「娘よ、剣がシオン山のベールを裂き、汝の心をも突き、刃が刺し抜けるであろう！」。その言葉は私たちの心に苦しみの響となりました。預言で、イエシュアがこの世を去ることを私たちはあらかじめわかっていました。そのとき太陽が闇に消え、剣で命を奪われるような心境になることをわかっていたのです。

「母なる父なる神よ、その闇夜を通りぬける私たちを支えてください！」と私の心は叫んでいました。

アンナと呼ばれる年配の高位女司祭が歩み出て、赤子のイエシュアを抱きかかえました。彼女は生涯を神殿回廊で暮らした女官であり、イエシュアが何者かを理解していましたが、だからこそなのか、口をつぐみ、沈黙の中でマリア・アンナの胸に手を当てるのでした。マリア・アンナも、彼女の手に愛と洞察を感じたのか、高齢の女司祭の胸と眉を指で軽く触れました。老いた修道女のアンナは、かつてマリア・アンナが準備のために神殿に来たときに、母親代わりとなってくれた教師だったのです。

儀式が終わると、私たちは神殿の近くにあるアリマタヤのヨセフの優雅な家に集まりました。東方から賢者の一団が、その妻をともなって訪れたと知らされました。サンヘドリンの構成員によれば、この賢者（マギ）の一団は、ヘロデ王に謁見し、彼らが見た夢で、さまざまな書物にその誕生が予言されている子どもが生まれたので探しに来たのだというのです。

知らせの中には、このとき賢者が、前年に観測された彗星の出現に端を発した惑星のグレイト・コンジャンクションや黄道十二宮の特異な配置など、予言された惑星の特異な配置の存在を知っていたことも含まれていました。また、この三ヶ月の間、ユダヤの上空で静止している他の星と違った輝きの「新星」が出現していることも知っていました。彼らは内的、外的な導きに基づき計算したところ、この子どもはすでにベツレヘム近辺で生まれているかもしれないという結論に達しました。その子どもを次の千年期の到来を告げる存在として認めようと、その子を探し求めていたのです。

ヘロデ王はお抱えの司祭長、魔術師、占星術師に相談した後、預言者ミカの予言「ベツレヘム、エフラタよ、……汝の中から、私のためにイスラエルの支配者が出る」を知らされると、彼の被害妄想が増進しました。王は賢者一行をベツレヘムに送り、子どもを見つけ、彼に報告するために帰ってこいと命令しました。私たちは、イエシュアこそがヘロデ王と賢者の一団が捜し求めていた子どもであるとわかっていました。

その頃、ヘロデ王が老いのもたらす認知症を患っていることは一般にも知られていました。理性を欠き激怒するので、麻薬のアヘンによって抑制していました。ヘロデ王は配下の者に加え、家族に対しても猥褻な放蕩と殺人的残虐行為を犯すことで知られ、私たちは身震いをしていました。

私たちは、この種の苦難からはできるだけ離れることが賢明だと理解していました。そこで私たちは、分離と判断のパターンを持つ細胞の記憶を操作しました。そして、エルサレムで普段よりも多く引き起こされているように感じられた恐怖の感情を変容させたのです。平和なカルメルでは、イニシエートは、エルサレム全体に浸透しているように見えた不調和で恐ろしいエネルギーを感じるために、特別な部屋に入ることが要求されました。

息子のアリマタヤのヨセフに、その賢者たちを探して信頼できる使者を送り、夕食に招き、上階の応接室に連れてくるように、私は頼みました。そこで、マリア・アンナとイエシュアに会うために会見場に連れて来られる前に、彼らはその目的と信頼性について質されました。いずれにせよ、この小さな家族は、オリーブ山のふもとにある城壁の外に通じる秘密の地下道を通って立ち去ることができるので、安全が確認されたら、会見する考えでした。

私たちは、古びた貯水池の上に位置する奥の部屋に身を隠しました。何世紀にもわたって、同胞団（ブラザー・シスターズ）はこの部屋を会合に使っていました。必要なときには、自然の地下水脈の岩の隙間に掘られた床下の地下道を通って出て行くことができました。そこで、互いに相談し、祈り、適切な処置を待つことになりました。アリマタヤのヨセフの妻マグダラのマリアは、義姉マルタとともにベタニアの家から私たちのところに来ていました。彼女は幼い娘マリアを一緒に連れてきたので、私たちは彼女の存在を感じ、彼女に祝福を与えることができました。私たちは、この幼な子がこれから先、並外れた役割を果たすことになることを知っていました。彼女はイエシュアと同じように、自分に求められていることをすべて果たすことができるように準備していたのです。

またアリマタヤのヨセフの計らいで、カナのナタンやエフェソスから船でやってきた年老いたルツなど、多くの兄弟姉妹たちも一緒に集まっていました。私たちは皆、賢者の到着を待っている間に、生後七週間のイエシュアを順番に腕に抱きながら不思議なくらいに喜びに包まれていました。

三日後、十二人の男性賢者と十二人の夫人がヨセフの大きな応接間の上座にやってきて、食事をしたり、質問を受けたりしました。私はマリア・アンナとイエシュアと一緒に隠れていました。以前、私が幻視で見た賢者であるとの知らせが来るのを私は待っていました。会見場に到着するのを待つ間も、私たちは緊張しながらも、胸は高鳴り、ときめいていました。ついに階段を下り、長い廊下を歩いて近づいてくるくぐもった声が聞こえてきました。マリア・アンナの夫ヨセフが鉄格子の重い扉を開け、微笑みながら私たちの前に立ちました。

厳粛な礼儀正しさをもって、二十四人の賢者がゆっくりと会議室に入り、マリア・アンナと赤子イエシュアの周りに輪になって陣取りました。それぞれが自分の名前と出身地を告げました。賢者の聖師団(オーダー)の秘儀の司祭長(ヒエロファン)の資格を持つ三人が二十四人全員を代表して前に出てきました。彼らはさまざまな巻物の一節を読み、占星術のチャートを見せ、それを解釈しました。

次に、ターバンを巻いたパルティア人が、みずからバルタザールと名乗りました。彼は広葉樹と磨かれた真鍮でできた小さなトランクに手を入れ、黒檀の小さな箱と、絹で包まれた大小さまざまな容器を注意深く取り出しました。まず、乳香と没薬を燃やす香炉をイエシュアの前に置き、それに火をつけました。次に、貴重な油と軟膏の入ったいくつかの小瓶をマリア・アンナの足もとに置きました。バルタザールは、金と虹色の繊維で刺繍された紫シルクのローブを差し出しました。まさに王にふさわしいローブでした。しかも小さいもので、明らかに子どものために誂(あつら)えられていました。

バルタザールが黒檀の小箱を開けると、ラピスと金でできた幅広のビーズの首飾りを取り出しました。エジプトのファラオ、アクエンアテンのものでした。その下にはハトホルの首飾りであるメナトがありました。メナトは、男性性と女性性の原理の統合を象徴する儀式用の首飾りです。これもアクエンアテンの母の家系で継承してきたものと伝えられています。これらの宝物は、イエシュアがダビデ王とアクエンアテン王の王家の血筋の生まれであることを認識させるための証しであったのです。

このように、イエシュアは、彼らの前にいるのが「油を注がれた者（アノインテッド・ワン）」であり、その星を追いかけてきたのだと理解できた偉大な存在たちに認められたのでした。

第21章 エジプト滞在記

イエシュアと他の無垢な赤ん坊を心配して、私たちは互いに相談し合いました。あらゆる角度から慎重に検討した結果、私たちは計画の根本的な変更に合意しました。天使ガブリエルが、マリア・アンナの夫ヨセフの明晰夢の中に現れ、「カルメル山に戻らないように」と助言したのです。マリア・アンナとその子どもを直接エジプトに連れて行き、戻っても安全だとの知らせがあるまで無期限にそこに留まるようにとヨセフは助言されたのでした。私たちは関連の記録を読み直し、記憶を共有しました。その結果、モーセのようにイスラエルの人々を荒野から連れ出すためにエジプトから救世主（メシア）が現れるという預言が成就したのだと理解しました。

アリマタヤのヨセフは、信頼できる友人と使者を呼び、その夜、兄弟姉妹の家々に行かせました。ヨセフが船で外国へ行くときの習慣で、物資、馬、荷車などの一定の準備をするようにとの指示を出しました。また、ベツレヘムに行って、危険が去るまでヨハネをベタニアのマルタの家に連れて行くようにとエリザベスに警告するようにと他の者は言われました。人口調査の後、まだベツレヘムに残っていたエッセネ派の同胞たちや家族は、自分たちの家に帰るようにすすめられました。エルサレムとベツレヘムの家々の間には、子どもたちの身の安全を守れとの指示が広まりました。

ヨセフとマリア・アンナ、そしてイエシュアがエジプトに向け出発するための準備が急ピッチで進められました。暗闇の中、アリマタヤのヨセフとその従者たちは、ヨッパの港まで案内しました。そこで、アレキサンドリアへの旅に必要な物資と乗組員を船に素早く積み込むことができました。ヨセフは疑惑を避けるためにエルサレムに戻り、私はカルメルへ戻りました。

賢者たちはヘロデ王のもとに戻り、「ベツレヘムで子どもを見つけられなかったので、引き続き新しい星を追って南西に向かい、夢の中で示された者は砂漠の民の中で見つかるだろう」と報告しました。その結果、賢者たちはユダヤを離れ、南西のシナイ半島とエジプトに向かいました。

間もなく、幼いイエシュアは両親とともに、活気あふれるアレキサンドリアの町に行きました。光の同胞団のメンバーに、安全な抜け道や避難が必要な人のための隠れ家を紹介されました。用心しながらも、小さな家族は密かにヘリオポリスに向かいました。イエシュアがまだ一歳にもならない頃、近くの村のタビタの両親の家にイサクとタビタと一緒に住みました。それから七年間、最愛の孫は、愛情深く慕うおばやおじに囲まれて、成長著しい時期を過ごしました。

紀元前二年の夏、マリア・アンナは二卵性の双子、ヤコブとユダを産みました。翌年には若ヨセフ、時にヨセと呼ばれることもあるもう一人の男児が誕生しました。三人の兄弟に加え、イサクとタビタの娘サラ、リベカとシメオンの娘マリアムという光の受胎で生まれたいとこがいました。イエシュアは、また、アレキサンドリア、ヘリオポリス、テーベに住む数多くの遠縁のいとこたちと知り合うようになり、そのほとんどが私の娘オリアンナの子孫でした。私たちは系図を注意深く記録していたので、イエシュアはエジプトに住んでいた八年間に多くの親族に会うことができました。

イエシュアのいとこの中で、最も可愛がっていたのは、リベカの娘で、一歳のときに両親と一緒にエジプトに渡ったマリアムでした。マリアムは、都合のよいことに近くのマリアムネおばさんの広い家に住んでいました。しかし、サラが三歳のときに両親と南ガリアに引っ越したので、肌の黒いいとこと親しくなる機会がありませんでした。

マリアムは、見た目も美しく、気品があり、控えめでした。彼女の内面を知るということは、深遠なまでに賢明で繊細な魂を知ることであり、非物理的な次元に同調し、まるでこの世にほとんど存在しないかのようでした。マリアムが数々の苦難と喪失に耐えてきた中で、それはますます明らかになりました。このような内面的な資質があったからこそ、彼女は生涯にわたってイエシュアや他の多くの人々の忠実な腹心の友となることができたのです。

マリアムは、イエシュアがどんなことを話しても、いつも彼のために心を尽くしてくれるので、自身の最も深い考えを打ち明けることができました。彼女は背筋を伸ばし、呼吸を整え深く心を開いて、そこにいました。マリアムのようなことが自然にできる子どもは他にいませんでした。イエシュアは、マリアムを妹のように愛しました。いつか彼女と結婚することがあるかもしれないと空想することもありました。誰よりもお互いを理解している親友だったのです。

イエシュアは、偉大なファラオ・アクエンアテンを含む先祖の家族の話を聞くのが大好きでした。両親は共に素晴らしい語り手でしたから、イエシュアの活発な想像力を助けて、描写する場面に入り込めるようにしました。おばのマリアムネは、劇作家、舞踏家、歌手でもあり、その仕草や言葉の端々から物語が生き生きと伝わってきました。両親、おば、おじが教えてくれた物語のレパートリーは、人類の歴史における素晴らしい時代を網羅し、エジプトの神々や女神の神聖な伝説、自然界への展望など、多岐にわたりました。イエシュアは幼い頃から家族の愛情に支えられ、人間愛、祖先の血筋、霊的な神秘、そして自然の驚異を豊かに力強く学び育っていきました。

おじのアリマタヤのヨセフのように、イエシュアは言語を簡単にマスターしました。エジプト語とギリシア語、そして母国語であるアラム語やヘブライ語を流暢に話すことができました。古代のパピルスに目を通し、刻まれた象形文字に好奇心をもって触れました。そして、父親の助けを借りながら、テキストに書かれた同胞団の暗号を解読する方法を学びましだ。イエシュアは生来、好奇心が強く、父親と一緒にナイル川沿いの図書館、ピラミッド、神殿に喜んで行きました。

マリア・アンナも、時々、ヨセフとイエシュアの旅に同行し、イシス、ハトホル、ホルスの神殿でイニシエーションを受けていました。また、彼女はグレイト・ピラミッドでもイニシエーションを受けました。エジプトにおいて、以前の転生で熟達者(アデプト)であった記憶が、簡単によみがえりました。ヨセフとマリア・アンナが、エジプトで経験したすべてのことは、息子や娘たちの任務が明らかになるにつれて、遂行する際に彼らを支援する準備となっていたのです。

イエシュアは、両親がイニシエーションのために不在のとき、親戚の家に滞在しました。時々、イエシュアは父に同行し、ソロモンの時代にシバの女王が聖櫃を持ち帰ったという伝説のある南の神殿に行きました。近くのギザ台地の神殿に行くのも好きでした。いつかまた訪れることになると、彼にはわかっていました。

母親や親族が私に報告してくれたように、イエシュアはエジプトで暮らした八年の間に多くのことを成し遂げました。生まれたときに受けた、わずかではあるが意識をおおうために必要な緩衝材となるベールを取り除くプロセスが始まっていました。イエシュアの中に一つの複合体として集まった広大な宇宙エネルギーは、肉体、感情、精神に非常に激しく作用しました。より密度の高い肉体を守るために必要なベールを取り除く作業は、人生の大半において続きました。

両親は、息子の特異な体験について、〝墓の儀式〟を含めて、オシリス・イシス・ホルスの秘儀に導かれたイニシエートによくあることだと注意深く説明しました。天使とアセンデッド・マスターは、イエシュアと両親に、個人と惑星の新しいアセンションのための方法を幼少期から培い、後にイエシュアが人類のためにそれを実証することを教えました。こうした啓示は、挑戦的であると同時に心地よいものでした。挑戦的であったのは、ときおり、前途にある課題に圧倒されるように思えたからです。しかし、これらの洞察にともなう慰めと明るい希望が、不安を取り除いてくれたのです。

イエシュアには、何でも見通す透視能力があり、病者や障害者を癒す能力がありました。エネルギー・フィールドが見えて、考えが聞こえ、誰もが感じているすべてを感じていました。予知夢や思考、ビジョンを得ると、その出来事が実現することもありました。時々、イエシュアは自分の内面的体験を家族に話しましたが、ほとんどの場合、自分の体験を胸にしまっておきました。

他の面においては、どの子どもとも同じように普通に単純でした。しかし、好奇心は旺盛で、いつも質問し、実験し、組み立て、いろいろなことを調べていました。また、大人たちが「これはうまくいかない」「安全ではない」「まだ早い」ということでも、自分の次のステップはこれだと決めると、きわめて頑固になりました。自分自身を発見するための自由が制限されると、両親や親戚の過保護を手放すようにうながしたのです。

イエシュアは遊び、笑うことが好きでした。彼の高いソプラノの歌声は天使のような音色と周波数でした。父親にハープの演奏を教わり、ダビデの詩篇の聖歌の伴奏をしました。おばマリアムネはエジプトの楽器に長けていたので、ソロの弾き方や他の演奏者と調和する方法も教えてくれました。イエシュアのマスターの中にはピタゴラス派の熟達者（アデプト）もおり、神聖幾何学、数学、天文学、占星学、和声学（ハーモニックス）、風水（ジオマンシー）などを教えました。

母親と同じように、イエシュアは素早く、一度にいくつもの仕事をこなすことができました。しかし、マリア・アンナが慌てず落ち着いているように見えたのとは違い、幼い孫は蝶のように次から次へと飛びまわっていました。あなたの時代なら、この子はエネルギーの発電機（ダイナモ）のような多動性（ハイパーアクティブ）障害児と呼ばれたでしょう。睡眠時間は短く、眠くなると、いつでもどこでも一瞬で眠ってしまいます。屋根の上で星空の下、座って過ごすのが好きでした。粘土や糸、顔料を手に取り、さまざまな彫刻のような立体物をデザインすることもありました。走っていないときは、じっと座って、目に見えないものと対話をしていることもよくありました。

イエシュアは、明確な感情読取能力（エンパス）の保持者であり、非常に敏感でした。時々、自分の感じているエネルギーが体を通り抜けると、痛みで体を折り曲げることがありました。ときには、コントロール困難な感情を爆発させることもありました。まるで、どこからともなく大きな嵐がやってきて、イエシュアの心と体を揺さぶるようでした。やがてその嵐は収まりますが、イエシュアは疲れ果て、混乱しました。そのようなときを彼は好まず、正直なところ、感情的な動揺は、周りの人、特に母親に向けられました。彼のそばにいる人たちにとって、日々、イエシュアの極端な行動を理解するのは難しいことでした。この子の感情をいかに和らげるかは、イエシュアにとっても、両親にとっても課題でした。彼の心からの願いは、いつも冷静な両親のようになることでした。感情の起伏が激しくても、誰も傷つけたり、悪影響を与えたりしないようにと願っていました。

イエシュアが七歳になる頃には、ほっそりとした体格になりました。背丈は母親とほぼ同じで、母親の目をまっすぐ見つめ、肩やあごに手を置き、深い思いや軽快な笑いをもって「ボクのきれいで小さい母さん」と呼ぶのが好きでした。感情の嵐がマリア・アンナの心を乱すような表現をすることもありましたが、彼はいつも母を敬愛していました。彼女はエネルギーが身体の内側と周りを漂うのをただ黙って感じながら、呼吸をして、エネルギーを通過させる方法を教えました。「そのエネルギーは愛が人類によって認められなかったときに引き起こされた世界中の人々の痛みである」と彼女はイエシュアに説明しました。彼女の感じ方は息子とは異なっていましたが、この痛みについて、そう理解していました。マリア・アンナにとって深淵な悲しみであるものが、イエシュアにとっては、まるですべての感情を表現しているといった感じだったのです。

この子はどうやって自己を極めるのだろうかと、家族は疑問に思いました。前途は多難に感じられました。ついに父は高位の錬金術師を例にあげて、エネルギーのあらゆる出現を判断することなく受け入れ、変換する課題を与えました。

激しい怒り、重苦しい落ち込み、恐ろしい考え、悲しみの海原が、イエシュアの心、感情、体に吹き荒れたとき、彼はしばしば近くの洞窟に安らぎと孤独を求めに行きました。この深い洞窟は、ヨセフとシメオンの家の近くにあり、その家は莫大な資産を有していた義理の姉妹タビタの裕福な父親から借りたものでした。移住して来た当初、警戒が必要とされたときに、一家は何日もこの洞穴の暗闇の中に避難したこともありました。

数ヶ月が何事もなく流れ、ヘロデ王が亡くなったことを知った後、紀元五年二月、ヨセフは天使ガブリエルから、いよいよ故郷に帰るときが来たという知らせを受けました。イエシュアの八歳の誕生日の数週間前にヨセフとマリア・アンナは、シナイ山への巡礼を含むカルメルへの帰郷の前に、親族を招いて祝宴を催しました。

宴会の夜、新しい生活に向けてエジプトを発つ前に、イエシュアはマリアムに宴会場から少し離れた場所を一緒に歩かないかと誘いました。ナツメヤシの木立の下、古代の井戸のそばで、イエシュアとマリアムは抱擁し、常にお互いに誠実であると誓い合いました。マリアムはイエシュアに、色ガラスとアラバスター（白色陶器）のビーズ、貝殻、そしてラピスの小片で作ったネックレスを贈りました。イエシュアは、ハートの奥からわき出る詩歌を書いたパピルスの筒をマリアムに捧げました。そこには、「一なる神（ワン・ゴッド）」への愛、すべての生命の恵みへの愛、そして彼女への愛が書き記されてありました。

互いに神の計画に忠誠を誓い合いました。イエシュアは涙で濡れたマリアムの頬にキスをして、彼女の手を握りしめ、名残惜しそうに音楽とダンスへと彼女を連れ戻しました。心のこもった贈り物を交換した二人は、果物や平たいパンを甘味ペーストやハチ蜜の入ったボウルに浸して楽しみました。二人は笑いながら、蜜などの滴り落ちる手で甘いお菓子を互いの口に運びました。

二日後、ヨセフと妊娠中のマリア・アンナ、イエシュア、ヤコブ、ユダ、若ヨセフは、シメオン、リベカ、マリアム、その他数人の成人のいとこたちと一緒にヘリオポリスを出発しました。信頼できる助手たちは、ラクダ、ロバ、牛車からなるキャラバン隊を編成して合流しました。シナイ山への巡礼の旅に出発し、モーセがイスラエルの民と一緒に砂漠を越えてエタムまで行ったのと同じ道をたどりました。西は紅海、東は険しい山々に囲まれた狭い土地を南下しました。この荒野は、シナイ山の険しい崖で頂点に達し、モーセが十戒と多くの高次の霊的教えを受けた場所でした。

第22章　シナイ山のイニシエーション

シナイ山の岩肌には、モーセとイスラエルの民が到来する以前から存在した、古の賢者の住んでいた庵の跡が遺っていました。この聖地と強力な磁場を管理し、守ってきたのはエッセネ派の一団だったのです。イスラエルの民がエジプトから出国するはるか以前の文明の勃興の時期に、古代人が神秘の世界に踏み込み、転生するときにここに肉体を埋葬しました。また、再生目的や高等錬金術に使われる秘密の洞窟や地下室も、この地にありました。最古の叡智を保全していた場所は、極秘のうちに隠されていたのです。イエシュアが到着したときも、エッセネ派によって記録の保管庫や地下墓地として利用されていました。何世紀も後に建設されたアレキサンドリアの聖キャサリン修道院は、あなたの時代になっても存在しています。

イエシュアは、八歳の誕生日の数日前に家族とともにシナイ山に到着すると、紀元前一三〇〇年頃、モーセが弟子を連れてきたあの尖塔のある場所への急な坂に招かれました。そのとき、広大なパノラマに息を呑みました。ここがモーセとその妹ミリアムの偉大なる幻影の場所であることを知り、畏敬の念を抱かせました。この場所で、イエシュアは最初のイニシエーションを経験することになるのです。

八歳の誕生日を迎えて間もなく、イエシュアは大きな「神殿」を形成するために掘られた洞窟の一つに連れて行かれました。この洞窟は、モーセとミリアムによって管理されていた高位の司祭団を模範にしたものでした。ここでエッセネ派メルキゼデク教団の聖師団（オーダー）に入る初歩のイニシエーションを受けることになったのです。ヨセフが秘密保持の誓いと忠誠の誓いをした後、このイニシエーションは通常十二歳以上の少年が対象でしたが、まだ八歳の息子イエシュアの資格を保証しました。

イエシュアは目隠しをされたままシナイ山の最も高い岩山に導かれました。そこで、四日間、食べ物も水も与えられず、彼はただ一人取り残されたのです。イエシュアの最初のイニシエーションであり、肉体と情動をコントロールする厳しさを体験させるものでした。エジプトで少年時代を過ごし、多くの準備をしてきたイエシュアは、いよいよ幼少期から責任ある大人へと移行し、エッセネ派の誓約者（カヴェナンター）として運命的な人生を歩みはじめるときが来たのです。このイニシエーションはビジョン・クエスト〈アメリカ・インディアンの通過儀礼〉とも呼ばれるものです。

イエシュアは、小さな円の範囲の中にとどまり、岩の間の避難場所を見つけるように指示されました。彼は、中心点から外側の円まで神聖幾何学模様を織り交ぜながら歩き周回すると、再び中心点に戻り、再び外側に移動するように呼ばれるまで静かに座って瞑想しました。

その輪の中で、イエシュアはモーセが残した「燃える柴（バーニング・ブッシュ）」〈出エジプト記三：一～十五〉の思考形態を体験したのです。原初的な恐怖がさまざまな形をとって目の前に現れるのを彼は見ました。悪魔のような生き物が、「火の中に飛び込め、断崖絶壁から飛び降りろ」と彼にせがみ、他の者は、彼を笑い、唾を吐きかけ、あざけりました。さまざまな方法で彼の洞察力が試されました。昼の太陽は炉のように熱く、夜の月は氷のように冷たくなりました。夜、震えているとき、イエシュアは腹の中にある太陽の力であるラーを呼び起こし、自分を暖め、慰めました。日中の灼熱の暑さの中で気を失った彼は、月明かりが照らす涼しい、緑のオアシスにいた幼い頃の自分を想像しました。

四日間をこのように過ごした彼は、自己紹介して現れるあらゆる生き物や四大元素と交流しました。大鷲、鷹、ハヤブサ、ハゲタカが頭上を旋回しながら彼に呼びかけました。アリやハエは彼の体を這いまわり、ときには刺すこともありました。蛇やサソリが体に近づき、そっと忍び寄りました。神の被造物の中で最も小さなものも、自分と同じように生きる目的と権利を持つ「一なる神」であることを理解し、彼の忍耐と認識が試されたのです。

背骨の基底部でうずを巻いている蛇が発達初期の神／女神の生命力を象徴していることをイエシュアは理解しました。トートやセラピス・ベイ、その他の偉大なる者たちの教えも思い出していました。悟りの瞬間にマントを広げるコブラの女神ブトのウラエウス〈聖蛇の記章〉のシンボルを彼は思い浮かべました。イニシエートの第三の目の位置によく描かれる彼女は、ハゲワシの女神ネクベトの羽で覆われている冠を頭にかぶっていました。

イニシエートの古いアイデンティティが、まるで灰になったかのように置き去りにされるその時、イエシュアはベヌウ鳥〈聖木に留まる聖鳥。アオサギ〉やフェニックスの話を思い出しながら、聖油を塗る光を呼び起こしました。まるで炎のような蛇のエネルギーが翼を広げ、背骨を螺旋状に巻き上げるように感じられると、フェニックスが飛び立ちました。イエシュアは悟り（エンライトメント）の聖油の甘露（ネクター）を渇望し、頭蓋骨の内側の祭壇に置かれた杯に注がれることを想像していました。「一なる神」との統合の領域へとイニシエートの飛躍が成就達成されることを切望したのです。ホルスの次元上昇する意識に同調し、自分自身を翼を持つ太陽の円盤であると思い描き、コガネムシのケペリ・ラーに後押しされて、「太陽の門」をくぐる姿を想像したのです。このように、私の愛する孫は、シナイ山で過ごす間に、オシリス、イシス、セト、ネフティス、ホルス、ハトホルの物語を思い出し、リハーサルしていたのです。彼は内なる平和を見出し、魂の飢えと渇きを満たしたのです。

イエシュアがこのテストに合格できたのは、勇気と神への愛があらゆる形で表現されたからです。天使たちは、その存在を感じることができないときもありましたが、彼の周りにいつも立っていました。最後の日、イエシュアはハートとクラウン・チャクラを充分に開き、下方にある自分の肉体を維持しながら、魂は宇宙のどこへでも、自分の意志で飛んで行けることがわかりました。孫は、父と母がはるか下の修道院にいるとわかっていても、自分の前に現れることができるのはどうしてなのか、理解しはじめたのです。また、物理的に存在しないにもかかわらず、両親が自分に話しかけているのが聞こえることも何度かありました。

今やアストラル・トラベルとバイロケートの方法を知った彼は、その能力を試すために、自分の「カー・ボディ」、つまりエーテル体を父と母のいるテントに移動させることで、みずからの能力を試そうと決意しました。両親がヤギのチーズとドライフルーツで昼下がりの一時を過ごしているのを発見して、彼は喜びました。両親が彼に気づくと、食べるように合図をしたので、彼は食べてみました。すると驚いたことにエーテルを通して栄養が運ばれてきて、お腹を空かせた肉体を感じるのでした。この啓示は、イエシュアに大きな力と安らぎを与え、その後、彼の人生の道に待ち受けていた、より困難な修行のイニシエーションに立ち向かう助けとなったのです。

四日間のイニシエーションが終わると、ヨセフとシメオンが迎えに来ました。イエシュアの身体は弱っていましたが、精神は勝ち誇っていたので、四日前に目隠しされてこの道を通ったときよりも楽に降りることができました。昇る朝日の輝く光が、彼に挨拶し、勝利を祝っていました。ついに母を見つけると、伸ばした腕の中に飛び込み、二人とも地面に倒れ込みました。マリア・アンナは笑い、同時に泣きながら、息子を膝の上に乗せました。イエシュアはしばらくの間、子どもであることの心地よい喜びを自分自身にゆるしました。マリア・アンナは日焼けした彼の肌を洗い、命を吹き込むさわやかな水を一口ずつ飲ませました。

それから、母を起こし、涙で濡れながら微笑むマリア・アンナの顔を両手で包み、イエシュアは言ったのです。「ボクのきれいな小さなお母さん。今や、天なる父の仕事に私が入る、そのときが来ました。天の御国は私の中にあります」。そして、母を抱き上げて立ち上がり、集まってきた人々に向かい、謎めいた口調で「あなた方に平和があるように」と言ったのです。「私は成人になった。天の父があなた方のために大きな祝宴を準備してくださるように、私も今、晩餐を準備しているのです。今や、天の父の仕事に私が入る、そのときが来ました。さあ、我らは集まり、入るとしよう。我らは神と人類から支持されていることが明白になったのですから」。それから、頭を下げて、イエシュアは背を向け、そして、儀式の洗礼が行われる避難所まで歩いて行きました。

少し離れたところで見ていたマリアムは、深呼吸をして両手を胸に当て、一瞬にして彼女のヒーローとなったイエシュアへの愛で卒倒しそうになっていました。マリア・アンナとリベカは、ヤギの乳と蜂蜜の入った壷、チーズの大皿、平たいパン、ナツメヤシ、水の入ったマグカップなどであふれた低いテーブルの周りに、兄弟たちを呼び寄せ、祈りを捧げました。イエシュアは男たちと同じ場所に座り、深く日焼けした疲れた顔に笑みを浮かべていました。青灰色の目は、さざ波の上に映る太陽のように輝いていました。太陽と天使、そして命の母に感謝の祈りを捧げました。そして、パンを割り、一人ひとりに配りました。そのうえで、自分の縮こまった胃袋に満足を与えました。このようにイエシュア・ベン・ヨセフの性質は、若い頃からの慈愛の証しとして明らかにされていったのです。

数週間後、ヨセフとシメオンの家族は、アブラハムとサラの古代のルートに沿ってヘブロンに向かい、さらにベツレヘムとカルメル山へと向かったのです。

第23章 帰郷

マリア・アンナをはじめとして、ヨセフ、イエシュア、ヤコブ、ユダ、若ヨセフ、リベカ、シメオン、マリアムがカルメル山へ帰郷するという知らせが届き、私、アンナは待ちわびていました。毎日、午後も遅い時間になると、シャロン平野を横切る蛇行した道路を見下ろす丘の中腹で、幼い子どもたちと一緒に腰を下ろすこともしばしばありました。ヨアキムがインドから帰ってきたときに通った同じ道でした。私は以前と同じように、長い間離れていた愛する子どもたちに手を差し伸べて触れたいと心から願っていました。

マリア・アンナが五人目の子どもを身ごもっていること、リベカが血と骨、皮膚をむしばむ病気で苦しんでいることは、あらかじめ聞いていました。ある人は彼女を伝染病と考えていましたけれど、私たちはそうではないとみなして、彼女を共同体から排除しないことをあらかじめ決めていました。

九歳になったイエシュアは、どんな様子になっているかしら？　新しい孫のヤコブ、ユダ、若ヨセフはどんなだろう。マリアムは、どれほど美しくなっているのかしら？　エジプトでの年月が彼女をどう変えたのだろう。たくさんの疑問が私の心と思考に浮かんできました。紀元五年六月の暑い日も、私は小さな子どもたちを丘の上に連れて行き、私の心に多くの疑問が浮かんできました。こちらに彼らが向かっているとは聞いていました。もしかして、今日がその到着の日なのかもしれない？

ハーブを摘み、その名前と用途を子どもたちに教えることに夢中になっていた私は、カルメル山の大きな鐘が鳴りはじめたので驚きました。キャラバンが近づいているのを見つけた人が、羊やヤギが放牧されている山の尾根の見晴らしのよいところから、その知らせを伝えるために駆け下りてきたのです。角笛が鳴り響く中、歓声が上がりました。そして、風のように馬を乗りこなす少年少女たちが、すぐに馬やラバ、ロバなどに乗り込みました。そして、砂埃を巻き上げながら、まだ会ったことのない人たちに会いに向かいました。彼らは繰り返しその人たちのことを聞いていました。どんな人たちに会えるのだろう？　期待に応えてくれるだろうか？

その歩みは、ゆっくりと着実に進んでいました。暑い午後の日差しに砂ぼこりが舞い上がります。霞がかかっているようで、登り坂のあたりがぼやけています。一緒にいた年少の子どもたちは、私のエプロンやスカートを引っ張り、馬に乗った歓迎隊の後に私は導かれました。すべての鐘が鳴りはじめました。ホルンが鳴り、シンバルやタンバリンのフレーム太鼓が恍惚としたリズムを刻んでいました。高低のまざった声が響きわたり、カルメル共同体の全員が、長く曲がりくねった道の最初の角に駆け寄りました。私たちの多くは、オリーブ、ヤシ、杉の枝を持った腕を振って立っていました。もう涙をこらえることができませんでした。私は泣き、笑い、歌い、ただ両手を胸に当てて、愛する家族の無事の帰還を心から感謝し、祈るばかりでした。

黄色い砂埃の中、キャラバンは最後の曲がり角に差しかかりました。最近、降った雨が、思いがけず畑や庭に恵みを降らせたため轍ができていました。私は子どもたちを抱えて走りました。マリア・アンナは大きなロバの上で手を振り、その小さな体から妊婦のシルエットが見てとれました。その傍らには、ヨセフが歩いています。後ろには、もうすぐ三歳になる末っ子の若ヨセフがロバにまたがっていました。前方には赤い頭髪の二人の男の子が走っていて、私はすぐにヤコブとユダだと分かりました。イエシュアはどこ？ 私の目は、次々と愛しい人を探しまわりました。すると霞の向こうにリベカを乗せた牛車が見えました。牛車の中には、膝の上にじっとした体を抱いている少女がいました。傍らには水の入った水筒がぶら下がり、頭上には灼熱の太陽から守るためのシートが張られていました。その牛の横を歩いていたのは、背が高く、日焼けした少年でした。雷に打たれたような衝撃を受けた私は「ああ、イエシュアだ、大人びて成長している！」と確信しました。

「来て、牛のつなぎ綱と杭をとってきて！」とイエシュアはユダに呼びかけていました。イエシュアは、まるで鹿のように素早く車道に出て、岩から岩へと飛び移りながら、上へ上へと飛びはじめたのです。一分もしないうちに私の腕の中に入ってきました。そして一歩下がって、目と目を合わせて向かい合いました。まだ八歳なのに、腕はまるで熊のように強く私に巻きつき、私の身体を地面から持ち上げるのです。イエシュアは伝染性のある笑いを見せながら、私をぐるぐると回し、じっと目を見つめました。見たこともない素敵な眼差しを向けてきました。「あなたはボクのお母さんに似ています。でも、あなたはあなたですね。ボクはあなたをナナと呼んでいいでしょ。ボクの小さなお母さん。一緒に来て！ ボクのきれいなお母さんに会ってください！」とイエシュアは私の耳元で囁きながら、私をそっと地面に置いてくれました。

私の手を取ると、興奮気味にマリア・アンナのところに案内してくれました。ヨセフはロバを止め、愛する妻を降ろすのを手伝っていました。痛んだ足で立つとマリア・アンナは私の腕に抱かれていました。再会は、なんとも喜ばしいことです！

マリア・アンナを真ん中に、私とイエシュアは腕を組んで巡礼者の間を歩き、一人ひとりと抱き合い、キスをしながら歩きました。マリアムと一緒に牛車に乗っていたリベカに出会ったとき、私は彼女の苦悩を思い、胸が張り裂けそうになりました。顔中がただれ、片方の目は腫れ上がっていました。私は荷車の中に手を入れて、その痩せた身体に手を当て、耳をそばだてると、かすかに「お母さん、あなたのもとに帰ってきました」と言うのが聞こえました。「治してください。そのために祈りました」。リベカの心の中から、かろうじて聞き取れる言葉でした。美貌を失い、顔を曇らせ、目を痛めたリベカを見るのは、とても辛いことでした。それから、私は孫娘マリアムの黄金の光を発する瞳を見上げました。これほどに知性と気品をそなえた美しさは、マグダラのマリアとアリマタヤのヨセフの娘を除いて、光の受胎で生まれた女性たちの中でも見たことがありませんでした。

ゆっくりと私たちはカルメルの地域に入る南門に向かいました。幼いイエシュアを抱いていた羊飼いの少年ナタナエルが、前に出てきて手伝いを申し出ました。ナタナエルは十六歳で、最近カルメル山の神秘学校で初歩のイニシエーションを終えたところでした。ナタナエルは牛車からリベカを優しく抱き上げ、物憂げなシメオンと光り輝くマリアムをともなって医務室に運び込みました。私は皆に彼を紹介し、それからイエシュアにナタナエルが誰なのか、そして彼がイエシュアの誕生時に贈った小さな子羊がまだ生きていることを説明しました。私たちは、おばあさん羊になっている元子羊を後で探そうと何度もうなずきあいました。

疲れきった巡礼者たちが、次々と荷車や馬から降りてきました。子どもたちは、質問をし、いとこたちと相互に知り合い、話だけで聞いていた人たちと友達になりました。イエシュアは、同時にいくつもの質問に答えなければなりませんでした。子どもたちはイエシュアにぶら下がり、私にしたように、自分たちを持ち上げて回してくれるように頼みました。旅の疲れが出てくると、イエシュアはそっと席を立ち、父親とシメオンと一緒に男性用の宿舎に行き、お風呂に入りました。

この帰郷は、ほろ苦いものでした。一方では、愛する子どもたちが私のもとに帰ってきました。その一方で、リベカの痛ましい状態が私の心を深く悩ませました。やむを得ないことですが、誠意をもって、リベカの悲しい旅立ちの様子をお伝えします。彼女の信仰は強かったのですが、カルメルに帰ってから半年間、病状は悪化の一途をたどりました。私は昼も夜も医務室で彼女に付き添い、家族も同じように付き添いました。私たちは、衰えた彼女の体を癒すためにできるかぎりのことをしました。交代でリベカの世話をするうちに、彼女の精神は強くなり、内面の美しさが高まっていきました。彼女は沈黙し、その声を聞くことはできませんでしたが、彼女に付き添う神や天使たちと愛を交わしているのを私たちは聞き、感じることができました。彼女の魂が光の中に引き上げられるとき、私たちは皆、周りに集まりました。私はヨアキムの存在を感じ、私たちの子どもたちが今まで無事であったことに感謝しました。この美しい存在は、ベールの向こう側から自分の役割を果たすために、大いなる光の世界へとみずから移動していったのです。リベカの一人娘、マリアムは、慰めようもないほど悲しんでいました。

ある晩、母の墓のそばにひざまずいている彼女のところに、イエシュアがやって来るまで、二週間近くもそこにいました。イエシュアは優しく彼女を抱き上げて、自分の胸に包みました。彼女が無感覚になっているところに息を吹きかけ、マリアムを揺さぶりました。母を救わなかった神と私に対する激しい怒りが、ようやく薄らぎはじめました。母の死から一週間後、父のシメオンがヨセフと一緒にクムランに行ったので、マリアムはまったく孤独で、寂しく、裏切られたような気がしていたのです。

イエシュアは、彼女の嗚咽が静まるまで、彼女の胸元に息を吹きかけ続けました。彼はいとこを胸に抱き、悲しみと怒りの波が再び押し寄せるのを待ってから、彼女の心に息を吹き込み続けました。嗚咽と悲鳴に引き裂かれながら、彼女はイエシュアの背中を拳で打ちました。「どうして、どうして、私の神よ。なぜ神は私の愛する母をお取りになったのですか？」と彼女は嘆きました。何ヶ月も続いたむなしい希望と深い苦悩によって、虚ろな目が無感覚に凍りついていましたが、イエシュアはむなしさが解消されるまで、彼女を抱きしめることしかできませんでした。それからイエシュアは彼女を自分の母親のもとに連れて行きました。マリア・アンナはマリアムを自分の胸に抱き、我が子として養子にしました。マリアムはイエシュアの妹となったのです。昔、エジプトでイエシュアと交わした、永遠の友となり、相談相手となることを誓った約束を思い出し、その実現に力を注ぐのでした。

第24章 イエシュアの幼少期

愛する友よ、紀元五年から一〇年にかけての発達成長期の五年間について、分かち合いたいことがたくさんあります。イエシュアはヘブライ民族の故郷に戻り、エッセネ派の長老たちからの助言を受け、かつての預言者たちが歩いたこの古代の土地を踏みしめ、刻印を受けました。預言者たちが語ったことが、彼においてすべて成就されるのです。

カルメル山に戻った年の後半、ヨセフ・ベン・ヤコブはカルメル山から日帰りで行けるナジル人のエッセネ派から「ナザレ」と名付けられた新しい村で、建築家、熟練職人として身を立てはじめました。ナザレはセフォリスから南に八キロメートル、ヨセフの両親が住んでいたカナから南に十六キロメートル離れたところにありました。マリア・アンナの兄のナタンは、ナザレに土地を取得し、ヨセフにその土地を使って、増え続ける家族を養うための家を建てるようにと提案しました。こうしてヨセフとマリア・アンナは、紀元六年の早春に質素ではあるけれど、より広い家に引っ越しました。ヨセフはナザレから、ローマ時代の賑やかな町セフォリスの近くで商売をしていましたが、イエシュアはしばしば弟子として同行しました。また、ガリラヤ地方や死海の近くの砂漠で、エッセネ派共同体のための設計と建築を担当することもありました。

ヨセフは可能なかぎり、カルメル山やクムランにイエシュアを連れて行き、そこで数ヶ月間、試練のイニシエーションを受けさせることもありました。このことについては、後で詳しく述べます。あなた方は、ヨセフが大工であったという伝承を持っていますね。でも、私は、彼が単純な経歴の便利屋以上のものであったことを付け加えたいのです。実際、彼は公共用、個人向けの建物を設計し、建設しました。また、高級木材、楽器、シナゴーグの祭壇などの職人としても知られていたのです。イニシエートにとっては、ヨセフは「クラフト・オブ・ソウル（魂の匠(たくみ)）」として知られていました。「聖櫃(せいひつ)（契約の箱）」の物理的実体、周波数、数学的コードをその眼差しの中に秘めた熟達者(アデプト)でした。ヨセフは、「義の教師の道」へのイニシエーションを受けるために来るイニシエートたちから一目置かれる存在だったのです。

イエシュアがカルメルで過ごした長い月日の間、私と多くの時間を過ごしました。カルメルで、またクムランで、多くのイニシエーションを受けたのです。彼は年長の先輩や独身男性と共に共同寮に住みました。服装、持ち物、日常生活は、シンプルでわかりやすく、共同体と同化していました。イエシュアが他の少年たちと一緒に仕事に従事しているのを見ると、生活を共にしている人々と同じ扱いをされていました。

アレキサンドリア、ギリシア、ペルシア、インド、ヒマラヤから伝わった古代の文献を読み、翻訳し、書き写すことに長い時間を費やしていました。さまざまな言語を素早く習得し、哲学的な視点で対話をしようとする人々とコミュニケーションを楽しむことができました。朝日が昇る前から、一人で、あるいは母と一緒に草原を歩き、古い杉の下で瞑想にふけり、古代の巻物やパピルスの書物に没頭している姿が目撃されました。父ヨセフと同じように、彼もほとんど眠りませんでした。共同体のさまざまな雑用も、文句を言わずに着実にこなしました。床やトイレ、台所の掃除、子どもの集団や足の不自由な人の世話など、イエシュアは繊細さと優しさ、そして軽やかな心で次々と仕事をこなしていました。

まだ自分の中で感情の嵐が吹き荒れることもありましたが、制御できるようになりはじめていました。いろいろな意味で、イエシュアは完璧な子どもでした。でも、彼を台座にすえる前に、時々、子どもたちや大人たち、そして私をからかってジョークを飛ばしていたことも伝えておきます。ある日、ハーブの収穫で長い道のりを歩いていたとき、イエシュアは私の足を注意深くマッサージしてくれました。いつの間にかサンダルの紐を結び、サンダルを足に履かせてくれました。立ち上がり、歩こうとしたときに、私はバランスを崩して、イエシュアの腕の中に倒れこんでしまいました。彼は私をグルグルと回転させながら、二人で楽しく笑いました。私を振りまわすのは、彼のお気に入りでした。私が気にしないだろうと思ったとき、あるいは私が真面目すぎると思ったとき、彼はそれをしました。

イエシュアにも、不満や頑固さでみんなを驚かせるような困難な時期がありました。予測できない感情の嵐がやってきたとき、私たちのコミュニティはイエシュアを一人にしておくことが最善であることを知ったのです。ときおり、特に困難な時期に私たちは散歩に出かけたり、お気に入りの洞窟に入ったりして、イエシュアが解決できるようにスペースを確保していました。そして、平和と愛が再び訪れるまで、心から話し合い、深く分かち合いました。

私たちの共同体は、ある晴れの日の前後に宴会やお祝いのために集まるのですが、そのとき、イエシュアは他の子どもたちに自分が考案した、あるいは発展させたさまざまな遊びを教えるのが大好きでした。ある遊びは身体能力を試すもの、ある遊びは精神力を磨くもの、そしてある遊びはただ笑ったり遊んだりするためのものでした。ある遊びでは、孫は他の子どもたちの前を風のように走り、右や左に身をかわし、足の不自由な子どもの後ろに回り込みました。そして、その子を一瞬にして、イエシュアの細い肩に乗せるのです。子どもは鳥のように腕をばたばたさせながら、楽しそうに笑っていました。

イエシュアはエジプトにいる間に、おばのマリアムネとおじのエゼキエルから学んだエジプト、ヘブライ、ペルシアの神殿音楽と民族舞踊の豊かな遺産の一部を習得していました。十二歳になる頃には、優れた歌手、作曲家、音楽家になっていました。アクエンアテン、ダビデ、ツァラトゥストラの詩篇を好んで歌っていました。クリシュナとアルジュナの対話に喜びを感じていました。朝夕の礼拝、安息日、結婚式、その他の祝祭のために集まったとき、彼はその異常に高度な理解力と、甘く完璧な音程のソプラノ歌声を披露する機会を十分に与えられていました。

イエシュアは十二歳のとき、ヨセフが建てたナザレの新しいシナゴーグで、父の手によって成人男子になるための第二の通過の儀礼を行いました。彼は、エノク、ザドク、モーセのトーラー（律法五書）やその他の古代の書物に関する知識と叡智で、長老たちを驚かせました。しかし、エルサレムでユダヤ教のレビ派の司祭（プリースト）の前に出て、真の一人前の男になる儀式を行うには、さらに十二年の歳月が必要でした。

十二歳になるとイエシュアは神秘学校（ミステリースクール）の重大な課題に取り組みました。さまざまな教えの中から、心臓の鼓動がほとんど感じられなくなるほど遅くなるまで、「命の息」を体内に留めて循環させる方法を理解できるよう私は手助けをしました。私たちは一緒に山の洞窟に入り、プラーナの流れやアストラル界の深淵への入り方について、彼の理解度を試したのです。

洞窟の中は、特定の音響効果を得られるようにくり抜かれていました。調整された音を意識的に出して聞くことで深いトランス状態に導くことができます。声明を中心に、フレームドラム、ハトホルの太鼓（シストラム）、ブロンズ製鈴（ベル）で伴奏もしました。イエシュアは、水差しの水、簡易ベッド、オイルランプ、そして夜通しの活動を支える薬草（ハーブ）を持参しました。ときには、一週間も洞窟の奥深くに滞在することもありました。このような静修（リトリート）で深く分かち合う中で、私はイエシュアのことをよく知るようになりました。

私たちは一緒に、マスターたちの内的な静修（リトリート）へのエーテル界の旅に出たのでした。お気に入りのバイロケーションの旅の一つは、イギリスを何ヶ所か訪れることでした。いつか実際に古代ケルトの地を訪れ、おじであるアリマタヤのヨセフの手によってイニシエーションを受けることを約束しました。彼のおじと両親は、イエシュアが十三歳のときに三年間イギリスに連れて行くことをすでに合意していました。

イエシュアは十三歳の誕生日を迎え、「墓の儀式」の第一レベルのイニシエーションを受けました。この儀式に入る前の私たちの仕事（ワーク）は、「死」の状態に入り、復活のプロセスを通じて魂を肉体に戻すための準備をすることでした。そこで、私はイエシュアを秘密の部屋に連れて行きました。秘密の部屋には、私が、時々、地上から長期離脱する際に体を入れていたのですが、その密室は隠し扉の奥にありました。

数時間が過ぎ、将来を調べてみると、イエシュアが通ることになる、あらゆる困難な試練が見えました。イエシュアには、たとえ多くの人を愛し、奉仕できる人間であったとしても、ただ単に一人の人間として生きてほしいと私は願っていました。孫にイニシエーションの手ほどきをすることは、私にとってのイニシエーションでもあったのです。イエシュアは弱冠十二歳という若さで、十字架と復活のイニシエーションを公に示すための準備を始めました。イエシュアは残りの地上での活動を通して、死が幻想であることを知り、復活の経験を重ねるたびに、肉体の要素にさらなる光を与えていきました。

また、この頃から青春の兆しが見えはじめました。体格はやせ型になり、手足も伸びてきました。手と足が体の他の部分より大きくなっていました。イエシュアの体は、細くて背の高い人にしては、特別に丈夫でした。禁欲主義エッセネ派のイニシエートのように絹のような赤褐色の髪を長く伸ばしていました。背丈は母と私よりも手のひら一つ分高くなっていました。イエシュアの伝染性の高い笑い方は、常に私の心の中に記憶されている宝です。同時に叡智と勇気と決断力を試される場面がきたときに見せた、岩のように揺るがない頑固さも忘れられません。また、無邪気な即興性、好奇心と遊び心に触れることができました。

ときには、幼少の頃から鍛えてきた感情の起伏を自在に操る技量が消え失せてしまうこともありました。些細なことで涙があふれることもありました。ときには、腰をかがめ、思わず叫び声をあげてしまうこともあったのです。イエシュアは震えながら座り込み、幼い頃に父と母から教わったように、そのエネルギーを受け入れ、変換しようとしました。四大元素(エレメント)が、彼の内なる嵐を描き出す時期もありました。暗雲がどこからともなく現れ、憤怒や悲嘆がほとばしり、彼の体中を巡りました。雷が岩山や杉の木に落ち、耳をつんざくような雷鳴が山から下の谷に鳴り響きました。雨が降り続き、ほとんど空になった貯水槽が飲み水で満たされました。

イエシュアの強い生命エネルギーが、発育途上にある彼の股間にほとばしるのを感じました。かつて彼は、母親や祖母、おば、そしていとこの女性たちの温もりに包まれ、喜びを率直に表現していましたが、今は控えめな恥ずかしがり屋さんになった様子でした。しばしば浴場に入り、心身を清らかにするための儀式を行っていました。自分の気持ちを整理するために、ときおり、羊の当番を増やし、他の者たちから離れて草原で充分なスペースを取り、自分の感情を整理しようとしました。しかし、読んだ聖典の中にあることと人々が言っていること、実践していることとの矛盾や曖昧さと、自分の体の中で暴れまわる性的エネルギーという現実が、この状況を複雑にしていました。このような時期、イエシュアは、自分をコントロールできるにつれて、母に頼ることが少なくなっていきました。マリア・アンナにとって困難な時期でしたが、息子を手放し、彼がなすべきことのすべてを果たすためには必要な準備でした。

あるとき、カルメルで毒蛇を取り除こうとしていたイエシュアに毒蛇が噛みつきました。その蛇が手の中で死んで杖のようになるまで、彼は悲鳴を上げながら握りつぶしました。誰も近寄らせないように硬直して立っていました。イエシュアは、目を閉じて一時間近く静止したままで、毒を呼び起こして身体に流れ込む生命力に変換したのです。

何年もかけて、私たちは孫の異常な力を知るようになりました。他の少年たちは彼を仲間に入れようとしましたが、イエシュアはますます孤独を感じるようになりました。自然と祈りに満ちた交わりが母親に安らぎと慰めを与えていたように、彼女の長男も同様でした。

イエシュアには、神秘に対する天才的な洞察力が備わっていました。時々、彼は意識のエネルギー・フィールドに出会い、私にさらなる説明を求めたり、聖典や写本のどこを読めばより大きな光を得られるかと、その指針を求めたものです。私はいつも、自分の心の中に答えを求めて内観するよう、励ましました。私たちはしばしば、さまざまな宗教の宗派、教義、実践について議論したものです。

預言が成就するとき、孫はやがて墓場からよみがえることができるようになるのです。死が幻想であることを知る人々にとって、死が何の力も持たないことを彼の人生を通して、人類に示すことになるのです。

第25章 マグダラのマリアとマリアムの幼少時代

さて、あなたと私の心の願いに従って、イエシュアの魂の双子であり、後にマグダラのマリアとして知られるようになった若マリアがどのように育てられ、発達成長して、ついては大いなる仕事のために準備されたのかをお話ししましょう。父アリマタヤのヨセフがエルサレムに住み、仕事を続けている間、若マリアは母のマグダラのマリアとおばマルタと共にベタニアの広い田舎の家で育ちました。若マリアは、開放的で日当たりのよい中庭の美しさと、周囲の部屋に差し込む光の美しさを楽しんでいました。マルタは結婚したことがなかったので、兄のヨセフとその最初の妻ユニス・サロメがベタニアに第二の家を建て、マルタにその世話を頼んだことは大きな幸運でした。ヨセフは、ユニス・サロメが亡くなってから約十四年後、新妻のマグダラのマリアがマルタの家に住むようになると、マルタの住まいの拡張に費用を惜しみませんでした。マルタは、この家を光と文化的な美しさの聖域として、入念に整えていました。彼女の優雅な家のあちこちには、ギリシア、エジプト、その他の近隣および遠方からの美術品のコレクションが飾られていました。

母のマリアと区別するために「若マリア」と呼んでいるのですが、彼女はこのような環境の中で、生き物を育てたり、おばや母に治療の相談を求めて来る人たちに対応することで感受性を育てました。若マリアは母を子ライオンを守る母ライオンのような獰猛（どうもう）な独占的な所有欲で愛しておりました。幼い頃、彼女は母親とおばを鷹のように観察し、彼女らと同じ治療技術を持つふりをして、人形や家の小動物、家禽、足の悪い鳥などを治療していたのです。怪我をした動物たちが蘇ると、この子には癒しの才能があることがすぐに証明されました。

若マリアは、日の出や日没の時間に母親と一緒に砂漠に出かけるのが好きでした。そこで彼女はたくさんの野生動物と仲良くなり、自分のペットにしていました。トカゲ、蛇、ネズミ、鳥、野犬、猫などです。老いて病めるマルタは、姪の飼うペットを嫌い、動物を馬小屋に入れるよう主張しました。しかし、若マリアが自分の部屋の押し入れでこっそりペットに授乳しているのを見つけたり、生まれたばかりの子猫の家族が入った箱を掃除中のマルタが見つけたりすることがありました。マルタが収納カゴを開けると、毒蛇がとぐろを巻いているのを発見したこともありました。以来、若マリアは蛇を家に持ち込むことができなくなったのです。

マグダラのマリアは、夏至と春分の日に故郷のマグダラ村に行き、神格の女性的側面を象徴する女神の神殿の洞窟で高位女司祭（プリィステス）を務めていました。その際、娘はいつも一緒に行きました。若マリアは非常に幼いうちに、偉大な母につきそって、儀式、式典、歌、リズム、周期などについて学んだのです。

小さな頃は、じっと座って輝く瞳で見つめ、何時間も集中力を持続させている姿が見られました。時々、乳白色の蒸気が現れ、彼女の周りを包みました。この霧の中には、見る目のある人には、天使や異次元・

異世界の存在を見ることができました。ときには、食べ物、コイン、宝石、彫像、あるいは甘い香油が、孫娘の前や手に突然、出現することもありました。彼女は、まばたきをして、微笑み、爆笑し、そして、その宝物を皆と分かち合うのでした。ほとんど何もしていないのに、魔法のように瞬間的に出現した果実を、家族や手伝いに来ている人たちに分け与えることが大好きでした。彼女が成長して、他のイニシエートの少女たちが比較をするようになると、若マリアは魔法の贈り物を公にするのを控えました。仲間の嫉妬からくる見下しや、傷つけるような言葉をできるだけ避けたのです。誤解され一人ぼっちのように感じて枕を涙で濡らすこともしばしばありました。でも、母親と目に見えない友だちに慰めを求めることで、若マリアは人生の目的と方向性を見出していきました。

若マリアは、母親と一緒に市場に行ったり、ベタニアとマグダラの間の村にいる他のいとこを訪ねたりするとき、正統的なパリサイ派や貴族的なサドカイ派の人から避けられるような視線や敵意ある発言をされました。ベタニアにいるときは、めったに街には出ず、エルサレムの群衆の中に入ることはほとんどありませんでした。その理由は、ユダヤの家父長的な司祭とその妻たちが、「聖母(デバイン・マザー)」や聖なるシェキーナへの崇拝に対して、ますます反感を持つようになっていたからです。

聖職者は、求道者と神との間に自分たちを仲介者として置くことで、人々が内なる神を直接知る能力を支配しようとしていました。シェキーナの直接的な啓示の方法を彼らは信用せず、しばしば忌み嫌いました。彼らはイシス、イナンナ〈シュメール神話における金星、愛や美、戦い、豊穣の女神〉、その他の「偉大なる母」の表象を軽蔑していました。古い母系制の伝統の中で強い女性は、簡単にコントロールできないため、また、司祭が自分たちのために欲しがる力を持っているため、脅威とみなされたのです。宗教的権威を持つ男性の多くは、一般的に女性を人類の堕落と肉の腐敗の原因となる誘惑者として見下していました。ほとんどの夫は、妻や娘を無知な所有物として、肉体的な快楽と跡継ぎを求める事実上の奴隷として管理していました。女神を崇拝することで知られる女性たちは、しばしば売春婦や娼婦の烙印を押されたのでした。

アリマタヤのヨセフは、いわゆるモーセの律法を実践する人々にとっての立法・司法機関であるサンヘドリンで、補助的な顧問の地位にあったため、この状態はさらに複雑になりました。この微妙な状況下では、ヨセフは、妻が高位イニシエートであり、女神の女司祭（プリエステス）であることについては、ある程度の秘密が必要でした。そのため、マグダラのマリアとその娘は、自分たちの家の中であまり目立たないように生活するようになったのです。

このような不信感の中で、若マリアは男性、特に権威ある立場の男性に警戒心を抱くようになりました。彼女の繊細な性格は、父と母の関係に影響を与えたこのような独断的で偽善的なシステムを疑問視していたのです。しかし、父と同じように優しく賢明で、外見の美しさや女性らしさを超えて自分を認めてくれる男性に惹かれるようになりました。彼女は父親がいつも家にいないような気がしていました。アリマタヤのヨセフがエルサレムに向かったり、彼女が訪れたいと思っていた場所に長旅に出たりすると、彼女は引きこもり不機嫌になり、一日も二日も食事をとらないようになりました。愛する父が家にいると、父は若マリアを膝の上に乗せ、冒険談を聞かせてくれたり、旅からの贈り物を分かち合いました。これらの贈り物は確かに美しかったのですが、ヨセフの愛のこもった腕や濃い髭の生えた優しい顔ほどには貴重ではありませんでした。若マリアは、父の男らしい匂いが大好きで、彼の関心を引きたいという気持ちを家中の者はよく理解していました。

母の成長した子どもたちのトマス、マタイ、スザンナと若マリアが会えたのは、母がカペナウムとマグダラに彼らを訪ねたときだけでした。しかし、若マリアが七歳になる頃には、両親の関心を共有することを学ばなければならない二人の弟妹がいました。五歳年下のラザロと、六歳半年下の幼いマルタです。ラザロとは成長後も親密な関係は続きました。マルタとは古い因縁からくる不信感や競争心があり、解消されるには数年を要しました。

若マリアは生まれて九年目になったとき、いとこのイエシュアがエジプトから帰ってきたという嬉しい知らせを聞き、両親がカルメル山にいる祖母を訪ね、聞いたことのある親戚に会う特別な旅を計画していることを知りました。イエシュア、ヤコブ、ユダ、ヨセフ、ルツ、そしてマリアムはどんな人だろう？おばのマリア・アンナ、おじのヨセフ、そしていとこたちに会うために、若マリアは両親と弟妹とともに荷物をまとめてカルメル山へ向かったのでした。しかし、イエシュアと若マリアとの出会いは、彼女の想像をはるかに超えるものでした。イエシュアと若マリアは互いの目を見たとき、瞬時に互いを認め、心に突き刺さるような光が走ったのです。二人はまるで雷に打たれたように感じたのです。

マリアムと若マリアが、初めてお互いを見つめ合ったときも、同じような魂を認識する体験がありました。ですが、二人の場合、神の光の出現には暗い影が付きまとっていました。二人ともイエシュアを愛していたので、イエシュアの関心を引こうとするあまり、二人の間に気まずい対立が生じはじめたのです。マリアムと若マリアの間の争いの棘(とげ)は、二人が娘時代を迎えるにつれて大きくなっていきました。この棘は神の愛の偉大な試練となり、二人を試練のイニシエーションに向かわせたのです。

イエシュアは心の中に生まれた激しい感情と格闘し、若くして人生における二つの大きな愛の間で引き裂かれたのです。自分の運命がこの両者に絡んでいることを知っていました。でも、どのように？

その後四年間、若マリアは母親と一緒に何度もカルメルへ行きました。そして、イエシュアはいとことの再会を喜びながらも、彼女がベタニアに帰るときが来ると、ほっとしたような気持ちになりました。しばしば夢の中で彼女に会い、若マリアを恋しがったのですが、カルメル山にマリアムだけがいることを喜び、注意を必要とする多くの仕事に力を注いでいました。

若マリアは、八歳のときに初めてイエシュアと出会ったことは彼女の人生の重要なポイントであり、それ以降、自分が誰で、何のためにこの地上に転生してきたのかをより深く認識するようになったのです。

若マリアが十三歳になったとき、両親によってカルメル山に連れて来られましたが、このとき、イエシュアはアリマタヤのヨセフとともにイギリスへ出発する最後の準備をしていました。母はすでにマグダラのグレイト・マザーの洞窟でマグダラの聖師団（オーダー）へのイニシエーションを彼女に教えはじめていました。しかし、彼女はこれまで一貫した訓練（ディシプリン）を要求されたことはありませんでした。私は大きな希望と期待を持って、あなた方が〝マグダラのマリア〟と呼ぶ者と仕事を開始したのです。

若マリアにとって、快適なベタニアの家を離れ、家事をする必要がほとんどない贅沢な環境を離れることは容易なことではありませんでした。そのような家庭内の問題は、おばのマルタとそのメイドがよく面倒をみてくれていたのです。甘やかされたお嬢さんが、すべてを共有し、かなり厳しい環境で生活し、自分の好きなことをする自由を修道院の厳格な行動、儀式、習慣に明け渡すという共同体の要件に適応しようとすることは、突然おきた衝撃のようなものでした。さらに、パリサイ派やサドカイ派の独断的、権威的、家父長制的な方向性に不信感を抱く彼女は、伝統に縛られたエッセネ派共同体の規律にも反発を感じたのです。

最初の一年間、彼女は不機嫌で、ベタニアでうまくいっていた自分の魅力的な振る舞いによって好意と特別扱いを勝ち取ろうとしました。若マリアは、他の若い少女や男子をからかっては走り去ってみたり、かと思えば毅然と立ちはだかってみたりしました。何世紀にもわたるカルメル山共同体を支配し、維持してきた規則に対する反抗だったのです。

カルメル山の権威に疑問を持つ者はかつてなく、彼女のふるまいは老若男女の間の平和を乱していました。反抗的な若者がいることは、追い詰められたクズリ〈凶暴なイタチ〉や針をむき出しにするスズメバチと一緒に暮らしているようなものでした。母はカルメル山でイニシエートする者に期待される基準に従うようにと若マリアの説得を試みましたが、同意は得られませんでした。彼女が最初の一年間を無事に過ごせるかどうか、皆が疑問視していました。

母と弟妹がベタニアに戻った後、若マリアは何ヶ月もの間、非常に困難な時期を過ごしました。彼女はハンガーストライキを行い、食べることを拒みました。また、怠けていた課題を思い出すように言われると、野生動物のようにヒステリーを起こし、唾を吐くこともありました。私たちは、彼女がカルメル山でくつろげるようにするために、何をしたらよいのかわかりませんでした。マリア・アンナが助けに来てくれましたが、姪を慰めようとしても拒否されました。若マリアが与えた影響は大きく、私たちが普段の平和をもたらす共通目標に注意を向けようとしても、暗雲が立ち込めるのでした。月日は流れ、冬の季節になりました。冷たい風、霙（みぞれ）、霰（あられ）、霜（しも）が、私たちの辛抱強さの蓄えを深く蝕んでいきました。若マリアの反

郵便はがき

料金受取人払郵便

神田局承認

1916

差出有効期間
2025年7月
31日まで
切手を貼らずに
お出しください。

101-8796

509

東京都千代田区神田神保町3-2
高橋ビル2階

株式会社 ナチュラルスピリット

愛読者カード係 行

フリガナ お名前		性別 男・女
年齢	歳	ご職業
ご住所	〒	
電話		
FAX		
E-mail		
ご購入先	□ 書店(書店名:) □ ネット(サイト名:) □ その他( )	

ご記入いただいたお名前、ご住所、メールアドレスなどの個人情報は、企画の参考、アンケート依頼、商品情報の案内に使用し、そのほかの目的では使用いたしません。

ご愛読者カード

ご購読ありがとうございました。このカードは今後の参考にさせていただきたいと思いますので、アンケートにご記入のうえ、お送りくださいますようお願いいたします。

小社では、メールマガジン「ナチュラルスピリット通信」(無料)を発行しています。
ご登録は、小社ホームページよりお願いします。**https://www.naturalspirit.co.jp/**
最新の情報を配信しておりますので、ぜひご利用下さい。

●お買い上げいただいた本のタイトル

●この本をどこでお知りになりましたか。

1. 書店で見て
2. 知人の紹介
3. 新聞・雑誌広告で見て
4. DM
5. その他（　　　　　　　　　　　　　　　　　　　）

●ご購読の動機

●この本をお読みになってのご感想をお聞かせください。

●今後どのような本の出版を希望されますか？

購入申込書

本と郵便振替用紙をお送りしますので到着しだいお振込みください（送料をご負担いただきます）

書　籍　名	冊数
	冊
	冊

●弊社からのDMを送らせていただく場合がありますがよろしいでしょうか？

□はい　　□いいえ

抗的な行動、不機嫌な落ち込み、自分自身への反抗に、多くの人々は屈することなく、彼女から目をそらし、無視するようになったのです。

私が孫娘の安否を気遣いながら会いに行くと、孫娘は目をそむけました。下を向いて涙を流しながら、まるで捕らわれの身から解放されるかのように、私の横を走り抜けていくのでした。暗い物置で泣いているのを見つけて抱き寄せると、叫び出して私の衣服やエプロンを引き裂き、その目は悲しみと心痛で正気を失っていました。

「私がここにいるのはあなたのせいです。私はここにいたくない。あなたなんか大嫌い。お父さんとお母さんから私を奪うなんて、絶対にゆるさない」と彼女は叫びました。彼女を自分の手から放ちながら、私は自信喪失、自責の念、罪悪感の悪魔に苛まれ、混乱するのを感じました。私もまた、古代の秘儀を教える伝統的な方法に疑問を感じはじめ、改革を要求する若マリアは正しいのかもしれないと思いました。私はどうしたらいいのかわかりませんでした。そこで私は、この若き反逆者を、「いと高き主」に委ね、大天使ガブリエルに彼女の心を癒す方法を見つけることができるようお願いしました。そして、若マリアの目を通してカルメル山を見るようになったのです。

カルメルの長老たちの間で、若マリアはベタニアの家に護送することが決定されていました。その日の夕方から、彼女は心臓と肺の病気が重くなりました。高熱と悪寒、そしてむせるような咳が、細い体を襲いました。同じく女子寮にベッドを持っていたマリアムが、いとこの病状が悪化したことを私のところに知らせに来ました。私は治療が得意な女性を数人集めて、一緒に来てもらいました。若マリアを診療所に連れて行きました。

マリアムは、これまで若マリアの辛辣な言葉に耐え、いとこと自分を比較し続けてきましたが、今ではいとこにこれまで感じたことのない愛情を感じるようになっていました。誰もが疎ましく思っている若マリアを、自分だけが理解していることに気づきはじめたのです。彼女の両親への憧れ、不機嫌さ、カルメル山の厳しい規律や信仰への反発も理解できたのです。要するに、彼女はいとこがなぜよそよそしくなり、引きこもり、無感覚になったのかを理解しました。

マリアムは、自分のいとこを、自分が知っている他の誰よりも自分に似ていると理解しました。二人の違いは、若マリアが外界を積極的に改革する機会があれば躊躇しないのに対して、マリアムは内界の不和を目に見えない形で調和させることを好むということでした。その夜、マリアムはいとこのところに来ましたが、彼女がいずれにせよカルメルを去る決意をしたことを沈黙によって、言葉よりも大きく物語っていました。長老たちが彼女をベタニアに帰すと決めたと伝えると、若マリアは顔を輝かせました。しかし、何週間も飢えに耐えてきたことが災いし、熱はますます上がり、唾液には血が混じっていました。

マリアムは、全身全霊でいとこを支えようと、勇気ある決意を持って応えました。マリアムは、自分のベッドを運んできて、若マリアの隣に横たわりました。毛布をかけ、汗をかき、悪寒に襲われるいとこの体を包み込むようにしました。その中で、二人は深い癒しを得たのです。時々、私はマリアムを解放して、身近なニーズを満たし、清めの儀式をできるよう計らいました。マリアムが看病をしている間に、若マリアは痛む心を開くことができる忠実な友を見つけたのです。

二人は本当の意味でお互いを知るようになりました。互いの傷ついた心に癒しの香油（バーム）をもたらすことで慰めを得ました。しかし、イエシュアへの愛とイエシュアがいつかどちらかを選び結婚してくれるという押し隠された想いが、二人の間に嫉妬の棘として存続していました。この棘は二人の関係の初期にあっては試練となりましたが、不信のベールを脱した二人は、ソウルメイトならではの心の開き方をするようになりました。

病気の娘と会い、状況を把握して、若マリアをベタニアに連れ帰るようにとの使者がベタニアのマグダラのマリアに送られました。私たちが母親を待っている間に、若マリアは私たちの目の前で変わりはじめました。豊かな薬草のスープと優しい愛撫を歓迎するようになったのです。マリアムが秘密の愛の詩を朗読すると、若マリアの輝く瞳にきらきらとした光が宿ってきました。マリアムは、自分の黒髪と同じように、マホガニー色の長い髪をブラッシングするのを楽しんでいました。マリアムは、この子の幼い頃の孤独の話や、母親と父親への大きな愛の話を、これまで誰も聞いたことがないほどに新鮮な気持ちで耳を傾けました。その中でも、若マリアが抱くイエシュアへのロマンチックな空想と悩ましい夢の話を、マリアムは心をこめて聴いていました。彼女は、いとこの試練と夢が自分のものと同じであることを知ったのです。この二人は心をゆるし合い、癒されました。マグダラのマリアは、自分の娘の中に、最も困難な試練を乗り越えた成熟した若い修道女を見出すことになりました。

若マリアも意思決定に参加させ、カルメル山の長老たちは、彼女が十六歳になるまで初歩のイニシエートとして滞在することに同意しました。その後、彼女とマリアム、そして他の若いイニシエートたちは、カルメルで受けたイニシエーションに成功すれば、さらにエジプトに行きイニシエーションを受けることになったのです。それから二年間、若マリアとマリアムは、大いなる神秘の中で力強く成長し、調和が保たれました。二人の若い娘は、スピリットの道に対する感受性を高めていきました。二人は自分自身の内面を深く探求し、「一なる神／女神」に対する深く変わることのない愛を見出したのです。

彼女らは、自分たちの目的が、人類の心、体、魂、そして外側の組織の中で死んでしまったものに生命を取り戻すことだとわかりました。セルフ・マスタリーを成功させることが、二人が求めた大きな価値のある真珠だったのです。

自分の中の両極を受け入れ、バランスをとり、統一することが、この二人の娘の目標となり、彼女たちはお互いの中に完璧な鏡を見出したのです。彼女たちは、自分たちの人生がいとこのイエシュアと密接に結びついていることもわかりました。彼は絶え間ない導き手であり、最も解き明かしたい謎となったのです。

二人の娘の性格を理解していただくために少し長く話しました。後年、若マリアは、（母の名を受け継ぎ「マクダラのマリア」として）イエシュアの最愛の伴侶となりました。マリアムはイエシュアの妹として、恵み（グレース）のマリアと呼ばれ、彼の忠実な友人であり相談相手であり続けたのです。

第26章 イギリスにおけるイエシュア

孫がイギリス諸島で経験したことの一部を紹介しましょう。

イエシュアが、十三歳から十六歳の間に訪れた場所と受けたイニシエーションをおじたちの報告から簡単に要約しましょう。イエシュアが体験した多くのイニシエーションの中でも私が最も感銘を受けたのは、アヴァロンの「トール」と呼ばれる頂上の尖った岩山の中で受けた最後のイニシエーションです。それは、カルメル山とナザレに戻ってくる直前のことでした。

イギリスへの旅は地中海の海岸線に沿って進み、アリマタヤのヨセフは途中のさまざまな寄港地で、イニシエートを乗下船させ、写本や物資、ニュースなどを交換しました。航海は冬の終わりから春にかけての典型的な荒波に挑むもので、イエシュアは揺れに慣れ、足がふらつかなくなると船旅を楽しむようになりました。イギリスの緑豊かな大地に立つと、おじのアンデレ、ヨセフス、ノアに会い、エーテル界の旅で垣間見ていた冒険を実際にできることを喜んだのは言うまでもありません。

十三歳の誕生日をガリアの親戚と過ごしましたが、その中にサラという娘がいました。彼女は背が高く、エジプト人の母親から受け継いだ濃い肌色をしていることを除けば、いとこのマリアムや若マリアに驚くほどよく似ていました。その出会いは素晴らしく、彼は今、ヘブライ人の先祖の聖約の地と、母方の祖母がケルトの王女として養子に出された土地にいるのです。これからの数ヶ月は、期待に満ちていました。

イエシュアは、初めて会ったおじたちとの交流を楽しみ、またヨセフスおじさんのドルイド教の高位司祭としての一面に触れる体験ができたことを喜びました〈原書では「ヨセフ」となっているが文脈的に「ヨセフス」とした〉。アリマタヤのヨセフは二ヶ月以内にパレスチナに向け出発し、その後三年間は、甥のイギリスでのイニシエーションが終わるまで毎年戻ってくることになっていました。イエシュアの他のおじたちは、喜んで若いイエシュアを保護下におきました。

アンデレは、紀元前二二年にイギリスに渡ってから三十一年にわたって、小さな修道院の主任建築家となりました。アヴァロン島は、ケルト人のドルイド教の共同体があり、彼の監督下で大きく発展していました。アヴァロンは、現在グラストンベリーと呼ばれている場所にある小さなアヴァロン島と、ウェールズ西岸にあるアングルシーと呼ばれる大きなモナ島の二つの島の名称でした。ヨセフスが、この二つの島でドルイド・エッセネ派の主要な大学を設立する初期段階にあり、図書館には何千冊もの本、写本、巻物が収められていました。その多くはアリマタヤのヨセフがローマ帝国の各地からイギリスに運んだものでした。アンデレとヨセフスの二人は独身修道士であることを選びましたが、ノアの精神的な道は、既婚者として女性の心を親密に理解することを受け入れました。

ノアが初めてイギリスに来たのは十二歳のときでした。十年後、彼がアリアドネと呼ぶ赤い髪のケルトの王女と出会い結婚しました。彼女の兄、リル・レディアイス〈シェイクスピアの『リア王』のモデルとなった伝説の王。ケルト神話が背景になっている〉は、イエシュアが到着した紀元一〇年の数年前に、キームリアまたはウェールズにあるシルル王国の北支族の王として統治を始めていました。ノアはドルイド教団の聖師団（オーダー）の中で吟遊詩人として認められていました。イエシュアにお気に入りのおじがいたとすれば、それはノアであり、彼は誰よりもイエシュアの父に似ていました。親愛なる友よ、これだけは言っておきますが、この類似性にはそれなりの理由があります。父もおじのノアも、何年も後にアセンデッド・マスターのサン・ジェルマンとして現れる同じ魂の流れを持っていたのです。サン・ジェルマンと同じくノアは肉体的な不死の秘密を知る非常によく知られた熟達者（アデプト）となり、六百年以上も同じ肉体を保ち続けたのです。あなた方の記録によると、彼はアーサー・ペンドラゴンがキャメロットのアーサー王となるための準備をしたマーリン・タリエセン〈魔術師マーリンと詩人タリエセンは史実的に別人。同じ魂の転生者という伝説がある〉として言及されています。

つまり、イエシュアは良好な人間関係に恵まれていたのです。おじたちが、さまざまな部族の王家や伝説の族長、魔術師、吟遊詩人、ドルイドの司祭（プリエスト）や女司祭（プリエステス）を紹介するのに、そう時間はかかりませんでした。最初のイニシエーションは、アヴァロンで行われたベルテインの豊穣の儀式でドルイド教の聖師団（オーダー）にイニシエートしたときでした。皆さんは、イエシュアが岩山でベルテインの火が燃え盛る中で何を体験したのか、とても興味があることでしょう。しかし、この話をはじめ、孫が話してくれたイギリスに関する力強い話をすべてお話しすると、それだけで一冊の本が埋まってしまいます。

アヴァロンの伝説的な小島からなる夏の国や、コーンウォール、デボンやソメルセトと呼ばれる西の国で過ごしたことに加え、イエシュアのおじたちは、ストーンヘンジとエイブベリーの偉大な石碑に彼を連れて行き、そこで風水師（ジオマンサー）が理解する強力な力について学びました。電気的、磁気的なレイラインをたどり、それらが交差する「ドラゴン・ポイント」で起こるエネルギーの高まりを感じました。通常、これらの交差点にはストーンサークルやその他の一枚岩の岩石などのモニュメントが配置されています。ドルイド教では、知られるように、地球、月、太陽、恒星の複合エネルギーを特定の目的のために利用します。それは、たとえば鍼治療の針やツボのようなもので、ハーネス（装置）とかチャネル（導管）と呼ばれるストーンサークルや他の巨岩のモニュメントの配置によってエネルギーを利用するのです。

彼はまた、グレイト・マザーなる大地ガイアの意識と深くつながり、その自然および人工の地下室や洞窟の多くに足を踏み入れました。そして、私が約束したように、彼は妖精の輪の中、泉や湖のそば、山の岩場、焚き火のそばで瞑想しながら、元素の世界や妖精の世界と出会いました。これらの場所にある異次元ポータルは、とても通りやすくなっていました。ここでイエシュアは、時間の計測や天体の影響についても学びました。イエシュアは、ローマ帝国の支配が色濃く残る南東部を除くイギリス全土で、ドルイド教の司祭（プリエスト）や女司祭（プリエステス）と聖なる木立の中で儀式を行い、泉や湖、水の流れる源で瞑想しました。この古代の土地のトンネルや高地の奥深くで、彼は目に見えない世界の神託に耳を傾ける術を学びました。また、呪文や精霊の見分け方、性的エネルギーの善悪の使い分けも学んだのです。

イギリス諸島での二年目、イエシュアは、隣接するアイルランド島の探索にかなりの時間を費やしました。ここでもイギリスと同様、天使の領域が身近にあり、内的大地（インナーアース）に存在する、妖精や元素（エレメント）の地、水、風、火の精霊と交信していることを彼は知りました。イギリス滞在最後の一年は、主にドルイドの聖地であるモナ島、キームリア西岸の島、そして現在グラストンベリーと呼ばれているアヴァロン島で過ごしました。

出発のわずか一ヶ月前に、アヴァロンの聖杯の丘と岩山で、彼はイギリスでの最後のイニシエーションを受けました。

アリマタヤのヨセフは、このアヴァロンで、後にグラストンベリー大修道院のマリア礼拝堂と呼ばれることになる地下室に、泥と木でできた小さな建物を建て、エッセネの慣習を守るための聖域として使っていました。近くには儀式やコミュニティで使用する水を供給する泉と井戸のための家屋がありました。この井戸はまた、聖杯の丘と岩山の地下にある洞窟のような部屋に通じる地下のイニシエーションのためのトンネルの入り口の一つを守っていました。

この古代の井戸で、十六歳の孫はドルイドの高位司祭の白いローブをまとったヨセフスおじさんに会いました。彼は甥を魂の中の太陽から生まれた光以外の光がない迷宮に案内しました。巨大で背の高いクリスタルが並ぶ部屋に若いイニシエートは一人残され、彼のあらゆる思考と感情を映し出す小さな内なる湖のそばで瞑想しました。彼は冷たい水の中に飛び込み、深淵の中に潜り、やがて遠くでかすかな光が輝きはじめました。

もはや人間のように呼吸することはできず、イエシュアは自分の魂がイルカの形になったことを思い出しながら身を委ねました。狭い通路を上へ上へと泳ぎ、暗い水の中を体が突き抜けるまで泳ぎ続けました。寒さに震えながら深海から出ると、そこは地上と遮断された洞窟でした。入り口には、おじたちが教えてくれた古代の言葉で、トート・ヘルメス〈伝説の錬金術師〉の言葉「上なる如く、下もまた然り（As above, so below.)」と書かれていました。手招きしているような光が彼方に見えると、孫はそびえ立つ扉の敷居をまたぎました。すると、石のベンチから身長二メートルを超える大いなる存在が立ち上がり、彼を出迎えたのでした。

この光の存在にともなわれながら、イエシュアは急で狭い螺旋階段を上り、石橋を渡って、石を切り出し、精巧な石組みで造られた壮大な洞窟に入りました。明るい部屋の中には、大きな丸い水晶のテーブルがあり、その周りに十二脚の石造りの椅子が置かれていました。周囲を見渡しても、光源は見当たりません。この部屋には影がありません。すべてのものが、すべての人が、内側から光っているのでした。イエシュアは、この発光体そのものであるエネルギーに驚き、この体験とその特殊な雰囲気を未来の時間に思い出すことが重要であることを理解しました。

すると一人の偉大な存在が彼の手を取りました。この存在は、地球年齢で数千歳という古代人でした。しかも、その半透明の顔には、機知と崇高な叡智の輝きがありました。トーラクと名乗り、アトランティス大陸の沈没から生還した高位司祭の一人であったと告げたのです。グレイト・ピラミッドの下にあるトートの地下都市に光の船で行ったことがあったといいます。地上の洪水がようやく引き、現在ブリテンと呼ばれている古代の土地が姿を現したとき、トーラクはその妻トルハンナとともに悲嘆に沈む地球人類のために「聖なる女性性」のバランスをもたらしにやって来たのでした。そうすることで、将来のホロコースト（大虐殺）に対抗して人類の生存を保証することを願ったのです。それでトーラクとトルハンナは、地球に時間を超えて留まることを選んだのでした。

トーラクは、イエシュアの耳になじみのある言葉を吹き込み、この若いイニシエートが光の言語とオリオン、シリウスの青いスターゲートを思い出せるように手助けをしました。彼が「ある種の叡智を持つ先見者と魔術師の家系の出身であるので、暗闇の息子たちの手が加えられないのだ」と言いました。彼を愛し恐れた者たちは彼のことをマーリンと呼んでいました。

さて、私の愛する孫は、一晩と一日、トーラクと過ごしました。と言っても、この偉大な魂は、もはや太陽の動きによって時間の経過を計ることはなかったので、その時間は数年ほどの長さだったかもしれません。

トーラクはイエシュアにじっと座って瞑想するようにと言いました。身を低くしてイエシュアの胸に触れ、振り向くと静かに立ち去りました。トーラクは、この少年に自分の心の中にある答えを見出させることが、より確かな選択であることをわかっていたのです。イエシュアがそこに座ると、太古の記憶が心の中で徐々に動きはじめました。すると不思議なことに、暖かい空気が彼を包み込みました。鈴の音に包まれながら、彼の頭は静かにうなずきました。

その洗練された音色が彼をより深く内面へと導くと、トルハンナの愛するトーラクがまさに言っていたように、トルハンナが「聖母（デバイン・マザー）」を象徴している存在であることに気づいたのです。鈴の音だと思っていたものが、実は永遠の母の声であったと彼が考えついたことで、イエシュアの心は徐々に開きました。無限に広がる母の愛の音に身を委ねると、まるで大海原を漂っているような感覚になりました。何もしなくても、穏やかな潮の流れは、彼を彼女の広大な心の中に運んでくれました。どんな音よりも深く大きな沈黙の中で、生命の母がイエシュアの幼い体のすべての細胞に語りかけ、彼の形体（フォーム）のマトリックスを同調させて、宇宙の起源と誕生を思い出させたのです。

生涯を通じて自分の中に宿っていた「神聖なる女性性」の癒しと生育のエネルギーを感じ、表現することがいかに重要であるかを彼女は伝えました。人類が「神聖なる男性性」の客観的マインドと「神聖なる女性性」の直感的ハートを切り離そうとしたことによって引き起こされた大きな闇と苦しみの時代に、彼は地上に登場したのだと彼女は説明しました。彼のビジョンを開くと、彼女は、将来にわたってアースマザーに起こるであろう危険と冒瀆を見せました。これは、男性的なアンバランスが増大した結果であると彼女は言いました。彼と宇宙の仲間のグループが、分離と退化の自滅的下降のサイクルを止め、人類を助けるために来たことを彼女は彼に思い出させました。人類の自由意志による選択によって、生命は自覚的に生ける母なる大地と結合することで、光と統合意識の領域へ戻ることができるのです。

どれくらいの時間、洞察に洞察を重ねていたのか、夢のような安らぎの中で彼が座っていると、ヨセフスの手が彼の腕に触れたとき、彼は目を覚ましました。イエシュアは興奮気味に自分の体験を報告し、おじに多くの質問を投げかけました。しかし、イエシュアが言葉を終える前に、ヨセフスが無言のジェスチャーで、沈黙を守るように合図をしました。それから、イニシエーションが完了するとよくあることですが、孫は塔の大奥の部屋を出て、螺旋状の石の階段を上り、大きな土塁の頂上にある隠された出口にたどり着きました。古代のストーンサークルの近く、夜の涼しい風がそよぎ、アヴァロンの霧に濡れた草原やところどころに見える水面に満月が銀の光を投じ、その反射光がおぼろに輝く中にイエシュアは姿を現しました。今日、この出口は聖ミカエルの塔の下に埋められています。

イエシュアが、自分の経験をおじたちに伝えようと思って、共同棟に戻ると、そこにはごちそうが用意されていました。しかし、長老たちは、この体験はしばらくの間、心の中にしまっておいた方がいい、そうすれば洞察力が高まるからと、彼に言い聞かせたのです。こうして彼は、自分自身の強大（マイティ）な〝アイ・アム〟という宝庫の中で、答えと力のある導きを見出すことができるという自信を深めていきました。そして、このようにして、彼は自分の小さな自己が、自分自身に栄光をもたらすよりも大きな目的のために、どのように和らげられ、整えられるかを理解したのです。

しかし、さらに重要なことは、私の孫が、世界の苦しみを癒す力と愛に満ちた存在である「聖母（デバイン・マザー）」の性質と働きを完全に理解しはじめたことです。孫は、孤独や混乱を感じているときに、じっと彼女の存在に慰められるようになるまで待つ方法を学びました。同じように、私たちも神の愛が育む抱擁のエネルギーをじっくりと吸収していきましょう。耳を澄ませば、トルハンナの銀の鈴の繊細な音が聞こえ、あなたを「聖母（デバイン・マザー）」のハートに呼び戻すかもしれません。呼吸を整え、道を示す模範的な光を放つ年長の同胞のエッセンスを受け取ってください。

第27章

イエシュア、イギリスから帰国

イエシュアがイギリスから戻ってきた日のことを、私はとてもよく覚えています。八月のある朝、日の出前に私は起き上がり、大海原を見下ろすお気に入りの断崖絶壁まで歩いていきました。私は何年も前に、ここに小さな祭壇を作りました。見慣れた岩のそばにひざまずいて祈ると、私は海の中に吸い込まれて包まれたような至福と恍惚に包まれました。自分の体の感覚を取り戻したとき、朝日が大海原の深い暗闇を照らしはじめていました。

「私は帰ってきた！」

夜明け前に私の内なる耳にそう聞こえました。視界が明瞭になってきたので、私は水平線を見渡しました。確かに、帆船の船団が、星が踊るような灯りを揺らしているのが小さく見えました。夜明けの光の中で近づいてくると、先頭の船の主帆になびくヨセフの紋章旗の色とデザインが目に飛び込んできました。私はショールを外して、風に向かって振りかざしました。海岸は岩礁が多く危険な場所でした。船団は数キロメートル南にある小さなドール港に向かって行きます。船は、海岸から遠くを通り過ぎるだけでした。

でも、乗組員の姿を見るには十分な距離でした。イエシュアが到着するまでには、少なくとももう一日はかかるでしょう。

そのとき、彼が見えました！　イエシュアは手を振ると、次の瞬間、海に飛び込んでいました。最初は驚きましたが、深呼吸をして落ち着いてみると、彼がとても上手な泳ぎ手であることがはっきりとわかりました。スリムな体で波に乗り、そびえ立つ崖に沿った峡間に身を誘導していました。腰に小さな束を巻きつけて、崖を上へ上へと登りはじめました。昔、この地に住んでいた古代人は、海賊の襲撃から逃れるために、手すりや狭い岩棚を作っていました。イエシュアは少年時代にこの険しい道を探検し、よく覚えていたのです。実際、この危険なルートは、イギリスへ行く直前の月のない霧の夜に、彼が勇気と直感を試すために受けたイニシエーションで試された道の一つでした。

この三年間で、なんと成長したことか！　今、彼はそびえ立ち、大きな口を開けて私に微笑んでいます。濡れた長い髪は海の香りがしました。汗をかいた体には、塩と砂が光っていました。孫の並はずれた美しさを目の当たりにして、私は恍惚感が膨れ上がって心臓が痛くなったほどでした。長い登りの疲れが徐々に癒え、肺が通常の呼吸に戻ると、彼は深く息をしました。お互いに見つめ合いながら、再び一緒になれたことを喜びました。アリマタヤのヨセフ、アンデレ、ヨセフス、ノアといったおじたちが、この若者に来るべき試練のためによく備えてくれたことが、容易に見てとれました。突然、私たちは全身が震え出すほど笑い転げました。この思いがけない子どものような無邪気さと喜びを止めようもなく、また止めたいとも思いませんでした。

昔、シナイ山から帰ってきたときと同じように、イエシュアは私を腕の中に押し抱きました。私たちは、めまいがするほどグルグルと回り、その間も笑い続けていました。ようやく我に返ると、カルメルの一日が始まっていることに気づきました。遠くから朝の祈りの鐘の音が聞こえてきます。近くでは、羊やヤギの鳴き声や鐘の音が楽しげに響いていました。歓迎の挨拶が聞こえ、ナタナエル・バルトロマイが歩いてきました。ナタナエルは、ベツレヘムで生まれたばかりの赤ん坊だったイエシュアの前にひざまずいた羊飼いの少年で、イエシュアがカルメル、ナザレ、クムランにいた五年間にわたって最も親密な友人であり、相談相手でした。ナタナエルは友人のイギリス行きに同行することを希望しましたが、長老たちはイエシュアが一人で行く方が力をより発揮できると判断しました。おじのアリマタヤのヨセフと一緒のときを除いて、イエシュアはそれまで知らなかった親戚と一緒にドルイド教団のイニシエーションを受けることになったのです。

イエシュアはナタナエルの腕の中に飛び込みました。二人の身長はほとんど同じでした。背が高く、細身で、深く日焼けしていました。ナタナエルは二十八歳で、まだ結婚していませんでした。最愛の友に再会できたことに喜びを感じていました。再会を喜ぶ二人を見て、私は心臓の鼓動が早くなり、声も出なくなりました。ナタナエルは、涙を流しながら、イエシュアを胸に抱き、薄らと髭の生えた頬に口づけをしました。ナタナエル・バルトロマイは、イエシュアが本当にここにいることを確認すると、彼を両手で抱き寄せ、微笑むイエシュアの青灰色の瞳を深く見つめました。そして、もう一度抱き合うと、二人は西門に向かって走り出しました。私は羊やヤギと一緒に取り残されましたが、そんなことはどうでもよかったのです。私はじっとして、彼が帰って来たという嬉しい知らせを胸に刻みました。

アブサロムが牛の群れを引き取りに来た後、私は門の前でマリアムに出迎えられました。「愛する兄のために、ごちそうを用意しなければ！」とマリアムは言って私の腕をつかみ、大きな台所の方へ連れて行きました。誰もがイエシュアの周りに集まり、質問をしたり、抱きしめたりしていました。共同体の儀式は脇に追いやられました。若マリアは、戸口から自分のいとこを覗き込み、喜びと情熱の波が体中の細胞から押し寄せてくるのを感じていました。成熟した体が男への女の愛を表現している今、このエネルギーをどうしたらいいのでしょう？　彼女は天使に命じて、落ち着いた品位のある状態に自分を戻してもらいました。

突然、イエシュアが彼女の視線を捕らえました。唖然とした彼は下を向きましたが、その顔は存在の深いところから来る情熱の熱で赤面していました。恥ずかしくも、この強烈な喜びの瞬間を見て、皆が微笑み、笑いはじめたのです。イエシュアは深呼吸をして、子どもたちを一人ずつ肩に乗せると、中庭を走りまわりはじめました。低い石垣を飛び越えて、果物やオリーブの木の間に飛び込みました。子どもたちは鳥のように鳴き、腕をばたつかせました。私はこの無邪気な遊びの光景を見ながら、エジプトとシナイ半島からやってきた八歳の少年時代のイエシュアのことを思い出して、嬉しくなりました。

ナタナエルはイエシュアが疲れているのに気づき、イエシュアを助けるために子どもたちに自分の仕事に戻るようにと言いました。そして、この二人の青年は風呂場まで歩いて行き、それから大食堂で空腹を満たしました。朝の断食を解禁する時間ではありませんでしたが、お構いなしでした。オートミール、雑穀、カムート（古代小麦）が盛られた湯気の立つ椀が二人の前に置かれました。ヤギの乳とチーズ、黒パン、野生の蜂蜜も用意されました。若マリアが先導した改革が進行していることがよくわかりました。

カルメル山のコミュニティ全体を巻き込んだ熱烈な夕べの会の後、イエシュアはおよそ三十キロメートル離れたナザレの家族のもとへ一週間の滞在のために向かいました。マリア・アンナとヨセフは、イエシュアの到着を待ち望んでいましたが、イギリスでの三年間の生活が、息子を早熟な少年から成熟した青年へと変貌させてくれたことを喜びました。皆が一家団欒の一時を楽しみました。イエシュアは、両親、兄弟、姉妹、ヤコブ、ユダと若ヨセフ、ルツ、トマス、シモンに自分の経験を分かち合うことができ大喜びでした。イエシュアは、聞く人のためになるとわかっている経験を共有することで、自分のイニシエーションを統合することができました。

マリアムと若マリアは、十月下旬にエジプトでより高度なイニシエーションを始めるために、多くの大人や他の若者と一緒にカルメル山を離れる準備をしているところでした。彼女らは、イエシュアがインドに出発する前に再び会うことはないだろうと考えていました。そのため、イエシュアがナザレの家族と共に過ごした一週間を経てカルメル山に戻ってきたとき、大好きないとこと再会したいという気持ちが強くなっていました。

二人はいつも一緒にいました。マリアムと若マリアは、ときおり、冷たい言葉や恐ろしげな視線を送る以外は、嫉妬の影がほとんど感じられないほどに固い絆で結ばれていました。二人は、イシュアへの深い思いと運命の相手という念を抱きながら、互いに自分の道を見つけると誓いあっていました。

エジプトに出発するとき、アリマタヤのヨセフは若マリアとマリアムと他の人々を彼の貨物船でアレキサンドリアまで案内しました。ヨセフは一ヶ月間、アレキサンドリアに停泊し、貿易を続けながら、この洗練された都市のすばらしさを紹介し、その後、ヘリオポリスに向かう遠縁の親戚の人を何人か紹介しました。イサクとタビタは、数週間前に光の受胎で妊娠中の娘サラをエジプトに連れてきており、彼女らがマリアムネおばさんの家に到着したとき、出迎えるために待っていました。マリアムと若マリアは、肌の黒いいとこの話を聞いて好奇心をそそられ、ぜひとも会いたいと思いました。

それでインドへ出発する前のカルメルとナザレでイエシュアを迎えることができて、私たちは大いに喜びました。翌年四月、十七歳の誕生日を迎えたばかりのイエシュアは、インドへ旅立ちます。イエシュアは、大好きな両親や弟妹たちと再び一緒にいられることを、どんなに楽しんだことでしょう。三年ぶりの再会で、イエシュアの遊び相手であった子どもたちは大きく変わりました。イニシエーションを経て成熟し、微細なエネルギーに対する感受性がより洗練された今、イエシュアは両親をより深く洞察し、長年にわたって準備してきた二人の旅路を認めているように見えました。両親はごく普通の人に見え、人知れず仕事をしていたのです。イエシュアが、自分の父と母が、イギリスに渡る前に思っていた以上に霊的な力を持っていることを知るのにそう時間はかかりませんでした。

しばしば、彼は母親や父親と距離を置いていました。ですが自分の霊的な才能をどのように開花させたらよいかを相談するようになりました。自分に関して、また、自分が地上で遂行する役目について天使たちが語ったことについて、深く掘り下げて質問しました。イエシュアの兄弟の中で、ヤコブと若ヨセフはイエシュアの霊性に最も関心を持っていたようです。彼らは兄や両親と一緒に、高尚な議論や長い瞑想に参加するのが好きでした。一方、ユダは自然界の驚異に心を奪われ、母の家の庭を耕し、動物を育てていました。

月日が経つにつれて、イエシュアは謙虚な父を尊敬するようになりました。そして、父を見習いたいと思うようになったのです。祖父ヨアキムのことは知らなかったのですが、私がヨアキムの偉大な霊的強さと献身について話したところ、孫は感化されました。この二人が得た叡智の多くが、インドで過ごした年月の中で得られたものであることを知ると、孫は自分も同じ叡智を求めて旅立ちたいという気持ちが日に日に増していきました。長旅で危険もともないますが、予定通り出発するために必要な準備を精力的に行っていました。もちろん、ヤコブも「行かねばならない」と思っていました。そして、若ヨセフもまた、兄たちと一緒に行くことを両親に懇願すると「この件については祈るように」ときっぱりと言われました。

アリマタヤのヨセフは、父親がナザレに滞在しているので、近親者を後見人とするのが賢明であると考えました。ヨセフは、娘と他の若いイニシエートたちをエジプトに連れて行った後、いつものように南ガリアとイギリスに向かいました。ラングドック地方で、異父兄のイサクとヤコブに会いました。イエシュアがインドに巡礼に行くという知らせを伝えると、ヤコブはすぐに、インドでイニシエーションを進めるという自分の夢が実現できると知りました。彼は喜んで、甥たちと一緒に行くようにという誘いを受けたのです。

その結果、アリマタヤのヨセフがパレスチナに戻ると、ヤコブはすぐにナザレとカルメル山に行って、長年会っていなかった家族に会いました。そして、インダス川流域とヒマラヤ山脈の高地へ甥たちを連れていくために必要な準備をするのに時間はかかりませんでした。四十歳にも満たない年齢に見えるヤコブの姿は、私が初めて会ったときの父親とそっくりで驚きました。エジプトで修行を積んだヤコブは、長寿の秘訣もマスターしていました。その逞しい姿は、とても六十二歳とは思えないほどでした。

ヨセフ・ベン・ヤコブのいとこの一人は、商人としてインドに何度も旅をしていたので、遠征のための主要なガイド兼装備品係として雇われました。また、彼らの精神的な指導者であり監督者である父親も、旅人の一人として参加することで合意されました。しかし、最近になって視力や関節の具合が悪くなってきたため、インドへの長旅は好ましくないということで、ヨセフは故郷にとどまることになったのです。

ヨセフは、時空を超えた微細なエネルギー操作をマスターしていたので、息子たちと一緒にいるために、できるだけ頻繁にバイロケートすることになりました。必要なときには、肉体をテレポートさせることも約束しました。イエシュアは、父親がその両方を行うのを見たことがあったので、父親が約束を守ることはわかっていました。私たちの中でバイロケーションやテレポテーションの方法を知っている者たちは、ときおり、彼らに合流することになりました。若ヨセフは、幼い頃の海外旅行に反対していた母親から、「行ってもいい」と言われ、有頂天になっていました。

出発の数日前、多くの家族がマリア・アンナの家に集まり、お別れの集いを開きました。簡単な食事の後、音楽と踊りで祝い、それから巡礼者の旅のために用意した贈り物を前にしました。私は息子のヤコブと三人の孫のためにポーチを作り、その中に癒しのハーブやオイル、癒しの石、そして、お守りなどを入れておきました。マリア・アンナは、鮮やかに染めたリネンで丈夫なベルトを編み、兄と三人の息子に贈りました。そのベルトには、マリアとヨセフが手作りした、飲食用の複雑な彫刻が施された木の器と彩色されたヒョウタンがぶら下げられていました。ヨセフは義兄と息子たちに、重厚な外套を与えました。外套は広げて寝たり、頭上で留めて日差しや雨を防いだりすることができます。マリアムと若マリアはエジプトに行く前に、イエシュアに一番上等なウールの衣を織り、この日のためにマリア・アンナに渡しておいたのです。ナタナエルは、友人たちに丈夫なサンダルを贈りました。

そして、明るい春の日の出とともに、私はいつまた会えるとも知れない勇敢な魂たちをこの胸に抱きしめたのです。ヤコブが雄羊の角笛を吹いて先導し、彼らはラクダに乗り、それぞれ一頭のラクダを従えていました。ガリラヤ湖近くの野営地で商人のキャラバンと合流し、東の大山脈を目指すのでした。

孫たちの巡礼の旅に興奮し、全面的に支援する一方で、この先、孫たちが離れていく間に一緒にいられないと思うと、いささか憂鬱な気持ちになりました。今回もまた、人間的な欲望を捨て、より大きな計画に沿うための機会であったように思います。私はエーテル次元で彼らと一緒に加わることができ、そしておそらく、適切なときには私は体ごとテレポートもできると思って慰めとしました。

第28章 イエシュア、インドの旅を報告する

イエシュアがインドとヒマラヤ山脈の旅から戻ってくるまで、七年の歳月がかかりました。その間、私はカルメル山に留まり、若い女性や男性に教え続けました。創造主と一体となるエネルギーを彼ら、彼女らが完全に理解できるよう私は支援しました。内なる〝ワンネス〟という至高の真理への献身を証明するイニシエーションに向けて、心(マインド)、体、魂を準備する方法を教えました。多くのイニシエートが訪れましたが、トレーニングが始まってから途中で去る人はいませんでした。徹底的な面接を受けており、すでに高い基準を満たしていることが要求されていたからです。カルメル山神秘学校には、年齢は関係ありませんが、条件を満たしていると認められないかぎり入学できませんでした。

何年も何世代にもわたって、私はカルメル山の若者たちのイニシエーション・スクールの責任者を続けてきました。また、高度に進化した子どもを産むために、「光の受胎」のイニシエーションと訓練を受けるために、私のところに来るカップルや個人もいました。また、細胞の再生と肉体の不死を達成するための修行について、私の叡智を求める人もいました。

イエシュアの帰還を待ち望んだ数年間は、ほとんど報告することがありません。孫が二十四歳でナザレの実家に戻った二一年の夏の終わりから、話を再開することにしましょう。この間、私たちにもいろいろな変化がありました。マリア・アンナは三十歳以上には見えませんでしたが、実際は四十一歳になろうとしていました。ルツも十六歳、エステル・サロメとシモンは十三歳でした。私の子どもたちやその子孫の中には死のベールの向こう側に行った者もいますし、ベールを越えてこちら側に肉体を得た魂もいます。

言うまでもなく、イエシュアが弟のヤコブとおじのヤコブを連れて帰ってきたという知らせが届いたとき、家族で大騒ぎになり、マリア・アンナの家に集まり、お祝いをしました。複雑な心境の中、若ヨセフが結婚してインドに残ることを選択したと聞きました。裕福な聖人（リシ）に婿養子として迎えられ、アーユルヴェーダの有望な医師としての地位を確立しました。イエシュアとヤコブがパレスチナに戻る前月には、最後にインドにテレポートした父ヨセフが光の中に昇天したため、もう戻らないことを孫は明かしました。

若ヤコブ、おじヤコブ、イエシュアが、マリア・アンナに詳しい話をした後で、他の家族に伝えると説明しました。一週間が過ぎ、私たちは再び集まりました。マリア・アンナは、その間、黙想していました。彼女は数ヶ月前に、マハー・ババジの前に出るようにと、内なる次元から呼びかけられたと私に打ち明けていました。見聞したことのすべてを私に話してはいませんでしたが、ヨセフが光に召されたこと、肉体的に彼女の元に戻らないことを明かしてくれました。ヨセフを心の中に抱き、マリア・アンナは彼抜きでできるかぎりのことをやっていく決意をしていました。それは簡単なことではありません。

物質的な安らぎはありましたが、孤独がしばしばマリア・アンナの平穏を妨げました。しかし、彼女は、自分よりも大きな損失を被った人々の痛みを和らげるために手を差し伸べることで新たな活力を得て、鬱の谷間から抜け出しました。マリア・アンナは、高度に発達した女性性と潜在的な男性性のバランスをとることに挑戦していたのです。並外れた叡智と慈愛の心を持って卓越した能力を発揮しました。彼女の助言と存在は多くの人に求められ、ベッドに安らぎの暖かさが感じられない長い夜を除いては、未亡人となった自分の状態を考える時間はほとんどありませんでした。

イエシュアとヤコブが、マリア・アンナのもとに戻ってきました。成熟した若者たちは、母の小さく快適な家の中で存在感を示しました。マリア・アンナは二人を誇りに感じ、立派な大人になったと感謝していました。でも、息子のヤコブの父親似の顔を見ると胸が傷みました。帰国後、数日間は、彼を見るたびに涙をこぼしていました。

マリア・アンナは、イエシュア、弟ヤコブ、おじのヤコブから聞いたインドでの体験談を、特に夫に関することを、すべて受け入れ、余裕を持てるようになったとき、ごちそうを用意して、家族や友人を招き、集まってもらいました。そのときになってからイエシュアは七年間のインド巡礼のハイライトを私たちに語りはじめたのです。私たちは日没後に招かれました。その日の出来事と豊かな夕食のために祈り、祝福を与えました。空腹を満たした後、マリア・アンナの家の外庭に私たちは集まりました。庭は優雅かつ崇高で、私たちに安らぎと癒しを与えてくれました。柑橘類の花、ジャスミン、バラの甘い香りが、晩夏の暖かく静かな風に乗って漂っていました。皆の心は深く内省的になり静まりました。イエシュアの周りに集まった子どもたちや、膝の上に座った幼児も、いつになくじっとしていました。深い安らぎが広がり、悲しみや明日への不安などとは無縁の空気になっていました。イエシュアがため息をつき、言葉を発しはじめるまで、皆、沈黙し待ちました。

そして、以下のように語ったと記憶します。

＊＊＊

愛する家族と友たちよ、長旅を終えて戻ってきました。私は、今、大人の背丈になり、「一なるものの法則」が私の中に眠っています。まだ、すべてが成就したわけでありません。神がやってきて、永久に宿り、完全な覚醒にいたることを待っています。私はわかりました。御業(ワーク)を行うのは私ではなく、私を動かし、呼吸させる父なる母なる神であると、わかりました。

皆さんは、今、私を帰ってきた者として見ています。息子、甥、兄弟、いとことして覚えているでしょう。でも、それは真実であり、また真実ではありません。私はイエシュア・ベン・ヨセフでありながら、名を超え、言葉にならない名を授かる者です。昨日の薄れゆく記憶と明日、実現される夢との間に抱かれているように、皆さんのもとに帰ってきました。私は、今、この瞬間、完全にみんなとともにいます。

さて、さらに申し上げると、私の地上の父ヨセフからのご挨拶をお届けしましょう。また、インドに残ることを選択した弟、多くの人がヨセと呼ぶ、若ヨセフからの挨拶も代わってしましょう。

過去七年間の旅の間、私たち兄弟はヤコブおじさんへの深い愛と感謝の念を抱くようになりました。悟りに達し、慈悲のあるおじさんの在り方は、私たちの巡礼を計り知れないほど豊かなものにしてくれました。おりおり、巡礼の旅は愛する父ヨセフとともに歩みました。富める者も貧しい人も、私たちを歓迎してくれました。そして、その人たちとともに、私たちは叡智を伝授するよう招かれたのです。

聖典を読み、叡智の系譜をアトランティスやレムリア、さらにはそれ以前の黄金時代にまでたどりました。叡智は太古のものであり、真理を集め、書物に残した偉大な精神に身震いしました。サンスクリット語の読み書きを学び、話し方を学びました。原地の人々と会話するために、方言もいくつか覚えました。シンドゥ（インダス川）、ガンガー（ガンジス川）、ブラマプトラ川沿いの田園、村、都市に四年間、滞留しました。その旅路で物理的な次元における魂の成就をなした多くの偉大なヒンズー教や仏教の師に出会いました。そして、多くの驚くべきことを目の当たりにしました。財布も計画も持たずに高地を歩きまわりました。野のユリのように、私はその日に十分な衣服と食をいただきました。洞窟や大きな神殿寺院に連れて行かれ、天の父と母の証となる超自然的な光を何度も目撃しました。

　最愛の父は素晴らしい人でした。幼いころは、父のことを私は十分に理解できませんでした。私の目の前で、父は不可思議な人に見えていました。インドに出発する前に、父はしばしば二重生活を送り、旅の要所要所でナザレからテレポートする予定があると知らせてくれました。見事にガイドとして私たちを導き、さまざまな師匠（マスター）や熟達者（アデプト）を紹介してくれました。予測不可能な父の出現を喜び、父を並外れた模範としてますます高く評価するようになりました。

　父が自分の能力を誇ったり、才能を発揮して、小さな自我を誇示するなど想像もできません。外見は、穏やかで、控えめで、気取らない雰囲気を常に保っていました。真っ白な顎鬚（あごひげ）を蓄えて、にっこり笑うと、人をひきつけるものがありました。口笛を吹いたり、面白い話をしたり、冗談を披露してくれました。学問の話も傷ついた自我の嘆きで重くなった空気を和らげるのも巧みでした。

　父は無敵に見えました。どんなことにも動じませんでした。羽目をはずすこともありません。疲労や苛立ちを感じることがあったとしても、私はそれを知る由もありませんでした。父が自分の人間性を受け入れ、人間の状態に同情的であることも、私はわかっていました。

確かに、私が父を崇拝するあまり、台座に乗せるようなことがありましたけれど、そうしないでほしいと父は願っていました。そんなとき、私が父に投影したエネルギーを取り戻す手助けをしてくれました。父を崇拝する気持ちを私自身と心の中に広げ、すべての生命に宿る父なる母なる神の栄光への深い畏敬の念へと拡大するようにと、やさしく提案してくれたものです。

こんな父は、私のなんという鏡だったことでしょうか！　父は、私が自分の力を手放す瞬間を正確に知っていました。父は決して自分の目的のためにそれを使用しませんでしたが、もれたエネルギーが私のところに戻ってくるまで、それに耳を傾け、従うようにと呼びかけていました。これは必ずしも容易なことではありません。私の思考や感情が回り道をして、目に見える、見えないを問わず、不適切な、あるいは不安定な低次元の自我の認識を補強するために力を欲しがる人物に利用され、使われたこともありました。しかし、父は私に、自分が生命全体とつながっていることを知るようにと教えてくれました。生命力への畏敬の念を教え、私のエネルギー源がいかに生命を維持し、力を与えるか、あるいは逆に、私の不注意や無知や甘さによって流出し、恐怖や対立や欠如といまだに同一化しているか、自分の中の未変換の側面による幻の中毒に餌を与えることになるかを、父は私に教えてくれました。

私たちは、カニャクブジャ（カナージュ）、ベナレス（バラナシ）、パタリプートラ（パトナ）の都市に足を踏み入れました。私たちはガンジス川で沐浴し、ブラフマン（創造主）、ヴィシュヌ（維持者）、シヴァ（破壊者）という神の名を唱えました。また、寺院や屋外の神域では、〝グレイト・マザー〟のさまざまな名前と属性を称えました。父は私にファキール〈苦行者〉、サドゥー〈ヨガ行者〉、タントラの本質を教え、心と体の関係についての理解をさらに広げました。父の賢明な慈悲の模範によって、どんなに禁欲的であれ、超越的であれ、あるいは肉体的感覚に没頭したとしても、神へと続くあらゆる道に感謝するようになりました。

ベナレスでは、音響特性（サウンド・カレント）とタントラ高等錬金術のマスターである優秀な音楽家を父は私に紹介してくれました。この賢者は、父のマスターの孫にあたり、父が何年も前にインドにいた頃、信頼できる友人となった人物でした。この先生は私を弟子として受け入れ、内なる無限の音を聞き、それに従うこと、タブラで複雑なリズムの演奏をし、多弦のシタールの弾き方を教えてくれました。ラーガは、一日のうちで異なる時間帯に奏でると私の意識状態を変容させ、呼吸や内臓、エネルギーの吸収、気分にも影響することを学びました。

私はこのマスターに一年間、弟子入りし、マスターの家で修行しました。マスターは三人の女性と結婚していましたが、皆とても美しく、気品がありました。その一年間は、美的感覚を養い、生命エネルギーの微細な性質を応用し、私自身の魂の中にある女性性を育み、表現する時間となりました。文化的で非常に精神性の高い家族と暮らすうちに、私は何も所有する必要がないことを発見しました。ただ感謝することで、私の要求や好みは満たされたのです。

この家には、九人の娘と十三人の息子がいました。そのうちの一人の年長の娘と、私はお互いに強く魅かれて、その娘と高度なタントラの愛の方法を学びました。意識を高め拡大するための非常に高度に洗練された科学と技術（アート）でした。性は創造主の源から授かった強力なものだと私が考えていることを理解してもらうために、この話をするのです。規律と意識的な献身によって、性は神聖な愛の表現として、真の自己への直接的な道となり得ます。しかし、もし性が低次のチャクラの未変換のエネルギーによって表現されるならば、未覚醒の脳の動物中枢と有毒な身体器官によって支配され、女性と男性の魂を支配し食い尽くすような苦悩をもたらす可能性があります。

嫉妬、肉欲、貪欲、怒り、罪悪感、羞恥心、虐待、そして、退廃は、性の流れの純真さを、自己批判と果てしないカルマの返還の拷問にかけるのです。すべてのエネルギーを正しく使ってマスターする高位のイニシエートになるためには、自分の中にあるこの偉大な創造の力と、それに関連するすべての遺伝的・魂的記憶に向き合わなければなりません。

ベナレスでのすばらしい一年の間に、私自身も、両親や祖父母がそうであったように、きわめて優雅でパワフル、かつ洗練されたイニシエーション・エネルギーのマスターとして自分を知るようになりました。私たちは、また、身体のポーズ、プラナヤーマ（ヨガの呼吸法）、心と体の浄化を学び、実践しました。マントラ（パワーの言葉）やムドラ（手印）を使い、さまざまな形の瞑想を通して、さまざまなレベルのサマーディ（三昧）に到達する方法を経験しました。

体でさえもが意識であり、逆説的にその中に全宇宙を秘めていることを学びました。それを複雑な地図として使うことによって、私は自分の意識の内側と外側のあらゆる反射を見つけ出し、それとコミュニケートし、指示し、回復し、活性化させ、取り除き、再構築することができます。全能の「創造主の源」であり、私の強大な（マイティ）〝アイ・アム〟と同調しているかぎり、私は自分自身に対しての元首であることを理解できるようになりました。私は自由であり、他者に依存していないことに気づきました。実のところ、私たちは皆、すべての創造物に等しく命を与える「最愛の者」の庭に咲く花であることがわかれば、真心（ハート）によって育まれる繋がりは、なんと愛らしく、頼もしいことでしょうか？

父が私たちをこのような学校に入れてくれたこと、そこでは人生の重要な事柄が、賢明な良心と思いやりのある規律によって、自由に実践されていることに感謝しました。私は後でヤコブに彼の経験を語るように誘います。私たちは物理的次元に関する哲学に違いがあり、時々、私についてのヤコブの決めつけを感じますが、私は自分の経験と私たち二人を支えてくれた父のことを嬉しく思っています。

というわけで、父ヨセフは、昔、自分が父になる準備をしていたときに踏んだ道を、私たちが歩けるように援助してくれたのです。しかし、彼が若い頃にインドに行ったのは、父になるためだけではありません。明らかに人類に最大の奉仕をできるように、マスタリーを成し遂げるためでした。

主任教師（グル）とタントラの恋人との時間が終わると、父はその後、私たちをヒマラヤ山脈の麓の村に導きました。ヤコブ、若ヨセフ、そしておじヤコブは一年間、私たちに同行し、ベナレスに戻りました。ヨセフはヤコブおじさんの家でほとんどの日々を過ごしましたが、おじさんは弟が本来持っている治癒の才能を発見しました。こうして後日、弟のヤコブ、若ヨセフ、おじヤコブの三人は大寺院に戻りました。ヤコブは図書館で勉強を続け、ヨセフはアーユルヴェーダ医学の正式なトレーニングを開始しました。おじヤコブは、私たちが良い仕事をしているとわかり、インドの他の多くの聖地に旅立つ準備をしました。

経験を振り返ってみると、父は当時、私たちと分かち合おうとしていた以上のことをわかっていたのだと、私は今になって理解できます。とにかく、父は地上を去る前に、私たちがババジと呼ばれる方と初めて出会うために周到に準備をしていました。その最初の出会いが、私たちの人生を大きく変えることになるのです。美しい母が用意してくれた軽食を食べた後、私は話を続けましょう。

第29章　イエシュア、ババジと会う

その晩、イエシュアは私たちを再び集めました。

＊＊＊

さあ、愛する者たちよ、偉大なマスターであるババジと私たちの体験をもっと詳しく話しましょう。皆さんは、祖母アンナと祖父ヨアキムを通して、ババジのことを聞いたことがあるかもしれません。父はババジに関してほとんど話していません。なぜ父がこの人についてあまり語らないのか、私にはわかりません。でも、弟子の一人の住処で直接会ったとき、私は理解しはじめたのです。「不滅のヨギ」と呼ばれるこの偉大なマスターは、澄んだ茶色の瞳と長い黒髪を持つ三十代の青年に見えました。発するエネルギーは非常に強力で、意識を保つのがやっとでした。父が彼のところへ行き、足にキスをするのを初めて見たときに、私は父の光を発する新鮮な何かの側面を見たような気がしました。

ババジは父の頭に手を置き、ゆっくりと持ち上げ、互いに目を見つめました。父の目からは涙がこぼれ、部屋中に金色の光が広がりました。やがて私も、弟ヤコブも、若ヨセフも、震えはじめました。私たちはじっと座っていました。するとゆっくりと天が開いて、天使やマスター、聖人たちが次々と現れたのです。次に、光の回廊が視界に入り、ババジはついて来るようにと言いました。このとき私はババジの姿が、これまで見たこともないような光り輝く体に変わっていたことに気づきました。私たちの真正面には太陽があり、白色の球体が放射状に強烈な光を発していました。中央の球体が回転しはじめ、私たちをその渦の中に巻き込んだのです。太陽系の中心である太陽の中心に連れて行かれました。ヘリオスとベスタと呼ばれる美しい存在が私たちを迎えました。

太陽に取り込まれ、融合した後、私たちは自分の体に戻されました。ババジは微笑みながら「太陽を次元間ポータルとして利用したのです。このような旅の最初の一歩です」と語りました。そして、私の方に直接向き直り、ババジは手を上げ、私に前へ来るようにと手招きしました。父は弟とヤコブおじさんの横に座り、私はババジの前にひれ伏し、両手をババジの裸足に置きました。ババジはテレパシーで私に〝アイ・アムは光である〟（I AM the Light.）というマハー・マントラ（真言）を授けました。そして、優しく笑うと、私の頭頂部に指を触れました。まるで稲妻のように、ババジの指から突き刺すような光が放たれ、私は無言になりました。それから何週間も、私は沈黙しました。

ヤコブ、ヨセフ、私は、父とヤコブおじさんと一緒に丸一年間ババジのもとに留まり、内面からの理解という体験を心に保ちました。一年が過ぎるとババジは、ヤコブと若ヨセフがベナレスの寺に戻るときが来たと告げました。そこでヨセフはアーユルヴェーダの勉強を続け、ヤコブは寺院の中にある大きな図書館で僧侶たちと一緒に道を歩み、私たちが帰国するときまでそこに留まることになりました。ヤコブおじさんは、彼らに同行し、ヤコブとの勉強を再開し、他の聖地へ行く準備をしなさいと言われました。

兄弟たちとヤコブおじさんが去ると、ババジは不思議なほど静かになりました。父と私は、外面での交流はほとんどありませんでしたけれど、内なる次元では常に一緒にいました。私たちは、一日中、瞑想にふけり、食事はほとんど摂らず、氷のように冷たい水で沐浴し、小さな庭の手入れをしました。睡眠時間はごくわずかでした。そして、五月の満月のある夜、父と私は内なる次元で呼ばれ、ヒマラヤ山脈の高地にある聖なる谷で行われる集会に参加することになりました。そこに私たちの体をバイロケートし、祭壇の周りに集り立つという体験をしました。祭壇の上には聖杯と鉢が置かれていました。祭壇の後ろにはゴータマ・ブッダ（釈迦牟尼仏）と、宇宙キリストと呼ばれるエネルギー系統の代表マイトレーヤ・ブッダ（弥勒菩薩）と名乗る者が立っていました。

見ているうちに、私は体の芯が溶けてしまいそうになりました。涙が流れました。まるで永遠が姿を現しているかのようで、私の心の扉はどこかに飛んでいました。開いた心の扉から、優しく澄んだ風が吹き、私の存在を変容させるのです。肉体を持ったまま谷に行き、世間から遠く離れた修行者たちの共同体に入るべきだとテレパシーで告げられました。父は私に向き直り、私の手を取って唇に押し当てました。涙が流れました。私たちの心は溶け合い、外に出て、かなり歩き、雪の上に並んで横になりました。目覚めたとき、私たちの中から大きな熱を発したのか、雪が溶けていることに気づきました。私たちの周りには、三メートル以上の円形のエメラルド色に輝く草原があり、白い高山植物が咲き乱れていました。甘い香りが鼻孔を満たし、肺を潤しました。

意識が肉体に戻りました。目を開け、狭い部屋の中でベッドに横たわる互いの姿を見つめました。どれくらいの時間、ただ見つめ合ったのかはわかりませんが、そのときノックの音が注意を引きました。厚い毛糸のローブ、毛皮のブーツとレギンス、そして空の革の包みを持ったババジが入ってきました。ババジは「昨夜、会ったマスターたちの隠れ家に行く時間です」と告げました。

最愛の父ヨセフが、私たちと一緒に帰らないとは、そのとき、まだわかりませんでした。真のアバター（神の化身）と一緒にいるという絶妙な、うっとりするような感覚にとらわれて、私は父の愛に満ちた表情にほとんど気づきませんでしたが、後から思えば私たちが共にした残りの日々の中で、そのとき私にもっとも語りかけていました。ババジは私たちをエスコートして、非常に標高の高い山道を通り、ついに足場と手すりが刻まれた花崗岩の断崖絶壁にたどり着きました。私たちは荷物を置き、互いをロープで結び、断崖絶壁の反対側に行き、最初に到着した者に、ロープをつたい荷物を渡しました。しかし、これは目的地に到着するための最後の試練ではありませんでした。さらに数日の長いトレッキングの後、私たちは深い峡谷にたどり着きました。下方に細く白いリボンのように見える川のうなる音が響いていました。橋はなく、この狭い峡谷には私たちの体を運ぶものは何もありません。私は戸惑い、やや憂鬱になって座り込みました。ババジは間違ったのだろうか？　目を輝かせている以外は無表情な彼の顔を探しました。私は父に目をやりました。父も私を見つめていましたが、私たちの状況に動揺している様子はありません。突然、私は大きな倦怠感に襲われ、それが原始的な恐怖であることを認識しました。私たちが吹雪の中を進むと暖かい太陽が照らし、目の前で雪が解けました。雪崩も起きましたが、冷静さを失いそうになるギリギリのところで回避されました。今、どうすればいいのか？　もう後戻りはできないとわかっていました。

目を閉じて、深く内側に入り、心を静め、心臓と腹部をリラックスさせるように私はみずからに命じました。私たちを吹き飛ばすかのような強烈な風が吹きました。飛ぶって？　そう、そうだ！　私は内面を見つめると、ババジが元素（エレメント）と重力の力を集めているのが見えました。内なるビジョンで、ババジが裂け目にエーテルの橋を架けているのが見えました。私は目を開けました。ババジの姿がどこにもありません！

異なる次元のすべての形態は、異なる周波数で振動する単なるエネルギーであることを思い出し、私は意識の周波数を変えることで知覚の焦点を移しました。第三の目を通して見ると、彼がまるで草原を散歩しているように、穏やかに自信に満ちて宙を歩いているのが見えました。私は興奮し、胸が高鳴りました。私はすでに空中浮遊やテレポーテーションについて知っており、体を浮遊させることにも一定の成功を収めていました。でも、テレポーテーションについては、まだ学ぶべきことがたくさんあり、内的ビジョンが広がったことで、テレポーテーションがどのように行われるのか、実際に見ることができたのです。

そのとき、父が次元の焦点をより繊細な領域に移すことで、断絶した道の軌跡の端から踏み出す準備をしていることに気づきました。父は私の方を振り返り、微笑んだのです。「そうだ、息子よ、私が成すことを、お前も、見たように成せばいい！」。父から私にテレパシーで伝わってきた励ましの言葉でした。

十分な準備ができたかどうか？　すぐにわかるはずです。風が止み、私はババジと父が何もないように見える広大な空間を自信たっぷりに歩いているのを見ました。ババジがもうちょっとで向こう側に着こうかというところで、私は霊気がふつふつとわき上がり、体全体が軽くなるのを感じました。肉体が、土というより、気体になったように感じられました。足が上がるのを感じはじめました。そうだ！　浮いている。見下ろすと、自分の体がまるで幽霊のように透けて見えるのでした。私はババジと父のエーテル状の姿に完全に意識を集中し、片足をもう片方の足より先に空中へと出しました。少なくとも、もし、その場にあなたがいれば、そう見えたでしょう。私にとっては、雲の上を歩いているのではなく、固い地面を歩いているような感覚でした。私は呼吸を整えながら、ゆっくりと歩を進めました。そして、宙に浮かび、支えられているような感覚を覚えました。なんということだろう！

私が反対の側に到着したとき、ババジも父も私を見向きもしませんでした。肉体が再構成された彼らは、ただ先に進み続けました。私は一時、止まり、教えられた方法で呼吸をし、物理的な次元の知覚が以前と同じになるまで、自分の微細な身体と肉体の周波数を調整しました。この偉業の達成を認めてもらえなかったことに、私は最初、少し失望したことを認めます。これはスピリットの賜物であり、私のエゴがやったことではないことに気づきました。ですから、奇跡を起こす「お方」を受け入れ、認めたのです。心から謙虚になることを祈り、偽りのプライドを捨て、父の後について行きました。

さらに数日間、私たちは歩き続けました。そしてついに、緑の渓谷を見下ろす高い展望台にたどり着きました。下るにつれて、道は大きく滑らかな敷石と丸い川石が敷きつめられていました。草花が咲き乱れ、花崗岩の崖や雪をかぶった山頂が果てしなく続く地平線を和らげていました。一歩一歩、歩みを進めるごとに、私の体力はどんどん復活しました。鳥のさえずりが聞こえ、ミツバチやハエの羽音も聞こえました。下るにつれて、低木は次第に日陰を作る常緑樹や広葉樹の群生に変わりました。流れ落ちる小川や滝は青々とした野原を作り、さまざまな動物が放牧されていました。そのとき、私は変性意識状態にあったのか、夢を見ていたのか、それとも本当に肉体に存在したのか、それは皆さんの判断にお任せします。私自身は、今こうして皆さんにお話しているのと同じように、すべての体験がリアルに感じられていました。

以前、内なるビジョンで体験したことのある素敵な谷に自分がいることに気づき、とても幸せでした。

この谷には小さな村があり、そこには私がこれまで出会った中で最も幸福な人々が住んでいました。切り立った崖の狭いテラスには、寺院があり、ここが私の新しい無期限の住処になると告げられました。ババジは、上にいる僧侶たちに、私たちを運ぶための大きな籠を下ろすよう指示しました。籠は、巻き上げ機と滑車の助けを借りて、私たちを引き上げてくれました。

籠から降りると、ババジと父が目立たない門を通っているのを見つけて、私は嬉しい驚きを感じました。天然の岩に美しい寺院の入り口が掘られ、寺院は大きな洞窟の中にありました。私は畏敬と驚嘆の念に立ちすくみました。単純な意匠ですが、父なる母なる神のさまざまな属性を表す神々の像で華麗に飾られていました。僧侶の一人が私を寺院の個室に案内し、荷物を新しい部屋に置くようにとすすめてくれました。ここで奉仕する僧侶たちは、ヒンズー教徒と仏教徒とで異なる袈裟を着ていることに気づきました。

ババジに連れられて村に戻ると、ババジが、この聖なる谷に来るときにいつも住処としている小さな家に入りました。父は温かいお風呂に入り、優しくマッサージを受け、昼寝をしてリフレッシュするように招かれ、私はババジの小さな隠れ家の庭の静けさに身を任せました。この快適で、とても質素な家が、父の一時的な住まいとなったのです。

さあ、皆さんのこっくりする頭とあくびをする口が見えるので、安らかな眠りにつくようにとお祈りをしましょう。明日の晩に、また、ここに来て、私の話の結末を聞いてください。

＊　＊　＊

そう言うとイエシュアは眠っている二人の子どもを両親の腕に乗せ、静かに自分の部屋へと歩いていきました。

第30章 ヨセフ・ベン・ヤコブのアセンション

〈イエシュアの話は続きます。〉

親愛なる皆さん、平安がありますように。私たちがこのように集まっているのは、羊飼いが羊の群れを養うように、私たちも養われるためです。ですから、私たちの前にあるこの喜ばしき知らせというごちそうを喜んで受け取りましょう。

では、ヒマラヤ山脈の高地にある美しく平和な谷で、私がこの一年間に経験した最も大切な思い出についてお話しましょう。父と私は、それぞれの居場所で快適に暮らしました。男性も女性も、見えるものも見えないものも、マスターやその従者たちといつも交流しました。私たちは毎日、ババジと一緒に歩きました。毎晩、お祈りをして、全人類の心を抱擁し、母なる大地に光の祈りを捧げました。産みの苦しみが大きいこの愛する地球の平和的進化を促進することが、私たちの最も深い望みでした。

地上において父と過ごした最後の日々の記憶は、私の心の中にある大切な宝物です。偉大なアセンデッド・マスターの静修所に、地球のあらゆる地域から光の体を持った多くの存在がやってきて、肉体が眠っている間に私たちと一緒になるのを目撃したことを知ってもらいたい。私たちは、皆、指示を受け、さまざまな仕事に備えました。夜の間に、あなた方もスピリットとしてさまざまなアセンデッド・マスターの静修所に行き、指導され、課題を与えられ、肉体と心が眠っている間にそれをこなしています。あなた方が昼間の光の中で意識的に重要な役割を果たせるよう、私の模範例を通して目覚めをサポートするために私は来ました。

ヒマラヤ山脈の高地で夏が近づき、出発のときが近づくと、ババジは私をとても離れた洞窟に連れて行き、そこで期限なしに一人で残しました。辺り一面、雪景色で、一日中、氷点下の気温でした。私は食料も持たず、最低限の衣服だけを持って行きました。靴を脱いだ私は、洞窟の暗い奥へと導かれました。先に来ていた多くのイニシエートのエネルギーを感じることができました。火もなく、水源もありません。光や暖かさを取るものも何もありません。ババジは私のマントを脱がせ、マットにして座らせました。そして、私に聖油を注ぎ、裸の体に灰を塗ってくれました。頭と肩に手を置いて祝福した後、洞窟を出て、入り口に石を転がして塞ぎました。

私は真っ暗闇の中にいました。洞窟はかなり広く、どこかの見えない裂け目から穏やかな空気の流れが循環していました。私はすぐに自分の意志を自分の存在の源に委ねることを課しました。自分の肉体を洞窟から外へとテレポートできることはわかっていましたが、自分のスピリットの父なる母なる神を知り、肉体に残っている執着を変容させ、使命をさらに学ぶことを決意しました。若い頃に祖母アンナが教えてくれたように、私はすべての生命反応(バイタルサイン)を静め、墓で横たわるのではなく、蓮華座の姿勢になりました。心地よさと至福を感じました。洞窟の中にいつまで閉じ込められるのかはわかりませんが、私の意識は時間を超えた広大な領域に自由に入り込めることはわかっていました。私の体に天使たちがやさしく付き添っていることもわかっていました。

瞑想していると、あなた方や生命すべてがそうであるように、自分が神聖な存在である記憶に目覚めるように助けられます。「アイ・アムは復活であり、生命(いのち)である」というマハーマントラ（真言）を全身で唱えはじめました。「〝アイ・アム〟は復活であり、生命である」と絶対的な確信を持つまで、私はこの言葉を瞑想し続けました。

このマントラを実践していたとき、私の内なるビジョンに父が現れました。だんだんと父は金色がかった白い大きな光の球の中の背の高い光の柱のように見えはじめました。祖父ヨアキムの肉体が光の中に入っていったときと同じように、父の肉体も座ったままでした。エーテル体の腕が水晶製の蝶のようにゆっくりと上がると、心臓のあたりから金色がかった白い光が放射されました。この大きな光が、まるで愛の潮流のように私のハートに流れ込んでくるのを感じました。この体験は、私のすべての日々を慰め励まし、祝福するでしょう。

父の心臓のあたりから出た鮮やかな光線は、まばゆく広がる光の玉となり、次第に高速で回転しはじめました。父を包み込み、もはや父の特徴も見られなくなりました。ゆっくりとゆっくりと、父の本質(エッセンス)が浮き上がり、さらに大きな球体の中に入りました。私たちの太陽だとわかりました。私は恍惚とした喜びを感じました。なんの悲しみも頭をよぎりません。ババジが迎えに来て、洞窟から外に出ると、完全に意識が戻り、私は父の肉体次元からのアセンションを目撃したのだと気づきました。

沈黙の中でやさしくババジが、父の遺体が安置されている寺院の近くまで私を案内してくれました。死臭はなく、一週間ほどユリのような甘い香りを放っていました。そして、ヒンズー教の慣習に従って、花と木でできた大きな薪の上に遺体は置かれました。炎に包まれ、元素が母なる大地の元の場所に戻っていきました。こうして、父であり、また母の夫の他界に際して、愛と名誉を捧げたのです。

今一度、ヨセフ・ベン・ヤコブの思い出に祈りと詩歌を捧げましょう。

＊

今、私はあなた方に、死は無であり、父は生き続け、その不滅の意識は私たちの祈りによって繋がることができるという証しを提示します。あなた方が選び、信じなさい。私はこれを確信しています。セルフ・マスタリーの旅に出る者は、肉体的な死に対する最後の恐怖を取り除かなければなりません。父が示し、あなたのために私が示す模範に従うよう、あなた方を招くために私は来ました。

あなた方の中には懐疑的な人がいることを承知しています。私が人間であり、親戚の一人の大工の息子だとわかっているので、私の言うことを疑うのでしょう。でも、あなた方が私の言葉を疑うのは、あなた方が自身の力ある神性を忘れているからにほかなりません。来るべきときに、マスターたちが示したすべてのことを成し遂げたとき、私はあなた方のところに来て、あなたに内なる証人を与えます。この肉体であろうと、遠い昔の別の体にせよ、あなたの魂は、永遠の命の模範となるために私を遣わした、父なる母なる神を知るようになるのです。

では、私がお伝えした良い知らせをあなた方が、よく考え、祝福するように私は去るとしましょう。ヤコブとヤコブおじさん、私は、無事にあなた方のもとに戻ってきました。私たちの兄弟、若ヨセフはインドに留まり、尊敬される医師として多くの人々に貴重な奉仕をしています。私たちは、すべての良いものを十分に与えられています。父なる神の意志を継ぐために、あなた方の魂が長旅から休息を得るために、あなた方を呼んでいる「その方」のもとに戻れるよう道を整えるために、私はこの地上にいるのです。

若い頃にインドへの巡礼の旅に出たときの意図を上まわり、すべてのことを果たしてきました。私はその宝のような思い出をあなた方と分かち合いました。愛する父、ヤコブおじさん、兄弟たち、そして素晴らしいマスターの方々の助けを借りて、私は叡智とセルフ・マスタリーの面で成長しました。今では、自分の肉体と霊体の驚異的な働きを理解できます。ほとんどの人にとって奇跡と呼ばれることを達成できる、集中し、拡大した意識状態がもたらす力を目撃しました。私はいつも、女性の持つ美しさと育む力との触れ合いを楽しみました。今、私は、自分の男性的な側面と絶えずバランスをとる内なる女性性を尊重するようになりました。私の心は世界の苦しみに対して開かれ、思いやりをもち、すべての魂の進化の道を尊重するようになりました。私は、死に対する心の恐怖を克服しました。私の残りの願いは、私の父なる母なる神の存在に完全に自分を開くことです。

その願いから、来年の春過越祭(すぎこしのまつり)にエルサレム神殿に行き拝礼した後、再びあなた方のもとを去ることになります。私はシナイの砂漠を通り、そこで同胞団(ブラザー・シスターズ)と再会し、さらにエジプトに渡りイニシエーションを受けるようにと言われています。

そのときまで、私はあなた方と一緒にいます。私たちの交流の時間はたくさんあります。さあ、陽気に騒いで、私たちの多くの祝福を祝いましょう！　さあ、私の小さな子どもたちよ、テーブルに着き、私のきれいな母が私たちのために用意した甘い軽食を食べましょう！　さあ、兄弟姉妹たちよ、楽器を手に取り、喜びの歌を歌おう！　すべての生命を生み、養い、帰らせる父なる母なる神に讃えあれ！

第31章 イエシュアのエジプト・イニシエーション

ヒマラヤから戻ったイエシュアが私たちと共に過ごした数週間は、私たち全員にとって深い悟りとなるものでした。霊的なあり方と強さを増し、成長を続ける彼の存在によって、皆が恩恵を受けました。イエシュアが聖地と呼ばれる田園地帯を旅して多様な人々と知り合う中で、お気に入りの場所の一つであるカルメルへの頻繁な訪問を私たちは喜びました。

西暦二二年春分の日、家族がナザレのマリア・アンナの家に集まり、お祝いをしました。イエシュアはシナイとエジプトに長期滞在し、帰国前にギリシアを訪問する可能性があると発表しました。イエシュアの巡礼が近づいていることを話し合う中で、私たちの多くは過越祭のためにエルサレムに行くことが決まりました。そこで私たちはキャラバン隊として集まり、外見は立派ですが中身は腐敗している城壁都市（ゲーテッド・シティ）に向かうことになりました。

イエシュアは父親と何度もエルサレムを訪れていましたが、私が孫に同行してダビデの都に入るのは初めてでした。過越祭の前日、巡礼者や商人、ローマ兵でごった返す古代の狭い通りを、アリマタヤのヨセフと私は、イエシュアと一緒に歩きました。言うまでもなく、エルサレムは、私が初めてエルサレムに住んだ六百年前とは、まったく違った様相でした。

過越祭の週の間に二十五歳になるイエシュアは、律法学者の宮廷で法律と預言者について議論し、資料を読解し、解説をして過ごしました。長老たちは、彼の知識と叡智に驚嘆しました。ある者は彼を試し、信用を失墜させ、捕らえるために罠を仕掛けました。しかし、孫はそのようなときでも、冷静沈着な態度でいました。予期しないときに、譬え話や謎かけ、冗談を挟んで場を和ませたのです。日が経つにつれて、周りには彼の言葉を聞こうとする多くの人々が集まりはじめました。そのとき、神殿の高位司祭は重々しい表情で、ときには眉をひそめて見守っていました。このガリラヤの青年は何者なのか？　ナザレ出身者が、どうしてこのような権威をもって聖典を語ることができるのだろうか？　高位司祭は、イエシュアに関する情報を集めはじめると、ますます不安になったのです。

ラビに任命された男性は、シナゴーグや寺院で奉仕するために結婚するのが通例でした。イエシュアはまだ結婚をしていませんでしたが、誠実な質問者や懐疑的な質問者、そして畏敬の念を抱きはじめた聴衆は、イエシュアを「ラビ」と呼ぶようになりました。ほとんどの人は、孫の教えが使い古された聖典をより高度に、かつより実用的にしてくれたことと、その視野の広さと範囲に驚嘆していました。

人々は自分たちの中に現れたこの人物を不思議に感じはじめたのです。預言された「義の教師」ではないのか？　ある者は独善的な懐疑を続けましたが、ある者は解放への希望をかいま見ながらカリスマ的指導者の火が彼らの心を焚きつけるのを待ちつつ、イエシュアに目を向けました。

イエシュアは、積極的に支持者を集め、来るべきものに備えるために必要なことは何でもする時期が来たことを自覚していました。預言書と、イエシュアとその家族が長年にわたって受け取ったわずかな情報を除いては、この先に何が待ち受けているかはほとんどわかりませんでした。しかし、どのような事態にも対応できるように準備しておくことが、私たちの困難を乗り越えるのに必要なことだとはわかっていました。エジプトでイニシエーションを受けていた私たちは、イエシュアに理解を示し、ナイル川の神殿に行くことが次のステップであるという彼の内なる導きを支持していました。

私たちは三週間エルサレムに留まりました。アリマタヤのヨセフは、エルサレムの三つの家で私たちの多くを受け入れてくれました。この間、イエシュアは多くのいとこや友人と会い、旅の計画について話し合い、シナイ山やエジプトへの巡礼に同行するよう誘いました。このうち、ヨハネ・ベン・ザカリアとラザロ、イスカリオテのユダ、その他クムラン共同体の数人は、シナイ山まで行き、そこでクムランに戻るよう導かれるまで滞在する予定でした。マリアムとナタナエルは、ずっと前に同行することを宣言していました。彼らの息子で、生まれつき足の不自由な五歳のベニヤミンは、カルメル山に私と残ることになりました。

マグダラのマリア〈以下若マリアのこと〉も、同行するよう導かれたことを先に表明していました。しかし、彼女とマリアムは、イエシュアを支援するためのイニシエーションをすでに受けていたので神殿までの同行はしませんでした。二人はマリアムの夫ナタナエルと共に、おばのマリアムネと共にヘリオポリスに滞在することになったのです。ヤコブ・ベン・ヨセフとヨハネ・ベン・ゼベタイは、エジプトのある神殿で上級のイニシエーションを受けたいと希望していました。そして、最後の最後にヤコブとその友人アンデレ・ベン・ヨナが巡礼に参加することになりました。

イエシュアのイギリス、インド、エジプトへの巡礼の旅は、おじであるアリマタヤのヨセフの商才と寛大さがなければ実現しなかったことを、もう一度思い起こしてください。私たちエッセネ派は、調和ある協力と豊かなものを分かち合う共同生活を日々実践していたので、イエシュアの支援チームは容易に集まり、エジプト遠征の準備を調和あるものにすることができました。

　次の満月の日に、イエシュアと一緒に出発することになりました。私の娘のマリアムネには、イエシュアと多くの親族がシナイ山を通ってヘリオポリスにある彼女の家に行くことが前もって伝えられました。アリマタヤのヨセフは、信頼できる賢いガイドを何人か雇って旅を監督させ、雑貨屋はラクダ、馬、牛、ロバに加え、全員が快適に過ごせるような乗り物を用意しました。

　シナイ山への道中、イエシュア一行は、孤立した小さな宿営地や集落で休息しました。南下する内陸の交易路に沿ったさまざまな停泊地では、義の教師の道を歩む者たちが大喜びでもてなしてくれました。シナイ山の麓に着くと、長老たちはイエシュアに気づき、彼がそこで八歳のときに入門していた青年であったことを思い出したのです。皆は、人類が長い間奉仕してきた平和なシナイの聖域に迎え入れられました。光の同胞団（ブラザー・シスターフッド）の残党は、その強力な惑星の渦の中で人類に奉仕するために、今日までこの場所の孤立と苦難に耐え続けていました。

　シナイ山で入門したイエシュアの仲間が何人かいて、全員が修道院のかなり広い図書館の巻物や石板を読むように招待されました。カルメル図書館とクムラン図書館の多くの巻物は贈り物として送られ、その他の巻物はシナイ図書館、ヘリオポリス図書館、アレキサンドリア図書館で交換に使用されました。

　その後、シナイ山に留まったヨハネ・ベン・ザカリアとクムランの兄弟を除き、巡礼者たちは紅海に沿って北上しました。日の出前後を中心に移動し、午後から夕方にかけては灼熱の暑さを避けるために休息し、ヘリオポリスに到着すると、そこが主要な拠点となり、待ち合わせ場所となりました。親族は喜んで家を開け、イニシエーションを受ける人たちを無償でサポートしました。ナタナエル・バルトロマイの大工や石工の技術、マグダラのマリアとマリアムの家事手伝いも歓迎されました。孫娘たちもまた、病める人々に奉仕する機会を見出し、周囲の地域社会で癒しの仕事を続けるために多くの時間を割いていたのです。エジプトは純粋なエッセンシャルオイルと薬草でよく知られていたので、疲れ知らずの彼女たちは、治療用品の補充や知識の収集に喜んで取り組みました。マリアとマリアムは、以前に彼女たちに伝授した司祭や女司祭たちにも会いました。イシスとハトホルの祭日には、グレイト・マザーに捧げられた古代の儀式に参加しました。ナタナエルも可能なかぎり加わりました。

イエシュアと弟ヤコブ、ゼベダイのヤコブとヨハネ、アンデレの四人は、必要な力を授け、指導してくれる重要な司祭と会っていました。ナタナエルは、イエシュアを別の形でサポートすることを選んだので、これらの会合には時々参加する程度でした。マグダラのマリアとマリアムはイエシュアに同行するつもりはなかったのですが、イエシュアが二人の叡智と熟練を評価したので、しばしば彼女らを参加させました。

すべてのイニシエーションは、はるか南のヌビアから始まる伝統的な方法で行われることが決定されました。さて、このプロセスを説明しましょう。古代エジプト人は、ナイル川を人体、特に脊髄とその微細な神経経路の比喩としてとらえていました。彼らは、悟りの道は背骨の付け根から始まり、川が上流から流れるように脳へと向かっていくことを知っていたのです。そこで彼らは、悟りの旅を模した神殿を建立しました。ナイル川は南から北へ流れるので、イニシエートは南から旅を始め、それに続く神殿を経て、脳の中の「至聖所」を表すグレイト・ピラミッドに到達することになります。

各神殿でイニシエートは、生命力のチャンネルを和らげ、洗練させ、開かせるさまざまなイニシエーションを経験しました。次の神殿に進むために、イニシエートは愛と恐れ、光と闇、精神と物質、生と死という対立する力に出会い、統合し、錬金術的に変換する準備ができていることを証明しなければなりません。すべての神殿でオシリスの秘儀が行われましたが、それぞれの神殿でオシリス、イシス、ホルス、セト、ハトホルの元型的な旅の特定の場面の再現が行われました。これらの秘儀は、光の受胎、磔刑、復活を含んでいました。

イエシュアと彼の忠実な友人たちは、ナイル川をときには艀で、ときには徒歩やロバでさかのぼり、激流を避けながら、フィラエ島のイシス神殿に到着します。これは長く困難な旅であり、エジプト人の中でも生涯で成し遂げる人はほとんどいないでしょう。繰り返しになりますが、この巡礼の旅は、同行者の精神的な準備、共同体の協力、そしてアリマタヤのヨセフから得た資金がなければ、比較的短期間で達成することはできなかったでしょう。

イエシュア、ヤコブ・ベン・ヨセフ、ヨハネ・ベン・ゼベダイは、ほぼ同時期に同じ神殿でイニシエーションを受けました。彼らはすでにインドで高度なイニシエーションを受けた後だったので、エジプトでの経験は彼らの意識をさらに洗練させ、体質と性格を強化することになったのです。彼らは、インドで学んだことのすべてが詰まっている祖国にいる今、謙虚に、そしてありがたく、追加で得られるものを受け取りました。

彼らの意識は神話的、元型的な領域の微細なエネルギーに開かれ、当時の司祭の慣例に従ってテストされました。古代の秘儀の本来の力の多くは失われていましたが、オシリス派、ピタゴラス派、キュベレー派などの秘儀の純粋性は、必要なときに司祭として機能する高位のイニシエートと熟達者（アデプト）の継承者によって維持されていました。光の同胞団（ブラザー・シスターフッド）の偉大な存在たちは、内面におけるイニシエーションの儀式を促進しました。

この後、イエシュアが私に説明したいくつかの神殿で起こったハイライトを紹介します。最初に出会ったのは、ワニの神ソベクの儀式が行われたコム・オンボ神殿でした。この神殿はイシス神殿とオシリス神殿で、イニシエートの道に入るための資格試験に合格した修行者たちが、次に自分の直観を試し、肉体的な生存に関して最大の恐怖に直面することを要求されます。彼らは、迷路のような通路を泳ぎ、空腹のワニがいるプールを通り抜けました。安全、欲望、競争力に固執する動物的な低次中枢を制御するプロセスを通じて、ハートと直観の中枢がクリアーになり、開かれるのです。このようにして、イニシエートは、より大きな霊的な力を活性化する高次の錬金術的エネルギーを受け取る準備を整えたのです。

このような神殿での修行の目的は、元型となる高位の神ホルスが「サフ」という最高の霊体を得たときに示した悟りを得ることでした。聖人の頭に描かれた後光や、エジプトの神の額に描かれた「ウラエウス」と呼ばれるコブラは、サフへの到達と、その前段階の光の油注ぎを象徴しています。サフとウラエウスの発動は、イニシエートが、神経生理学と意識を永久に変化させる非常に高い振動によって脳中枢に油を注がれたことを意味し、それによって意識的な不死を体験することができるのです。この成就に到達した魂は、キリスト、仏陀、アセンデッド・マスターと呼ばれ、その運命は、公然または秘密裏に惑星の奉仕者（サーバー）として機能することです。

イエシュアは、ホルスがたどった道が自分自身の道でもあることを知っていました。実際、イシスとオシリス、そして彼自身の母親と父親、さらにホルスと彼自身の間には、驚くほど明確な類似点がありました。インドでの経験から、彼は自分が最高の不滅の光の体を達成するための道を歩んでいることを知っていたのです。

ここで、イエシュアやほかのイニシエートを過去と現在も準備したイニシエーションというものが、宗教とはほとんど関係がないことがわかります。それらは、恐怖に基づいた認識と行動を変えることにすべて関係しているのです。かつては限定的で自己中心的だったアイデンティティを認識したイニシエートは、神聖な自己の表現としてすべての生命を慈しむことに目覚めるのです。悟りの道は、倫理的であり、自己、他者、極性、空間との関係を拡大することを必要とします。

こうして、コム・オンボでの厳しい修行を終えたイエシュアとその仲間は、ナイル川を下り、エドフ、ルクソール、カルナック、アビドス、デンデラなどの神殿を巡りました。デンデラは、癒しと愛の女神ハトホルに捧げられた神殿で、六ヶ月間滞在しました。ここでは、女性的な直感と男性的な知性のバランスをとることによって、ハートの中心を開くことに主眼が置かれていました。この両極の結合は、愛とマインドフルネスによってバランスのとれた性エネルギーを培い、鍛錬することによって達成されます。

イエシュアの時代のデンデラのハトホル神殿では、若いイニシエートたちは、この強力な子孫繁栄の生命力を習得するために、自分の性的エネルギーを表に出すように招かれました。これは、次第に難しくなる予備テストに合格した後に行われます。つまり、潜在意識の「影」の物質（マテリアル）が意識化され、癒されたとき、彼らは次元間の接触を通じてハトホルたちと恍惚の儀式を行うことができるようになります。

テストに合格し、個人またはグループのイニシエーションに最適な占星術の条件が整うまで、イニシエートは数ヶ月または数年間、デンデラのハトホル神殿に留まることもありました。その結果、イエシュアとその仲間は六ヶ月間デンデラに滞在し、時間の管理、女神ハトホルの周期と儀式、生命力と性的エネルギー（セケム）の体内への流し方について詳しく学びました。呼吸、姿勢、調身、詠唱、瞑想、タントラ術（内的エネルギーの実践）、身体・心・魂の浄化と清めのヨーギの訓練が施されました。他者への奉仕のために完全な悟りを求める人々のために、イニシエートにはより高いレベルの再生修行、性的エネルギーの修行、意識的な受胎、出産、育児も課されました。

無条件の愛に満ちたアセンデッド・ビーイングのことを聞いたことはないかもしれませんが、彼らは、現在、人類と母なる地球のアセンション・プロセスを支援するために非常に活発に活動しています。彼らのサウンドヒーリングと愛による変容の錬金術の専門知識は、彼らに助けを求めることを選択した人なら誰でも利用することができます。

デンデラでイエシュアが最後のイニシエーションを受けたとき、私は自分の意識をバイロケートして、この最も美しいエンパワーメントを目撃したハトホルの高位女司祭（ハイ・プリエステス）の一人となりました。私の孫息子や孫娘のように、あなたにも準備ができたら、あなたの願いと信念に従って、ハトホルたちが促進するような内的エンパワーメントを実現することができるでしょう。

第32章 グレイト・ピラミッドのイニシエーション

イエシュアと弟ヤコブ、そしていとこのヨハネは、肉体に宿る魂として精神と物質のつながりを統合し上昇する人間の旅を象徴するホルスの高度な悟りのイニシエーションをすべて経験していました。デンデラから、彼らはオシリスの復活を記念する古代の神殿跡であるアビドスへ向かいました。ここで、彼らは「墓の儀式」に最終的に参加したのです。

以前にもお話ししましたが、イエシュアにとって「墓の儀式」は初めてではありませんでした。イエシュアの初めての墓の儀式は、彼が十二歳のときにカルメル山で行われました。私の孫を古代の「死」と「復活」の儀式に導くことは、私の特権であり、責任でした。約十二年後、孫はインドでマハー・ババジのもとで最終儀式を終えました。アビドスで再びこの儀式を行ったことで、彼は新たな洞察を得るとともに、弟やいとこを助ける機会を得ました。

ちょうど私がイエシュアの最初の体験でイシスを象徴したように、この三人の忠実な友人が三日間横たわっていたアビドスの墓の中で、イシス自身が「聖母(デバイン・マザー)」の完全な臨在をもたらしたのです。彼女の愛の翼が彼らを包み込むと、すべての恐怖は静まり、彼女の広大なエネルギー・フィールド内の生命力が、すべての原子を永遠の命という新しい意識へと蘇らせたのです。イエシュアは、それまで不調和な感情や無力化された思考形態があるアストラル界に投影していたエネルギーを取り戻しすべての思考を自分のものにしたのです。

アビドスの秘密の部屋で、イエシュアの祖先であるアクエンアテンを含む、人間のDNAにアセンション・コードを播(ま)くことを指示した悟った存在と彼は会見しました。彼はまた、地、風、火、水、エーテルという元素のイニシエーションを受けました。自分の身体の原子構造に深く入り込み、自分の中に全宇宙を見出したのです。彼は、「フラワー・オブ・ライフ」と呼ばれるアセンションのマトリックスに無限に織り込まれた光を研究したのです。電磁場、神聖幾何学、光・音・色の三つの性質を理解することによって、彼は自分の体を退行性の内巻き因子を通さない光の場に完全に取り込んだのです。このようにして、イエシュアは生命の力と死の幻想を完全にコントロールしました。彼はインドで受けたマントラ、「アイ・アムは復活であり、生命である！」を絶えず思索し口にしていました。

アビドスからメンフィスの神殿に参詣するためにナイル川を船で下った後、イエシュア、ヤコブ、ヨハネはヘリオポリスで数ヶ月間休息し、まだイニシエーションを完了していない他の人たちの帰りを待ちました。マリアムネの広い家は、静かで平和な環境であり、彼らが通過してきたすべてのものを統合することができました。イエシュアは、この休息と孤独、そして家族との分かち合いの時間を楽しみました。イギリスとヒマラヤでの試練も強烈でしたが、エジプトのイニシエーションは、比較的短期間にまとめて行われたため、より困難で、魂に試練を与えるものでした。

イエシュアは、これまでの準備、仲間たちの支援、そして自己修練への旅を支えてくれた賢人たちに感謝しました。そして今、彼はいとこのマリアムとマグダラのマリアと再会し、リフレッシュするときを迎えていたのです。マリアムは彼を深く慰め、彼女の夫ナタナエルは笑いと祝賀の中にリラックスしていました。マグダラのマリアとは、イエシュアは求愛の欲望が目覚めたのを感じていました。二人はエジプトで一緒にいることに、神のタイミングを感じたのです。そして、自由な精神が、独身でありながらも親密な関係を築くのに役立ちました。

この再生の時期に、残りの仲間がヘリオポリスに戻るのを待っている間、イエシュアは光の同胞団（ブラザー・シスターフッド）の評議会に内的に招集されました。人類に復活とアセンションを公に示すためのマスタープランを紹介されたのです。かたくななまでに無自覚で頑固な人々があらゆる恐怖を克服するにはどうすればいいかを理解できるようにするために、その計画は作られていました。最大の恐怖は死であったので、すべての時間と空間を通してすべての生命に復活とアセンションの原理を忘れないよう刷り込む、複雑で多次元的なプロセスが行われることを彼は告げられました。こうして、イエシュアの後の使命のための基礎がエジプトで築かれたのです。

エジプトでのイエシュアの最後のイニシエーションは、十分に準備されたすべてのイニシエートがそうであるように、グレイト・ピラミッドで行われました。この最大のピラミッドは、人間の脳の中で悟りを開く部屋を象徴しており、個人のアセンションの部屋と惑星のアセンションの部屋として機能するように太古から設計されていました。あなた方の時代にはいくらか眠っていますが、十分な数の人間が分離意識から統合意識に移行する準備ができたとき、その真の機能が完全に回復されます。その重要なポイントに到達したとき、連鎖反応が起こり、母なる地球の表面と上方および内側にあるさまざまなエーテル・グリッド内にエネルギーを集中させる他の渦が相乗的に目覚めるでしょう。

ナイル川の西側にあるギザのネクロポリスにあるグレイト・ピラミッドでのイエシュアのイニシエーションについて、簡単に説明しましょう。ナタナエルは食料を荷車に積み陸路でグレイト・ピラミッドに向かい、イエシュアと六人の仲間はヘリオポリスの地下にある古代の地下室に入り、地下の旅を始めました。その部屋の重い鉄の扉のそばに、年老いた守護者が立っていて、彼らを待ち受けていました。彼は、音の周波数と相性の良い共鳴によって作動する一連の部屋を案内しました。彼らは無傷で通過しました。

ナイル川の下の細長い下りトンネルを通り、ときおり、ネクロポリスに埋葬できない人々の骨や腐乱した死体で山積みになった地下墓地に出くわしました。トンネルにはいろいろな分岐点があり、門のあるところと、暗い穴の開いたところがありました。皆、ランプと飲み水の入った小さな水筒を持ち、何とかこの試練を乗り越えようと十分な信念を持っていました。

守護司祭（ガーディアン・プリエスト）が三つの節目で彼らを迎えてくれました。イニシエートたちは、先に進む準備ができているかどうかをテストされ、次に配置された司祭が長い旅の次の区間を案内しました。そして、スフィンクスの真下、地下数百メートルにある大きな部屋に到着したとき、彼らはもうランプを必要としないことに驚かされたのです。この部屋では、セラピス・ベイやトートなど十二人のアセンデッド・マスターが肉体をもって現れ、彼らを出迎えたのです。イエシュアは、この部屋を、彼が以前エジプトで生活していたときに父と母から聞かされていた幼少期の物語で知っていました。スフィンクスには「双子の妃」がいたことを教えられました。現在も残っているスフィンクスは、男性的な太陽の原理を表しています。二つ目のスフィンクスは女性的な月の原理を表し、その石はギザの小さなピラミッドの建設に使われ、冒瀆されていました。

マスターはさまざまな指示とパスワードを出し、イニシエートたちをさらにその下の地下都市へと連れて行きます。彼らは軽食をとった後、グレイト・ピラミッドでのイエシュアのイニシエーションをサポートするための特定の役割をそれぞれ割り当てられます。ヤコブは一人でスフィンクスの下にある別の部屋に入り、そこでグレイト・ピラミッドに「送信」される特定の音の周波数を維持する方法を教えられました。司祭たちはアンデレとヤコブ・ベン・ヨセフを、小ピラミッドと中ピラミッドにある部屋につながる隣接した連結トンネルに案内しました。座標とハーモニクスを打ち込むことができる戦略的なポイントで、彼らはグレイト・ピラミッドに特定の音の周波数を送信したのです。

イエシュア、マグダラのマリア、マリアム、そしてヨハネ・ベン・ゼベダイは、不思議な光を放つ通路を通って、現在「井戸」と呼ばれている縦穴に案内されました。その後、グレイト・ピラミッドの「ピット（落とし穴）」と呼ばれる複雑な上り坂のトンネルを自力で進むよう要求されました。「ピット」への登攀（とうはん）は試練に満ちていました。原始的な恐怖の中でさまざまなイニシエーションを成功させてきたため、重力と磁力に押されながらも、簡単に上部の空間を通過することができました。体が蒸発したかのような無重力に近い状態になることもありました。そして、彼らは完全な暗闇の中にいることに気づきました。灯りを維持することができないほどの濃い暗闇でした。一人ひとりが完全な孤独を感じました。このままではいけないと、これまでの修行で得た叡智を思い出し、実践することになりました。この先も不屈の精神と仲間との絆が試されるのです。

音波探知能力とサイキックが感知した通路を、仲間たちは進んでいきました。彼らの超感覚的な能力は、進むにつれて高まりました。彼らは、自分たちの内部から放射される発光と、アトランティス人が「ヴリル」と呼ぶ黄金の光子エネルギーが石の壁から発せられる、まるでエーテル状の燐光のようなものを経験しはじめました。またその音は、耳を澄ませば、上へ上へと導かれるように響いていました。さまざまな音色と幾何学的な角度が頭にインプットされ、洗練された識別力が試され、一種のメンタルマップができあがるのです。

「ピット」に到着すると、彼らは休息し、瞑想し、任務完了への決意を固めました。マリアムは、ピラミッドの底辺のすぐ下、はるか上にある「王の間」の真下に陣取りました。マリアムは、集中力を高め「墓の儀式」のほとんどの段階をクリアしていました。イエシュアとマグダラのマリアの祝福を受け、ピラミッドの外でナタナエルが祈っていることを知っていたので、彼女は自分一人ではないと安心していました。しかし、心臓を包む重い暗黒を感じ、今自分が横たわっているこの場所で心臓が止まった人々の話を思い出すと、心のスクリーンに怪物のような影が浮かび上がってきて、疑いの念を抱くようになったのです。マリアムは恐怖を抱きながら、三日間、グレイト・ピラミッドの深淵で「イシス」になったのです。これはマリアムの至高の試練であり、後にこの隠されたイニシエーションが外に向かってドラマ化され、カルバリ山（ゴルゴダの丘）で人類が感じ、見ることになるときに、彼女が果たすべき任務への準備となったのでした。

イエシュアとマグダラのマリア、そしてヨハネ・ベン・ゼベダイの三人は、先を急ぎました。彼らは低く急な傾斜の通路を登っていきました。そして、ついにあなた方が〝女王の間〟と呼ぶ部屋にたどり着きました。ここで数時間、休息と瞑想にふけると、内なる合図がありました。ヨハネは指示に従って〝女王の間〟にとどまり、そこで特定の周波数の音を発しはじめました。イエシュアとマリアはイニシエートの象徴的な道を進み、「大広間」の通路を登りながら、身を低くして、ついに「王の間」へと入りました。「王の間」は、大きな共鳴室として機能するように設計されていました。中に入ると、さまざまに割り当てられた場所にいる仲間たちと、グレイト・ピラミッドの中や地下の隠し部屋にいる多くの司祭や女司祭などを含めた全員から発せられる音の周波数の壮観な響きが感じられはじめました。このようにして、彼らの精神、感情、肉体のあらゆる面が、次元間の天球の音楽に同調し、調整され、それによって彼らの意識が特定の太陽、恒星、銀河のエネルギーと一致するようになったのです。かつてイニシエートに伝えられたエネルギーの多くはもはや利用できませんが、地球が生み出すエネルギーは、アセンデッド・マスターのエネルギーによって増強され、グレイト・ピラミッドを極めて強力な仮想現実の部屋へと変貌させるに十分であったのです。

　マリアムとマグダラのマリアは、八年前にそれぞれ「王の間」でイニシエーションを受けた後、イエシュアのイニシエーションでイシスの侍女を務める資格を得ました。そのため、彼女らはイエシュアのイニシエーションでイシスの女司祭として奉仕する資格があったのです。マグダラのマリアは、最愛のいとこを七十二時間留まることになる赤い御影石の石棺に案内した後、「王の間」の入り口に立ち、ムドラ（手印）とイントネーション（声明）で入り口をエネルギー的に封印しました。集中力と並行現実（パラレルワールド）の訓練を受けたイシスの高位女司祭として、彼女は参加したすべての弟子たちをエネルギー的にワンネスの格子（グリッド）につなげたのです。グレイト・ピラミッドにおけるアセンション・イニシエーションを個人と惑星規模でサポートすることに関与していた全員が、光、音、色の波動をイエシュアの眠る墓所に集中させるために周波数を発信しはじめました。

「王の間」は微細な音色で振動しはじめ、石棺の周りに多次元的な幾何学的マトリックスが作られました。この原子加速器の中で、イエシュアの肉体は、宇宙キリストの神聖な青写真を優しく注入され、半透明の光で輝きはじめました。そして、現場にいた人々は、この青写真を受け取る能力に応じて、潜在能力を最大限に目覚めさせたのです。

さて、「王の間」の石棺は、グレイト・ピラミッドの強力な渦によって発生した微細なエネルギーが、石棺の中のイニシエートの松果体を直接通過するように配置されていたことを付け加えておきましょう。このように、グレイト・ピラミッドは古代エジプトの一人のファラオのための記念碑的な墓としての役割を果たすだけでなく、イニシエーションの部屋であり、また非常に強力なアセンションの部屋でもあったのです。それは、イニシエートが自分の本当の姿を完全に思い出すために目覚めるのを助けるために設計されたものです。愛する友よ、これがピラミッドの秘密です。

しかし、このイニシエーションは、単にイエシュア個人の霊的覚醒のプロセスを促進するためのものではありませんでした。周到に計画された方法でイエシュアの磔刑は行われるのです。グレイト・ピラミッドで復活とアセンション・イニシエーションが行われたということは、地球全体と全人類の、あなた方の時代における惑星アセンションのための集合的な種まきだったことを意味するのです。私はあなた方に、このアセンション意識の種まきを日常生活でどのように活用したらよいかを考えてほしいのです。きっと、毎日素晴らしい援助にアクセスできることに気づけば、あなたの挑戦は恐怖に満ちたものではなく、確信と希望をもって臨むことができるものになるでしょう。

十字架にかけられ、復活するイエシュアを支える重要な役割を果たす運命にあるすべての魂が、この特別な準備のときに存在していたのです。イエシュアとその親しい仲間に加え、テレポートやバイロケーションの方法を知っている人たちがグレイト・ピラミッドにやってきて参加したのです。また、睡眠中に光の体でやってきて、夢の中で見たことの断片を覚えている役回りの者もいました。意識的に参加したすべての人にとって、このリハーサルは、神聖な計画の中で自分の役割を果たすことができるように、感情的にならないようにするためのものだったのです。このようにして、イエシュアの使命のすべての段階が組織化され、地球の意識に刻み込まれたのです。

王の間のイニシエーションの重要な部分は最初の二十四時間以内に行われましたが、預言者ヨナの物語に与えられた象徴に従って、イエシュアはさらに四十八時間石棺の中にとどまったのです。ヨナは三日三晩、「自分を飲み込んだ大きな魚の腹の中」で死と再生の深いシャーマニズム的体験をしました。また、イエシュアがそうであったように、他の人々もそうであったことを忘れてはなりません。この間、イエシュアと他の協力的な弟子たちは、これから起こる公の復活のデモンストレーションの多くをインタラクティブ（双方向）な仮想現実として経験しました。私たちは、自分の人生を最高の自己実現と惑星への奉仕に一致させるための極めて重要な選択に対して開かれていたのです。グレイト・ピラミッドのイニシエーションが終わると、中にいた参加者は全員、隠された扉から容易に出て行きました。

イエシュアのエジプトでのイニシエーションのまとめを終えるにあたり、この物語が示すように、団結したグループ行動の重要性をさらに強調したいと思います。イエシュアは、可能なかぎり最高のサポートチームとなるために共に準備した仲間の存在なくしては、成し遂げることができなかったでしょう。同じように、イエシュアが私たちのために提供してくれた広大な意識、集中した献身、非の打ちどころのない模範がなければ、私たちも、このようなことを成し遂げることはできなかったでしょう。

私は「イエシュアが成したことはすべて、あなた方も成すことができ、さらに大いなることを成すことができる」と言い、これからも強調しますが、あなた方のイニシエーションの経験は、イエシュアとは異なる表現を取るかもしれないことを説明させてください。そうです、イエシュアは非凡な存在であり、その任務は惑星的、宇宙的な範囲のアセンション活動を網羅するものでした。あなたの個人的な人生は、惑星アセンションの成功に貢献するのと同じくらい重要ですが、イエシュアほど多くの人に影響を与えないかもしれません。人類に対するあなたの責任は、孫のイエシュアほど大きくないかもしれませんが、あなたもまた、イエシュアと同じように、セルフ・マスタリーを積み、対立があるところに調和を生み出し、アセンションする集合意識に、悟りと愛に満ちたあなたの存在を加えていくという個人的責任を負っているのです。

〝人の子(ソン・オブ・マン)〟として、〝兄〟として、イエシュアは、愛と統合があれば、すべての人間に何が可能となるかを示す模範を示しました。全人類の目覚めを助けるというイエシュアとマグダラのマリアの使命は宇宙規模であったため、彼らは宇宙レベルの支援を受けることができました。あなたの使命が何であれ、成功するために必要なすべてのサポートを受けることができます。この意識の中で、あなたは、あなたの〝兄〟のように、キリストとしての自分を実現するまでの道のりで、励ましと希望を受けることができるのです。

今生でグレイト・ピラミッドに行く必要はありません。しかし、私はあなたにたずねます。新しいアイデンティティと人生が出現するにつれ、自分の限られたアイデンティティと人生が死に、墓の中にいるような経験をしたことがありますか？　自分のエゴの性質をより大きな力に合わせようとする意欲が増し、他人の幸福を思いやる気持ちが大きくなり、すべての人間関係において思いやりをもって存在できるようになる、というパターンに気づいたことはありますか？　これらの単純な、しかし重要な方法で、あなたはまた、あなたのキリストのイニシエーションに成功しているのです。

第33章 道は準備されている

さて、ここでは、マリア・アンナとエジプト人でヘリオポリス出身のエッセネ派の兄弟アハメドとの結婚に関する朗報をお届けしましょう。エジプトのマリアムネおばさんの家に来て間もなく、イエシュアはマリアムネの盛大な祝宴で隣に座ったアハメドと知り合いになりました。そのとき、イエシュアは母の気配を感じ、この繊細で献身的な男性は母の夫にふさわしいと思いました。すぐに招待状が出され、アハメドはナザレを訪れ、その七ヶ月後、結婚し幸せな夫婦となりました。

エジプトでの修行を終えたイエシュアとその仲間たちは、ギリシア、エーゲ海の島々、エフェソスで約半年を楽しく過ごし、西暦二四年秋にガリラヤに帰ってきました。カルメル山にいたとき、イエシュアと若マリアが庭でのんびりと手をつないで歩き、一緒にいるときは公然とお互いへの愛情を示しているのを見つけたときは、嬉しくなりました。正直なところ、私はまだ人間として、イエシュアと若マリアが比較的ストレスのない家庭と子どものいる生活に落ち着くことを望んでいるところがありました。しかし、「大いなる役目」の方が選ばれたことを知り、私の心は高鳴ると同時に震えました。人々の疑問のまなざしに笑顔に応え、イエシュアは愛するマリアとの正式な婚約を一一月の満月の日に発表しました。アハメドと結婚して二年後、マリア・アンナはナザレの自宅でイエシュアとマグダラのマリアのシンプルで優雅な婚約の儀式に近親者を招待しました。年長の子どもたちの愛情を受け、晴れやかな表情のマリア・アンナは、九人目の子どもを身ごもり、一歳の息子ヨハネ・マルコを膨れたお腹で膝の上に抱きしめました。祝宴の後、イエシュアとマグダラのマリアは、まもなく出発することを告げました。イエシュアと一緒にエジプトに行った仲間は皆、自分たちも一緒に旅をすることに同意しました。

イエシュアは、インド、チベット、ネパール、中国のさまざまなマスターと接触することが重要であると説明しました。西暦二五年の晩春、彼らはインドへ向かう商人のキャラバンに加わりました。その交易路は、ダマスカス、パルミラ、セルシア、カブール、そしてカイバル峠を経てガンジス川へと、イエシュアが以前旅したのと同じコースを辿っていました。冬の間、彼らはバラナシで休息し、若ヨセフとその家族の暖かいもてなしを受けました。その後、彼らは東洋のさまざまな目的地へ向かったのです。

この巡礼の旅は、訪れた土地に広がっていたゴータマ・シッダールタの仏教の教えへの認識と理解を大いに深めるためのものでした。また、中国の道教の大家である老子の優れた意識も、大いに啓発的であることに気づきました。イエシュアがカルメル山の図書館に納めるために持ち帰った宝物の一つが、使い込まれた老子の『老子道徳経』でした。エジプト、ギリシア、イギリス、パレスチナ、メソポタミア、インド、中国の強力な精神的教えと内なる錬金術の実践が交配され、成熟したイエシュア・ベン・ヨセフと彼の熱心な弟子たちに深い影響を与えたのです。

ヨハネ・ベン・ザカリアがシナイ山からクムランに戻ったのは、イエシュアが間もなくパレスチナに戻ることを夢でヨハネに知らせた後でした。ヨハネは夢の中で、頑固なヘブライの民にキリストを示す準備をさせるために、公の宣教を始めるときが来たと告げられました。マラキが預言したように、先達は清めと悔い改めの律法を通じて、復活の種をまくのでした。このようにして、古い恐れに基づくアイデンティティと行動が「死に」（清められ、変化すること）、神における新しい創造（〝一なるアイ・アム〟との「一体化」）へと引き上げられるよう、うながされるのです。

ヨセフの姉のエリザベスを介して生まれた甥のヨハネ・ベン・ザカリアは、隠者の身分を捨てるときが来たことを知り、心が動かされました。イスラエルの子ら（イシス・ラー・エロヒーム）に、彼の理解する救済のメッセージを伝えることが、彼の使命だったのです。西暦二六年の秋、ヨハネは、マグダラのマリアの弟ラザロやイスカリオテのユダなど、献身的な弟子たちの小集団を率いて出発しました。同胞すべてをともなって西暦二二年の春にシナイ山に入り、そこで三年余り隠遁生活を送っていました。

さて、クムランの同胞たちから好意と批判を受けていたヨハネの熱烈なカリスマ的存在と率直な発言力の噂は、眠った意識を呼び覚ます強い風のように彼の前に立ちはだかりました。彼は、まず死海の周辺に散在するエッセネ派の共同体に出向き、さらにヨルダン川の東のエドム、ペレア、デカポリス、カエサリア・フィリポに足を伸ばしました。そして、ガリラヤ、サマリア、エルサレム、エリコを含むユダヤのエッセネ派の各家族や共同体に、「義の教師」の到来が間近であることを知らせたのです。この知らせは、言うまでもなく、聞いた人々に大きな影響を与えました。待ちに待ったメシアの出現が間近に迫っているという噂は、瞬く間に広まりました。

さて、ヨハネがアンカーライト（隠修士）のラクダの毛のチュニック（丈長の上着）を着て、自分の髪の毛を切りそろえ、エッセネ派の中でも最も禁欲的な食事をし、ライオンのような声で揺るぎない説教をしていたことを想像すれば、彼に出会った人々に与えた忘れがたい印象を理解できるでしょう。ヨハネをより深く理解するには、彼の人生に対する志向を知ることです。多くのエッセネ派、特にクムランの共同体に住んでいた人々は、ゾロアスター教徒やナザレの「光の戦士」の視点に大きな影響を受けていました。このような人々は、政治的迫害の傷を負っていることが多く、二元論的な目でこの世界を見がちでした。地球を戦場として、〝光の息子〟と〝闇の息子〟が永遠に戦争を続けるという見方です。しかし、多くの戦士がそうであるように、彼らは、二元性の意識の戦いが、それぞれの魂の胸の内で繰り広げられていることに気づいていないことが多いのです。もし内なる戦いが認識され、調和されないなら、それはしばしば外へと投影され、不協和なドラマとして映し出されるのです。

　幼い頃、エルサレム神殿で父親を殺された傷は、過激ともいえる気質とナザレ派の偏見で軍国主義にも通じる妥協のない態度をヨハネにもたらしました。そのため、ヨハネはユダヤ人に対し、その頑迷傲慢な態度を悔い改めるように熱烈に訴えたのです。ヨハネは、みずからを奮い立たせ、聴衆を感化するために、朝はまず祈りと瞑想にふけりました。しかし、群衆が押し寄せる中、日が暮れるまで祈ることはありませんでした。

　悲しみと不安の心に満ちた聴衆が期待の熱望に満ちたとき、彼は電撃的なメッセージを説きはじめました。すべての質問にも、紛れもない権威と情熱と誠意と率直さで答えてくれました。

　悔い改めた人々が、彼こそが待ちに待ったメシアだと信じるようになったとき、彼は自分は謙虚なしもべに過ぎないことをはっきりと告げたのです。彼は、自分が望んでいた以上に強力な義の教師の道を準備するために遣わされた前触れであり、人々の体、心、魂に流れる神のエネルギーの正しい使い方を教えるのはそのメシアだと、神との真の関係の復活を示すのは、自分よりも偉大なるそのお方であると示しました。

続いてヨハネは、初対面の人々に水で身を洗うというエッセネ派の清めの儀式を紹介しました。憎しみ、渇望や貪欲といった古い被造物としての性質が死にゆく印としての清めの儀式でした。意識を新たにした者にとっては、太陽が夜の水の中の墓から昇り、その光をもたらし、命の贈り物を無条件にすべての人に照らすと説明しました。そのときにヨハネが行った儀式を、あなた方は今「バプティスマ（洗礼）」と呼んでいます。

ここで、私たちの洗礼について誤解している人がいるので、簡単に説明しましょう。私たちの習慣では、水が少ない場合、足首までの深さに水を張った水盤や特製の洗礼盤に、足と手を浸します。そして、かがんで水を手に取り、それを頭からかぶります。特に、オーラと、頭、背骨、体の前面にある七つのエネルギーセンターを浄化することに注意を払いました。また、浄化と本来の力を与えてくれる天使の存在を呼び出しました。私たちがいるセフィロトの層〈ユダヤ教神秘思想カバラの描く階層〉をなす「生命の樹」を統治する四大元素や大地と天空の天使たちなどです。水が豊富な場所では、エッセネ派の仲間に手伝ってもらいながら、深い水の中に完全に浸ります。洗礼の儀式は一生に一度だけでなく、毎日、習慣的に行われました。また、儀式を神聖化するために司祭が仲介する必要はありませんでした。

ヨハネは、儀式的水浴を経験したことのない人々に洗礼の実践を教えました。ヨルダン川では水に完全につかることができ、その象徴性を重視していましたが、自分は次にくる指導者の補佐役であると強調していました。彼は、本当の指導者は自分ではなく、イエシュアであり、そのお方が示す、より偉大な聖霊の火の洗礼（キリストとしての完全な悟りをもたらす神の光の油注ぎ）のために、人々の心を開き、準備させるために、ここにいるのだと主張しました。ヨハネは、神の国を知るためには心を清めなければならないという儀式的なドグマを作ろうとは思っていなかったのです。

ヨハネの言葉を聞き、洗礼の儀式を受けた人々は、それぞれの宗教的、政治的志向によって、異なる反応を示しました。例えば、エッセネ派の人々は、ヨハネが勇気を持って真理を語る姿に、精神的な支えを感じ、高揚感を覚えました。一方、律法の専門家であるパリサイ派の人たちは、自分たちの目には賢明に映ったヨハネに、挑戦と戸惑いを覚えました。また、当時、富と地位を得ていたサドカイ派の人々は、心底から脅威を感じました。しかし、ローマ帝国の支配に抑圧されていた熱心党は、イスラエルを外国統治の災いから救い出し、独立したパレスチナを回復する救世主をヨハネに見出しました。また、新しい生き方に心を開く準備ができないためにヨハネの言葉を完全否定する人々もいました。追放された貧民のような服装で、砂漠でイナゴと蜂蜜を食べて生活し、毎日毎日、数え切れないほどの人々に洗礼を授けていたヨハネを、そうした人々はわめき散らす狂人として拒絶したのです。

多くの人にとって、ヨハネはそう簡単に見過せられる存在ではありませんでした。彼の献身はすさまじく、その態度は大胆不敵で、挑発されると激しく反応しました。生来の力が、イエシュアの前任者に宿っていたのです。そして、「ヨルダン川沿いのベス・バラの洗礼者（バプティスマ）」と呼ばれるようになったヨハネのもとに、イエシュアとマグダラのマリアがやって来たのは、西暦二八年の秋のことでした。

イエシュアとその仲間たちは、前年に東洋から帰国していました。それぞれの道を歩みながら大いなる仕事の準備を続けていました。イエシュアとマグダラのマリアは、砂漠にある癒しの泉があるエッセネ派の居留地で隠遁生活を送っていました。長い間待ち望んでいた深い養生を自分の体と魂に施すことを楽しんでいたのです。ナタナエルとマリアムはカルメル山に戻り、ラビになる準備として内なる聖域の中で神への奉仕に専念していた息子ベニヤミンとの再会を喜びました。他の人々も村々に帰り、ときが来ればイエシュアの働きを共に支えてくれる適切なパートナーとの求婚を本格的に開始していました。

瞬く間に一年が過ぎ、「道が開かれる」ときが来ました。使者を送ったイエシュアの仲間は、結婚、ないし婚約した妻たちを連れて、ベス・バラにあるヨハネのキャンプに集まってきました。内弟子のグループには、アンデレ・バル・ヨナの弟シモンがいました。ペテロとも呼ばれていました。

ペテロはあなた方の時代には広く知られていて、私の話の中ではほとんど語られていないので、彼の性格を理解するのに役立つかもしれない部分を紹介します。ペテロの意識の焦点は、漁師として家族を養うために外に向けられていましたが、エジプトから戻った兄アンデレに勧められ、イエシュアと過ごしたときに奇跡に近い変化を体験して心変わりをして、内に向けられるようになりました。その際、ペテロは自発的な加速化(クンダリニーの開放)を起こし、永遠に変わったのです。ペテロは秘教のイニシエーションを受けた経験がなく、神の女性的な側面を恐れる非常に強い家父長的な偏見を持っていたため、残りの日々を悩まされ続けました。特に、難しかったものは、弟子たち、特に女性たち、中でもマグダラのマリアが、霊的鍛錬と力においてより成熟し、自分を上回っていたため、ペテロは、自分を悪しざまに比較する傾向が強かったことです。しかし、直接の啓示を受け続け、指導力を発揮し続けたことで、ペテロはイエシュアを大きく助ける立場となったのです。

預言者たちが語ったすべてのことを成就させるために、孫のイエシュアは道を準備してくれたいとこのヨハネと一緒に、ヨルダン川の深い渦の中に立っていました。ヨハネは、こちらが「油を注がれた者」であり、そのサンダルの紐を解く価値は自分にはないのだと、皆に告げました。誰もが近くに寄りました。自分たちと何ら変わらないように見えるこのような男がメシアであることへの不思議な驚きでいっぱいになり、群衆は固唾をのんで見守っていました。子どもたちのおしゃべりやカラスの鳴き声も止まりました。すべてが静止しました。

そして、ヨハネに支えられながら、イエシュアはまるで墓か棺のように、水の中に完全に身を横たえたのです。孫が立ち上がった瞬間、頭上の大きな雷雲が割れて、太陽がイエシュアとヨハネの立っている場所の真上に燦然と光線を放ちました。その光はまばゆいばかりに川のさざ波の上にきらめき、この二人を照らす光があまりに見事でヨルダン川のほとりに集まった人々の唇からため息が漏れるほどでした。そして、忘れがたいあのとき、ホサナの合唱が歌われたのです。

ヨハネは厳粛に右腕を上げ、自分が今、すべての人の模範となるイエシュアの従順と謙遜の証人として、行動をとっていることを示しました。陽光はまるで舞台のスポットライトのように照らされ続けました。天が開かれると、ヨハネは、父なる神がご自身の御子をよく愛しておられるという御言葉を聞いたと告げたのです。また、母なる神、聖なるシェキーナが鳩のように降りてきて、選ばれた者の上にとどまったことを打ち明けました。

それと同じように、イエシュアの洗礼も聖書の記述に記録されています。しかし、マグダラのマリアについては言及されていません。ですから私は、彼女もヨハネからバプティスマを受けに行き、それによって自分が仲間と同等であることの模範を示したと証します。そのとき、彼女が熟達者（アデプト）であるとか、何をしていたかを認識する人はほとんどいませんでした。しかし、彼女がバプティスマを受けて水から上がったとき、イエシュアのときと同じ徴（しるし）が見聞きされたので、多くの人が不思議に思っていました。そして、その場にいた他の弟子たちも皆、ヨハネの助けでバプティスマを受けました。

こうして、注目すべき一日が終わり、イエシュアの公の生涯の新しい章が始まったのです。孤独と清めと断食のときを経て、イエシュアとマグダラのマリアは、あなた方が十二人の弟子と呼ぶ支援者たちを集めました。しかし、この十二人の弟子には女性がいたことが記録から削除されています。先に述べたように、東洋から戻った後、イエシュアと共に働く準備をしていた仲間たちは、イエシュアとマグダラのマリアが主張した女性的なバランスが取れる適切な相手を探しはじめたのです。

そして、その輪はどんどん広がっていき、男十二人、女十二人になったのです。そして、イエシュアとマグダラのマリアが起こした奇跡と教えが人々の耳に入るようになると、男女十二人の輪が倍増し、心身の癒しを求める人々に必要な援助を等しく受けることができるようになったのです。私は結婚相手がいなかったのですが、男性十二人、女性十二人の第二の輪の一員となりました。

その後、十二人の弟子は、四年間で男性七十二人、女性七十二人にまで増え、合計百四十四人の献身的な弟子となったのです。カルメル山での自分の立場を解き放し、パレスチナの人々の間を旅しながら、イエシュアやマグダラのマリア、そして私の愛する家族と親しく接することができたのは、私の魂にとってどんなに嬉しいことだったでしょう。

第34章 イエシュア、語りはじめる

イエシュアが、この物理次元において最後の数年を過ごす間に成し遂げた偉業や発言について、中でも私の最も好きな思い出のいくつかをここで共有できることは、大きな喜びです。記憶に残る言葉は、世界の始まりからあなた方の中に宿されている光の種を育てるために与えられています。私が見聞きした孫の人生と教えを証言するために、立ち会った数多くの経験のうちからいくつかを皆さんに共有します。西暦二八年九月下旬に始まり、一年半後の三〇年四月上旬には終了する、孫のパレスチナにおける短い聖職者としての宣教のハイライトのいくつかを取り上げましょう。

これまでにまだ取り上げられていない偉業と発言の中に、さらに完全な意味と力、恵みがあることをあなた方はもっと認識できるでしょう。あなた方の聖書には、イエシュアが聞く耳を持つ者に惜しみなく与えた恩恵のほんの一部しか明らかにされていません。魂が愛の解放の光に飢え渇く人々には、死海文書やナグ・ハマディ文書のような、まだ、あまり知られていない著作の探求をおすすめします。それらの書物は、彼が実際に話したアラム語から直接翻訳されており、〝人の子(ソン・オブ・マン)〟としてのイエス・キリストについてもっと豊かに多くのことが明かされています。

ここで、マグダラのマリアが成熟した女性として三人の子どもを養子にしたことについて、詳しくお話します。思い起こせば、彼女は十九歳のときから、ホームレスや社会から追放された人々のために、いくつもの孤児院、ホスピス、病院、聖域を創設しました。父親の経済的な援助を受けて、父の資産であったマグダラ近郊の地所を病院と孤児院に改築しました。母親の援助も受けて、ベタニアの家を心身と魂の弱った人々のための聖域と避難所に拡張していました。マグダラと同様、ベタニアでも、未婚の母が望まれない子どもを出産し、その子どもたちが自立できる年齢になるまで保護する場所を作りました。その中にはエッセネ派の修道生活に憧れる子どももいて、クムランに連れて行くこともありました。

イエシュアとマグダラのマリアは、婚約後、三人の身寄りのない子を養子にしました。名はヨーセ、ユダ、ミリアムです。孫息子と孫娘が人だかりの中に入っていくと、いつもたくさんの子どもたちが周りに集まってきました。

活動の初期に起こった私の好きな思い出の一つは、西暦二八年一二月にカナの地で行われたイエシュアとマグダラのマリアの結婚式です。確かにそれは輝かしい出来事でした。婚約から四年の間に、両家は多額の持参金を蓄えていました。また、同じ日に結婚式を予定していたヨハネ・ベン・ゼベダイとその婚約者アビゲイルの持参金もありました（アビゲイルは、イエシュアの弟子のマリアとクレオパスの娘でした。クレオパスはイエシュアの父ヨセフ・ベン・ヤコブの兄弟です）。

カナの広い先祖代々の家は、イエシュアの父方の祖父母であるヤコブとロイスが所有していたもので、遠方から来るゲストに最適な場所であると決定されました。この屋敷は、イエシュアがインドにいる間に未亡人となった母ロイスが亡くなったため、現在はクレオパスのものとなっていました。

マリアとクレオパスは百人以上のゲストを招待しました。親しい家族が一堂に会するのは何年ぶりかで、盛大な会となりました。結婚式の数ヶ月前から準備にかかり、その後数週間は祝宴にあてられました。

マグダラのマリアは、結婚の誓いを交わす直前に、最近行った東洋の巡礼でヒマラヤの麓で採取した辛味のある珍しい薬草スピケナードで、愛する人に初めて公の場で油を注いで洗礼しました。マリアはその植物から精油を抽出し、軟膏を作り、白色の瓶に入れました。また、小さなガラスの小瓶にも精油を入れました。容器は密封され、パレスチナに無事に到着するよう大切に保管されたのです。

この神聖な機会に、彼女は小瓶の一つを手に取り、封を切って中身を全部イエシュアの頭にかけ、手と足のマッサージをしました。彼女は涙を流しながら、その長く濃いマホガニーレッドの髪で愛する人の足を乾かし、その深い愛情をはっきりと示しました。

私たちは皆、彼女の献身的な姿に感動し、一緒に惜しみなく涙を流しました。明らかに私の孫もまた、公然と涙を流し、マグダラのマリアを通して流れる超越的な愛を深く受け止め、顔全体が真昼の太陽のような輝きを放ちはじめました。

祝宴が三日目になり、ごちそう、踊り、語らいなどが続く中、マリア・アンナはアビゲイルの母から葡萄酒が少なくなっていることを知らされました。彼女はすぐに、中庭でもう一人の新郎であるヨハネと軽妙なやりとりを楽しんでいるイエシュアのもとを訪れました。すると最愛の孫が私の目をじっと見ていたとき、彼の母親が近くにいた召使いに「この人の言うことは何でも聞きなさい」と言うのが聞こえました。

そこには、葡萄ジュースと発酵した葡萄酒の入った樽、冷たい水の入った大きな土壷がありました。イエシュアは、召使いに命じて、いくつかの水壷をいっぱいにさせた後、一人にしてほしいと頼みました。彼は元素の天使に頼み、水を葡萄酒や厳しい食事制限のあるエッセネ派の人々のために葡萄ジュースに変えたのです。その間、私はその場にいませんでした。新しい葡萄酒が出されたときに、私はそれを飲んでみました。前に出されていた葡萄酒より、はるかに甘くなっていました。孫が錬金術に長けていることに私は驚きません。カルメル山でも、葡萄の収穫時期に早霜に見舞われたとき、孫が水を葡萄酒に変えたことがあったからです。イエシュアが最初に公にした奇跡の一つで、霊的な表明（マニフェステーション）と呼ばれています。

　さて、ある春の日、ベツサイダの町を見下ろす丘の上に集まった大勢の群衆を前に、イエシュアが語ったときのことをご一緒に思い出してみましょう。その場所からは、ガリラヤの大きな淡水湖と周囲の丘陵地帯を見渡すことができました。その丘の頂上付近には、広く開けたくぼ地があり、天然の円形劇場となっていました。毛布に寝転んだり、石の上に座ったりしている聴衆の間を、さらに増え続ける群衆がうろつくので、親しい弟子たちがみんなを聞ける場所に誘導していました。

　その日は、ガリラヤの春によく見られる、思いがけないほど暖かい日でした。穏やかな風が私たちの顔を吹き抜け、丘陵の芝生をまるで海の延長のように波立たせます。ツバメや海鳥が、白い雲に覆われた頭上を飛びまわり、まばゆいばかりの明るい太陽の下を通り過ぎていました。でも、その暖かさと光ですべての人を魅了していた太陽でさえも、孫の顔から放たれる輝きには及びませんでした。私は孫を見つめながら、深く静かな水のように私の心を動かす孫の声を待ち望んでいました。好奇心や友だちの誘いで来た懐疑的な人も多くいました。また、親族に連れてこられた病人や足の不自由な人もいました。イエシュアとマグダラのマリアをはじめとする二十四人の弟子たちは、男性だけでなく女性も含めて、まず病人に手を差し伸べていました。私は、そのようなお手伝いができることが、何よりの喜びでした。

　私は奉仕をしながらも、人々の間を歩く孫と孫娘から目を離すことができませんでした。イエシュアとマリアのシンプルなローブは基本的に同じで、どちらも精巧に織られた漂白された麻でできていました。フードつきの上質の白い羊毛で織られていました。白い服を覆う暗い色のマントを着ていましたが、ガリラヤ地方の典型的な服装の着替えを持っていて、人目を避けて通過したほうがよさそうな地域では着替えていました。

　彼らは自分の身を案じて移動したのではなく、むしろ人類への奉仕が妨げられないようにと願っていたのです。弟子たちがまとう白い衣を作り、洗った女性たちは、その仕事を大きな心の充足と考えていました。今、私たちのマスター・ティーチャーを見つめ、そのまばゆいばかりの白衣に映える日焼けした顔を見て、最も純粋な聖なる器を見つめているように感じました。

　マリアムをはじめ、数人の女性が歌い、楽器を演奏しました。子どもも大人も合唱に参加し、スペースがあるところではダンスをしました。太陽の光、小鳥のさえずり、早春の草花、そして「油を注がれた者（アノインテッド・ワン）」が私たちの中におられるという喜びで、私たちの心は満たされました。ときおり、彼は小さな子どもを抱き上げ、肩に乗せていました。昔、遊び盛りの孫がそうしていたことを思い出して、胸が熱くなりました。

　午後の早い時間を過ごし、イエシュアは皆が言葉を受け取る準備ができるまで、ゆっくりと過ごしました。マグダラのマリアは、群衆に奉仕するときの習慣で、女性としてのサポート役に徹していました。しだいに静まり、そして大きな力によって最愛の人のエネルギーが高まると、私たちに座るようにと彼は言いました。皆から見え、声も聞こえるところにイエシュアは座りました。近郊からも、遠方からも多くの人がやってきており、自然の円形劇場とその周囲の尾根まで、人々が埋め尽くしていました。

ついに皆が落ち着き、静かになると、太古の預言者のように声を張り上げて彼は話しはじめました。

＊＊＊

一なる神の子どもたちよ！　あなた方がここに来たのは、あなた方の信仰のおかげです。辛子の種のような信仰を持つ者の働きは実に力強いものです。あなた方の信仰は、はじめは小さいかもしれないが、養分を与えれば、鳥が巣を作るような大きな茂みに育つでしょう。私があなた方のところに来たのは、あなた方の信仰が私の言葉を聞くのに十分に足りているからです。辛子種と同じように、私の言葉があなた方の肥沃な心と思考の中にまかれ、発芽し、あなた方の生活の中で実を結ぶことを願っています。

あなた方が心から喜び、魂から奮い立てばと願い私は話します。「義の教師の道」を歩むということは、不作をもたらす怠慢と、日々を支えるたくましい腕を持つ「父なる母なる創造主」への反抗心を、もう思い出さないということです。あなた方に聞く耳と見る目があるならば、私が言うことは、父親があなた方に言っていることだけだとわかるはずです。あなた方が見る私の行動も、父親から直に与えられるものです。「叡智の母」「シェキーナ／ソフィア」「真理の聖霊」が、本当にそうであることをあなた方とともに証言するのです。

さあ、これから述べる言葉をよく聞いてください。他人の不法行為を裁こうとしてあなた方を縛っている罪悪感の紐を手放し、あなた方の隣人を裁きの隠された罠から解放しましょう。あなたの外套が奪われても、抗議のために腕を上げず、あなたの余ったものをも与えてください。困っている人があなたのものを求めてきてもへこたれず、自分がしてもらいたいと思うように、人にもしてあげられるように心を喜びに奮い立たせてください。

真の「自己」とあなた方の心の奥深くにある情熱を知りましょう。あなた方の小さな自己がため込んだり、まき散らすエネルギーをすべて集めて、命の贈り主にありのままのすべてを捧げてください。あなた方のすべてを「生命の与え主」へ捧げてください。これは、他のすべての人に力を与える最初の戒めです。同様に、あなた方のそばを歩き、反省を与えてくれる友を、寛大な思いやりをもって、祝福してください。あなた方が万物の父と母から授かりたいと願う良いものを、隣人にも与えてください。いまだに傲慢な分離を実践し、父なる母なる神の炉とそこにある滋養への扉を開かないでいるあなた方を、その影のある自己でさえをも父なる母なる神は愛されているのですから……

これが、すべての義をもたらし、エネルギーの正しい使い方の意味となる創造原理です。あなた方の内におられる「一なる神」を愛し、あなた方もまた「一なる被造物」を愛して仕えること、そうすれば、より豊かな人生を得ることができます。私はあなた方にたずねます。これ以外にいかなる戒めもありません。他にどうすれば、あなた方の魂の内なる平和と繁栄に気づけますか？

私の手による奇跡を信じるより、あなた方の心の中にある証を信じてください。私は自分では何もしないのですから。私の中にいる「父なる母なる創造主」が、あなた方が見ている偉業を成しているのです。同様に、日ごとにあなた方の財産を増やし世話をするのは、あなた方の中にいる同じ「創造主」です。野のユリを考えてみなさい。紡ぐことも織ることもしません。けれども、その装いは見るからに美しい。頭上の天空を気ままに飛びまわる我々のブラザーのスズメを観察してください。無邪気さと信頼で、風を滑り、行く先々であらゆるものに支えられています。ですから心配することはありません。心配で明日に備えるための時間を稼ぐことはできないのですから。また、あなた方の心配は、人々の間であなた方の人望を高めません。むしろ、じっとして、心の宝庫の中に入りなさい。そうすれば、あなた方はすべてのものを授かるでしょう。あなた方の「父と母」はあなた方が必要とするものを知っており、求める前から与えてくださいます。統一性（ユニティ）と喜び（グラッドネス）の中で、あなた方の心の奥底にある望みと融合し、それがすでにあなた方のものであることを悟る瞬間に、それは確かに与えられます。

あなた方が、愛の精神をもって父と母に求めるものは何であれ、あなた方の信仰と行いの報いとして必ず与えられることを、ここで証明してください。求めよ、さらば与えられん。叩けば扉は開かれる。求めよ、さらば与えられん、計り知れないほど多く。周りをよく見て、あなた方の心の天秤で、豊かに与えられているものをすべて量りなさい。試練の中にさえ、贈り物があるのです。あなた方のつまずきの中にさえ、力を見出すことができます。あなた方が、今、収穫した種を勘定する時間を取ることで、あなた方は叡智の真珠を与えてくれる内なる主人のもとに戻る道を見つけることができます。

虫や錆（さび）がつきまとい、盗人が忍び込んで盗むように、世の宝を独り占めしてはなりません。なぜなら、心が貧しくなり、飢えた魂で不平不満を抱くことと同じだからです。時とともに滅びるものを嘆くよりも、あなたを動かし、息づかせる天の領域の不滅の宝を自分のために積みましょう。そこであなたは常に甘い安らぎと休息を得ることができます。

死から免れられないという感覚から生まれる幻想の牢獄の中で、あなた方を奴隷にする偽りの自己を捨てる勇気を持ちましょう。愛の純粋な光で感覚を磨けば、あなた方の体は地上における天国の神殿となります。単純で自由な自分を思い出しましょう。あなた方が自分の中に神の国を求めるなら、あなた方が与えることにより、他のすべてのものは与えられるでしょう。

善い行いをするときに、人に見られたり、外に報われたりすることを求めるよりも、内に向かって密かに行い、あなた方の心の中の宝を公然と増やしてくださる「命の与え主」と交わりましょう。同様に、施しを密かに行い、自分の考えを胸に秘めておきましょう。「命の律法」の収穫があなた方に与えられたら、感謝に満ちた沈黙のうちに、善行を刈り取り、神が贈り主であることを認めましょう。自己嫌悪や恨みからくる汚れを清めるために断食をするときは、偽りの謙遜や独善を排して、解放と感謝の精神で行いましょう。

あなた方の目をゆがめる光線をあなた自身の目から取り除くまでは兄弟を裁いてはならないし、兄弟の目の中にある塵を取り除こうとしないでください。けっして裁いてはいけません。なぜなら、あなた方が他者を無罪と判断を下す尺度によって、あなた方もまた裁かれるからです。

私は花嫁を招いて一緒に食事をする夫のように父の宴席を用意するために来ました。私の父と同じように、私はあなた方の中に基礎を置いている豊かな王国から来るあらゆる良いものを与えます。あなた方が人生の饗宴に自分の全エッセンスを捧げるとき、あなた方は地の塩となります。

私は軍隊を集めるために来たのではありません。また、この地に平和を確立するために来たのでもありません。むしろ、私の口の剣は、大いなる「一なる法則」を覆っているベールを引き裂きます。あなた方の先祖の伝統の中に救いがあると信じさせる盲目の導き手に従ってはなりません。伝統に縛られた盲目の奴隷になることは、溝に落ちることです。はっきり見るためには、あなた方の内に宿り、道を永遠に照らす太陽の光に目を向けましょう。あなた方の光をその覆いの下から現し、そうしなければ倒れてしまいそうな人の道を照らしましょう。

すべての苦役で働く者、重荷を負っている者は、私のもとに来てください。そうすれば休息を与えます。神に結ばれた私のくびきは容易であり、私の荷は永遠の光なのですから。〝アイ・アム〟は世の光です。あなた方自身の光の泉にきて、すべての理解を超えた平和を知りなさい。あなた方は私たちの父と母の永遠の泉への道を見つけるまで、ここで私と一緒に飲み物を飲み、安らぐことができます。罪悪感、間違ったプライド、自己嫌悪など、疲れる重荷を追い出しましょう。頑固なラバのように、自責の念にかられながら蹴るのをやめ、「神の息子／娘」として、あなた方の正当な相続権を取り戻すのです。

見なさい、これらの者、あなた方の子らが私を取り囲み、私の膝の上に座っています。そう、この小さな子どもたちの一人であることは、今この瞬間に心を配り、無邪気に休むことであり、そこではすべての対立が「一つ」になる中で満たされ、そこに救いが存在しています。ユリの花の単純なあり方と子どもたちの無邪気な遊びの中に、王国への鍵が与えられ、そのすべての富を見出すことができます。

本当に、あなた方が求めるものはすべて、あなた方の中にあります。ゆえに自分自身を知るといい。あなた方の体はまさに神の神殿です。ただ心の扉を開いて、中に入りましょう。父なる母なる神があなた方を待っています。今も父なる母なる神は、あなた方が踏みしめてきた石ころの道に駆け出し、あなた方が浪費したと判断した側面を歓迎し、生まれながらに持つ権利へと戻してくださります。いったんあなた方が振り返り、光の中へと戻る家路につけば、この光はあなた方が闇夜の中で虚しく求めていた最愛の人であると知るでしょう。

「最愛の人」は良い羊飼いで、九十九頭が家にいて安全だと知るとその場を離れ、一頭の迷える羊を探し、母の聖なる心が養う暖炉に戻るように導きます。子どもたちの苦しみで茨の冠が彼女の心を刺し通しても、それでも彼女は無条件に子どもたち一人ひとりを招き、受け入れます。つまり、私は父と母から与えられた羊を集め、養い、はぐれた羊も私の腕の中で家に帰り一緒になるために来たのです。

　私の言葉に驚くことも、疑いを抱くこともありません。なぜなら私は、あなた方の若いころの掟を解釈しなおすからです。私は、あなた方が死の幻想を克服するために、神の光の不滅の体を育む自由があるという良い知らせをもたらします。私の言葉を聞いた人すべてが、私が明白に語ることを理解するわけではないでしょう。でも、まもなく、エノク、イザヤ、洗礼者（バプティスマ）ヨハネによって語られたすべてのことが明らかになります。私が来たのは、「義の教師の道」をあなた方に明らかにするためであり、そうすれば、暗くなる日が迫ってきても、つまずくことはないでしょう。

　その新しい日が来ても、あなた方は不快な状態で取り残されずに済みます。その日、私は〝新しき契約〟を発足させるからです。そして、あなた方の準備ができたとき、第二の慰め手となるために、私は「天の母」、万物の背後にあり、万物の内にある知性である「真理の聖霊」を遣わします。これは、実に、「愛の神」である父と母から受けた約束です。

＊　＊　＊

　約束を告げた後の沈黙の中で、その場にいた人々は大きな静寂に包まれ、この言葉を深く心に刻んだ人々の輝く顔には、たくさんの涙が浮かんでいたのを私は見ました。この言葉をはじめとして、イエシュアは残りの数ヶ月間、集まった大勢の人々に語りかけたのです。

第35章 イエシュアの癒しの実践

ここではイエシュアの癒しの実践について共有することにしましょう。マリアムとナタナエル夫妻の息子であり、私のひ孫にあたるベニヤミンは、先天的内反足麻痺（クラブフット）で生まれ、たびたび痙攣に襲われる身体でした。イエシュアがどのように彼を援助したかをお話しすることから始めましょう。ベス・バラでの洗礼と砂漠での四十日間の断食の後、イエシュアとマグダラのマリアがカルメル山に戻ってきて、私を含む共同体の長老たちから助言を受けました。イエシュアがベニヤミンを見つけたのは、秋の夜にしては珍しく暖かい日でした。ベニヤミンは男子寮の屋根の上で横たわり、頭上に広がる星空を眺めていました。

幼い頃からヒーローと慕っていた人から注目され喜んだベニヤミンが、以下、私にした話です。

イエシュアはベニヤミンのわきに寝そべり、彼の不自由な手を握り、二人は星の輝く夜をうっとりと見つめました。月はまだ昇っていませんでした。ベニヤミンの呼吸は徐々に柔らかく、深くなっていきました。心が静まるとベニヤミンの「人生の書」が内的な視野に開かれました。そこに、自分が犯したすべての過ちをみずからゆるすことができないままであった、多くの過去生が目の前に過ぎていくのを、彼は目撃したのです。いかに自分が、強く拳を振って自分自身を殴り、敵対者に体当たりして、「地獄に落ちろ」と呪ったかを思い出しました。彼は本当は仲間を傷つけたくなく、役に立ちたいにもかかわらず、今生でも同じことを何度も繰り返すというパターンが観察されました。なぜ自分の魂が、震え、不自由な手足で歩く身体を通して、みずからを癒すことを選んでいたのかを彼は理解しはじめていました。

夜が更け、ベニヤミンの深いため息と抑えたすすり鳴きが聞こえてくると、イエシュアは少年の細い体にそっと腕を回し、右手を少年の心臓の位置に置きました。二人の意識は交わり、共に静かにアストラル次元を移動し、罪と恥の重荷を徐々に解放していきました。自由になったベニヤミンは、より高い次元へ、大いなる光へと螺旋を描くように上昇しました。二人は見守る星々と微笑む月の下で、一緒にゆりかごに横たわったように言葉もなく天空の平和を楽しみました。

顔を見合わせると二人の目から涙がこぼれ落ちました。ベニヤミンの体は、いつの間にか麻痺と震えがおさまっていました。両手を上げ、月明かりに照らされたその手を見つめるとねじれはありません。立ち上がり、一歩、二歩と慎重に歩いてみました。内向きにねじれていた足は、今やまっすぐに体重を支えています。その時、共同体の沈黙の時間であることを思い出したベニヤミンは、「ホサナ（神をたたえよ！）」と発する声を抑えて、微笑むイエシュアの前にひざまずきました。母マリアムが若い頃イエシュアに約束したように、自分も永遠に忠実であり続けるとテレパシーで伝えました。イエシュアは、自分自身の〝アイ・アム〟に忠実であること、そして毎日、人生が与えてくれるすべてに感謝して生きることを、彼にそっとささやき伝えました。

そしてカルメル山を離れて孫と旅をするようになった私は、イエシュアの活動の残りの年月を共に過ごし、彼の個人的な証人の一人であり続けたのです。実際、私はしばしば霊的な能力による働きを知って民衆が孫とその側近の弟子たちを探し求めたり、あるいは恐れるようになるのを目の当たりにしました。エルサレムの羊の門のすぐ外にあるベテスダの癒しの水の池で起こった印象的な思い出を、ここで一つお話ししましょう。それは西暦二九年の秋、仮庵（かりいお）の祭りの安息日のことでした。

イエシュアが癒したひ孫のベニヤミンを連れて、私はエルサレムにやってきました。娘マリア・アンナと夫アハメド、そして三人の子どもたち、ヨハネ・マルコ、トマス、マテウスと一緒に滞在していました。今、エルサレム神殿の北西、旧門からほど近い、アリマタヤのヨセフの大きな家の二軒目に住んでいました。イエシュアとマグダラのマリア、そして他の近しい弟子たちは、クムランの兄弟たちと交流しながら七日間の砂漠での静修（リトリート）からエルサレムに帰ってきたことを私はわかっていました。ベテスダ池で彼らを見つけられると言われていたので、私たちは集まって、何世紀にもわたり多くの自然治癒が行われてきたベテスダの池に出向いたのです。

奇跡の伝統が長い間にわたって約束してきたように、この日もベテスダの五つの門の周りには病人、足の不自由な人、麻痺した人、目の見えない人が集まり、わら布団に座り、「水が動く」のを待っていました。天使が時々、水をかきまぜるので、水が動いたときに最初に池に入った者は誰でも、その苦悩から癒されると信じられていたのです。「ベテスダ」という名前は、ヘブライ語で「慈悲の家」という意味です。

イエシュアの癒しの力についての噂は、パレスチナ全土に広まっていました。イエシュアと弟子たちがみずからの休息のために池に来たとき、病人たちはイエシュアたちに気づき、癒してほしいとせがみました。私たちが到着したときには、貧富の別なく大勢の人々が、イエシュアとその愛するマリアに会い、触れてもらうために順番を待っていました。彼らの存在は、まるで癒しの天使に触れてもらっているかのように、人々の魂を揺さぶるものでした。

まるで波のように群衆は集まっては引いていき、ヒステリックな熱狂の後には、静寂と静かな崇敬の念がおとずれました。イエシュアの弟子たちは、感情的な群集の秩序を保つのに手一杯でしたが、イエシュアとマグダラのマリアが池のほとりに座っている場所に病人を連れて来るのを手伝っていました。女性の弟子たちは、苦しんでいる人々の間を動きまわり、癒しのエネルギーを受けられるように、慰めを与え、魂を整えるのを助けました。

ガリラヤから来た若いラビが安息日に治療師として働くとはどういうことなのか、と多くの人が疑問を抱いていました。小声でささやく声も聞こえました。その中にパリサイ派の人たちもいて、突然、その場を立ち去ったときには、私はまもなくイエシュアが困難に立ち向かうことになると思いました。世の習いとして、「光の子が来ると闇の子も現れる」のです。イエシュアが行くところには必ず、二元性の誤った信念が恐怖の影を落とすようです。私は不安になりました。しかし、孫と孫娘が罪のない人々を穏やかに慈しむ姿を見たとき、私もこの日が、恣意的に定められた制裁的な行事とは関係なく、癒しの日であってほしいと願いました。パリサイ派のことは忘れて、私は他の女性たちに混じって、困っている人たちに目を向けたのです。

イエシュアは、泣いている赤ん坊を抱きかかえ、老いて衰弱した体を膝の上に乗せ、体のねじれた人や弱った人の頭に油を注ぎ、唾液を粘土と混ぜて目に塗り、耳に当て、その間、ずっと治療を受ける人に優しく話しかけながら癒していました。子どもたちは泣き止み、麻痺した人は震えが止まり、足の不自由な人は歩き、耳の聞こえない人は聞こえ、目の見えない人は見え、病気の人は元気になりました。この間、まるでベテスダの天使が水をかきまぜているかのように、癒しのエネルギーが波打っていました。癒しのエネルギーの満ち引きは、群衆の柔らかな泣き声や大きな泣き声、抑えたため息や抑えきれない笑い、そしてときおり聞こえる「ホサナ（神をたたえよ）、万軍の主が我々の間におられる！」「最も聖なる神をたたえよう！」と叫ぶ声に反映されたのです。

さて、ここで知っておいていただきたいのは、癒しを行うのはイエシュアではないということです。彼は、高次の意識がこれらの奇跡的な出来事を指揮し、演奏するための中の空いたフルートのようなものだったのです。ヒーリングを行う前に、孫はいつも沈黙の中で交信していました。嘆願している人たちのエネルギー・フィールドをスキャンして、その人の症状の形而上学的な原因を突き止めると同時に、ヒーリングが最高のエンパワーメントであるかどうかを判断するために、魂レベルでコミュニケートしたのです。それから、受け手のハートに波長を合わせ、その人が病気を作った重い恨みの石を捨てようと思っているかどうかを調べました。イエシュアは、自分のハートとオーラの場に集中している神の愛の癒しの力と、同じように共鳴しているかどうかを確かめました。そして、これらの質問に対して肯定的な答えが返ってきたときだけ、彼は次に進めたのです。

まず、肉体がどんなに変形し、病気にかかっているように見えても、描き出された魂をその完全な全体性において保持することから始めました。次に、彼は顕現を司り光を放つ天使と自分を同調し、肉体と微細身（サトルボディ）のさまざまな軸索格子（アクシオトーナル・グリッド）を通して顕現する魂の知性に同調しました。魂の格子状のマトリックスと融合し、このインカネーション（顕現）のための魂の青写真を診断評価した後、彼は内側に共鳴する一連の音（肉体の耳で聞こえることもある）を打ち鳴らしました。この振動は、すべての恐怖、悲しみ、怒りが抱擁され、変換されるまで、不全な臓器、組織、骨を通して反響したのです。

徐々に彼は恐怖に基づく不和で乱れたエネルギーを、愛の首尾一貫した調和的表現へと高めていきました。光、音、色を巧みに投影し、オーラを浄化したのです。一人ひとりを無邪気に抱きしめることで、恐怖が解き放たれました。恐れを手放すことで、呼吸をする余裕が生まれました。そして、リラックスし、連続した呼吸をするたびに、時間と空間の知覚が拡大し、愛という永遠の存在への認識が深まったのです。すべてのハートに宿る「神聖なヒーラー」は、共同創造（コクリエイト）された調和的共鳴を通して、イエシュア、マグダラのマリア、そして他のイニシエーションを受けた弟子たちを介して奇跡を起こしたのです。

孫と孫娘が「一なるものの法則」で一体となり、揃い調和したからこそ、解放の愛のエネルギーが流れることができたのです。外部からの力の伝達による奇跡のように見えたものは、実は、〝ワンネス〟の流れの中での自己治癒（セルフ・ヒーリング）だったのです。時間と空間が無限の量子領域へと拡大し、通常の制限された知覚に変化が起こりました。物理的な面と精神的な面の熟達（マスタリー）は、普遍的な法則と一致したときに生まれます。奇跡は、愛と創造の波動ハーモニクスとの共鳴が一致したときに起こるのです。

したがって、癒しは、個人が、あるレベルにおいて、意識的に受け入れ、感じ、首尾一貫した愛のエネルギーと一体となり、それが自分の体、心、魂の周りに、そしてそれを通して集中するときにのみ起こるのです。神の愛と融合するその瞬間に、埋没されていた内在のキリストが意識に昇ります。そして問題は、間違って認識された分離／不調の誤りがはずれ落ち続け、新しく出現したキリストが、幸福のために自分の意識的な選択の中に残ることができるのか、ということです。多くの人が癒された一方で、他の人はつまずき続け、物忘れや不平不満、そしておなじみの病気の再発という溝に落ち込んでしまうのです。

長い一日の影が伸び、イエシュアとその親しい弟子たちがベテスダの池を出ようとしたとき、パリサイ派の一団をともなった神殿の司祭が、雑踏をかき分けて怒ったように彼に立ち向かいました。司祭は、「何の権限があってこんなことをしているのか?」と、悪意に満ちた厳しい声で叫びました。

彼の目を真っ直ぐに見つめ、イエシュアは静かに答えました。

「私は自分の意志を求めず、私をお遣わしになった父の御心を求めるのです。息子は自分の意志では何もせず、ただ父が示されたことを成すのです。あなた方が見ているこれらの御業を行うのは、私の父と母であり、〝宇宙(コスモス)の創造主〟です。私は〝天の両親の名〟において来たが、あなた方が私を受け入れないのは、私が〝父なる神の息子〟であることを認めず、あなた方に息を与える〝母なる神の愛〟も感じないからでしょう。真に息子を尊ばない者は、すなわち御子を遣わした父なる母なる神を尊ばない者です」

神殿の司祭は震えながらも動揺を押し隠し、私の孫を脅かそうとしつこく迫ってきました。マグダラのマリアが勇敢に愛する人のそばに立つのを、司祭は軽蔑して無視しました。声を荒げて叫びました。「安息日に癒しの仕事をすることは、モーセの律法に反することを知らないのか?」

交戦相手と決めてかかってきたこの者の敵意に、動揺することもなくイエシュアは答えました。

「安息日にあなたの僕(しもべ)が井戸に落ちたら、あるいは牛が流砂にはまったら、誰もその事態に対応しないのですか? 安息日は人間のために作られたのであって、安息日のために人間が作られたのではないのです。もしあなたがモーセを本当に信じているのなら、モーセが私について書いていたのですから、あなたは私のことも信じるはずです。しかし、もしあなたが彼の著作を信じないなら、どうして私の言葉を信じることができようか？　あなた方は聖典を調べ、その中に永遠の命があると思うから聖典を調べるのです。あなた方に言いますが、私の言葉を聞いて、私を遣わした父と、私を支えている母とを信じる者は、死から永遠の命に至るのです」

イエシュアはそれ以上は何も言わず、手で母に合図し、ベタニアで会うことをテレパシーで伝えました。イエシュアとマグダラのマリア、二十四人の近しい弟子たちは旅支度を整え、段々畑の階段を下りていきました。数分後、私とマリア・アンナが立ち去ったとき、パリサイ人（びと）と神殿司祭はまだ言い争っていました。アリマタヤのヨセフが、羊の門でベタニアまでの短い旅路のために三台のロバ車で出迎えてくれました。私たちはマルタが用意してくれた豊富な香ばしい料理で仮庵の祭りを楽しみ祝ったのでした。

さて、孫と孫娘がキリスト（救世主）であることの意味を再確認する多くの例のうちの一つを、皆さんにお伝えしました。そうすることで、私はあなたの中にある天の王国への永遠に開かれた扉を明らかにする、偉大な癒しの光の方向へあなたを導きます。今、私の愛する友人であるあなたは、あなた自身の「慈悲の家」の中の癒しの水へと続く開かれた扉の前に立っています。あなたは、無理なく自発的に、その中に入っていきますか？

道を示された方は、「私は自分の意志を求めず、私を遣わされた父の御心を求める」と言われました。「息子は自分の意志では何もせず、ただ父が示されたことを成すのです。あなた方が見ているこれらの御業を行うのは、私の父です。あなた方がそれを受けるのは、私の母の恵みによるのです」。また、「自分の命を救うことを選ぶ者はそれを失い、逆に自分の命を失うことを選ぶ者はそれを救う」とも言われました。だから、今一度、愛するあなたにたずねます。あなたの大いなる役割を果たすために、分離の小さな人生を差し出しますか？　あなたの心、思考、魂を命の父と母と合わせ共にあれば、あなたが本当に求める人生を自由に主張することができるのです。

キリストの旅があまりにも困難に思えるときもあるでしょうが、あなたは決して一人ではなく、障害も大きくないことをわかってください。あなたの魂の「最愛の人」は、あなたを育て、保護する、あなたの内なる羊飼いであることを忘れないでください。あなたの内なる「良き羊飼い」の棒と杖が、あなたを永遠にあなたの存在の「源」と結びつけていることを認め、その意志に沿うかぎり、あなたは人生の緑の牧場を歩くことができます。

ですから、あなたの友人であり兄弟であるイエシュアの永遠の存在が、あなたの内なる「良き羊飼い」の姿を映し出し、あなたを毎日気遣ってくれるのです。目に見えないかもしれませんが、あなたが心を静めたとき、イエシュア、マグダラのマリア、アンナ・マリア、そして私は、あなたが思っているよりも近くにいます。私たちは常に存在し、あなたの進歩に拍手を送っていることを知っておいてください。私たちは決して干渉しません。あなたの人生の主はあなたであり、それはあなたの王国なのですから。あなたの自由意志による選択は常に尊重され、あなたの個人的な主権は尊重されます。そして、もし永遠の今という瞬間に、あなたが「愛の神」と対面することを選ぶなら、私たちが共同で創造した目的は達成されるでしょう。

第36章 希望のメッセージ

人類の多くの人々が落胆と絶望を感じている、この大混乱の時代だからこそ、勇気と希望を与えることが重要です。知的な質問や子どもじみた空想に基づいた希望ではなく、「より良いもの」への信頼と期待を完全に基礎づけることができる「大いなる力」と「永遠の命」への勇気ある体験が必要なのです。より拡大した視点から、あなたは非常に個人的なレベルで、イエシュアとマグダラのマリアの赦しと力を与える愛の永遠の例を、あなたの現在の選択と人生の経験の中に取り入れることができます。そうすることによって、あなたは世界に調和のとれた変化をもたらし、地球を次の平和の「黄金時代」へと導く助産師（ミッドワイフ）になることができるのです。それは、「聖なる女性性」のハートの力によって、慰められないと感じたものを完全に慰めるのであり、理解を超えた平和を意味しているのです。

友よ！　あなたは自分の中に本当の信念を見つけましたか？　あなたがこの世界で完全に生き、希望を失い、絶望的にならないように励ましてくれる、より高次元の愛の源への信念を見つけましたか？　希望に戻るには、常に認識と態度の調整が必要となります。それは判断や反応なしに感情を認め、感じることができる「聖母（デバイン・マザー）」の能力と一致する能力です。感謝、ゆるし、取り戻した無邪気さがあるとき、周囲の混乱にもかかわらず、愛のコヒーレント〈整い調和した一貫性〉・パターンで生きる勇気と希望があります。

今、私があなたに提供するのは、混沌とした惑星の磔（はりつけ）と復活のただ中にありながら、イエシュアとあなたのイニシエーションを理解するためのモデルやパラダイムです。これは、量子力学とカオス理論の科学に基づいたコヒーレンシー・ダイナミクスの新しいモデルです。あなた方の時代では、思考、感情、体が調和した状態、すなわちコヒーレントのあるエネルギー・フィールドにあるとき、人の健やかさ（ウェルビーイング）や実際の健康状態が向上することを示した研究が行われています。

この研究に携わった人たちは、最も首尾一貫したフィールドは「愛と感謝」という主観的なことにあることを発見しました。そのとき、不調和で制限された時空間認識が、量子的でホリスティックな意識（広々とした、愛と感謝を受け入れる意識）にシフトするとき、癒しが起こり、つまり秩序、バランス、全体性が再び確立されるのです。別の見方をすれば、磔、復活、アセンションは、イン（非）コヒーレントなものをコヒーレントなものに戻すプロセスとも言えます。

あなたはこの新しい視点を、あなたを無知と恐怖に陥（おちい）らせてきた疑う余地なく盲目的な信念から、自分を解放する機会として選ぶことができるかもしれません。ある人は、私の磔と復活のコヒーレント・モデルを異端と呼ぶでしょう。また、イエシュアの経験に関する私の次元間の理解について、これからお話しすることを冒瀆的だと言う人もいるでしょう。私が提供するのは、隠されていたものを明らかにするための一種の暴露ですが、ある真実や教義を別のものに置き換えることを意図しているわけでは断じてありません。私の意図は、古い制限された思考形態を揺り動かし、創造主、自己、隣人との関係において、より首尾一貫した、自己啓発的で愛のある方法を呼び起こすことです。

今日のアセンション・プロセスは、地球規模の調和(コヒーレンシー)や統合のパターンをもたらすものですが、古いパラダイムの中で私たちがしたように、隠遁して壁の向こうに行ったり、マスター・ティーチャーのもとで長期の聖域を確保したりする必要はありません。母なる大地とあなたの人生が、あなたのエンパワーメントの学校なのです。あなたがセルフ・マスタリーするための、あらゆる種類のサポートが用意されています。母なる大地からの愛に満ちたサポート、目覚めた仲間たち、書籍、セミナー、代替療法、そして多くのスピリチュアルな道から抽出された「何が有効か」という幅広い総合的な支えがあります。また、計り知れない愛と熟練を地上にもたらす、新たに入ってくる子どもたちからの援助もあります。また、目には見えずとも、アセンデッド・マスターや天使たちからのガイダンスも受けられるでしょう。

あなたのイニシエーション体験は、例えば、十字架に釘付けにされるといったイエシュアの例とは、当然、異なるでしょうが、本質的には似ているところがあります。この問題を探求する前に、私がイニシエーションと言うとき何を意味しているか、詳しく説明させてください。イニシエーションとは、不可逆的、つまり、後戻りしようがない変化の閾値(しきいち)を超える内的な体験のことです。復活とアセンションのイニシエーションでは、限定されたアイデンティティにおける固有の可能性が、より拡大された可能性を持つ意識へと変容します。礫にされた幼虫から蝶に変容して「新たな生命」へと出現するということがイニシエーションの過程といえます。

あなた自身の人生に影響を及ぼしている可能性のある次のイニシエーションの五つの側面を読みながら、

どれが今日のあなたにとって個人的な意味を持つか、自問してみてください。

①　限られた意識を高次の意志と目的に一致させようとする、献身的な意志をもたらす著しい態度の変化。

②　毒素が排出され、眠っていたＤＮＡコード、内分泌腺、脳、神経機能が活性化された結果、健康が増進され、超能力を発揮する可能性が高まるという物理的な変化。

③　感情の浄化と感情的成熟、安定の高まり。

④　神性、主権、相互関連性、創造性の高まり、テレパシーや透視などの超意識的な能力の高まりなどの自己認識の変化。

⑤　分離した肉体の中にある分離した心という制限された一過性の観念を、単に知覚し反応的に劇場化（ドラマタイズ）するのではなく、広々として統一化された量子的領域と、より同一化すること。

イニシエーションのさまざまな側面を検討しましたが、あなた自身の人生において、ここにあげたイニシエーションの指標が現れていますか？　今日、あなたの変容をうながすイニシエーションに対して、あなたはどのような反応を示していますか？

磔と復活の本質については、多く誤解されてきました。しかし、これらは、神との一体化を選択する誰もが経験する、力を与えるための基礎となるイニシエーションなのです。私があなた方に私の視点を提供するのは、明確さをもたらし、より力強い選択を動機づけるためです。キリストのアセンション（次元上昇、昇天）は、磔と復活のイニシエーションがあなたの人生にすでに起きているであろう変容の出来事として認識されるまで、理解できないのです。
磔は、通常、「原罪や罪悪感、恥などといった負債を返済するための罰」とみなされますが、磔は苦しみに等しいとあなたは人生の中で、一度や二度は、信じたことがありますか？　イエシュアが「キリストとなるために、堕落した世界を救済するために苦しみ、死ななければならなかった」と、あなたは主張しますか？　〝神の息子(ソン・オブ・ゴッド)〟が十字架で苦しんでいるのを想像したとき、どんな感情が湧いてきますか？　もしイエシュアは苦しまなかったとしたら？　あるいは、死ななかったとしたら？　磔は、イエシュアが、自分の意志と神の意志を一致させ、限定されたアイデンティティへの執着をすべて解放し、すでにそうであった「輝ける者(ラディアント・ワン)」への道を開く方法を示すものだったとしたら？　自己とは物理的な世界に埋没している自分が自分と思っている偽りの自己ではなく、偽りの仮面を通して見て、息をしている真の「自己(セルフ)」だったとしたら！

イエスとあなた自身を、終わりのない苦しみの十字架から降ろす準備ができていますか？　裏切られ、見捨てられ、閉じ込められ、無力で、絶望的だと感じる理由を正当化するのではなく、自分の意識を、幸福、喜び、至福の悟りの境地へと復活させることに焦点を移す準備はできていますか？　仲介役の司祭や聖人、教師、あるいは宗教の信仰に盲目的に従うのではなく、自分の力を、真の自己を、取り戻す準備はできていますか？　みずからの内なる権威(オーソリティ)と神性(デヴァイニティ)を成長させ、拡大させ、かつてあなたに役に立った体制や教師の自縛の牢獄から自由に飛び立つことを望んでいますか？　これらの挑発的な質問に対するあなたの答えが「イエス！」なら、私は純粋にあなたと祝いたい！

イエシュアが十字架刑（制限のために死ぬこと）と復活（永遠の命と本来の無邪気さとに一致するこ

と）を通過する方法を若い頃から学んでいたことを理解すれば、彼が何らかの負債を支払うために苦しんだのではない可能性を受けいれはじめることができます。私が「墓の儀式」についてお話したことを思い出せば、一時的に肉体を支える生命反応がすべて停止しても、彼は死ななかったことを理解できるでしょう。

　生涯を通じて肉体と微細な領域を支配していたイエシュアは、あなたが教えられてきたような、あるいはあなたの潜在意識の一部が主張するような陰惨な方法で苦しんだのではありません。**彼はあなたの罪のために死んだのではありません。愛とゆるしの模範となるために生き、彼と同じように生きることを、あなたが選択できるようにしたのです。**あなたが変容や変化に向かうにあたって、束縛、あるいは磔の釘は苦痛をともなう苦行であり、悲劇的なドラマに満ち、苦痛をともなう困難な闘いであるという考えを、ここでぜひとも手放してください。あなたの分離した意識を〝死なせ〟、統合意識になるなら、磔（はりつけ）のイニシエーションを受けて生けるキリストとして復活し、アセンションすることがより容易になるでしょう。

　イエシュアとその親しい男女の弟子たちが、なぜ、パレスチナやエジプト、インドの神秘学校まで長距離を移動し、困難なイニシエーション体験に参加したのだろうかと、あなたは疑問を持つでしょう。私の実感では、神秘学校と秘教的なコミュニティの存在は、恐怖や死の運命、苦しみ、分離といった観念に固執する、不信感と絶えることない緊張をはらむ外界の社会に生きながら、不死とアセンションを体現するために生きる私や仲間に必要なサポートを提供するものでした。私たちにとって、アセンションの過程でサポートを感じることが重要であったように、あなたにとっても、あなたの霊的成長を受け入れる友人や家族の具体的で調和のとれたサポートが重要なのです。

イエシュアや私の家族の並外れた霊的能力や経験についての物語を読むうちに、私たちがあなたよりも「特別」であるとか、遺伝的に恵まれている、あるいは、あなたよりもふさわしい存在だから成せたのであり、自分には決してできないと感じているかもしれませんね。でも、自分は劣っているとか、価値がないと考えることは、私たちを遠ざけてしまい、この模範と希望のメッセージをあなたの人生に取り入れることができなくさせます。たとえ外見は違っても、実際はすべての生命に等しく恩恵が与えられているのです。

ここで改めて強調しますが、あなたを救済することができるのも、あなたの魂が望む実感ある体験を奪うことができるのも、あなた自身の神聖なる「自己（セルフ）」以外にはありません。とりわけチャレンジングな体験は、啓発された愛を理解し、表現する能力を強化してくれます。実際、イエシュアがやってみせたすべてのこと、あるいはその一部であっても、あなたが達成しようとするとき、あなたの主権と生来備わっている能力を誰かに邪魔されたら、あなたは怒りを覚えることでしょう。

どのような道であれ、より愛し、親切で、寛容、正直かつ寛大となることを選択しているなら、あなたはキリストとして生きるということがどういうことかを実現しているのです。あなたの意識が、あらゆる形で、そして、あらゆる形を越えて、表現する創造主であることを文字通りに認識するとき、あなたの意識はキリスト化されているのです。あなたは、自分の歩くスピリチュアルな道であり、自分の道から外れることはできません。もしあなたが、自分の道をスピリチュアリティを広げる道としたいと望むなら、一貫したコミットメント、規律、マインドフルネス（思考、感情、行動を見つめること）が必要であり、同時にあなたの「人間の意志」を「神の意志」、あなたの「聖父（デバイン・ファザー）」に一致させることが必要です。

あなたの道は、また、「神聖な愛（ディバイン・ラブ）」、あなたの「聖母（ディバイン・マザー）」と一致させて歩むとき、よりスピリチュアルになります。あなたの中で、あなたを通して、愛は、表現され、拡大し、抱擁となり、高揚したエネルギーとして感じられる体験となったときに起こります。謙虚さ（愛に対してオープンであること）、驚き、本来の無邪気さ、寛容さ、ゆるしを経験するのに役立つあらゆる献身的な行いは、あなたの神聖な心、すなわち「生命の母の優しい慈悲深い心」との親密さを促進します。

ここまでお話した多くの場面をあなたが「再体験」しているように、物語の残りの章でも「イエシュアと共に歩んでいる自分」に気づくでしょう。これから起こる出来事を容易に統合するために、イエシュアの十字架と復活についての視点やモデルを提供しましょう。そうすることで、あなたはご自分のイニシエーション過程を強化できます。

より鮮明に別の観点を得るには、大きな劇場の中の高い客席にゆったりと安全に座っている自分を想像することです。この高い場所からは、眼下の広い舞台全体を簡単に見下ろすことができ、そこからエルサレム、ゲッセマネ、カルバリ（ゴルゴダ）を見下ろすことができます。今まで、眼下の舞台で起こることの一部しか見えなかった「普通」の、たぶん固定された見方が変わると、今まで見逃していたドラマの側面が見えるでしょう。下界で起きている全体像を見るだけでなく、ぜひ、周囲にも目を向けてください。この高められた視点からは、平和な人々やさまざまな生命が調和の中で共存している美しい光景が広がっています。下界で不協和音のドラマを演じているヒステリックな群衆と私たちが一緒にいるように見えるでしょうが、イエシュアと弟子たちが集中していたのはそこなのです。

上下の多数のレベルを含む包括する視点が、イエシュアのような悟りを開いた存在の生き方なのです。

ステージ、役割、設定、観客を含む次元間（インターディメンジョナル）の役者、そして「すべての上」に位置する、離れてはいるが思いやりのある調整役の監督、イエシュアは自分がそのすべてであることを知っていました。このような観点から、これまで人が考えていた以上のことが起こっていることに容易に気づくことができるでしょう。イエシュアとその親しい弟子たちにできたことは、激しいアクションが繰り広げられる舞台に立ちながら、同時に他の可能性を表現する「上」の、より微妙な現実や次元をも意識することであったのです。言い換えれば、イエシュアは「この世にいながら、この世に属さない」ことを例証したのです。

あなたはどのレベルで最もくつろぐことができますか？　下の舞台か、それともイエシュアが経験した平和な領域か？　あなたは、自分の意識を愛と感謝の首尾一貫した領域により頻繁に置くことを選択していることに気づいていますか？　絶望、無力、悲しみ、怒り、恐怖を感じたときのことを思い出してください。どれくらいの期間、その中にとどまっていましたか？　心の平安、希望、そして日々の生活を続ける勇気を失ったとき、どのように取り戻せばいいでしょうか？　あなたは、イエシュアがしたように、「上から見る」こと、つまり、あなたの人生の劇の次元間の監督をすることができますか？　私の愛する友よ、どうか理解してください。あなたはここに一人でわびしく取り残されているわけではないのです。つながることを選ぶのです。それが鍵です。そして、「魂の闇夜」が続くときは、出産のプロセスに抵抗するのではなく、あなたがすでにそうである神聖な愛の中にリラックスする方法を見つけてください。

私は今、あなたが磔、復活、アセンション・イニシエーションを通過する際に、「この世にいながら、この世に属さない」ことを助けるだろう二つの簡単な霊的実践（プラクティス）を提供します。

静かで、ゆったりと座れる場所を探します。呼吸に意識を置いて、完全に「今」に集中します。過去に思いを馳せることも、未来を覗き込むこともしません。呼吸の瞬間に、あなたは永遠の存在の真理に簡単に足を踏み入れることができます。あなたとあなたの呼吸は、神聖な愛の一つの連続した、中断されない流れです。マリア・アンナやイエシュア、マグダラのマリアがそうであったように、あなたも力強く愛をゆるし、表現していることを知りましょう。一呼吸ごとに今を感じ、そして意識的に不信のベールを越えてください。拡大された愛と光のエネルギーを感じることで、あなたは男性性と女性性のエネルギーの調和的な全体性の中で悟りを成就達成した「マグダラのキリスト」になるのです！　それは単に、自分の注意をどこに向けているかを、より意識するという選択の問題なのです。

賢いあなた方に一言申し上げるなら、このエクササイズは、十字架のイニシエーションを回避するものではありません。この直接的行動は、一貫して繰り返し経験されるとき、あなたが自分であると考えていた限定的なアイデンティティと、あなたが生きてきた限定的な人生の表現を変容（十字架につけること）させる可能性があることを理解してください。肉体に焦点を合わせたあなたのエゴは、たとえ魂の解放のために肉体の死が必要だとしても、あなたの魂の必然的な霊的成長を止めることはできないのです。魂の果てしない成長を苦しみとして経験するかどうかは、あなたが意識をどこにどのように持っているかによって決まります。この練習をマスターすることは、地上の成長の機会を置き去りにするものではありません。肉体を含むあなたの意識のすべてを包み込み、上昇させる神聖な愛であることを実践する喜びから、あなたを引き離すものではありません。

あなたがキリストとして完全に自分自身を提示し、偉大なる〝アイ・アム〟であることを実現するために、不信の敷居を越えて踏み出すことができますが、あなたは必要とするサポートを受けることもできます。あなたの愛の力を他の人と分かち合い、表現する機会がたくさんあることに気づけば、あなたは一人ではありません。二人以上が集まるところに〝アイ・アム〟を忘れないでください。統一された祈りの力を過小評価しないでください。

イエシュアが両親や祖父母から教わった、もう一つの簡単な練習方法として、もしあなたがまだアセンションの練習をしていないなら、この簡単なスピリチュアルなエクササイズを提供します。〝あなたとしてのあなたの創造主〟である「神聖な愛」を完全に感じ、表現することに対してあなたを遠ざけている分離の課題（アジェンダ）への執着を手放す助けとなるでしょう。

一日五分、あなたがすでにそうである復活したキリスト意識の存在に踏み込むことを選択することから始めてください。アセンションをしようとするのではなく、あなたの〝アイ・アム〟に合わせて、エネルギーの転換を感じるのです。そして、復活した愛によって力を与えられ、親切で、寛容で、寛大な場所から行動してください。とどこおりなくあなたを通して流れ、周囲の生命に利益をもたらす愛とともに存在する状態を、五分間、維持できたら、最終的に一日三回行えるように、この五分間のエクササイズを追加していきましょう。さらに五分を十分と伸ばしていき、昼も夜も、すべての今という瞬間に、あなたの存在の真実を楽に生きることができるようになるまで、続けてください。

イエシュアは生涯を通じて、自分の体のすべての細胞が創造主との結合を理解し、受け入れるまで、〝アイ・アム〟という真の王国に踏み込むことを選択し続けました。このシンプルで直接的な方法で、イエシュアは十字架にかけられ、復活し、アセンションすることを**同時**に経験したのです。

この新しいレンズを通して『偉大なる生涯の物語』を知る準備ができたので、私たちは今、イエシュアが、アセンションしたキリストになる方法を世界に示した人生の最後の数週間を迎えましょう。彼が永遠の命の真理と愛の力を例証したように、彼の愛する弟子たちの多くもそうでしたし、今や、あなたもそうかもしれませんね！　あなたは今、宇宙的かつ世界的な「神の計画」に喜んで愛を持って参加できるようになるためのイニシエーション・プロセスの中にいます。愛する友よ、気づいてください。あなたが誕生したまさにその目的が、今、起こっているのです！

第37章　近づく嵐

イエシュアが十字架にかけられ、復活するまでの最後の二週間、私はずっとイエシュアと共に過ごし、その後、イエシュアがアセンションするまでの数週間も共に過ごしました。あらゆる感情を深く味わい、最も力づけられた時間でした。絶望と荒廃という最も激しい苦悩の激動の波の中に埋もれながらも、私たちはただうっとりするようなエクスタシーをともなう栄光の高みへと昇っていったのです。人間の意識の中で共振した集合的な不安や恐怖と激しく格闘しなければならなかったので、その結果、計画通りに進めることができるのか、わからなくなる瞬間もありました。

疑心に陥っている間、私たちは、神、創造主、そして自分自身に対する自己否定、罪悪感、放棄、批判といった個人的な地獄の荒れ狂う渦の中で震え上がりました。実行に同意したとはいえ、「光の領域」は、どうしてこのような危険な計画を企てたのでしょうか？　孫と孫娘が選んだことは、人類の情け深い想像力と、その一方の憎むべき想像力のすべての側面を刺激して表出させる可能性が高いことを私はわかっていました。光と闇、生と死という二元性の両極を等しく結びつけ、種となったものを収穫し、一なる

「源」に帰すために、私たちは皆、試されることになると思っていました。

　そのような暗闇の中で、私は昔、イエシュアが生まれる前、ガリラヤの焼けた丘陵を歩いたときのことを思い出しました。熱い埃と灰の中で、「ああ、私の神よ、私に求められているこのことをどのように行えばよいのでしょうか？」と、今の私の気持ちと似たようなことを感じていたのです。イエシュアの親しい弟子たちの魂を調べると、私が考え、感じていることは、私一人のものではないことがわかりました。心を完全に静め、より高い視点から世界を見渡したとき、ようやく私は安らぎを得たのです。イエシュアと最愛のマリアが、個人的、集団的な交錯した感情を抱いていたにもかかわらず、すべてがうまくいっていると穏やかに確信しているのを感じたとき、私は安らぎを覚えました。内なる葛藤にもかかわらず、この燃え盛る世界に散らばった「輝ける者（ラディアント・ワン）」のかけらは、すべて神のもとに集められるという新たな希望が生まれたのです。

　私たちが、最も恐れ、裁き、自分の外に追いやっていたものを完全に抱き寄せることで、私たちは今、自分のすべてを全体性／聖性の中に集結するという約束を手に入れたのです。イエシュアとマリアが常に行っていたように、自分の意志を、より大いなる役割を知る「父と母の神聖な意志」に合わせるかぎり、私たちも世界への希望がありました。ただし、二元性の幻想をとどめようと、みずから収縮する分離意識の負荷が、私たちの肩に重くのしかかっていました。人間の限界と、その限界に共感している集合的な重圧が、私たちの心に石臼のようにのしかかっていました。「神聖なる愛」の心（ハート）は、すべての生命を貫く感情のエネルギーを感じるために開かれているのです。

　イエシュアは、その激しい準備の日々、私たちをできるかぎり群衆から引き離しました。私たちはそれぞれ、自分の理解力と感情や精神状態を調整する能力に応じて、イエシュアの助言を受け入れました。中には、混沌とした幻想の世界に没頭しなければならないというプレッシャーに負けて、理解の光を完全に失ってしまった者もいました。イエシュアがメシアとして何をするのか、先入観からくる混乱と幻滅のために、多くの人が恐怖心を募らせたのです。メシアはエホバ〈旧約、新約聖書等における唯一神、万物の創造者の名〉の敵を征服すると予言されていました。しかし、イエシュアが自分の王国はこの世のものではないことを強調し続けたとき、多くの人が不安になりました。イエシュアに最も親しい弟子たちの中にも、神経質になりながらぶつぶつと不平を言いはじめる者もいました。

不安に満ちると同時にすばらしいときでした。困難なイニシエーションを通過してきた私たちは、過去、現在、未来、すべての人生で経験したすべてのことが、この一つの極めて重要な選択のポイントに集められたことがわかっていました。自分の中のキリストの光に忠実であり続けることができるだろうか？　魂の奥底を揺さぶる最も深い問いに対する答えを得るため、できるかぎり静寂であることをみずから求めました。神との絶え間ない交信によって蓄積された叡智を結集し、勇気を奮い立たせたのです。

時々、イエシュアとマリアの体が震えているのを私は見ました。汗が大量に流れ出し、二人の衣服がひどく濡れていました。地球全体とその生命体の中を流れるエネルギーの集合的な流れを感じられるように、あらゆるレベルで準備をしました。そして、それらの意識を追うと、光の網のようになり、永遠の流れに乗り、はるか宇宙の彼方まで移動する一つの脈動として拡大されていきました。孫と孫娘は、すべての生命を一つの真の無限の自己（インフィニティ・セルフ）に抱擁できるように極限まで引き伸ばされました。この宇宙規模の覚醒を、素粒子レベルで達成し、身に刻み込むことが、二人からの贈り物だったのです。

過越祭の週が近づくと、私たちはベタニアに行き、群衆の絶え間ない圧迫を避けて、静かな場所を確保するために夜中に到着しました。安息日を過ごし、翌日、城壁に囲まれたエルサレムの町に入る準備をしました。マグダラのマリアとマリアムは、イエシュアのあらゆる求めに特に気を配っていました。マリア・アンナはとても静かに引き込んだ様子で、もの思わしげでした。ときおり、イエシュアは母親のところに来て、膝の上に頭を埋め、腕を回していました。マリア・アンナの長い髪はイエシュアの周りに落ち、溶けた金色のベールのようになり、二人は泣き、高まる緊張を浄化していました。

そのようなとき、私は子どもたちを近くに集めました。子どもたちは、異常な状況を感じ取ることはできても、何がそのような状況を作り出すのかわからずにいるのだと、私はわかっていました。「母、祖母、おば、父、兄弟、いとこ、おじがこんなに心配し、引きこもり、大泣きするのはなぜだろう」という彼らの疑問を内心で私は聞いていました。私は怯える子どもたちを一人ずつ胸に抱き、慰めの言葉と優しい愛撫でなだめました。すると私の内なる子どもも「大丈夫」と安心するのでした。

さて、ここでイスカリオテのユダについて、理解をさらに深めることにしましょう。この数週間、ユダがますます神経質になり、不安になっていることに私は気づいていました。彼は床を歩きまわり、外に出ては戻って来て、イエシュアの顔を見つめ、安心感を得ようとしました。時々、イエシュアがユダのところに来て腕を回すと、ユダは泣き崩れ、庭に飛び出して行き、「わからない！」と叫びました。「理解できない！　理解できない！　耐えられない！」。彼は、男の弟子の中で、最も感情的でした。エッセネ派のイニシエーションを何度も受けていましたが、最も成功しそうな候補者の一人でありながら、同時に最も準備不足な人物でした。

さて、みずから恐れていた役割をユダが達成したことに対して、あなた方にもっと全面的な感謝をしていただけるように、ユダの経歴と性格についてお話しましょう。ユダは少年時代のほとんどをクムランのヨハネ・ベン・ザカリアとともに過ごしていました。彼の父親は男やもめで、非常に学問のある律法学者であり、厳格な意志をもって息子たちを支配していました。また、長老イスカリオテは、現代でいうところの過激なシオニストでした。クムランの熱心党の指導者の一人として、イスラエルの呪われた敵を取り除き、ヘブライ民族とソロモン神殿の完全な栄光を回復できる政治的メシアを求めて、彼の身体のすべての細胞が叫んでいました。

ユダもまた、父と同様、聡明な頭脳を持ち、父の尊敬と愛を得たいという強い願いを持っていました。父と同じように、彼もまた聖地の解放を望んでいました。ユダは、学問に厳しい態度で臨みました。モーセの律法の研究にも秀でていました。彼は弁論史と討論の学者であり、書記であり、クムランとシナイ山の倉庫の会計係として信頼されていました。ユダはイエシュアのために、食料品や旅費に必要な硬貨を入れた財布を保管していました。最愛の擁護者である洗礼者(バプティスマ)ヨハネが、ヘロデの淫らで不道徳な行為を公に侮辱して殺された後、ユダはイエシュアの身辺保護係となり、命をかけてイエシュアを守ったのです。新しい救世主(メシア)の到着を待つ村々に行き準備することを大いに楽しんでいました。

ユダの内面性、落ち着きのなさ、(特に父親から)認められたいという欲求、美しいものに対する感受性を知る者は、ほとんどいませんでした。雄弁な聖歌、詩、講話を読んだり聞いたりした者もほとんどいません。しかし、青年期から成人期にかけて、信頼を勝ち得た人物がいました。マグダラのマリアがクムランを訪れたその数年間に生涯の友となったのです。ユダはマリアを姉のように慕っており、その姉の中に安らぎの聖域を見出したのです。彼女の存在によって、彼の繊細で感情的な内面が癒され、真価が認められるようになりました。二人は、深く感情移入する自分の性質を理解してくれる人を、お互いの中に見出したのです。後年、ユダが繰り返し起こる希死性念慮の鬱の発作の中で亡くなった後、マリアはユダの勇気ある忠誠心を偲んで、ユダが書いた「最愛の人への詩」と「自然への賛歌」の一部を私に教えてくれました。

この数ヶ月の間に、ユダは徐々に、しかしますます、破壊的でありながら不可欠な役割を演じなければならないことを自覚するようになっていました。内輪の弟子たちは皆、肉体の復活と生命の永遠性を示すためには、典型的な英雄と悪役を押し出すことで、イエシュアが公然と裏切られ、処刑されることが必要だとわかっていました。神秘学校のイニシエーションの部屋に隠された秘密の儀式とは異なり、イエシュアと彼の親しい仲間は「墓の儀式」を公然と明らかにするでしょう。弟子たちの中には、エジプトのイニシエーションで、裏切り者のセトやサタンの役を演じた者もおり、彼らの中の誰が、その役を演じる資格があるかわかっていました。

弟子たちは皆、エッセネ派のイニシエーションを受けた回数が少なくても多くても、〈キリスト劇の〉「裏切り者」のことをある程度は知っていたのです。しかし、ユダを除くすべての弟子たちは、自分の運命が「軽蔑される者」に選ばれたのかを心の中を探ってみても、答えは返ってきませんでした。最後の数週間、舞台の中央に出てきて、幕を開けるきっかけになる役を演じる役者が誰か、それをはっきりと知る者はイエシュアとマグダラのマリア、ユダ以外にはいませんでした。

私たちがユダをゆるせるように寛容になる前に、彼の触媒的な役割について洞察しておくことは有益です。彼が演じたのは「軽蔑された裏切り者」であり、自己の中で最も裁かれ、裁いている部分であり、人間の心理の影に潜む、容赦のない、反抗的で、熱狂的、残酷な人物です。潜在意識にある忌まわしいものを、意識は戦うべき敵として外部に投影します。何が何でも現状を維持するあの人。結局のところ、二元性の戦士にとって、絶え間ない苦しみを引き起こす原因となるスケープゴートを持っていることは好都合なのではないでしょうか？　「裏切り者」以上に、非難し非難されるのは誰でしょう？

　自分の性格の中に、ゆるしがたく、恨みを抱き、常に自分の地位を高める方法を探したり、逆に自分を取るに足らない存在にする面があると気づいていませんか？　このような性格の持ち主が、あなたが本当に望んでいることの実現を妨害するとき、あなたは裏切られたと感じることがあるでしょう？　そんなとき、あなたは他人を責めたり、裁いたり、自分を厳しく責めたりしていませんか？　自分自身に問うには心地よい質問ではありません。しかし、セルフ・マスタリーを成就し、あなたが通過しようとする礫のイニシエーションを理解するには、この種の質問が必要なのです。そうすれば思考や感情を自分の創造物として責任を持てるようになります。神秘学校（ミステリースクール）の格言「汝自身を知れ！」の背後にある真実です。

　私たちはそれぞれ、完璧な内なる導きと、愛と意識の拡張のための固有の能力を持っています。実は、そこでは内なる直観、本能、常識、叡智を無視したり、反発したりすることは、自己と創造主に対する裏切り行為となります。より拡大した視点から見ると、オーバーソウル、またはハイヤーセルフは、無邪気であることを意図する心の純粋さを導き、高度なレベルのエンパワーメントに対する魂の準備態勢を評価するのです。

　あなたの内なるガイダンス・システムは、進化の一歩一歩を「適切なタイミングと場所で」踏み出すことを支援する、一種のブレーキやアクセルのような役割を果たすことが多いのです。もしあなたがスピリチュアルな成長を強行しているなら、あなたの魂は、あなたの行く手に邪魔をする障害物を置くよう計らうことで、あなたのペースを落とさせます。同様に、あなたが自分の力や愛、叡智にもっと正直になることに抵抗しているなら、あなたの魂は、あなたの要塞化した人生と鎧をつけたアイデンティティが、ほぼ一夜にして倒されるように必要な要素を不思議と調合してくれるのです。あなたの魂やハイヤーセルフがあなたの人生のキャプテンであり、あなたは外部の力の犠牲になっている駒ではないことを理解したとき、あなたはあなたの人生の神聖な監督と力を合わせたチームプレーヤーになることができます。そして、神聖なガイダンスに耳を傾け、それと調和することで、人生の絶え間ない進化の流れの中で、より多くの優しさと安らぎを生み出すことができるのです。

十字架にかけられ、復活するという変容の展開のとき、あなたは、信念、人間関係、所有物への執着に目を向けるよう挑まれることになるのです。あなたを制限しているものはすべて、見直しの対象になります。限定されたアイデンティティや世界が崩れていくとき、裏切られたと感じるかもしれませんし、逆に、魂が自分を解放してくれていることに気づきはじめるかもしれません。「裏切り者」、触媒としての「ユダ」があなたの敷居に現れてノックしたとき、ドアを開けたあなたがそこに見るのは歓迎する友人でしょうか、それとも敵でしょうか。イエシュアはイスカリオテのユダを「ほとんど理解されない友人」として認め、歓迎しました。

受け入れられている伝統にしばしば反するこれらの理解に直面したときに、私の親愛なる友人であるあなたに思い出してもらいたいのは、あなたが何を真実として受け入れ、どのようにあなたの人生の中にこの情報を取り入れ、用いるかを見分けるのはあなたの責任であるという観点です。迷うことなく、あなたの内なる存在が、あなたの魂の成長と進化に合致していると教えてくれるものだけを受け取ってください。そして、残りを判断してはいけません。残りの部分は脇に置いておいてください。もしかしたら、将来のある時期に私の話を取り上げたときに、かつてはアンナの「冒瀆的で異端的」だった言葉が、今はあなたにとって価値あるものと気づくかもしれません。

私は、封印され、隠されてきた多くのことを明らかにするために、私たちの相互の呼び出しに応じて、このときに来ました。あなたも同様に、自分自身を明らかにし、自分が誰であるかを思い出してください。この自己開示を通して起こるエンパワーメントにおいて、あなたの魂の避けられない進化による変化に対して、ますます快適に、リラックスして、感化されやすくなります。あなたの注意が、蝶として飛び立つ前の幼虫の本当の自分に向けられているとき、十字架の「出産時胎動」の期間に苦しみがある必要はないのです。

第38章 最後の晩餐

そうして、人々の感情のより大きな波は、喜びから苦しみに変わっていきました。五日前にイエシュアがエルサレムに入城したときには、群衆は勝利の「ホサナ（神をたたえよ）」を叫び、ヤシの枝を捧げましたが、今では物陰に隠れていました。特にイエシュアが神殿を清め、両替商や偽善的な司祭たちを懲らしめた後、独善的な司祭やローマの兵士たちからの報復を恐れて、イエシュアをかつては歓迎した人々が、今では「そんなヤツは知らない」と否定するまでになったのでした。もしイエシュアが本当のメシア（救世主）なら、その怒りの矛先はローマ軍に向かうべきで、神殿の伝統を受け継ぎ管理している司祭たちではないと人々は明らかに考えていました。

律法学者、パリサイ派、サドカイ派は、民衆の支持を得て、ガリラヤからの反逆者に敵対させる機会をうかがい、群衆の中に不満と疑念の種をまいたところ、群衆は羊のようにそれに従いました。イエシュアが権威ある話をすると、彼らは狡猾さと欺瞞によってその教えを罠にはめようとしたのです。孫が司祭長たちの偽善と傲慢なプライドを批判すると、イエシュアに救いを求めていた貧しい人々は激流に巻き込まれたように動揺しました。慌てて、あっちへ行ったり、こっちへ行ったりしたのです。

　ローマ帝国の圧政から聖地を解放するほどの強い軍事的指導者であるメシアを求めていた民衆は、自分たちの生活が脅かされるとすぐに権力者に味方するようになりました。イエシュアの奇跡、革命的な教え、謎めいた行動は、約束されたメシアの徴（しるし）として、一部の人々には受け入れられ、歓迎されましたが、彼の政治についての執拗なまでの消極性は支持を得ることはできませんでした。イエシュアの助けによって体と魂が癒され、内なる神に謙虚に人生を委ねた人々は、イエシュアを信じることをいかに非難されようと、〝神の子（ソン・オブ・ゴッド）〟を支持し続けました。同じように癒されたのに、親族や司祭たちからの批判やあからさまな攻撃に耐えられない人々は、腹立たしくも失望して背を向けてしまったのです。エルサレムの城壁に押し寄せた群衆は、とどまるところを知らない激動そのものと化しました。

　ローマの衛兵は、ポンテオ・ピラト〈ローマ帝国ユダヤ属州総督〉に内乱の発生を知らせました。神殿の大司祭アンナスはヘロデ・アンティパスに向かい、ヘブライ人の指導者の地位を脅かすこの冒瀆的な異端者を何とかしてくれと要求したのです。そこで、サンヘドリンが招集され、この不安定な状況に終止符を打つことになりました。洗礼者（バプティスマ）ヨハネに起ったようなことが二度と起こらないようにとの願いが込められていました。ヘロデはそのために眠れなくなっていたからです。しかし、この頑固な民衆が、このような野蛮な者に盲従するとしたら、もし、イエシュア・ベン・ヨセフのような革命家を指導者に選んだとしたら、彼らはどんなことをするのだろうか？

　アンナスと他の司祭たちは、熱心党がこの大工の息子こそ預言されたメシアであり、ダビデの王座の正当な後継者であると言っているのを聞いていました。彼らは、「この無能な酒飲みを排除することが、すべての関係者にとって良いことである」と考えました。「このばかげた偽者は、安息日を破り、律法と預言者を支持する司祭たちをののしり、売春婦、税金泥棒、逆徒、不浄者たちと一緒にいたのだ！　このような偽者が、奇跡を起こしたことなど気にすることはない。悪魔ベルゼバブに雇われているどんな魔術師でも、同じようなことができる。どうして、彼を約束のメシアであるなど、信じることができようか」。そんな風に、彼らは自分たちの間で議論しました。

さて、アリマタヤのヨセフは、彼の甥の告発と処遇の提案のすべてに同席していました。ある者はヨセフが親戚であることを知っていて、彼が扇動的な問題児に賛成でも反対でもないと確信するまで尋問しました。もしヨセフが「大いなる計画」を知っている熟達者（アデプト）でなかったら、プレッシャーで倒れていたことでしょう。中立を保つには、とてつもない外交手腕と自制心が必要でした。抑止力として十字架刑が検討されたとき、ヨセフは神への信仰を総動員しなければなりませんでした。彼の記憶は、娘と甥がまさに今、彼らの命を脅かそうとしている残虐行為に備え、グレイト・ピラミッドにテレポートしたときに光の評議会が示した多次元計画を思い起こしていました。ヨセフは、何か悪いことが起こるかもしれないと思いながらも、自分にしかできないことをしようと決意を新たにしたのです。「何しろ、人間は自由意志を持っているのだから、その時々で視点を変えることができる。簡単な計画でも、いつ実行に移すかわからない」。ヨセフは、この非常に複雑な計画の編成にともなうリスクをわかっていました。

思い起こせば、イエシュアが墓に横たわり、マグダラのマリアが次元の橋渡しをしたグレイト・ピラミッドで、地球の結晶グリッドに惑星の磔（はりつけ）・復活・アセンションのためのホログラムが初めて投入されたのです。ホログラフィック・ネットワークは、グレイト・ピラミッドのキャップストーン（頂上石）に、イエシュアとその近しい弟子たちの身体に、そして地球の素粒子マトリックスに配信されたのです。これですべてが整ったのです。巻き取ってしばらく保管していたタペストリーを広げるように、待ち望んでいた出来事(イベント)が急速に展開されたのです。

さて、その記憶すべき一週間の最後の日々を語るにあたり、私の愛する友であるあなたに、あなたの「内なるキリストがあなたとともにある」とお話しましょう。エネルギーが高まり、あなたの細胞や魂の記憶が呼び覚まされれば、あなたは孤独ではないし、これまでも一人ではなかったのです。「内なるキリストの光」に気づけば、あなたの全身が輝きを放ち、あなたは新たな扉をくぐり、「最愛の自己」に出会うことができるのです。

あなたの魂が多くの転生を通してどのようにキリストのエネルギーを保持してきたかにかかわらず、あなたが意識しているかどうかにかかわらず、あなたの中にキリストが種としてまかれていることをわかってください。キリストのエネルギーを内側に眠らせていた封印が、今、かつてないほど完全に開かれようとしています。この気づきを歓迎する人もいれば、恐れ、抵抗する人もいます。それぞれの魂の進化の設計とタイミングに従って受け取るのです。判断してはいけませんし、恐れてもいけません。私の言葉があなたの中で意味を持つように、私たちは優しくゆっくりと進みます。あなたが受け取ることを選択したときに、そうなるでしょう。

この話を続けるために、今度は神殿に近いアリマタヤのヨセフの屋敷の広い上階の部屋に行きましょう。そこには、イエシュアとマグダラのマリアが、信仰深い家族や仲間たちとともに最後の晩餐を過ごすために来ていたのです。それは、あなた方が聖金曜日と呼ぶ、イエシュアが十字架につけられる日の前夜でした。マリア・サロメは数年前にここに居を構え、この一年の間にマリア・アンナとアハメドの小さな家族も加わっていました。ヨセフがもてなす客人のために、たくさんの部屋が用意されていたのです。私は特に快適な部屋を与えられ、そこにはイギリスからの記念品が飾られていました。イエシュアとマグダラのマリアは、中庭に出られる近くの部屋を共有していました。この数日、私は一階の台所で過ごしていました。

　マリア・アンナ、マリア・サロメ、そして数人のアシスタントと一緒に、七十人以上のゲスト全員に食べさせるのに十分な食事を用意しました。

　招待客は、指定された時間帯に静かに到着し、入り口の前で立っているアリマタヤのヨセフの前を通って入場しました。私は最後の一団に加わり、急な階段をゆっくりと登り、上階の応接室に向かいました。イエシュアとマグダラのマリア、そしてイエシュアの親しい弟子たちのほとんどが数時間前から待っていました。階段の吹き抜けにある小さな格子窓から夕陽が差し込み、階段を上る私たちの体を照らしました。階段を上がると、サンダルウッド（白檀）、フランキンセンス（乳香）、ミルラ（没薬）の香りが漂い、下の厨房では平たいパンやフルーツケーキが焼かれ、甘い香りと混ざり合っていました。厨房で最後の準備をした人たちは、パンの入ったバスケットや果物やチーズの盛り合わせを持ち、水差しや新しいワインを持っている人もいました。

　部屋の中央には長くて低いテーブルが置かれ、その周囲を当時の流行であったリクライニング・ベンチが取り囲んでいました。大きな手製枕、東洋風の敷物（ラグ）、華麗な彫刻が施された堅木の椅子が一番奥のベンチを囲み、あふれんばかりの客を受け入れていました。高い石壁は豪華なタペストリーで覆われ、背の高い格子窓と扉が西に向かって開かれ、囲まれた中庭を見下ろすバルコニーへと続いていました。ヤシ、ザクロ、イチジクの木の上部の枝が影となり、中庭を挟んで向かい側の住居の背後に傾く太陽がシルエットを描いていました。この隣接する建物は、ヨセフがエルサレムに滞在していたときの主な住居でした。金色の光と紫色の影に包まれながら、私たちは静かに自分の居場所を決めました。

男女はカップルとして、友人として、対等な立場で共に座るように招かれました。低いクッションのベンチに座っていたイエシュアは、他の人のために場所を空けて座りました。マグダラのマリアは、夫の左側にゆったりと座っていました。ヨハネ・ベン・ゼベダイとアビゲイルは、彼の右側に付き添っていました。イエシュアは母親と私に向かい合う席に座るよう指示しました。

伝統や礼儀に縛られた敬虔さではなく、神聖な聖域を共に創り上げることへの純粋な愛と感謝の気持ちがあふれていました。鳥のさえずり、そよ風に揺れるヤシの葉のざわめき、コオロギの大合唱の中で、ささやくように短い挨拶が交わされました。部屋のあちこちで、優しい手つきの人たちが、膝や腕に手を当てたり、疲れた背中をやさしくマッサージしたりしていました。私たちが、今、分かち合っている貴重な瞬間を噛みしめながら、愛情深くお互いを見つめ合うと、腫れ上がった赤い目が、最近、泣いていたことを物語っていました。どんなに頑張ってこらえようとしても、涙が一晩中流れ続けていた人たちもいました。

イエシュアはとてもリラックスした様子で、愛するマリアに腕を回し、ときおり、口づけをしていました。養子のヨーセ、ユダ、ミリアムを含むゲスト一人ひとりに、優しく愛撫するような、それでいて鋭い目を向けて、私たちの最も美しい本質を引き出すような、魅力的な微笑みを浮かべました。彼の親しみのある視線が私に注がれたとき、その部屋には他の誰もおらず、私たち二人が互いに溶け合っているような気がしました。時間が止まったようでした。イエシュアの目を見ると、天国の門が大きく開かれ、甘くうっとりするさわやかさに招かれると感じるのでした。

その夜の出来事を思い出そうとすると、至福に酔いしれてしまい、まるで遠くから見ているようで、そのときの言動を詳細には覚えていません。詩篇を歌い、共に祈った後、イエシュアは水盤に水を汲み、外套を脱ぎ、下半身に綿の浴用の敷き布を巻いたことは覚えています。すでにイエシュアのバプティスマについて記述したところで、洗礼の儀式について説明したので、覚えているかもしれませんが、彼はそれから水盤の中に入り、エッセネの洗礼の儀式を堂々と披露してくれました。

それが終わると、すべてのゲストを前に招いて、清め、「やがて必ずやってくる聖霊の油注ぎのバプティスマに備えるように」と言ったのです。私たちは、この光の賜物が自分の神性を証明し、天の窓を開いて奇跡的な祝福を注いでくれることを知っていました。このようなことが起こると、多くの場合、体のすべての細胞、心の中の考え、感情が火によって活気づけられるように感じられます。ときには熱さを感じることもありますが、常に意識が大きく拡大します。

イエシュアは私たちの頭に一握りの水をそっとかけ、手と足を洗い、身に巻いていた布で乾かしてくれました。最後にイエシュアのもとに来たのはマグダラのマリアで、彼は愛情を込めて彼女を助けました。

マグダラのマリアは、清めの儀式を受けた後、厚みのある巻き毛をとめていた白い髪留めを外すと、その髪はマホガニー色の滝のように腰まで流れ落ちました。マリアはイエシュアを自分の前にある椅子に座らせ、水盤に新しい水を注ぎました。そして、イエシュアの前にひざまずき、彼の足を洗いました。彼女の目からは涙があふれ、水盤の中にこぼれ、彼の足を濡らしました。彼女は習慣で髪でその水を乾かしました。マリアは彼の足を自分の膝の上に抱きかかえ、咳払いをしました。コントラルト（女性最低音）の声でマリアが、「ソロモンの歌（雅歌）」とダビデの「詩篇二三編」を歌い上げると、あまりに貫くような愛を込めて歌ったので、私たちの喉から溜息がわき上がりました。バルコニーの向こうで巣を作っていた鳩も目を覚まし、一緒になって歌に参加していました。

歌い終わると、マリアは貴重な白色陶器（アラバスター）の壺を取り出し、スピケナード軟膏を手に取りました。マリアはその聖なる軟膏をイエシュアの足、手のひら、手首、胸、頭にゆっくりと塗り、特に手首と足の磔になる部分に注意を払いながら塗りました。イエシュアは最愛の人を立たせて、二人は食卓に戻りました。孫は、目の前の石製の皿に置かれていた平たいパンを手に取り、祈り、そして、それを小片に割りました。

そして、イエシュアは語りはじめました。

＊＊＊

預言されたことすべてが、私の中で成就するときが来ました。そのために私はこの世に生まれてきました。私が、この世に生まれたのは、この世を責めるためではなく、永遠の命を思い起こさせるためです。見る目と聞く耳のある者は、私の言葉に耳を傾けてください。あなた方を慰めるでしょうから、よく覚えてください。私たちが共に集うこのとき、預言者たちが予言した長い夜が降りはじめようとしています。集まってくる闇の中で、あなた方の多くは私の言葉を忘れ、ある者は私を知っていることさえ否定するでしょう。この言葉を忘れると、あなた方の心は悲嘆にくれるでしょう。あなた方の魂は、私が死んだときの姿を、時を越えて苦しく思い起こすことになるからです。でも、私はまた、あなた方に言います。喜んでください。遠くない日、あなた方の魂が再びこの世に来るとき、あなた方は私の言葉を思い出し、あなた方の周りのすべての生命とともに高められるでしょう。ですから、自分に優しくし、自分の限界や隣人の限界を裁いてはいけません。

さて、つむじ風が来て太陽を消し去るとき、あなた方の無知の籾殻はあなた方の目から振り落とされるでしょう。あなた方の目が「霊」によって新しくされるとき、その目を「高み」に上げてください。そこで、あなた方は必ず、私を〝アイ・アム〟として見、あなた方が私のうちにいるように、私もあなた方のうちにいることを知るでしょう。そして、私が「父」と一体であるように、また、あなた方が私の中にいるように、主は私の中で一つです。ですから、あなた方が私の父の中にいて、父があなた方の中にいるのも同じことです。私はあなた方に、近づいてくる嵐に耐えられるように、「宇宙の父と母」と一つになることを教えました。ですから、私の愛するマリアと私は、私たちが永遠の〝ワンネス〟の中であなた方を愛しているように、あなた方が互いに愛し合うように、あなた方のために模範を示したのです。

今、あなた方に言います。あなた方が私をどのように見るかは、あなた方の心のありかたによります。もしあなた方の心が、私の父の光と母の聖なる愛で満たされているなら、同じように私もまたその光と愛の中に引き上げられるのを見るでしょう。もし、あなた方の心が、周囲で猛威を振るう恐怖の闇の中に押し込められているなら、あなた方はこの体が礫の木の上で壊されるのを見るでしょう。私のこの世の肉体は、この皿の上で割られたこのパンのように見えるでしょう。ですから、私と私の言葉を思い起こしてこのパンを食べ、永遠のその光と命に満たされるようにしてください。

今、私はこの新しい葡萄酒を、私のうちに新しく結ばれた天の両親の「平和の契約」の徴として注ぎます。これは、無知の墓の中で眠っているあなた方の内なるキリストが目覚めることによって、あなた方の体の器と血のワインが、新しく降った雪のように白い光となるようにするためです。ですから、すべての者に宿るキリストのこの分かち合いの杯を唇に運び、飲み、この「新しき契約」を思い起こしてください。まるでパンをふくらませる酵母のように、あなた方の体をキリストとして上昇させるこの光を受け取ってください。あなた方を父と母の懐に入れるこの同じ光は、すべての世界に永遠の命を与え、天界に輝きを与えるのですから。

三日後に私の体の神殿を天に上げるように、あなた方も世にあらゆることを証して、私が成したことを見て、あなた方も同じように成してください。そうです、愛する子どもたちよ、あなた方の力ある〝アイ・アム〟の聖なる名において、あなた方はこれよりさらに多くのことを行うでしょう。

その時が来たら、私はしばらくの間、あなた方のもとを去ります。でも、これを知ってください。私はあなた方を慰めずに去りません。もし、あなた方が今、知っているように、私があなた方のもとを去らなかったとしたら、私があなた方に送る証人たる第二の慰め主が、私が話したすべてのことを思い起こさせることができないでしょう。この第二の慰め主は、天の母の恵みの表現として、聖霊のバプティスマとなるでしょう。私の平和をあなた方に与えます。世界が与えるようなものではなく、私があなた方に与えるものです。悩まず、恐れないでください。知ってください、友よ、〝アイ・アム〟はいつもあなたとともにいるのです。アーメン、アーメン！

＊　＊　＊

そして、震えているイスカリオテのユダのところに行くと、イエスは彼を抱きしめて言うのでした。

「行くのだ、兄弟よ。今、あなたを動かすそのことを成すのだ。私は楽園であなたを待っている。私がいるところに、あなたもくるであろう。さあ、夜の中に出て行き、振り返ってはならない」

アリマタヤのヨセフはユダを夜の街に出すと、イニシエートに理解される握手を交わしました。握手は親睦の印ではありましたが、そこから得られる慰めはほとんどありませんでした。あまりに大きな危機が迫っていました。冷たい風が開いていた中庭から吹き込み、扉が大きな音をたてて石壁にぶつかったので、物思いにふけっていたイエシュアは立ち上がって扉を閉めました。孫は、涙を浮かべた目で皆を見つめて立ちすくみ、親しい弟子たちに「そろそろ持ち場につきなさい」と合図をしました。マグダラのマリアは夫の手を握り、約束のゲッセマネと呼ばれるオリーブの木の庭での待ち合わせに備え、夫を部屋へ案内しました。

最後の晩餐として知られるようになったことを、このように私は思い起こしながらお話しました。これから私が語る言葉の周りには暗闇が広がっていきますが、私たちは、常に存在し、すべてのものに生命をもたらす、揺るぎない光を知る決意を持ち続けましょう。

第39章 ゲッセマネにて

さて、最後の晩餐の場面に戻りますが、この後、私たちは白い服から街着に着替えました。早春の夜の寒さをしのぐため、また監視から逃れるためのカモフラージュに、フードのついた外套を身につけたのです。それからシオン山の裾野、第一の壁の内側にあるサロメの暖かな家を出ました。家の近くの路地裏の影にまぎれて行くと、イエシュアとマグダラのマリアが私たちを待っていました。東側にモリア山と神殿群がそびえていました。小声で話し、イエシュアは手を上げて私たちに後に続くようにと手招きしました。

私たちは、一組十二人、四グループ、計四十八人のメンバーで構成され、さらに「十二の円環の原理」を象徴するイエシュアとマグダラのマリアが加わっていました。ヨハネ・ベン・ゼベダイは、二十四人の仲間を泉の門まで別のルートで案内しました。私たちはイエシュアと一緒に、よく磨かれた石畳の狭い街路を通り、谷門の見張り所までたどり着きました。ペテロが先に行き、役人に黙認してもらうために必要な賄賂を払い、城壁外の泉キドロンの近くの物陰で私たちを待っていました。

ヨハネ・ベン・ゼベダイのグループが指定された待ち合わせ場所に到着した後、私たちはキドロンの谷を横切り、オリーブ山の南斜面にあるよく知られた道を登りました。ゲッセマネの園で最も古いオリーブの木立の中に、私たちは隠れ家を見つけました。砂漠の冷たい風が、足元の砕かれた枯葉の刺激的な匂いをかき立てていました。私たちは、イエシュアとマグダラのマリアを囲むように黙って座りました。マリア・アンナとアハメドは私の横に座りました。私たちは詩篇の連作をそっと歌い、サンスクリット語のマントラと「父なる母なる神」の七十二のヘブライ語の名前を唱え、深い静寂の中で休息を取りました。

そして、イエシュアが語りはじめました。「長い間、準備をしてきた時が来ました。あなた方は、『父なる母なる神』が、『義の教師の道』を守るために私に与えた、選ばれた者たちです。世界が眠っている間、あなた方は目を覚ましていることを選びました。この五十日間は、あなた方の知識と叡智をもってしても、現在、理解していること以上のことが成されるでしょう。『天の父と母』は私と愛するマリアとの間に〝新しき契約〟を樹立されました。血の犠牲によって罪を償うという古い型が消え去る証として、十字架の印が、私の手、手首、足に刻まれるように、私たちが行うことはあなた方に刻まれることを証するのです。あなたの肉体のすべての細胞にも、光と真実の普遍的なコードが刻み込まれ、あなたを必ず自由にします」

コオロギの鳴き声が響く中、イエシュアは立ち止まりました。私たちの関心は、周囲の夜行性生物の発する自然の音に向けられました。孫はオリーブの葉を指で砕き、そよ風に乗せてその破片を空に飛ばしました。次に近くにあった土の塊を手に取ると、手の中で崩し、ゆっくりと指の間から落としました。微笑みながら、一人ひとりの弟子を見つめ、彼に近寄らせながら、そっと囁きました。「そう、母なる地上の最も小さな体のものでさえ、同様に上昇する光で刻印されるのです。宇宙的な母の愛が、すべての対立するものを調和させ、一体化させるとき、最も深いところに隠れている被造物は、その抗い難い引力から逃れることはできないでしょう。彼女は必ずや宇宙的な光を降ろして、この地上の体に新しい形を与えるでしょう。人類と地球のアセンションの輝かしい日のために、未だ到来していない季節に準備するために、この時期、宇宙の母と父を助けるために、私たちは集まるのです」

「あなた方全員は、肉体的にも、光の体（ライトボディ）でも、エジプトのグレイト・ピラミッドの墓の中に横たわっている私と一緒にいます。この六年間、私はあなた方をそばに置き、さらなる指示を与えてきました。それによって、あなた方の意識と潜在意識の中に配置されたものが、今、開かれていることを理解してください。原罪を背負った祖先は、怒りと嫉妬に燃える神を鎮めるため、また、母なる大地を肥沃に保つために、血の犠牲を必要とすると信じていましたが、今、あなた方は、母系と父系の祖先の旧約を解除できるのです」

「同様に、すべての命は無垢（イノセント）なものであることと、創造主との永遠の一体性を宣言する、アセンションし永遠に生きるキリストの〝新約〟あるいは〝新しき契約〟の到来を告げるのはあなた方です。あなたの中に生きているそのキリストが、日々、この取り消せない真理をあなたにささやいているのです。求めよ、さらば与えられん。叩けよ、さらば開かれん。私の愛する仲間であるあなた方こそが、いつの日か、人類と一緒になって、私たちの父なる至上の天空と、私たちの母なる愛の地球を統合し、あなた方の意識の中に〝宇宙（ユニバーサル）キリスト〟を誕生させるのです」

「もし、あなたが地上の天国に入りたいのなら、あなたを触発する対比（コントラスト）を提供する差異を認めてください。内なるものを外なるものと、外なるものを内なるものと結合させることによって、二つを一つにしてください。あなたの愛の感情が流れるようにして、与え、受けとることで一つにしてください。そして、天の父と地の母、男性と女性、光と闇を一つにするのです。そうすれば、花婿があなたを自分のものとして要求する花嫁の部屋に入ることができるのです。そうすればあなたは必ず王国に入ることができます」

今、イエシュアは親しい私たちの輪の中心に立ち、マグダラのマリアを抱き上げ、彼の横に立たせました。腕を彼女の周りにしっかりと回して、彼は続けて語りました。「マリアと私はこれから少し離れて祈り、万全の準備をします。ここに残って、見守り、また、全身全霊を傾けて祈ってください。私たちが一緒にいられる時間は短いでしょう。もうすぐ私はあなた方のもとを去らなければなりません。恐怖に負けることなく、長い間、準備してきた役割を果たしてください。私たちがこれから経験することは、確かに死の苦い見掛けを味わうことですが、その幻想を謙虚に永遠の命である父と母の御心の真の甘美さに置き換えてください」

イエシュアは唇を震わせながら「これを覚えておいてください」と言うのでした。

「太陽が暗くなり、母なる大地が震えるとき、あなたの片方の目を閉じて天を見てください。そこで私を見つけ、私があなた方を置き去りにしていないことがわかるでしょう。三日目には、この体が蘇り、あなたは私が〝アイ・アム〟であることがわかるでしょう。それでよいのです。アーメン、アーメン」。慰めの言葉を最後に、イエシュアは身を低くして母を優しく引き寄せ、額に口づけをしました。

イエシュアはペテロ、ヨハネ、ヤコブ・ベン・ゼベダイとその弟ヤコブ、その他少数の男女の親しい弟子たちに、自分についてくるようにと合図しました。約五メートルほど離れたところのオリーブの古木の影に身を寄せ合うように座っている仲間が見えました。イエシュアとマグダラのマリアは少し離れたところに行き、向かい合って座り、マントに覆われた二人の姿は、ほとんど見えませんでした。私たちは他の人たちに習い、地面にひざまずくと、ますます強くなるエネルギーで体を震わせました。ある者はエネルギーが強すぎて、地面に倒れこんでしまいました。

私たちは体の下に地球の核（コア）から表面に向かって上昇する低いハミングのような振動を感じました。私たちの意識には、まれにしか認識できませんが、常に人類と共同創造している、微細な知性の領域があり、偉大なる「ワンネス」に対する感覚を拡大するにつれて、私たちは、統一性（ユニティー）と愛を基調とするハートをともない、私たちを包み込んでいる光の網目模様に気がつくようになったのです。私たちが受け取ることを選択するならば、私たちのこの世界を別の世界の諸天使やアセンデッド・ビーイングの軍団が、愛をもってサポートしていることを目撃できるのです。また、〝ニュー・エルサレム〟と私たちが呼ぶエーテル状の光の都市の存在にも私たちは気づきました。

深まる呼吸とともに意識がシフトしました。視界も開けました。過去に向かって地球の歴史が逆転していきました。すべての華やかな黄金時代、そして、すべての無知と流血の暗黒時代が、妖しく私たちを誘惑し、気をそらすよう手招きしています。私たちは、訓練された意志をもって、それぞれが自分の能力に応じて、焦点を合わせることができました。エネルギーの振幅が大きくなると、マリア・アンナと私は立ち上がり、ときおり、隣の仲間のところに行き、震える肩や背中、あるいは胸に優しく手を当てて安心させました。一度、マグダラのマリアが、そばに寝ている弟子たちの体にも手を当てているのを見ました。体は深い眠りについていましたが、意識はとても明晰に目覚めていました。それから彼女は愛するイエシュアの前に黙って座りました。

そうして私たちは、永遠に続くかのように思えた次の数時間を過ごしたのです。エネルギーは非常に強烈で、文字通り、地球のエネルギーが私たちを地球の内部に吸い込み、押しつぶそうとしているかのように感じられました。増大する物理的な密度から逃れるための避難所へ向かう、エーテル状の光の領域の上向きの引力が一方で働き、私たちを引き裂くかと感じるほどの強度に拡大しました。上下に相反する強力な押し引きが全身に感じられたのです。激しさを増す体験の中で、イエシュアとマグダラのマリアは、そのとき、想像を絶するエネルギーを感じていたことは明らかでした。

二人は、私たちに向かって起き上がり、出発の準備をするように指示するために戻ってきましたが、そのとき、二人の目と体からは、異常な輝きが放たれていました。そして、よく見ると、彼らの顔には、皮膚付近の小さな毛細血管が破裂して、血の混じった小さな汗の小滴が見えたのでした。着ている衣服にも、小さな赤いシミが染み込んでいました。対向する極性と引き寄せる極性に統合をもたらそうとする二人の内的体験の強度が想像できるでしょう。

そして、男性が女性を囲むようにいくつかの円を作り、私たちを支え続ける父なる母なる神とエーテル体の仲間にサポートを続けるように呼びかけました。最後の詩篇を読み終えると、眼下の仮設キャンプで犬が吠えはじめました。東の空が暗くなりはじめると、私たちはすぐにお互いを抱き合い、そしてじっと立ち、イスカリオテのユダと松明を持った兵士、司祭、そして好奇心を刺激された者たちを待ちました。

敵意を見せる群衆が私たちの三メートル以内に立ち止まると、ユダは緊張しながらも前に出てきました。頭を下げて孫に近づき、抱擁し、両頬に接吻して、この人こそ捜し求めていた人であることを示したのです。するとイエシュアは前に出てたずねました。「あなた方は誰を探しているのですか?」。神殿の大司祭アンナスは、尋問のためにイエシュアを連れてくるよう隊長に命じていました。アンナスの伝令は、孫の言葉の威力に驚いて後ずさりしましたが、気を取り直して、「あなたはナザレのイエシュア・ベン・ヨセフと呼ばれているそうですが、その方ですか」とたずねました。「私がその者だ。あなた方に言う。もし、あなた方の求めているのが私であるなら、ほかの人たちはそれぞれの道を歩ませてください」とイエシュアは答えました。

隊長は咳払いをして、兵にイエシュアを拘束するよう合図した後、「エルサレムの大司祭カイアファの義理の父であるアンナスが、あなたを長老たちの前に連れて行き、尋問するようにと私を遣わした」と言いました。兵が孫の腕を取ろうとしたとき、ペテロは反応して短剣を抜き、兵の右耳を切り落としてしまいました。「ペテロよ、あなたはわかってない。剣を鞘に戻しなさい。私は、父の御心を果たし、より大いなる役目を受けるために、進んで行く」とイエシュアは叱責しました。そして、負傷した兵の側頭部に手を当てると、出血が止まりました。兵はトランス状態から覚めて驚き、何が起こったかを理解し、イエシュアの手首に手錠をかけ、兵士の群れに押しやりました。

私たちは心の底からショックを受け、恐ろしいドラマが始まったことを悟りました。私たちは一緒に留まり、力を合わせて、それぞれの役割を可能なかぎり果たすだけでした。

さて、私は聖書の記述を詳しく説明してきました。イエシュアの磔と復活についても話すつもりですが、あなた方がキリストのイニシエーションを通過する際に、より大きな力を発揮できるようにと願ってのことです。広大な宇宙と惑星意識レベルの援助と協調によってイエシュアとマグダラのマリアは、来るべきあなた方の新しい千年紀に、完全に実現される地球規模のアセンションの種まきを共同創造したのです。

この援助は、外部から救世主がレスキュー隊のようにやってきて、人々の力を奪っていくといったたぐいの経験ではありません。その意識は宇宙的領域との一体性とともにありました。そうであるので人々の受ける援助は、宇宙的な存在が、私たちの物理的な側面のアセンションを促進しているように経験されたのです。この種の共同創造的な一体性を知ると、あなたのイニシエーションも、セルフ・マスタリーと生命への奉仕のために、より大きな機会への扉を開くことになるでしょう。

第40章 カルバリの秘密

イエシュアが庭園から連れ出されると、シモン・ペテロとヨハネ・ベン・ゼベダイは、すぐに兵隊の後ろについて行きました。イスカリオテのユダが、アンナスの執事と一緒に歩き、カイアファ宮殿に入りました。マグダラのマリアは、他の少数の男女の弟子たちと一緒に、扉の外の階段にいました。残りの者たちは、そのまま通り過ぎて、城壁内外の割り当てられたそれぞれの持ち場に向かいました。

マリア・アンナや数人の女たちと私は、次の知らせがあるまで、一緒にここに留まることになりました。アリマタヤのヨセフの助手の一人が、ベテスダの池の北西にある彼の別宅に私たちを案内してくれたのです。この小さな家は目立たないので、知る人はほとんどいませんでした。ここに連れてこられたのは、街の壁の外にあるヨセフの広大な庭に比較的近かったからでした。ヨセフが、耕作に不向きな急な丘の斜面に、大きな墓を掘るように命じたことも知っていました。ここが復活のための墓所となるのです。

ヘロデや大司祭、あるいはポンテオ・ピラトの尋問の場に私は立ち会ったわけではありませんが、孫の肉を引き裂く鞭打ちの厳しさと残忍さを内なる視野と共鳴する心で見て、感じていました。孫の背中や足が激しく打たれたとき、私は、しばしば、たじろぎましたが、孫は熟達した精神修養によって身体感覚を変換し、耐えるとわかっていました。

茨の冠と紫の衣が正当に相続された神聖な主権の象徴であり、そこに高度なイニシエーション的な意味があることをイエシュアは理解していました。迫害者たちが冠と衣を嘲笑的な意図で被せたとき、彼は決して屈辱を感じませんでした。しかし、そのサディスティックな効果は、群衆をさらにヒステリックにさせ、司祭たちの「磔にしろ！　十字架にかけろ！」という叫びに賛同しはじめたのです。

ベニヤミンが、急に来て、イエシュアがゴルゴダ（髑髏（どくろ）の場所）に連れて行かれるという知らせを持ってきました。ゴルゴダは、城壁の外にいくつかある死刑執行場の一つで、最近、丘の斜面に墓を掘ったヨセフの庭の近くにあります。恐ろしげな叫び声、太鼓の音、馬の蹄の鋭い音が聞こえてきました。

私の仕事は、冷静さと集中力を保つことでした。でも、どのように私の胃の中に響く恐怖の振動を受け入れたらいいのでしょう？　私は深く呼吸し、自分の体を、今ここに、しっかりと根付かせて祈りました。「父なる神よ、私を見捨てないでください。私の中に表れているあなたこそが、この最も暗い時間に必要とされることを成してくださると、私はわかっています。聖なる母よ、あなたの慈悲において、自分たちが何をしているのかわかっていない、この子らの心の中にある憎しみと苦しみを変容させてください。ああ、祝福された母よ、万物の母よ、寛容な愛の澄んだ泉であるあなたの慈愛の心の中に、私をしっかりと抱きしめてください。人生の苦難に打ちひしがれてきた私の心が、今日、かつて愛したことのないほどに愛を注ぐことができるかもしれません」。そして、荒れ狂う風を鎮めるために最愛の孫が言った言葉を思い起こし、私は背筋を伸ばして「安らかにあれ。静かに、そして〝アイ・アム〟（われ在り）が神であることを知りなさい」と命じました。

マリア・アンナは、蒼白な顔で私の横で震えていました。すると彼女は、立ち上がり、毅然とした態度でスカートをなでつけ、猫背の姿勢を正しました。あごを引き、唇を尖らせ、幼い頃に怒りの嵐が彼女の体を突き抜けたときのようでした。私のところに来て、手を握りしめ、胸に抱きました。互いの目を深く見つめ合い、私たちは聖母（デバインマザー）の底なしの愛の井戸に飛び込みました。呼吸を合わせながら、神の存在の核にしっかりと錨を下ろし固定されるまで、動くことはありませんでした。始めは今にも心が折れそうになりましたが、天使の恩寵（グレース）に慰められました。足が石の床に釘付けになっても、魂は天に昇るような感覚を覚えました。高揚し、安らかな静けさに包まれました。ベニヤミンは、私たちを丁寧にエスコートして、雑踏の中から連れ出してくれました。

イエシュアが逮捕された直後にサンヘドリンが私たちを呼び出す可能性が高いことをヨセフはわかっていたので、マリアムとナタナエル、アンデレ、ルカ、そして、彼らの妻たちを近くの庭に造った墓のある場所に案内しました。それからサンヘドリンのメンバーでもある腹心の友の家に直行しました。さらに他の議員たちと一緒にカイアファ宮殿に行き、取り調べに立ち会ったのです。

庭の墓に陣取った弟子たちは、この戦略的な地点から強力なエネルギー・マトリックスを保持する手助けをしました。彼らは物理的にはその場にいたわけではありませんが、石の壁の向こう側とゴルゴダの不毛の丘で繰り広げられている残酷な光景をよくわかっており、聖なる洞窟の中でイエシュアの復活のプロセスを支援するために待機していたのです。

マグダラのマリアと他の重要な弟子たちは、イエシュアのさまざまな試練について行き、裁きの場から出てくるイエシュアを待っていました。マリアは、最愛の人がカルバリ（ゴルゴダ）に向かってゆっくり進むのを後ろから見守っていました。十字架の横木が、彼の裂傷を負っている背中に縛りつけられていました。熱狂する見物人たちは、群衆の圧力に押し流されてよろめくイエシュアを前に押しやりました。彼が重い荷を背負っているので、人々はヒステリックに叫び続けました。

「磔にしろ！　十字架につけろ！」

「ユダヤの王！　イエシュア・ベン・ヨセフ！」

狂乱した群衆はマグダラのマリアをあざけり、唾を吐きかけ、「悪魔の娼婦」と呼び、「石打ちにしろ」と要求しました。イエシュアが再び倒れ、兵士たちの鞭で打たれても、起きられなくなると、キレニア人のシモンが群衆の中から呼び出されて、イエシュアの肩から外された十字架をかつぐように命じられました。シモンは、それまでイエシュアのことを知らなかったのですが、その荒削りの重い板材をかついで、残りの道を疲れきって運びました。この体験が彼の人生を永遠に変えることになるとは、そのとき、知る由もありませんでした。

マリア・アンナと私を含む家族の小グループがダマスカス門の近くに到着したときには、他の二人の男が十字架をかついで通り過ぎていました。ゴルゴダの一番高いところで、まだ直立していない梁（はり）の上に二人は寝かされていました。他の弟子たちは、風が吹きすさぶ丘の上で十字架につけられる二人を見守りました。この十字架は、イエシュアの十字架の両脇にありました。私たちは門の内側でイエシュアを待っていましたが、自分がさせられていることを十分に理解できずに、たどたどしく、ときには文句を言うシモンに続いて、ゆっくりと通過していくイエシュアの後につきました。

組み立てられた十字架にイエシュアの体を磔にするのを見ると時間が止まったように感じられました。縦になる梁が吊り上げられ、所定の位置に落とされました。突然、風が強くなりました。しばらくすると、砂嵐が地平線を暗くしました。風が吹き荒れ、私たちの顔に猛烈な衝撃をぶつけました。不吉な雲が太陽を暗くし、稲妻が空を突き刺しました。耳をつんざく雷が鳴り響きました。月がゆっくりと地球と太陽の間に入り込み、太陽の光を奪いました。

「つむじ風が吹いて太陽が暗くなったら、天の世界を見なさい。そこに私がいる」

私は、イエシュアが「最後の晩餐」でパンを裂きながら語った言葉を思い出しました。

「あなた方が私をどのように見るかは、あなた方の心のありかたによる。もし、あなたの心が父の光と母の聖なる愛で満たされているならば、私もまた同じ光と愛の中に引き上げられるのを見るだろう。もしあなたの心が、あなたの周囲で猛威を振るう恐怖の闇の中に押し込められているなら、あなたはこの体が磔の木の上で壊されるのを見るだろう。私の地上の肉体は、この皿の上で砕かれて横たわるこのパンのように見えるだろう」

神秘学校の磔のイニシエーションを、極めて暴力的かつ文字通りの方法で公に示す者たちのために、道を確保するという約束も、私は思い出しました。そこで、周囲の混乱が自分の感覚や感情を惑わせても「すべてはうまくいっている」という真理に身をゆだね続けたのです。さらに私は高次元の統合意識に保持されている大いなる現実に目を向けようと決心しました。三次元の人間が無意識に呼吸するようにではなく、不死の熟達者(アデプト)が意識的にプラーナ（生命力）を呼吸するように、私は自分の中心のチャンネル（経絡）を通して呼吸をしたのです。こうして、時間と空間に対する私の知覚が変わりました。私は自分が神の源とつながっていることを知りました。私の内なるビジョンが開かれ、イエシュアの意識が肉体から切り離されるのを目撃しました。彼は「アッバ〈天の神、父〉」と呼ばれる黄金の光の不死の身体と完全に一体化したのでした。

イエシュアは、光の体の中で、そばにいた二人の男が黄泉と天国の領域に行くのを手伝っていました。マグダラのマリアが自分の意識をバイロケートして、地球とあらゆる生物の原子に力強い高揚感を刻み込む仕事に、最愛の人とともに参加しているのを私は見ました。

私に何が求められているのかが、次第に明らかになりました。信じられないような残虐行為を目の当たりにしながらも、真実を知り、幻想を見抜く決意をしたのです。転がり落ちるような雷鳴とヒステリックな群衆の血に飢えた叫び声の中、私の胸に語りかける静かな声が聞こえました。「すべては終わった。死はない。すべての恐怖を解き放て!」。内なる次元で、私は孫が「目覚めよ、立ち上がれ! すべての国々は、略奪と分裂をもたらす戦争の武器を捨てなさい。自由に与えられた自分の遺産を要求しなさい。永遠の生命は、一つひとつの各原子の王国の中に君臨している。恐れを抱いてしがみついていたものを手放しなさい。愛になれ! 平和であれ! アーメン、アーメン! そして、そうである!」と宣言しているのをテレパシーで聞きました。

私たちの意識がつながるにつれ、孫の生体反応が完全に止まり、痛みを感じないことがわかりました。イエシュアは、一部の人が仮定しているように殺害されたのではなく、長年のイニシエーションと実践から得た熟練の技をフルに発揮したのです。イニシエートされていない肉体の次元の目には死んだように見えても、肉体と魂をつなぐ銀の紐(シルバーコード)はまだ繋がっているのがわかりました。

私は、全身全霊をかけて意識を保ち、創造主の源とイエシュアの意識に繋がり続けました。彼の意識は、〝サフ〟という、最高次元の光の体と完全に一体化し、融合していました。恐怖、怒り、悲しみといった原始的な感情が、あらゆる方向から私を襲ってきました。私は叫びました。「ああ、神よ、私が愛し、ゆるすことができるように助けてください。きっとこの人たちは、自分たちが何をしているのかわかっていないのでしょう。私を支え、目を開いて、すべての生命を苦しみから解放する真理を見ることができるようにしてください！」

日没が近づき、過越祭が始まろうとする頃、アリマタヤのヨセフは、ユダヤ教の安息日の前に「埋葬」できるように、イエシュアの遺体を十字架から取り外す許可を得ていました。日食は過ぎたものの、荒れ狂う嵐と地震の揺れは太陽を暗くし続けていました。最後まで残っていた数人の兵士と執拗な見物人の最後の一人が立ち去ると弟子たちだけが残り、意識を失ったイエシュアの体を毛布で包みました。そして、イエシュアは馬車に乗せられ、私たちはヨセフの墓の近くまで慎重に移動したのです。

イエシュアは分離した自己を「死」なせたのです。生命反応を完全に停止させ、意識の中で完全に融合した母なる父なる神に全神経を集中させたのです。愛する友よ、私がこの話をするとき、「死んだ」のはキリストではなく、分離という人格の幻想であることを覚えておいてください。イエシュアが十字架につけられた経験を通じて、生きているキリストとしての神との一体化が実現したのです。

あなたが愛から切り離されたと思っているために、イエシュアが苦しんだのではないことを知れば、あなたは、人間の人生における苦しみの必要性と執着を手放すことができます。愛があれば、あらゆることが可能になるのです。マインドフルネス、訓練、献身によって、創造主とキリストが存在するところは、あなたの外側ではなく、あなたの意識の内に永遠に宿っていることを理解するでしょう。このセルフ・エンパワーメントと救いの真理を経験すると、外部の救世主を必要とする気持ちが薄れていきます。イエシュアがそうであったように、神との統合をより深く知るとき、あなたは必要なすべてのサポートを受けることができます。あなたは永遠に神に愛されていることを受け入れてください。あなたは、自分は死ぬ肉体であるという過去の誤った認識を手放して、イエシュアは死ななかったし、あなたも死なないという真実を主張すればいいのです。

劇場の例と同じように、キリストの実現（リアライゼーション）を得るためには、人間的な課題をより高い視点から見る練習をすることが有効です。さあ、私と一緒に呼吸をして、何世紀、永遠にもわたってあなたの魂に重くのしかかってきた苦悩の誤った認識を癒してください。あなたの意識を別のレベルに引き上げ、新しい目でカルバリを眺めてください。苦しみや天罰、無力感や裏切り、罰や殉教、犠牲者と暴君のドラマなど外側に現れるすべてから、あなた自身と内なる神をゆるしてください。

ゆっくり呼吸してリラックスしてください……リラックス……リラックス……。

あなたの魂は、永遠への永久パスポートを持っています。かつての限定された自分には戻れないとわかっているあなたは、自分の周囲と内側で起こっている惑星の大きな変化の混沌を歓迎することができます。自信と安らぎを持って、あなたの心の子宮／墓の中に隠れて眠っていた、あなたのアセンションするキリスト意識の誕生をゆるすことができるのです。

幼虫は、解放する変身をもたらす磔のイニシエーションなしには、蝶になることはできません。蝶のさなぎが幼虫を解き放つ変容をもたらすのは、磔なのです。蝶にとって、さなぎがその産室であるように、さなぎは幼虫の墓でもあります。そしてそのように、私たちも今、イエシュアと共に、復活のためのさなぎの子宮へと進んでいくのです。

第41章 復活するキリストの不死なる体

さあ、親愛なる友よ、「墓の儀式」に加わりましょう。あなた方が「聖金曜日」と呼ぶ夜、アリマタヤのヨセフの作った墓に集まったすべての弟子たちと一緒になりましょう。

嵐はまだ続いていました。そのとき、大きな丸い石を転がして低い扉を覆うと、外の風と激しい雷鳴はほとんど聞こえなくなりました。この広い墓の中で安全にこもると、私たちは迷うことなく、速やかに次の「大いなる仕事（グレイトワーク）」に取りかかったのです。

息子ルカはまだ医者として働いていましたが、この大事な日のために十分なリネン類、薬草、精油、膏薬と軟膏、水、ランプなど、必要な医療器具を注文しておきました。そして、前日、異父兄のヨセフの墓にすべて納めたのです。死者の防腐処理をしてミイラにする「墓の儀式」の経験のある者が、知識の乏しい他の者を率先して導いていました。この弟子たちは、喜んで私たちのアシスタントになってくれました。

目の前に横たわるイエシュアの傷ついた体を見ると、カルメル山のイニシエーションの洞窟の石棺に横たわる傷一つない十二歳のイエシュアの姿がよみがえってきました。そのとき、私は未来を見て、この苦い杯を飲まずに済むようにと願ったものでした。それから二十一年間、「死の状態」で彼自身の意識を味わい、変容させ、復活させてきました。

先ほどまで完全に止まっていたイエシュアの生命反応は、非常に深い「眠り」、つまり三昧（サマディ）状態にあることがかろうじて確認できました。私は孫の体を丁寧に洗いながら、涙がこぼれ落ちるのを抑えられませんでした。マリア・アンナとマグダラのマリア、私は、彼の横にひざまずき、鞭で打たれて背中や脚に食い込んだ鉛や馬の毛の破片を丁寧に取り除きました。また、傷だらけになっていた体から砂利、糞、投げつけられた黒い破片を取り除きました。次に、私たちは洗い、浄化し、癒しの軟膏、湿布、エッセンシャル・オイルを塗りました。

私たちの準備が整うと、ルカはエジプトのミイラを包むのと同じように、再生のハーブ・オイルを染み込ませたリネンの白布（シュラウド）を巻くのを手伝ってくれました。頭の大部分を覆い、顔には布ナプキンをかぶせました。以前にも紹介しましたが、ナプキンのはためきは「墓の儀式」に参列する高位の司祭や女司祭に、イニシエートの身体が生気を取り戻したことを告げるためのものです。この微妙な動きに気づいたとき、魂の生気が肉体に戻り、白布（シュラウド）を取り去るときが近づいていることが確実にわかるのです。

イエシュアの体が洗い清められ、油を注がれ、覆いがかけられた後、私たちは墓の中でイエシュアの周りのさまざまな位置につきました。アリマタヤのヨセフは、深く響く聖歌を歌いはじめ、特に音の振動に長けている者は、それに加わりました。他の者は打楽器、弦楽器、管楽器を使いました。ある者は非常に活発に、ある者は手だけで身振りをしたり、頭を縦に振り、背中を揺らしたりして、全員が体を動かしました。甘い香料が香炉で焚かれていました。オイルランプはほとんど消されていて、二つだけ残っていました。
私たちは、創造主の存在を呼び起こしました。癒しの天使たち、神々、女神たち、そしてこの惑星とその先の光の評議会を呼び寄せました。私たちはグレイト・マザー、特にイシスへの賛美歌を歌いました。なぜなら、私たちが、今、行っていることは、エジプトで彼女の愛するオシリスの復活の儀式を行うのと同じ方法で行われているからです。

このようにして、心（ハート）と声（ボイス）を通して、最高で首尾一貫した癒しのエネルギーを培ったのです。このエネルギーの流れを体内で循環させ、イエシュアの意識とともに光のパターンを織り成しました。アメンティの冥界を旅するイエシュアの意識に私は気づきました。その太陽の近くに住むマスターたちは彼に出会い、多くの領域を案内しました。そこで魂が、自分が送ってきた苦悩の人生の続きとしての地獄をみずから作り出すアストラル界の世界を旅するイエシュアを私は見ました。人々の意識が、無知な態度や制限された信念を手放し、より大きな光に向かって進むのをイエシュアは支援しているのを見ました。孫は地下世界で、より進化した教師や道先案内人を割り当て、より調和のとれた領域に移るのではなく、意識が苦しみを止め、上昇し、彼らとともにアセンションするのを助けるために、一時的に残ることを選んだのです。

私は、マグダラのマリアの意識がこれらの旅のすべてに存在し、この双子の炎（ツインフレーム）のカップルが、光の最高評議会とともに参加しているのを見ましたが、その内容を私はほとんど理解していませんでした。二人が惑星の任務以上のものに対して準備されていることを感じましたが、そのときの私の意識には、それが何であるかを知るだけの十分な広がりがありませんでした。

イエシュアのエネルギーが安定したことを感じはじめると、ほとんどの人は休むために墓の外に出ることを選択しました。二日目の夕暮れ時、アリマタヤのヨセフは内的ビジョンで周囲を見渡し、誰もいないことを確認した後、音を浮上装置として使い、重い墓石を後ろに倒したのです。墓での奉仕が不要になったことを知った者たちは、ベテスダにあるヨセフの家に行き、気分転換をしました。ヨセフ、マグダラのマリア、アンナ・マリア、サラ、マリアムの五人は墓に残りました。

イエシュアは、あらゆるレベルで変容をもたらす、信じられないほど強力な復活のエネルギーの流れをよく知っていました。今、彼のより啓発された意識は、頭頂の王冠(クラウン)チャクラを通ってセントラル・チャンネル（中央経路）、あるいはプラニック・チューブに入り、肉体に戻ってきました。生命反応が戻ったことで、不滅の光のキリストの体を蘇らせる作業（エジプトでは「ジェド・ロッドの蘇生」または「オシリスの背骨の蘇生」と呼ばれる）が開始されました。エネルギーが増大するにつれて、光が放出されはじめました。孫の身体は高い放射線を発し、素粒子のように脈打つ振動を送り出しはじめました。これらの高い振動は墓の音響室を貫通し、惑星の結晶グリッドを通して拡大されました。アセンションコードの新しいマトリックスが、アースマザーの身体と大気中に刻み込まれるのを促進する宇宙の調整が行われたのです。

肉体の中で復活のエネルギーが高まった後、リネンの白布(シュラウド)を取り外す前にしばらく休ませる必要がありました。私たちがうながされたとき、高いエネルギーを帯びた白布を取り外し、その後、イエシュアの体を洗い、清め、甘い香りのする油と癒しの軟膏を塗りました。そして、イエシュアの体に新しい衣を着せ、静寂の中で休息させました。

付き添いは必要ないと思い、イエシュアを祭壇に横たえたまま、私たちは日の出前に出発しました。大きな丸い石が扉を覆っている状態で、中にはイエシュアが祭壇に横たわっていました。私たちは休息し食事をしました。マグダラのマリアは数時間眠った後、日の出直後に父の家を出て、墓に戻りました。彼女は石が転がっているのを見て驚き、身をかがめて中に入ってみると、イエシュアがいないことにさらに驚きました！　祭壇の頭部と足元には、輝くような表情をした二人の天使が静かに座っていました。一人が祭壇の上にイエシュアの肩衣と顔のナプキンをきれいに畳んで置いていました。

マグダラのマリアが泣くのは、エジプトの儀式において、愛するオシリスを奪われたために泣くイシスの役割を果たしているのだと天使は認めて微笑みました。天使は「女よ、なぜ泣くのか？　誰を探しているのか？」と質問しました。「ここにいたのに今はいないから、私の愛する夫を捜しているのです」と彼女は答えました。彼女が引き返して庭に足を踏み入れ、墓を覗き込んだとき、「女よ、なぜ泣くのか？誰を探しているのか？」という言葉が再び聞こえました。その感じがイエシュアと違っていたので、庭師の口から出た言葉だと彼女は思いました。再び、連れ去られた人のことを尋ねられると、イエシュアの声で「マリア！」と言うのが聞こえました。彼女が振り返ると、いくらか変わってはいるけれど最愛の人の姿がありました。彼の体は半透明で、光を放っているように見えたのです。

彼女が駆け寄り抱きしめようとすると、イエシュアは手を挙げて言いました。「まだだ、愛するマリアよ。私の体の上昇する振動数は、まだ安定していない。復活した姿で、いつまでもあなたと一緒にいます。私には通過するアセンションの段階が、まだたくさんあります。この多くの時間、あなたは天の領域で私と会うことになります。

グレイト・マザーを代表するあなたには、地球上でなすべき重要な仕事がまだ残っています。私たちは共に、人類が〝キリストの道〟に入るための準備をしなければなりません。私たちは統合された意識の中で一緒になるが、他の世界で何度も行ってきたように、あなたはベールのこちら側に、私は反対側に、より集中することになります。この素晴らしい肉と骨の体で共に歩む年月を与えられたことに感謝しよう。私の愛する弟子である、あなたとヨハネに、私の祝福された美しい母を委ねます。さあ、行って、あなたが見聞したことを、母や他の人たちに全部話してあげなさい」。彼は、大きな愛情をこめて、微笑みながら、その指先が触れそうなほどそばを、そっと通り過ぎました。

　これらの言葉は、マグダラのマリアが、イエシュアの完全復活の嬉しい知らせを伝えるために戻ってきたときに、私、アンナが聞いた言葉です。

　お話したように、イエシュアとその仲間たちは、魂の意識を、神の愛と永遠の命の、より大きな目覚めへと復活させるという「大いなる仕事」を成し遂げました。イエシュアの肉体は復活し、より高い振動に引き上げられ、さらなるアセンションへと準備していたのです。

　あなたも、より多くの光と高い周波数を意識的に身体に取り込む復活の体験ができるかもしれません。肉体的な不死を通じて、あなたの身体に本来備わっている癒しと再生の能力が発揮され、人生に奉仕する時間が増え、セルフ・マスタリーを高めることができます。また、不死の光の体とのつながりを意識的に強化し、肉体という乗り物の要素を離れて地球に戻るときに、あなたの記憶と自己認識を一緒に持って帰ることを選択することもできます。

　十字架と復活のプロセスが始まると、悟った意識は一歩一歩上昇することで実現されていきます。多くの場合、まだ愛と一致していない思考や行動に対して、より大きな気づきを得ることがともないます。慈愛に満ちた愛の能力が高まったあなたは、こうした意識の側面を受け入れ、創造主との一体性を実現することができます。意識の悟りとともに、より大きな洞察力と、複数の同時に存在する現実と次元を経験する機会が訪れます。これは、永遠の「今」における自由と統合の究極の体験なのです。

第42章 聖霊のバプティスマ

親愛なる友よ、共に過ごしてきた時間も終わりに近づくにつれて、あなたの人生も、あなたが望むことを成すのを待っています。現代のこの時代は、二千年前の恐ろしくも壮大な時代とは異なります。あなたが母なる大地（マザーアース）や彼女が支えるすべてのものと結びついた運命を全うするために、私の経験が何らかの助けになればと願い、私と共に歩むようあなたをお誘いしました。私と一緒に来たことで、あなたはもう戻れない境界線をいくつも越えてきたはずです。私たちは、過去を振り返りつつ、より広い視野で未来を見つめることを選択しましょう。そうすることで、永遠の「今」という瞬間が祝福されるでしょう。

イエシュアの復活後、どのような生活を送っていたのか、気になる方もいらっしゃると思いますので、フランスとイギリスに渡る前の、パレスチナでの残り数年間の思い出をお話しします。私は、遥か前方に広がる未知の世界を見渡す高い崖の上に立っているような気がしていました。この長い年月の間に私が経験したすべてが、高価な真珠に圧縮され、凝縮されたようでした。それはまるで、生命が内向きになり、休息し、春の新芽を待つ冬の時期のようでした。私はしばらく崖っぷちに立っていましたが、ある日、内なる明確な衝動に駆られ、新しい人生を切り開くときが来たと確信しました。

イエシュアの家族や友人のサポートチームにとって、この時期は非常に内向的で、それまでの数年間の活動でまいた種を評価し、手入れをし、育てるための時間だったのです。カルバリの後、かなりの期間、心は悩み、思考は圧迫され、体は苦しめられ続けました。イエシュアの十字架と復活（ゴルゴダ）の直後の五十日間は、遠方の火山から噴出した火山灰が風に乗って、何週間も太陽が隠されたままでした。地下ではまだ余震が続いていました。イエシュアの親密な弟子たちは、ほとんど地下に潜り込んでしまったのです。オリジナルの小グループの弟子以外は、パレスチナで復活した後のイエシュアを見た人はほとんどいませんでした。

磔の磔と復活の体験の一年半の間、身に着けていたキリストのマントのオーラの裾に手を伸ばし、触れ、癒された追従者たちは、迫害され淘汰され続けました。イエシュアに倣ってキリストのマントを身につけることは、簡単なことではありません。精神はその気になったものの、肉体がその責任の重さに耐えられず、不可避の試練に直面した人々は、風前の灯となって散っていったのです。

エッセネ派の壁の内側でイエシュアを知り、イニシエーションの準備のためにイエシュアと一緒に近隣や遠方の土地を旅した、同じ家系に属する者にとっては、きびしい浄化と再評価の時期でした。秘密裏に行われた評議会では、激しい議論が交わされ、解決を試み、深い魂の探求が行われ、次のステップを知るための祈りの時間でした。また、解散と再編成の時期でもありました。何よりも、内側に向かい、起こったことすべてを統合する時期でした。外の世界が混沌を煽っていたので、内側で何らかの形で平和を知り、明晰さを得るための唯一の方法だったのです。

イエシュアと共に歩んできた親しい弟子たちの間では、語りの名人が世代から世代にわたって伝承を伝えるように、私たちが見聞したことを記憶にとどめることで合意されました。また、目撃したことの多くを暗号化して巻物に刻むことも同意されたのです。文章は封印され、過去のものと一緒に隠され、そのほとんどを海を超えて東西各地に運ぶことになりました。私たちは散り散りになりながら、口伝の物語と書き記した記録を持ち帰り、それを見聞して人生を変えることを望む人々と分かち合い、伝えることになりました。私たちの残りの人生における継続的プロジェクトとなることが了解されました。

磔の直後から五十日間、イエシュアはしばしば私たちと一緒にいてくれました。彼との遭遇は、たいてい予期できないものであり、特別な方法で起こりました。ときには食事や集会のために集まっている部屋に、ただ姿を現すこともありました。また、私たちの船のそばで水の上を歩いているところを目撃されたこともありますし、私たちに挨拶した後、浮遊して船の中に乗り込んできたりもしました。あるときは、逮捕を免れるために私たちが集まっていた地下洞窟の石壁を通り抜けてきたこともあります。ユダヤやガリラヤの危険な道を人知れず旅していると、道端で休んでいて手招きする見知らぬ人として登場することもあり、いつの間にか一緒に歩いているのでした。また、食事に参加したときは、どんな料理でもおいしそうにいただいて、大満足している様子でした。

イエシュアはいつもは白い服を着ていましたが、路上で行われた集会では、地元民と見間違うような暗くて地味な服を着ていることもありました。彼の肉体と衣服からは異次元の輝きが放たれ、地面の上をすべるように移動するのでした。半透明の姿で光を発していました。彼に触れられると帯電したような感覚があり、彼の顔を見た者は、ほとんどいませんでした。しかし、私たちが十分な準備をしていると、イエシュアは私たちのところに来て、手を取って優しくキスをし、あるいは両手で私たちの顔を包み込んで、すべての緊張が解けるまで、私たちの目を見つめ続けました。

イエシュアが現れないときには、その存在をとても恋しく思っていました。突然、彼が現れたときは、どれほど喜んだことでしょう。慈悲深い光の船に乗って天界に行き、地球のすべての大陸と海洋の島々を訪れたという彼の話を聞いて、私たちは嬉しくなりました。そして、十字架にかけられてから復活するまでの三日間に、多くの火山が噴火し、地震で大陸が隆起し沈没し、高波で都市が海に流されたことを悲しげに語ってくれました。

これらの地球の変化によって最も影響を受けた人々は、ほとんどの場合、謙虚になり、イエシュアの癒しのエネルギーと慰めの言葉を受け取る用意ができていました。地球上の人類とつながりあうことは、楽しいことでした。バイロケーションの方法を知っている多くの人は、イエシュアに加わり、祈りと瞑想を通して意識的につながり続けている兄弟姉妹たちとの絆を築くことを喜びました。

慰めと深い癒しを求めて集まったとき、私たちは今まで知らなかったエネルギー・フィールドに驚かされました。見慣れないものだったわけではありません。心が完全に沈黙するほど、その場にいた全員に深く入り込んでいました。私たちの心は一つの集合的な篝火（かがりび）として点火され、肉体と精神の目は天の領域へと開かれたのです。マリア・アンナは引き上げられ、通常の意識に戻ると、「私たちは、神界の偉大なる聖母から〝愛の新しき契約〟を受け取るために集まるように招かれている」と告げました。

このエネルギー・フィールドを「聖なるシェキーナ」あるいは「約束の聖霊」の降臨と呼ぶ人もいますが、グレイト・マザーの火炎光を発するマントが、霊的な火のバプティスマ（洗礼）で私たちを包んだことについて、これからお話しましょう。イエシュアは、「聖母（デバイン・マザー）」が私たちの第二の慰め者としてやってきて、知るべきこと、思い出すべきことすべてを私たちが心の中で目撃して、私たち自身がキリストとなることを達成すると言っていました。「私が成したことを見て、あなた方も同じように成すのです」と言われたのを、友よ、私はよく覚えています。

完全な孤独と沈黙の中で一週間の断食をした後、マリア・アンナはパレスチナに散らばっていた弟子たちにクムランで目立たないで集まる特別集会を召集しました。信頼できる使者がその言葉を発信し、かなり大人数のグループが夜中に集まってきました。当時、クムランを訪れていた数人が準備をし、疲れた巡礼者たちが眠っている間、儀式が始まるまで見張りをしていました。夜明け前、水の流れるような音が聞こえはじめました。皆、仮設のベッドから起き上がり、マリア・アンナとマグダラのマリアに続いて、数千年にわたって「聖母（デバイン・マザー）」に仕えてきた古代の大きな洞窟の中で行列を作りました。

洞窟は長い間、不敬な崇拝によって汚されてきましたが、それでもグレイト・マザーのエネルギーが宿っていました。クムランの男性指導者たちが家父長的な偏見を強めていたため、正面玄関は、長い間、閉じられていました。グレイト・マザーの儀式を継続することを選んだ人々がアクセスできる秘密の入り口を知っている人はほとんどいませんでした。霊的儀式のほとんどは、古代シュメールの女神イシュタル／イナンナ〈共に金星、愛や美、戦い、豊穣の女神〉と、イシス教団であるマグダラの秘儀に関連するものでした。私たちとイエシュアとの関連から、クムランの指導者たちは、私たちに正面玄関を開放してくれました。

マリア・アンナは、断食と祈りのほとんどを洞窟の中で行っていました。彼女は古代の祭壇を掃除し、花やハーブ、お香を数種類、そして貴重なオイルを含ませた水の入った水盤を置きました。私たちは座り、万物の母なる神に詩篇と古代の聖歌を歌いました。長い時間が経った後、マリア・アンナは祭壇に向かい、みずからに油を注ぎ、そして、私たち一人ひとりを招きました。

私たちは一人ずつ彼女の前にひざまずきました。マリアは小さな手で乾燥した花びらやハーブを砕き、私たちの頭や肩にまき散らし、祭壇の香炉の炎で残りを燃やしました。私たちが外衣を脱ぎ胸をさらけ出すと、マリアは小さなガーゼを、イエシュアが最後の晩餐で使ったシンプルなケルトのカップに注がれた香水の中に浸しました。彼女は私たちの顔、手、胸を優しく洗いました。右手は心臓の上に置かれ、暖かい光が感じられるようになりました。涙に濡れた頬にキスをして、濡れた瞳を厳粛に見つめました。マリアは、次の礼拝者に移る前に、束ねた布の中から長い布を選びました。そして、その布をスカーフのように一人ひとりの首に巻いていったのです。この裂けた布は、イエシュアの着衣だった布です。母親がこの儀式を行ったのは、イエシュアを崇拝するためではありません。この布は愛の徴であり、復活した息子のように神との永遠の結びつきを受け入れる意志の徴だったのです。

そして、マリア・アンナはイエシュアの言葉を引用しました。これは、復活の過程で墓に入っていなかったトマスが、自分の前に現れた人が本当に肉と骨でできているかを確かめてほしいと頼んだときに言われた言葉です。イエシュアの体は以前と同じように見えましたが、今はもっと洗練され、半透明になっていました。イエシュアはトマスに次のように言いました。「さあ、見なさい、感じなさい。私はあなたの兄弟であり、父なる母なる神が私にお与えになったすべてのことを果たすために、私は来ました。私が模範を示したのは、万物に生命を吹き込む〝一なる神〟をどのように礼拝すればよいかを、あなた方が知るためです。あなたの体をも光の象徴とし、平和の道具とし、世の中のすべての人が光と命をより豊かに持てるようにしてください！」。マリア・アンナは、私たちが通過し続ける試練の目的を思い出すよう、私たちを助けてくれたのです。

儀式の順番を全員が終えると、私たちは同心円状に集まって座り、男性が女性を囲みました。子どもたちは、母親の乳房に吸い付く小さな赤ん坊を除いて、中央に座りました。讃美歌を何曲か歌った後、驚くべき静寂が訪れました。ある者は地面に低く頭を下げ、ある者は天を仰ぎ、眼球が後ろに回り白眼になりました。多くの人が〝光の言語〟を話しました。ある者は、大きな洞窟の天井に向かって浮遊し、上昇しはじめました。再び、内なる奔流の音が響きました。そのとき、頭上の石の天井が開いたような気がしました。

聖なるシェキーナの多くの賜物について、誰もが自分なりのビジョンと経験を持っていました。少なくとも、すべての生命の母であるシェキーナの存在は疑いようのないものでした。聖霊は、その多くの名前に関係なく、各人の信念に従って現れました。聖霊は、その強大な存在感を受け入れる各人の能力に応じて、すべての心と体にもたらされ、それはまるで光の炎に焼き尽くされるようでした。そして、その限界に達すると、それぞれが引き上げられて、肉体に受肉しはじめてから魂が長い間待ち望んでいた聖霊の贈り物を全員が等しく受け取るまで、引き上げられていったのでした。

神の女性的な創造的側面が降りてきて、白い鳩のような柔らかさで私たち一人ひとりの上に降り立ちました。女神の抱擁は、信じられないほど甘美であり、また恐ろしいものでした。甘美なのは、女神の神聖な愛が永遠の命のミルクであるからです。その表情は、彼女の抱擁に抵抗することを選んだ人々にとっては「暗く恐ろしい」だけでした。なぜなら、彼女の酔わせる甘露（ネクター）を飲むと、すべてが形のない存在へと溶けてしまうからです。彼女が来た瞬間、私たちは「全生命の産みの親（バーザー・オブ・オール・ライフ）」と一つになりました。母なる父なる神と一体となったのです！　その貴重な時間において、私たちは「一なるもの」を知ったのです。

その燃えるような聖霊の油注ぎが、私たちの残された日々を支えたのです！　地上での外部の環境にかかわらず、喜びや苦しみを目の当たりにしても、聖霊は永遠の平和の鳩のように、それぞれの方法で私たちの運命に導いてくださったのです。

第43章 聖杯の通過

さて、愛する友よ、パレスチナからの旅立ちを分かち合うときが来ました。イエシュアは復活した肉体で、時々、私たちを訪れてくれましたが、私たちが続けていたイエシュアとの体験は、高次元で起こっていました。

イエシュアの復活から数年間、私たちの人生は多くの苦難を経てきました。マリア・アンナの夫アハメドは、うっ血性心不全で冬に亡くなりました。ひ孫のベニヤミンはその後、ステファノと同じように怒り狂った暴徒によって石打ちの刑に処されました。アリマタヤのヨセフはサンヘドリンから追放され、偽証の罪で短期間投獄されたこともありました。ヨセフは出獄後すぐにマグダラのマリアとその子どもたちをアレキサンドリアの南にある修道院に連れて行き、危険から遠ざけました。あらゆる方面から向けられる盲目的な憎悪にさらされることから誰も逃れられませんでした。

タルソス〈トルコ中南部の都市〉のサウロは、説明のつかない強迫的な復讐心で私たちを投獄しようとしました。身元や居場所を隠すことはますます難しくなりました。私たちは、偽名を使い、コードネーム、特別な握手、暗号のメッセージなど、あらゆる予防策を講じて、身の安全を確保しました。私たちは頻繁に移動し、ほとんどの時間をクムランの南の死海沿いのエッセネ派共同体やエルサレムに隠れて過ごしました。二年間、私が愛したカルメル山に戻ることはほとんどできませんでした。カルメル山は、大海原に面した戦略的に有用な岬で、ローマ帝国が見張り台として使用しはじめたため、ほとんどの修道士が避難していました。素朴なエッセネの聖域も、ローマの神ゼウスに奉げられてしまったのです。

私たちは「ダマスカス」という名前をクムランのコードネームとして使っていました。そして、タルソスのサウロは、私たちの多くが冬の間クムランに滞在していることを知ると、私たちを探し出して殺そうとしたのでした。このクムラン（ダマスカス）への旅の途中、サウロは道端でイエシュアに呼び止められました。サウロは光の中に連れれて行かれ、心が和らぎました。彼は人が変わりエルサレムに戻ってきました。彼と一緒に行った兵士たちは、クムランを焼き払い、熱心党の逃亡者を投獄する命令を実行する代わりに、恐れて散り散りになったのです。

サウロは後にパウロと名を変え、彼のビジョンに共鳴する弟子たちを集め、人々がイエシュア・ベン・ヨセフを唯一のキリスト、個人的な仲介者である救世主として信じるように仕向けるようになりました。パウロの強いカリスマ性と、より分かりやすい霊的実践は、彼の人気と支持を集めはじめました。また、パウロの活動は、イエシュアのメッセージを布教するために階層的に司祭を組織しようとする弟子たちの多くを引き寄せました。ペテロは特にパウロと連携しており、その結果、それまで指導的立場にあった者たちの間で分裂が起こりはじめました。

微細な霊的領域から直接的に啓示を受け悟った者に追従する者たちの間では、比較的早い段階で分裂が起こることがよくあります。人数の多いグループは、もはや物理的な次元にはいない聖なる救世主や（しばしば殉教した）預言者の経験の解釈に基づく信念と実践を採用します。パウロに従った弟子たちは、イエシュアか、もしくはイエシュアの布教のために組織された司祭のどちらかに権威があると考えました。

私を含む他の人々は、求めるものはすべてすでに自分の内にあることを直接、体験して知っており、内なる権威を尊重し守っていました。その道は隠れたものであり、物理的な感覚では容易に理解できないが、その模範となったイエシュアと同じ変容の修行と目覚めのプロセスを喜んで通過し、自己実現を続けていたのです。

神秘主義者（ミスティック）の旅路は、私にとっては好ましい選択ですが、グノーシスの内なる扉を通過していない遍歴者たちの旅路を無効とするものではありません。それは、一つの道が他のものよりも優れているという問題ではありません。問題は、イエシュアとその近しい仲間たちが悟りを開いたのと同じ経験を受け入れる用意があるかどうかです。

さて、ここでは私たちがパレスチナから追放された、劇的で危険な場面を見てみましょう。

イエシュアと密接な関係にあり、秘教的（エソテリック）実践を信奉していたため、私たちは生命の危険にさらされ、パレスチナから離れた場所に避難することを余儀なくされました。アリマタヤのヨセフは、アレキサンドリアとイギリスへの旅から戻り、私たちの生命を脅かす暴力の増加に警鐘を鳴らしていました。ヨセフは十分に休むこともなく、また通常航海に携える物資や乗組員の補充をすることもなく、二週間以内には再び出発する用意をしていました。パレスチナを離れることを選んだ家族は、わずかな持ち物を集め、ヨセフとともにヨッパの港に向かいました。二日目の暮れには、アレキサンドリアに向けて出航していました。

通常三隻以上の船で行くところを、ヨセフはこの旅のために二隻だけの貨物船団で構成しました。一隻は主に乗客を乗せ、もう一隻はヨセフが次の渡国の際にガリアとブリテンに持っていくよう命じられていた物資や交易品を積んだものです。アレキサンドリアに数日で到着し、数週間滞在して、航行状況にもよりますが、パレスチナを出てから二ヶ月以内にガリア南岸に到着する予定でした。

私のほかに、マリア・アンナとその四人の下の子、マリアムとナタナエル、サラとフィリポ、そしてアリマタヤのヨセフとその子ロイス・サロメ、マルタ、ラザロ、そしてその子どもたちがいました。私たちはアレキサンドリアまで順調に行き、すぐに親戚の家に避難しました。

私たちはマグダラのマリアとその子どもたちとの再会を喜びました。マリアは、イエシュアが待っているとテレパシーで告げられたガリアに移動することを強く希望していると教えてくれました。前にも申したように、復活のとき、イエシュアの悟りを開いた肉体がさらに上昇するプロセスを通過するのを助け続けるようにとマグダラのマリアに彼は言いました。高等錬金術の仕事の多くがガリアとブリテンで行われることをマリアに知らせていたのです。

私たちがくつろいだ後、ヨセフたちはイギリスまでの航海に必要な物資と乗組員を集める作業に取りかかりました。当初は、この数年間のストレスと警戒から解放され、大きな安堵を覚えていました。アレキサンドリアには多くのローマ人がいましたが、イエシュアのことはほとんど知られていませんでした。ただ、アレキサンドリアのエッセネ派の人たちや親戚の間で噂になっており、私たちが伝えることができるすべてのニュースを聞きたいと思っていました。

ほぼ一週間、私たちはホストのもてなしを楽しみました。しかし、エルサレムに駐屯していたローマ軍団がアレキサンドリアに移され、歓迎された休息も束の間となりました。その軍団の百人隊長の一人が、イエシュアの裁判と十字架刑に立ち会っていました。その百人隊長は、アリマタヤのヨセフがその状況に干渉したことに、何か説明のつかない理由から腹を立てていました。十字架につけられた数週間後、彼はヨセフを逮捕し、投獄したのです。ヨセフが熱心党によってサンヘドリンに入れられ、イエシュアの「革命」を帮助しているという偽りの告発のためでした。幸いなことに、ヨセフは強力なコネクションを持っていたので、一週間以内に釈放されました。

たまたま、軍団がアレキサンドリアに到着し、将校たちに外出休暇が与えられたその日、百人隊長はヨセフ、ナタナエル、ラザロ、フィリポが市場で食料を集めているのを見かけました。百人隊長は、ヨセフが牢屋から逃げ出したと思い、憤慨し、ヨセフを逮捕し、アレキサンドリアの古い要塞の地下牢に入れてしまったのです。

ラザロは早速、彼の父親のヨセフがローマ市民の権利と特権を与えられたことを示す証明書を持っていることを下級判事に説明しました。そして、ローマの総督に謁見し、アウグストゥス・カエサルの印が押されたヨセフの書類を提出しました。この書類は、彼らの代表者が、ローマ帝国に仕える鉱石船団を指揮する立派な鉱山大臣であることを示すものでした。

恥をかき激怒した百人隊長はヨセフを叩かせましたが、しぶしぶ解放し、フィリポとナタナエルが待つ埠頭まで引きずり連れて行きました。そして、ラザロは軍隊の護衛のもとに、直ちに私たち全員を集めて、ヨセフの船が一艘だけしか見えない埠頭に来るようにと命令しました。やむなく私たちはその小さな船に乗り込みましたが、その船は乗組員、食料、水、交易品も全部没収された状態でした。船内を見ると、帆は千切れていて、ほとんどなくなっていました。オールも、舵輪も、舵も、錨もありません。全員を船に乗せ、係留ロープを外すと、引き潮に乗ってゆっくりと陸から離れました。

ショックと不信感の中、私たちはアレキサンドリアがゆっくりと遠ざかるのを見ました。子どもたちの泣き声が大きくなるにつれて私はデッキを歩きまわり、惨憺たる状況を確認しました。ヨセフは傷ついた頭を手で抱え、深い瞑想に耽っていました。子どもたちは皆、女性たちの周りに身を寄せ、慰めと安心感を与えてもらいました。ナタナエルとラザロは、即席のオールと舵を作るために何が使えるか探していました。フィリポはぼろぼろの帆を分解して、修理できないか調べていました。私は、マリア・アンナとマグダラのマリアを脇に呼んで、食糧と水を集めて、分け合うように頼みました。

私たちの絶望的な状況はヒステリックな恐怖を呼び起こしましたが、大人たちはそれぞれ、同じように困難な状況を乗り越えて勝利してきた長年のイニシエーションから生まれた確固たる信念をもってこの困難に立ち向かうことを決意していることが分かりました。私はヨセフのところに行き、一緒に船倉に降りて、私たちの命を脅かすこの異常な試練にどう立ち向かうのが最善か内密に話し合いました。話をするうちに、何人かの子どもたちにはうまくことを運ばないとすぐにも死の危険があることが分かりました。その場にいる全員に冷静になるよううながし、日が暮れて子どもたちが眠りについてから、私たち大人は一緒に祈り、助言を与えることにしました。子どもたちが寝静まった頃、大人が集まって、ますます危機的な状況になっていることを静かに話し合いました。しかし、これまでの規律や鍛錬にもかかわらず、非力さを痛感せざるを得ませんでした。

復讐に燃えるローマ人は、私たちの船を海上に浮いた墓場にするつもりでしたが、幸運にも命をとどめていることに目を向けました。心を一つにした祈りと四大元素（エレメント）との調和が、運命を変えると私たちはわかっていました。しかし、通常であれば数時間で解決できるのに、事態は、私たちの命令には服してくれませんでした。

初日は進展のない時間が長く続きましたが、これは子どもたちを含むすべての人にとってのイニシエーションであることが次第に明らかになりました。熟達者（アデプト）の域に達した者は謙虚になり、多くの弟子たちが散り散りになっていたこの数年間に、私たちは皆、統合された意識へと導かれていたのです。

また、私たち長老は、イエシュアの働きと復活後の混乱に焦点を当てるあまり、子どもたちに「キリストの道」を教え、準備させることを見落としていたことに気づかされました。子どもたちは誰もが物理的な次元の困難を克服する試練にさらされたことがなかったのです。やがてイニシエートの道をよく理解した者たちは、私たちが生き残るためには、船が浮遊する神秘学校（ミステリースクール）にならなければならないことを認識したのです。

頭上の太陽は大海原を溶けた炉のように照らし、涼しい風はほとんどありません。日中は冷たい水の中を泳いだり、水をかけられたりするのが唯一の救いでした。周囲を水に囲まれているとはいえ、塩分が多くて飲めません。

涼しい風もなく、日陰をつくる雲もないまま、船倉で数日間を過ごしましたが、その間に大海の潮流は私たちをパレスチナに戻る東の方向へと流していました。貧弱な衣服は、日中のまぶしい太陽や夜の湿った寒さをほとんど防いでくれませんでした。たまたま持っていたわずかな水もほとんどなくなりました。夜露は、子どもたちの乾いた唇をかろうじて濡らしました。

小さな集団が十分な力を得て団結する前に、私たちを謙虚にしたのは子どもたちでした。ほとんどの子どもたちは、私たちが奇跡を起こすのを見たことがあり、今度も奇跡を起こしてほしいと懇願してきたのです。私たちに船の進路を変える力がないと思うと、残念でなりませんでした。しかし、私たちには、この無力感を癒す機会があることがわかりました。子どもたちが苦しむ姿を見ながら、彼らの訴えになすべもなく耳を傾けていたとき、私たちは身を委ね、意志を一致させるための痛みをともなう試練を受けたのです。

子どもたちを個別に助けたいと心が痛みましたが、グループ全体がある種の結束を固めないかぎり、私たちの命を救うことはできないだろうと思いました。もし奇跡が起きるとすれば、それは父なる母なる神の指揮のもと、共同創造する共同体として成されるのです。

三日目に入る頃には、子どもたちは大人が自分たちを救えないことを理解し、私たちの助言を喜んで聞くようになりました。私たちが自分たちのイニシエーション、特にイエシュアのイニシエーションについて話していたことを、子どもたちは無視するのではなく、真剣に聞くようになったのです。そして、文句を言う代わりに、私たちの苦境を冒険としてとらえはじめました。謙虚さと勇気をもって、誰もが力強い祈りと確信をもって、私たちの運命はガリアとブリテンにあり、絶望的に海を漂っているのではないのだと、一丸となって覚悟を決めたのです。

流れを変えようという気持ちを一つにした私たちの、ひたすら祈り続ける日々が始まりました。数時間ひたすら黙祷し、強い声で発声することを交えた後、私たちの小さな仲間は実現に十分な勢いを生み出しました。すると、涼しい風がボートを揺らし、微妙に進路を変えているのに気づきました。そして、イルカが泳ぎ、空中に飛び上がり、楽しげな声を上げているのに気づいたのです。次に、水の色が変わり、流れの方向が変わっているのがわかりました。まるで風や流れ以上の力が働いているかのように、ゆっくりと、しかし確実に、私たちの小さなボートはその方向を変えていったのです。

ヨセフとナタナエルは以前、舵のようなものを作って使おうとしましたが、潮の流れが強すぎて役に立ちませんでした。この小さな舵は、今では、夜は星、昼はイルカの案内に従って、より正確な舵取りを可能にしてくれました。

雲が集まり、穏やかな雨を降らせました。私たちは、その恵みの水をあらゆる容器に集めました。にわかには信じがたい話ですが、魚たちがボートに飛び込みはじめました。帆の残骸で作った薄っぺらな網は、以前はうまく働かなかったのですが、今では欲しいだけの魚が捕れるようになりました。

体力と気力を充実させ、進路を決めた私たちは、不可能を可能にする航海を続けました。ローマ軍に遭遇してエネルギーを消耗するよりも、私たちの集中力を維持することが目的地に到達するために最も適していると考え、陸地には近づかないことを選択しました。何隻もの船が通りかかりましたが、破船である外見は、海賊の餌食になる価値もない、死しか待っていない海に投げ出された逃亡者のものと伝えていました。

ヨセフはガリアの海岸線をよく知っていました。あなたがたの時代には、サント・マリー・ド・ラ・メール（海の聖マリア）として知られている小さな港に近づいているとわかると、ヨセフと他の男たちが入り江に導きはじめました。潮が満ちてくると、私たちの船は簡単に河口に入りました。いくつかの小さな埠頭が岸辺を囲んでいました。その先には、わら葺きや石造りの家屋があり、暖炉の煙突から煙が空に向かって上がっているのが見えました。やがて深い沈泥の中に乗り上げ、潮が海に戻るのを待って、係留ロープで作った間に合わせの梯子を下ろしました。

漁師を中心とした村人たちは、私たちが何者か知りたがって、小さなボートで私たちのところにやってきました。私たちが女性や子どもであるのを見て、彼らは妻のもとに戻り、私たちのために避難所と食料を用意してくれました。膝までの水深になると、私たちは嬉々として岸に上がり、一週間以上ぶりのまともな食事を貪るように食べ、疲れて硬くなった体を温かいベッドに寝かせ、必要なだけ眠りました。村の人たちは、素晴らしいもてなしで私たちを迎えてくれたのです。

到着して間もなく、ヨセフが長年取引をしている近くの裕福な商人に使者が知らせを届けました。ヨセフがラングドック地方に連れてきたエッセネ派のイニシエートを保護したこともある信頼できる連絡係でした。連絡を受けたヤコブ、イサク、タビタが合流するのに時間はかかりませんでした。彼らは、まだ会ったことのないサラと彼女と結婚したばかりの夫フィリポの帰還を歓迎しました。村では、私たちの無事を祝って宴会が催され、好きなだけ滞在してくださいと温かい申し出がありました。

ありがたいことに、私たちの数少ない所持品の中にイエシュアが「最後の晩餐」の席で使った共同体の杯（カップ）がありました。この杯は、あの晩以来、マリア・アンナのもとに保管されていました。イギリスで作られた木製の杯は、金と銀のシンプルなケルト文様が施され、弟子たちが集まって夕食を共にし、祈りと瞑想を行う際に頻繁に使用されていました。時が経ち、イエシュアの訪問が少なくなるにつれ、この杯はイエシュアを偲ぶ私たち一人ひとりにとって、より大きな意味を持つようになりました。使うたびに、この杯はエネルギーを帯びました。内なる視野を持つ者にとっては、非常にはっきりとした黄金の輝きがそこから放たれているのが見えました。私たちはこの杯を手にすると、手のひらがピリピリと温かくなり、心が愛で満たされるのを感じました。

降り注ぐ恵みへの感謝を胸に、私たちはゆっくりと力を蓄え、心の平穏を取り戻しました。ヤコブとイサクは、私たちをピレーネ山脈の北の麓の谷間にある小さな村に案内してくれました。その土地は肥沃で、水は清らかでした。エッセネ派の素朴な暮らしぶりは、次第に村の人たちになじんでいきました。彼らの言語を私たちは徐々に取り入れました。パレスチナからの移住者も多く、私たちはすぐに家族や共同体の感覚を持つことができました。

新しい生活が私たちを迎え入れてくれたのです。私たちは逃亡してきましたが、今、長い労苦から休息を得ることができたのです。私たちは〝人の子（ソン・オブ・マン）〟が私たちの間に来て歩くのを見て、そのお方に保護と糧を与えました。そして、光が奪われ、最大の暗闇がやってきたときには、そのお方と行動をともにして、慰めました。そして、そのお方は、私たちをみずからのもとに集め、あらゆる形あるものに永遠の光の道を示してくれたのです。

イエシュアが成したことはすべて、私たちにもできることだと知るようになりました。おそらく私たちは、地球次元での時間が終わる前に、さらに多くのことを成し遂げるでしょう。イエシュアは、キリストのイニシエートである私たち主権者のエンパワーメントを絶えず強調し、支持してきました。彼は、私たちもキリストになれること、そして兄弟として、友人として、創造主から見て私たちと同等であることを私たちに思い出させてくれたのです。さらに、イエシュアは、年月が経つにつれて、自分が崇拝されたり、自分を中心とした宗教を作ったり、地上の支配者の王朝を作ったりするつもりは決してなかったと語ったことを付け加えましょう。

私たちは、たくさんの色とりどりの糸を織り込んで、継ぎ目のないタペストリーのように、螺旋状の敷居を越えて歩んできたのです。私が皆さんにお話したことは、多くの疑問を生んだかもしれません。私は、あなた方の中に眠っている答えを引き出すことができたと願っています。ご存知のように、私の意図は、昨日まで疑問の余地のなかった結晶化した構造を揺り動かし、エネルギーをため込むものを緩め、より力強い人生をあらゆる瞬間の自由な流れに誘うことです。私の願いは、あなたというキリストが誕生するように、空間と動きを作り出すことです。

私の物語を終わりにするに当たり、私の家族が地球上で過ごした残りの年月について、もっと知りたいと思われるかもしれません。多くの人がそうであるように、あなたも次のような疑問を持っているかもしれません。マリア・アンナやマグダラのマリア、その他の登場人物はどうなったのだろう？　私たちは肉体を離れたのか、それともアセンションしたのか？　聖杯の本当の意味は何か？　これらの疑問に対する答えは、また別の機会に、フランスの青々とした野原を歩き、アヴァロンの霧深い谷を通りながら、皆さんと分かち合いたいと思います。アンナとしての私の人生は、まだ二百年以上あり、多くの興味深い冒険が待ち受けています。私がお伝えした言葉の中に込められたエネルギーをあなたが統合し、さらに求める準備ができたとき、それは必ず与えられることを知っていてください。私の愛する友よ、安らかに、そして〝アイ・アム〟（われ在り）がいつもあなたと共にいることをわかっていてください。

アンナ

クレアからのあとがき

親愛なる友であるみなさん、マリアの母でありイエシュアの祖母であるアンナの、力と愛に満ちた存在と共にあなたに奉仕できたことは、私の喜びであり光栄なことでした。私は今、『アンナ、イエスの祖母』がどのように誕生したかをご紹介することで、この物語を結びたいと思います。

一九八七年の秋、グランドテトン山脈の滝の近くで、私はアセンデッド・マスターであるサン・ジェルマン（以前はイエシュアの父ヨセフ）との、完全に人生を変えてしまう、物理的な出会いを体験しました。その後まもなく、私はイエシュアの祖母と密接な繋がりがあることを知らされました。それから約一年後、私が深い瞑想をしているとアンナが内なる領域に現れ、自分の話を私に共有したいと言ってきたのです。そうして私は、アンナがテレパシーで彼女の人生を語り、ホログラムで彼女の経験の中に連れて行かれるという体験をするようになり、私はそれを散発的に記録しました。

一九九八年一月一一日、アンナと光の評議会は、キリスト意識を呼び起こしている魂を持つ人々に、アンナの変革の言葉を届けるという任務に完全に専念するときが来たと、私に知らせてくれました。私には大きな抵抗がありました。私がアンナの物語を伝えるなんてとんでもない！　このプロジェクトの責任と範囲は、あまりにも圧倒的で、リスクも大きすぎるように思え、迫害を受けた細胞記憶が私の体に現れてくるほどでした。私は逃げ出したくなりました。しかしその後、三台のコンピュータのアップグレードと経済的な寄付を得たのです。言い訳はできませんでした！　私の魂の絶え間ない呼びかけと、愛する友人れたのです。

たちのサポートにより、あなたが、今、手にしているものを生み出すという、産みの苦しみが乗り越えら

執筆の過程は、アンナの明瞭な存在と声を感じ、見て、聴くことができるまで、私自身が心を整え、静めていくプロセスとなりました。霊的な旅の中で、私たちはしばしば、パレスチナ、エジプト、イギリスの地形の上を飛んでいました。何度もズームインして、細部まで見ることができました。このような体験をしている間、私は見聞きしたことを書き留めていきました。アンナの人生に完全に入り込むことは、私にとっても素晴らしい体験でした。まるでホログラフィックな仮想現実の中にいるかのように、アンナの感覚を通して、触れたり、匂いを嗅いだり、感情を表したり、味わったり、見たりすることができたのです。このように私たちの意識が融合している間、時々、アンナが私の目を通してコンピュータの画面を見ているのを感じましたが、彼女は書き手のより便利な方法に、感嘆していました！

最初にチャネリングされたかなり右脳的な送信は、私が二回の白内障手術で自宅療養中の七ヶ月間に完了しました。それ以来、アンナと光の評議会とのコラボレーション、継続的なイニシエーション、そして深い統合のプロセスを経ながら、長時間に渡る執筆と再執筆が行われました。アンナとの最初の出会いから明らかだったのは、彼女の物語を書くことが、大きなエンパワーメントとなり、イニシエーションになるということでした。この四年半の間、この愛の仕事を成し遂げる中で、チャネリングされたメッセージと創作活動を意識的に統合する方法を学びました。それには、私の人間としての意志を一致させ、大いなる計画（目的）を果たすために忍耐強くあることが必要でした。

この本の執筆は、アンナの中に残っていた家父長制のパラダイムがゆっくりと、しかし確実に変換され

ていく、高度に錬金術的なプロセスでもありました。それと同時に、平等主義の統合と極性のバランスという、新しいパラダイムがアンナの中に最初から存在していました。私の仕事は、この新しいモデルを曖昧さから解き放ち、明確化し、根拠のある応用へと導くことでした。その中で有難かったのは、アンナの叡智と愛を呼び起こしてくれた、みなさんの存在です。それが私をずっと支えてくれました。この本が、みなさんが真の自己（セルフ）に完全に戻るためのキリストの旅に、役立ちますように。私の例が、友であるみなさんにインスピレーションを与え、みなさんの物語と最高の運命をもたらすことができますように。

　アンナが約束したように、私たちの「フェミニン・キリスト」と「聖杯」の足跡には、まだまだ続きがあります。この美しい日に、〝聖母（デバイン・マザー）〟の愛が立ち上がり、あなたを抱きしめますように！

クレア

付録A：人物関係解説

アンナ（Anna）：アンナは紀元前六一二年、ベツレヘム近くのエタムでハンナとして生まれる。彼女はユダ族、レビ族、ヨセフ族〈いずれもユダヤ人の支族〉の出身である。父親がラビであること以外は不明である。

トマスとアンナの子ども　Tomas and Anna's Child

オリアンナ（Aurianna）：紀元前五九六年五月二三日、ベツレヘム近くのエタムで生まれる。エルサレム、カルメル山に住み、紀元前五〇〇年頃、エジプトのヘリオポリスで没した。

ヒスマリアム（Hismariam）：アンナと共にエジプトを出発し、カルメル山から昇天したオリアンナを通じて生まれたアンナのひ孫。紀元前一五〇年頃。後にイエシュアの母マリア・アンナとして生まれ変わる。

マタイ（Matthias）：カルメル山のレビ族大祭司の息子。マタイは紀元前五七年にアンナと結婚した。二人の結婚は五年後に破棄された。マタイはクムランに移住し、紀元前三七年にそこで亡くなった。

マタイとアンナの子どもたち（Matthias and Anna's Children）

アリマタヤのヨセフ（Joseph of Arimathea）：紀元前五七年カルメル山で生まれる。紀元前二九年にエルサレムでユニス・サロメと結婚し、ロイス・サロメとスザンナ・マリアの二人の娘をもうける。ユニスは紀元前二〇年に死亡。紀元前五年にマグダラのマリアと結婚。

マルタ（Martha）：紀元前五五年、カルメル山で生まれる。結婚せず、後に兄であるアリマタヤのヨセフのベタニアの家を管理する。

アリマタヤのヨセフとマグダラのマリアの子どもたち
Joseph of Arimathea and Mary of Magdala's Children

マグダラのマリア（Mary Magdalene）：紀元前四年、ベタニアで光の受胎で誕生。
ラザロ（Lazarus）：紀元一年ベタニアで生まれる。紀元三二年にフランスに移住。
マルタ（Martha）：紀元三年にベタニアで生まれる。紀元三二年にフランスに移住。

＊　＊　＊

ヨアキム（Joachim）：紀元前八六年にペルシアでユダ族、ダン族、エフライム族から生まれる。彼の母はペルシア人とシュメール人であった。彼は紀元前五二年にアンナと出会い、紀元前四九年にカルメル山で結婚した。紀元前四年に死去。

ヨアキムとアンナの子どもたち（Joachim and Anna's Children）

（エフェソスで生まれたマリア・アンナを除いて、全員カルメル山で生まれた）

ルツ（Ruth）：紀元前四八年に生まれ、エフェソスに移り住み、ティトゥス（Titus）と結婚した。

イサク（Isaac）：紀元前四七年生まれ、紀元前二二年にヘリオポリスに移住、紀元前四年にタビタ（Tabitha）と結婚し、光の受胎のサラ（Sara）を出産した。二人は南フランスのラングドック地方に移り住む。サラはイエシュアの重要な弟子の一人であり、フィリポ（Phillip）の妻であった。サラとフィリポは三二年にフランスに移住した。

アンデレ（Andrew）：イサクと双子で、結婚はしていない。紀元前二二年にイギリスに渡る。

マリアムネ（Mariamne）：紀元前四五年に生まれ、紀元前二二にヘリオポリスに移り住み、アドルファス（Adolphus）と結婚した。二人の子どもがいた。

ヤコブ（Jacob）：マリアムネと双子。エジプトでイニシエーションを受けた後、フランスのラングドック地方に移り住む。結婚はしていない。イエシュアをインドまで護衛した後、フランスに戻る。

ヨセフス（Josephus）：紀元前四三年に生まれ、紀元前二二年にブリテンに渡る。結婚はしていない。

ナタン（Nathan）：紀元前四一年に生まれ、カナの近くに住み、後にナザレに住む。ミリアム（Miriam）とレア（Leah）と結婚し、合計十四人の子どもを産み、そのうちの何人かはイエシュアの弟子となった。

ルカ (Luke)：ナタンと双子で、医者となり、アビゲイルと結婚し、六人の子どもに恵まれ、ベツレヘムの近くに住んでいた。

リベカ（Rebekah）：紀元前三八年に生まれ、シメオンと結婚し、紀元前四年に光の受胎のマリアム（Mariam）を出産。紀元五年、カルメル山で伝染病のため死去。マリアムは母親が亡くなった後、マリア・アンナとヨセフの養女となった。彼女はナタナエル（Nathaniel）と結婚し、紀元一四年にベニヤミン（Benjamin）を出産した。彼女はイエシュアの重要な弟子の一人であった。

エゼキエル（Ezekial）：紀元前三五年に生まれ、紀元前二二年にエジプトに渡り、音楽を学ぶ。

ノア（Noah）：紀元前三三年に生まれ、紀元前二二年にイギリスに渡り、アリアドネ（Ariadne）と結婚し、紀元前四年にヴィヴィアン（Vivian）を光の受胎で身ごもった。

マリア・アンナ（Mary Anna）：紀元前二〇年に生まれ、紀元前五年にヨセフ・ベン・ヤコブと結婚し、光の受胎でイエシュア・ベン・ヨセフを妊娠した。

ヨセフ・ベン・ヤコブ（Joseph ben Jacob）：紀元前三七年、ヨアキムの兄弟ヤコブとその妻ロイスの子としてベツレヘムで生まれる。ヨセフはマリア・アンナと結婚する前は男やもめであり、熟達者（アデプト）であった。紀元二〇年にヒマラヤで昇天した。

ヨセフ・ベン・ヤコブとマリア・アンナの子どもたち
Joseph ben Jacob and Mary Anna's Children

イエシュア（Yeshua）：紀元前四年四月、ベツレヘムで生まれる。

ヤコブとユダ（ユダ）(James and Jude (Judas)：紀元前二年にヘリオポリスで生まれる。

若ヨセフ（ヨセ）Joseph the Younger (Joses)：紀元一年ヘリオポリス生まれ。

ルツ（Ruth）：紀元四年カルメル山生まれ。

トマスとシモン（Thomas and Simon）：紀元七年、ナザレで生まれた双子。

マリアム（Mariam）：（養子で、紀元前四年に生まれた、リベカの光の受胎で妊娠した娘）。

＊＊＊

アハメド（Ahmed）：ヘリオポリスで生まれたエジプト人のエッセネ派で、紀元二三年にナザレでマリア・アンナと結婚した。彼らは紀元二七年にエルサレムに移り、アハメド は紀元三一年に死亡した。

アハメドとマリア・アンナの子ども　Ahmed's and Mary Anna's Children

ヨハネ・マルコ（John Mark）：紀元二四年ナザレに生まれる。

エステル・サロメ（Esther Salome）とマテアス（Matteas）：紀元二五年ナザレで生まれた双子。

＊＊＊

洗礼者ヨハネ（John the Baptizer）：ヨセフ・ベン・ヤコブの姉であり、ヨアキムの姪であるエリザベスとザカリアの間に光の受胎で紀元三年に生まれる。

イシュアとマグダラのマリアの養子たち。
Yeshua and Mary Magdalene's Adopted Children

ヨーセ（Joses）、ユダ（Judas）、ミリアム（Miriam）

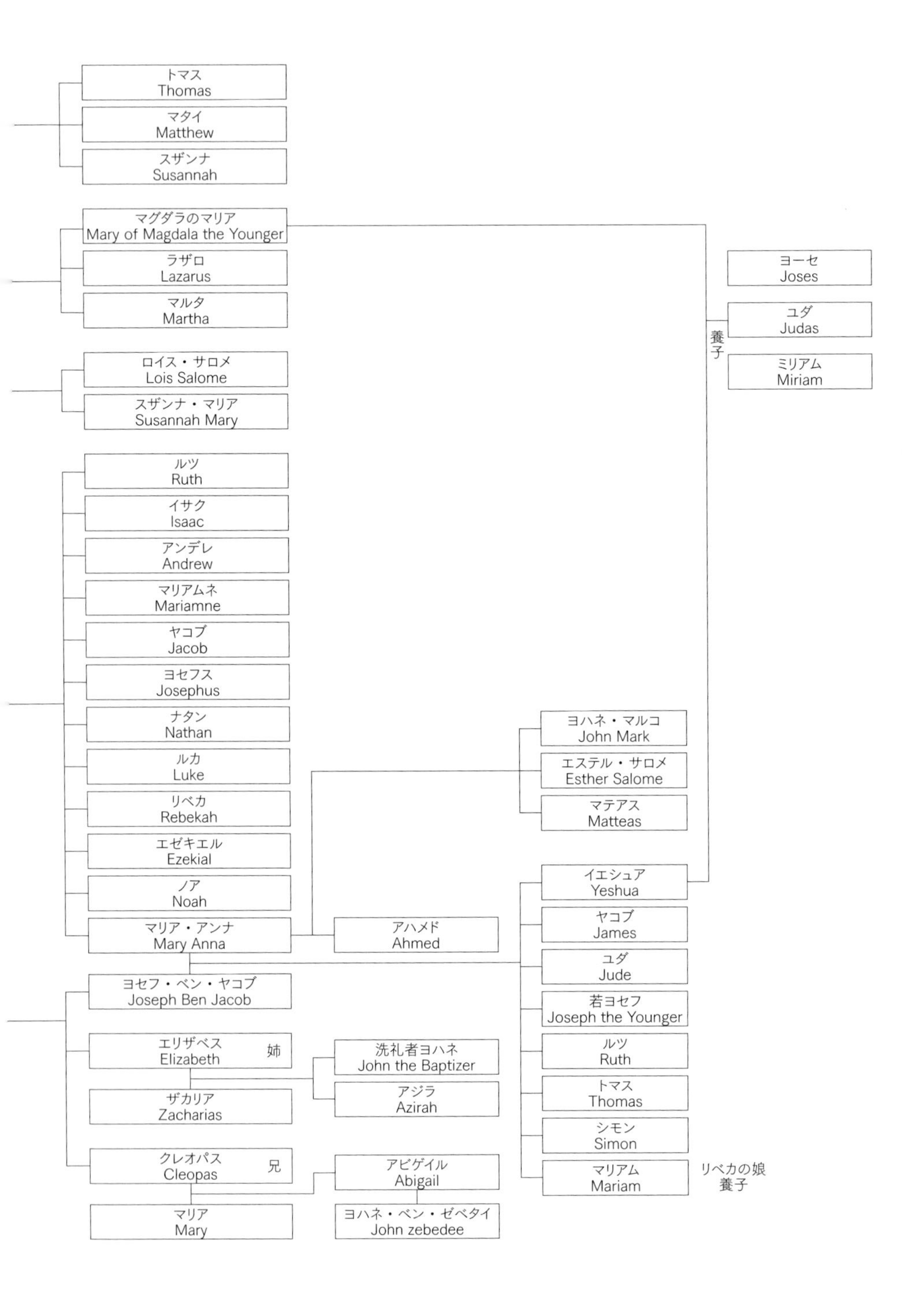

トマス
Thomas
マタイ
Matthew
スザンナ
Susannah
マグダラのマリア
Mary of Magdala the Younger
ラザロ
Lazarus
マルタ
Martha
ロイス・サロメ
Lois Salome
スザンナ・マリア
Susannah Mary
ルツ
Ruth
イサク
Isaac
アンデレ
Andrew
マリアムネ
Mariamne
ヤコブ
Jacob
ヨセフス
Josephus
ナタン
Nathan
ルカ
Luke
リベカ
Rebekah
エゼキエル
Ezekial
ノア
Noah
マリア・アンナ
Mary Anna
アハメド
Ahmed
ヨセフ・ベン・ヤコブ
Joseph Ben Jacob
エリザベス
Elizabeth
姉
ザカリア
Zacharias
洗礼者ヨハネ
John the Baptizer
アジラ
Azirah
クレオパス
Cleopas
兄
マリア
Mary
アビゲイル
Abigail
ヨハネ・ベン・ゼベタイ
John zebedee
ヨハネ・マルコ
John Mark
エステル・サロメ
Esther Salome
マテアス
Matteas
イエシュア
Yeshua
ヤコブ
James
ユダ
Jude
若ヨセフ
Joseph the Younger
ルツ
Ruth
トマス
Thomas
シモン
Simon
マリアム
Mariam
リベカの娘
養子
養子
ヨーセ
Joses
ユダ
Judas
ミリアム
Miriam

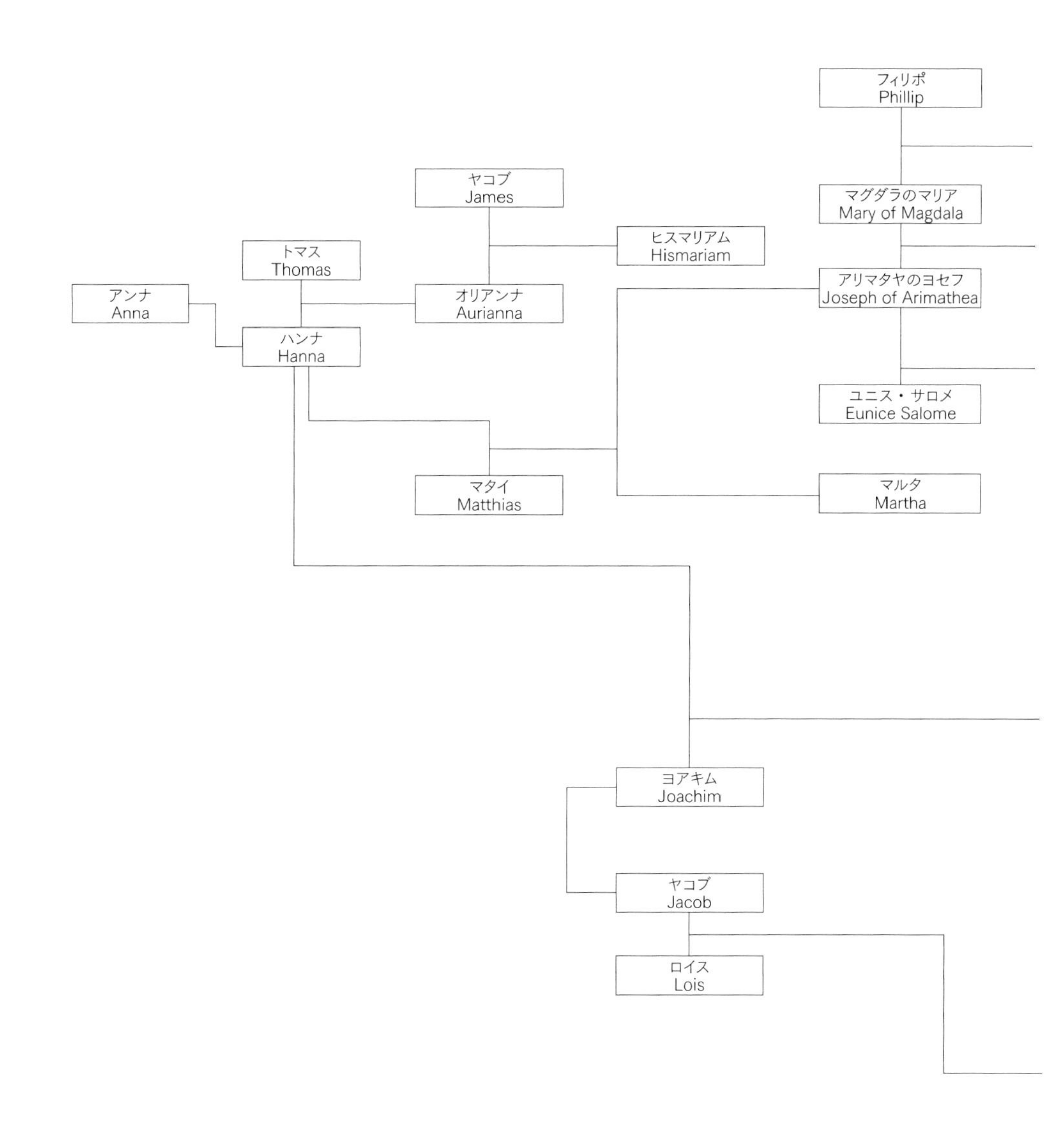

＊「アンナからイエシュアに至る人物関係図」は原書にはなく、訳者が作成した。

付録B　年表

カルメル山のアンナ

ハンナとアンナの魂の結合は、紀元前五九六年五月二三日、オリアンナの誕生と同時に起こった。アンナの婚約者の夫トマスは、紀元前五九七年にバビロンに捕虜として連れて行かれた。

エルサレムのアンナ：紀元前五八三―五五九年
カルメル山のアンナ：紀元前　五五九―五一〇年
エジプトのアンナ：紀元前五一〇―二〇七年
カルメル山のアンナ：紀元前二〇七―紀元二八年
アンナはイシュアと旅をする：紀元二九―三〇年
アンナ一家が南フランスに移住：紀元三二年夏

イエシュア・ベン・ヨセフ

ベツレヘムでイエシュア誕生：紀元前四年四月
エジプトでのイエシュア：紀元前四―紀元四年
カルメル山とナザレのイエシュア：紀元四―九年

イギリスのイエシュア：紀元九―一二年
インドでのイエシュア　：紀元一四―二一年
エジプトでのイエシュア：紀元二二―二四年
イエシュアとマグダラのマリアの婚約：紀元二四年
東洋のイエシュア：紀元二五―二七年
パレスチナでのイエシュアの活動：紀元二八―三〇年
復活後のイエシュアの活動：紀元三〇年～不明

マグダラのマリアとイエシュアの子どもたち、ヨセ、ユダ、ミリアムは、紀元三〇年六月にアリマタヤのヨセフによってアレクサンドリアの南の修道院の村に密かに連れて行かれた。彼らは、紀元三二の夏、他の家族と共に南フランスに移った。

〈訳注　人物解説〉
ルツとマリアムネ　Ruth and Mariamne,　アンナがウォークインしたハンナの成長過程における女友達。後に登場する同名の人物は、アンナの子孫として登場している。その関係についての記述はない。

付録C　エーテル用語集

油を注がれた者：Anointed One：キリストや仏陀のような、悟りを開いた存在。脳の松果体から分泌される微細な油を注がれ完全に活性化された状態の者。

アラム語：Aramaic：（古代中東に由来）：アラム語はイエシュアの母国語であり、彼がその教えを表現するのに用いた共通語である。アラム語の世界観は、聖書の基礎となっているイエシュアの言葉のギリシア語訳と比較すると、全体論的（ホリスティック）、次元間的（インターディメンショナル）、非二元的（ノンデュアリスティック）である。

アセンション・イニシエーション：Ascension Initiation(s)：完全な悟り、統合意識、不死性、そして、創造主の源との統合へと意識を上昇させるプロセス。

アトランティスとレムリア：Atlantis -Lemuria：高度に進化した古代文明で、その国土はそれぞれ大西洋と太平洋に沈んでいる。

バー・ボディ：Ba Body：エジプトの光の体で、因果体または普遍的な「アイ・アム・プレゼンス」（われ臨在す）に相当し、中立的に魂の進化と肉体的な生命を目撃し指示する。

高みにいる最愛の人：Beloved on High：絶対的な愛、恋人、最愛の者である神我（ゴッド・セルフ）の名前。

人生の書：Book of Life：エーテル界では、すべての思考、行動、因果、叡智は、光、音、色、神聖幾何学のホログラフィック・グリッドのようなものに刻み込まれている。この心理的にアクセス可能な光のグリッドは、アカシック・レコードとしても知られている。

命の息：Breath of Life　ブレス・オブ・ライフ。生命力を意識的に吹き込むことで、その効果を増幅させる。

タット同胞団：Brotherhood of Tat：アトランティス人（おそらくもっと古代）の仲間で、熟達者（アデプト）と呼ばれる高位のイニシエートの男女で構成されている。アセンション、不死の意識の実践をする司祭・科学者、職人たち。

光の同胞団：Brother-Sisterhood of Light：　物理的および微細な次元のマスターに到達した意識的なアセンデッド・ビーイングの惑星的および宇宙的な連合である。彼らはしばしば地球次元、またはその近くに留まり、太古の昔からすべての生命がアセンションするまで、地球と人類の進化を促進している。

キリスト：Christ：男性または女性が完全に悟った意識に到達し、惑星への奉仕の職務についた状態。すべての魂には、キリストの存在が内在している。

キリスト意識：Christ Consciousness：絶対的な一体感を経験すると同時に、移り変わる形やエネルギーを受け入れる存在。

磔のイニシエーション：Crucifixion initiation：イニシエートの分離意識を完全に認め、その変容を開始する通過儀礼。

神聖なるアンドロジナス：Divine Androgyne：男性的属性と女性的属性が融合し、バランスが取れ、調和している、「性別が分かれる」前の本来の自然な意識の状態。男性であれ女性であれ、イニシエートの目標は、神聖なるアンドロジナスの意識を取り戻すことだ。

聖母（デバイン・マザー）：Divine Mother：すべての空（くう）と形の背後にあり、その中にある知性。彼女は「聖父（デバイン・ファザー）」と対等である。彼女は、結合する接着剤であり、すべてのものを溶解する力である。彼女は個人的に近づきやすく、無条件に自分の創造物をすべて受け入れる。

エジプトの光の体：Egyptian Light Bodies：古代エジプトでは、最も高密度の肉体から最も微細な意識体まで、体系によって五～十段階の光の体が認識されていた。

悟り：Enlightenment：分離意識を超越し、超意識的な脳機能の拡張を実現する。

フェミニン・キリスト：Feminine Christ：キリスト意識に到達した女性性。

楽園庭園：Garden of Paradise：生命の樹の実を自由に食べることができる、原初の無垢な状態の統一意識の自然状態。その果実は、対照的な両極の間で選択をして、調和させる経験から得られた叡智をもたらす。

グノーシス：Gnosis：救世主や司祭を媒介としない、絶対的なものの直接的な啓示。

聖杯（グレイル）・アセンション・コード：Grail Ascension Codes：創造主の源から直接届くＤＮＡの光の素粒子パターンは、すべての上昇進化を確実にする。

大いなる計画：Great Plan：創造主が、永遠に続く拡大と進化が起こるように、創造物との共同創造者として考え、使用する上昇／下降の青写真。

アメンティ・ホール：Halls of Amenti：サイキックな地下世界と「インナーアース」の高次元領域のことであり、発光する存在が居住し、教え、惑星の進化を促進している。

ハトホル：Hathors：地球と人類の進化を助けるために八十五万年以上前に地球にやってきた、愛とサウンドヒーリングの次元間のアセンデッド・マスターたち。彼らは、恐怖に基づく不和な感情、思考、行動、システム、構造を変換する高等錬金術を通じて、首尾一貫した創造を促進している。

高等錬金術：High Alchemy：魂の大いなる仕事、すなわちマグヌス・オプス（大いなる業（わざ））では、ベースとなる本能的な意識が変容し、キリスト意識へと昇華する。

聖杯：Holy Grail：光、音、色、神聖幾何学などの宇宙知性の一貫したパターンを保持し、保存する意識の無垢な永遠の容器。それはまた、すべての被造物の中に創造主を完全に誕生させ、維持し、映し出す器（うつわ）でもある。聖なる子が生まれ、キリストがよみがえり、物質が霊化される子宮／母体としての聖母の一面と機能である。イエシュアの共用の杯は、この偉大な宇宙の聖杯の象徴であった。

真理の聖霊（約束の聖霊）：Holy Spirit of Truth (Promise)：目撃し、明らかにし、導く母なる神格の一面。彼女の存在は慰めであり、すべての理解を超えた平和である。

アイ・アム・プレゼンス：I AM Presence：（われ臨在す）。魂の拡張と物理的なライフストリームを通して指示し、顕現する因果体。それは「高きにいる最愛の者」である。

不死 - 肉体的・霊的：Immortality - Physical and Spiritual：肉体的な不死とは、肉体が絶えず更新されるように、松果体と下垂体のホルモンを意識的に働かせる能力のことである。そうすることで、魂はセルフ・マスタリーを深め、奉仕を行うための時間をより多く持つことができる。霊的な不死とは、魂が肉体を離れて高次の光の体にアセンションするときに、魂が個人的なアイデンティティと記憶に関する意識的な認識を保持する能力のことである。

カー・ボディ：Ka Body：古代エジプトでは光の体を指し、肉体のエーテル的双子でもある。

カート・ボディ：Khat Body：古代エジプトでは光の体を指し、肉体でもある。

光の梯子：Ladder of Light：悟りを開くための七つのチャクラのシステム。

光の言語：Languages of Light：「天球の音楽」または「創造の音」に由来するコミュニケーションの波動。地球上のいくつかの光の言語の中には、人類の種をまいた他の宇宙、銀河、世界に起源を持つものがある。

一なるもの／生命の法則：Law of One/Life：すべての生命が相互に関連し、依存し合う「ワンネス」として認識される関係性の倫理規範。

光の受胎：Light Conception：アセンション光コードを母親の卵子と父親の精子を意図的に培養・定着させ、生まれてくる進化した魂のＤＮＡが最高の「奉仕の運命的青写真」を受け取ることができるようにする意識的な受胎のこと。これらの子どもたちは、忘却のベールがほとんどない状態で地球にやってくる。悟りとアセンションのプロセスも、光の受胎の一形態。

母系キリスト聖杯の系統：Matri-Christic Grail Lineage：遺伝的血統を含むこともあるが、それに限定されない霊的に共鳴する系統のこと。その系統を通して、進化した魂がキリストとして惑星のアセンションを支持する約束を持って転生する。女性は、叡智の教え、エネルギーの伝達、および遺伝物質として聖杯のコードを保持し、渡す。イニシエートされた男性は、コード保持者の守り手として、また、聖杯のアセンションコードを活性化をする存在として機能する。

マカバ：Mer Ka Ba：　統合意識と電磁エネルギーの逆回転フィールドで構成され、肉体をアセンションさせる次元間の乗り物。タイムトラベル、テレポーテーションを可能にする。『旧約聖書』のエリヤの「太陽の戦車」はマカバの乗り物であった。

神秘的な結婚：Mystical Marriage：意識の中で、神聖なる男性的属性と神聖なる女性的属性が水平に結合すること。それはまた、父なる精神と母なる物質が縦軸で意識的に結合することで、悟りを開いた子どもを妊娠させることでもある。

オシリス・イシスの秘儀：Osirian-Isis Mysteries：意識の悟りに至る古代エジプトの叡智の教えと実践。

復活のイニシエーション：Resurrection Initiation：分離意識を完全に変容させ、創造主の源と創造物との一体性を悟らせる通過儀礼。

文明の勃興：Rises of Civilization：地球には過去十二回の進化のサイクルがあり、その間、何百万年もの歳月が流れてきた。私たちは現在、十三回目の勃興期にある。

墓の儀式：Rite of the Sepulchre：アンナなどのイニシエートや熟練者（アデプト）が、生命反応を静止させ、肉体を長時間かけて再生させる復活のプロセス。肉体の不老不死を実現するための儀式。

光の棒：Rod of Light：中心となる微細なエーテル体の光の柱が、頭頂のクラウン・チャクラ、体の中心となる背骨、尾てい骨を通して宇宙次元と物理次元をつなぐ。

秘教の薔薇：Rosa Mystica：バラをシンボルとする聖杯の神秘的な騎士団。

サフ・ボディ：Sahu Body：最高の周波数と最も拡大した意識状態を保持する。古代エジプトでは光の体を指す。サフ・ボディに到達すると、完全な悟りと霊的な不死がある。イエシュアは、復活とアセンションのイニシエーションでサフ・ボディに到達した。

フラワー・オブ・ライフ（シード、フルーツ）：Seed, Flower, and Fruit of Life：すべての生命は、〈ホロスコープの〉「魚座シンボル〈♓〉」の形に見られ交差する円を模している。いくつの円が互いに交差しているかによって、数学的／次元的ハーモニクスと神聖幾何学的形状が生み出される。リンゴのような生命の果実は、エネルギーを縦と横に循環させる中心水路を持つ球体である。人体もこれと同じパターンを持っている。

シェキーナ：Shekinah：ヘブライ語では、父なる神と等しい神である母なる神格。

音響特性：Sound Current：すべての形は音の振動である。すべての発現の源である創造主の静寂な空間から発生する音響特性の流れがある。「初めに言葉があり、言葉は神であった」。音響特性を内的に聞き、その音に従うことは源へと向かうことを可能にする。

生命の杖：Staff of Life：霊的な次元と肉体的な次元をつなぐ内分泌腺とそのホルモンの賢者の石（万能薬）。

タントラ的高等錬金術：Tantric High Alchemy：生命力と性的エネルギーを養い、自己を悟りに導き、人

生により大きな奉仕をすることを目的とした内的エネルギーの修行法。タントラの修行は、独身で行うこ
とも、性的パートナーと行うこともある。

義の教師：Teacher of Righteousness**：**「エネルギーの正しい（または無害な）使い方」によって物理次元
と微細な次元に熟達して模範となる熟達者（アデプト）。

生命の樹：Tree of Life**：**意識を一時的ではかなくゆらぐ領域から超越的で永遠の領域へと引き上げ、変
換させる神秘的な叡智の教えと実践のこと。この叡智は古代に起源を持ち、近年ではヘブライ語のカバラ
という神秘的な修行法に統合された。

用語解説・（五十音順）

あ

アヴァロン　Isle of Avalon　ブリテン島にあるとされる伝説の島。アーサー王物語の舞台として知られ、戦で致命傷を負ったアーサー王が癒しを求めて渡り最期を迎えたとされる。また、イエス・キリストがアリマタヤのヨセフとともにブリテン島を訪れた際の上陸地で、後にそこがイギリス最初のキリスト教会となったという伝説の場所としても語られる。アヴァロンの場所は、今日のグラストンベリーではないかと考えられている。

熟達者（アデプト）Adept　一般的には「達人」「名人」といった意味である。本書では、各種のイニシエーションを通過し、悟りを得た「解脱者」を意味している。しばしば霊的に高度な人物を指している。訳語としては「霊的熟達者」ともできるが、多出することもあり、単に「熟達者（アデプト）」とした。

油を注がれた者　The Anointed One　旧約聖書の時代では「キリスト」は、普通名詞ではなく、「油を注がれた者」を意味していた。預言者たちによって頭に「油を注がれて王位についた人物」、すなわち「王」を意味した。さらに「救世主」といった意味も含まれていた。エーテル用語集「油を注がれた者」参照。

アメンティ・ホールの住人　Halls of Amenti　ギザのグレイト・ピラミッド内部の壁面に彫られた碑文を解読した文書のことをエメラルド・タブレット、ピラミッド文書などと呼ぶ。第4章に登場する「神秘的な文献」とは、こうした文献と推察される。グレイト・ピラミッドの地下にアメンティ・ホールがあり、そこに異次元とつながった通路がある。「住人」はその通路の管理をしているといわれる。

い

イエシュア　Yeshua　紀元前一世紀末頃に生まれたとされる、ユダヤ人の宗教指導者。日本語表記の「イエス」は、ヘブライ語「イェシュア」、アラム語「イェシュー」、古代ギリシア語「イエースース」、中世~現代ギリシア語「イイスース」、古典ラテン語「イエースース」、教会ラテン語「イェーズス」などに由来する。英語では「Jesus（ジーザス）」、日本語訳版聖書においては、原語がヘブライ語である旧約聖書では「ヨシュア」、ギリシア語が原語の新約聖書では、旧約に登場するヨシュアを指す場合を除いて「イエス」と表記するのが一般的。本書ではこれらを踏まえつつ「イエシュア」とした。

イシス　Isis　古代エジプト神話における豊穣の女神。ヘリオポリス九柱神の一神。父ゲブは大地の神、母ヌトは天空の女神。兄オシリス、セト（兄もしくは弟）、妹ネフティス。配偶神でもある兄オシリスとの間に天空の神ホルスを産む。無原罪懐胎、つまり処女のままホルスを身ごもったとされる。聖母マリアの元型とみなされる。

インマヌエル　Immanuel　「神我らと共に」を意味するヘブライ語。

旧約聖書のイザヤの預言によれば、いずれ救済者となる子どもの名前。イエスの誕生を預言したものとの解釈がある。

え

エリシャ　Elisha　旧約聖書に登場するヘブライ人の預言者。エリヤのヤハウェ信仰確立の事業を継ぎ、オムリ朝のヨラム、エヒウの二代にわたりフェニキアのバール神崇拝と闘う。エリヤをたたえた「イスラエルの戦車にしてその騎手」というエリシャの言葉は、そのまま王ヨアシュによってエリシャにも贈られた。人望厚く預言者団の支持を受け、エリヤのなしえなかったバール神の国外追放という独行の事業を完遂（列王紀）。エリシャとは「神は救いたまえり」の意。

エリヤ　Elijah　旧約聖書に登場する預言者。ヘブライ語で「ヤハウェは我が神なり」の意。列王記に名が見え、フェニキアの自然宗教バール崇拝への熱心な反対者で、ヤハウェ信仰の守護者として描かれる。新約聖書ヨハネによる福音書では、旧約聖書を代表する預言者として言及される。その決然たる行動はモーセと並び称され、後世、危機の救い手、メシアの先ぶれといわれた。カルメル山上で四百五十人のバールの預言者と対決してヤハウェの一神教を勝たしめた（列王紀上一八・二〇〜四〇）。彼は旋風に乗って天に上げられ、旧約の預言によれば（マラキ書四・五）、主の大いなる恐るべき日の先駆として再来するとされる。神のかすかな声をのみ聞くきびしい孤絶の人の事業は、エリシャを待って成就することとなる。なおエリヤの名はコーランの中にも記されている。

エロヒム　Elohim　ヘブライ語聖書で「神」または「神々」を表す。ヘブライ語の文法的には、末尾の -im は通常、複数形を指す。一般にエロヒムは、北西セム語系で神を表すエロア eloah から派生したと考えられている。

お

オシリス　Osiris　古代エジプトの、冥界の神。ヘリオポリス九柱神の一神。冥界の神。王の復活にかかわる神として葬祭儀式で重要な存在。

か

雅歌　Song of Songs　the Song of Solomon　男女の恋の歌であり、ユダヤ教では「諸書」のうちに入る。キリスト教では伝統的に預言書の前に置かれる。恋愛と男女の賛美を歌い上げる詩であるため、扱いをめぐって古くから議論が絶えなかったが、さまざまな経緯を経て正典におさめられている。

カデシュ・バルネア　Kadesh Barnea　単に「カデシュ」とも呼ばれる。「放浪の砂漠の聖地」を意味する。イスラエルの民が放浪していた時の重要な宿営地で、三十八年間、彼らの本拠地であったとされる。民は水がないために反乱を起こし、モーセが岩から水をもたらしたと旧約聖書にある。

ガリア　Gaul　古地名でゴールとも言われる。古代ケルト人の地とされるが、ゲルマン民族の地とも重なる。時代によって範囲は異なる。

現代の北イタリア、フランス、ベルギーなどを含んでいる。

カルメル山　Mt.Carmel　イスラエル北部、地中海に面した都市ハイファの南東に位置する標高五四六メートルの山。本書の主要な舞台の一つ。超古代から続く預言者学校、秘教学校（ミステリースクール）がある。旧約聖書でも祈りの場として登場。預言者エリヤと異教の預言者との戦いの場でもあった。山麓にある「エリヤの洞窟」はユダヤ、キリスト、イスラムの三宗教において聖地とされている。カトリックの修道会カルメル会の本拠地としても知られる。今日では考古学的な発掘によって、ネアンデルタール人の人骨が出土。人類史の研究にも重要視される洞窟遺跡がある。

仮庵（かりいお）の祭り　Feast of Tabernacles　タベルナクス、スコットともいう。ヘブライ語で「仮庵」のこと。出エジプトのときに荒野で天幕に住んだことを記念し、祭りの際は、木の枝などで作った仮設の家やテントを建て、そこに住む。

け

ケペリ・ラー　Khepery Ra　ケペリは古代エジプト語で「生成するもの」を意味する。太陽が地平線上に昇ったばかりの若い太陽をさす。しばしばスカラベ（甲虫類のクソムシの意。和名タマオシコガネムシ）によって表されたが、虫の名と同音であること、また、この虫が糞を転がすので、糞を太陽と見立てて、スカラベと太陽の運行の原動力としてのケペリを同一視したと考えられ、ケペリ・ラーとなる。スカラベは、死者の護符となり、『死者の書』の一部などを彫り込んだ石製、焼物製などが作られた。

ケルビム　Cherubim　智天使（ちてんし）、ヘブライ語ケルブ（ケルーブ）、複数形ケルビム。天使の一種。偽ディオニシウス・アレオパギタに由来する「天使の階級」では第二位に位置づけられる。

さ

ザドクの息子　Son of Zadok　ソロモン神殿の最初の大祭司ザドクから続く祭司の一族のこと。

サムエル　Samuel　旧約聖書『サムエル記』に登場する預言者、士師。ヘブライ語で「彼の名は神」という意味。母ハンナの熱心な祈りにより生れ、少年の頃、神が現れ預言者になった。フェニキアの宗教バール神の崇拝からヤハウェ信仰を守ることに力を尽した。サウルとダビデを導き、イスラエルの王政を確立。イスラエルの歴史において傑出した人物の一人とされる。

サン・ジェルマン　Saint Germain　十八世紀のヨーロッパを中心に活動した謎の人物。不老不死であったなど数々の伝説が伝えられている。近代神智学ではアセンデッド・マスターの一人とされる。『三重の叡智』は、サンジェルマンが著した「すべてのイニシエーション志願者が通過すべき十二の試練」を記したもの。

し

シェキーナ　shekhinah　「住居」または「定住」を意味するヘブラ

イ語であり、神の存在の住居または定住を意味する。この用語は聖書には出てこず、ユダヤ教の文献に由来するといわれる。キリスト教では、神の臨在が目に見える形で、またはその他の方法で知覚できるように示されることを意味する。『エノクの鍵』の用語集では、「神の存在」とされ、「聖霊による内なる宇宙の分子形態の神聖化」とある。中世のカバラ文献、近代神智学の文献にも登場する。

自己（セルフ） Self　自己（セルフ）は、心理学者ユングの提唱した元型の一つ。心全体の中心で、心の発達や変容作用の根源的な原点となる。意識と無意識を統一する主体ともいえる。

贖罪の日　ヨム・キプール　ユダヤ新年の後、十日間の悔い改めの期間の最後を締めくくる日。ユダヤ人にとってもっとも聖なる日。常日頃はシナゴーグに行かない人も、仕事を休んだり、祈りに行ったり、家で静かに過ごす。公の活動も停止する。旧約聖書に由来する。二十四時間飲食を断つほか、夫婦の交わり、体を洗ったり、油を塗ったり、革靴を履いたりすることも控える。

せ

聖杯　Holy Grail　西欧中世のアーサー王伝説に登場する、イエス・キリストが最後の晩餐で用い、アリマタヤのヨセフに与えたとされる杯のこと。また磔にされたキリストの血を受けたともされる。イエスが最後の過越の食事をしたときに子羊の肉を載せた皿だとする説もある。エーテル用語集「母系聖杯コード」参照。

聖ミカエルの塔　St. Michael's Tower　グラストンベリー・トールとも言われる大天使ミカエルの礼拝堂跡。丘の頂上にある。ケルト神話、アーサー王伝説等に関連深い。アリマタヤのヨセフが錫貿易の旅にイエスを同行させ、この地を訪れたという伝説が残る。

セクメト　Sekhmet　獅子の頭をした古代エジプトの女神。太陽神ラーの片目から生まれた。頭頂に赤い円盤をのせており、太陽を表現している。王権の守護神である一方、破壊神、伝染病をもたらす神の面もある。怒り狂い炎の息を吐くことから、セクメトは「燃えるようなもの」や「炎」という形容語に使われる。

セシャト　Seshat　トートの妻。知恵、知識、記述を司る女神。意味は「代書する女性」。書記および記録保管者とみなされ、記述法を発明したとされる。図書館を監督し、重要な知識の収集と保管をした。会計学、建築学、天文学、占星術、数学、測量なども司る。著者が最も尊敬すると評している。

セフィロトの層　Sephirothic spheres　「生命の樹」はユダヤ教神秘思想のカバラにおける図式化された世界創世の象徴。違うという指摘もある。セフィロトは「数える」を意味するヘブライ語「セフィラ」から派生。十個のセフィラと二十二個のパス（小径）によって図式化された生命の樹の象徴図式を構成している。近代以降の西洋魔術などでタロットカードと結びつき研究されている。旧約聖書、創世記に登場する生命の樹がその起源。

セラピス・ベイ　Serapis Bey　古代エジプトのセラピス神と同一視されるアセンデッド・マスターの一人。オシリスとアピスが習合した神。冥界の王。医術の神ともされた。地中海に広がったヘレニズム文化の中でさまざまな神と習合した。近代神智学では、古代の知恵の大師の一人とみなされた。大白色同胞団（グレート・ホワイト・ブラザーフッド）の一員とされ、アトランティス崩壊後にエジプトに渡り、高位聖職者となったと伝わる。

セラフィム　Seraphim　熾天使（してんし）は、天使の位階の一つ。「熾」は「火が盛んに燃える」の意で、神への愛と情熱で体が燃えていることを表す。ディオニシウス・アレオパギタが定めた天使の九階級のうち最上とされる。三対六枚の翼を持ち、二枚で頭を、二枚で体を隠し、残りの翼で羽ばたく。

た

太陽の戦車　Chariot of the Sun　マカバの乗り物。「神の戦車」、「天の車」、あるいは「聖なる神の玉座」ともいわれる。

と

トート　Thoth　エジプト神話の知恵の神。男神。配偶神はセシャト。エジプト象形文字ではしばしば同じ音をもつ朱鷺（とき）で示される。頭上に新月と円盤、手に書板と筆を持ち、頭が鳥で人の体、犬の頭、人の体などの姿で表される。『死者の書』ではオシリスの前でヒヒの姿となって死者の生前の魂の善悪を記録している。起源は、月神で、月日の計算、計測の神とみなされる。さらには知恵の神となった。のちにギリシア人は、この神を同じ知識の神であるヘルメスと同一視し、トート神崇拝の中心地である南エジプトのフムン（エスネ）をヘルモポリスとよび、トート・ヘルメス信仰がエジプト全土に及んだ。

ドルイド、ドルイド教　Druide Druides　ドルイド教は古代ケルト人の宗教。その司祭をドルイドという。宗教指導者のほか、政治的指導、公私にわたる紛争の調停などの役割も果たした。霊魂の不滅を信じていた。主神を中心とした系統づけられた自然信仰を持ち、動植物や天空の自然神を崇拝した。祭礼は樫の木の森で行われた。

ぬ

ヌビア　Nubia　アフリカ大陸北東部の古地名。エジプトが王朝時代に繁栄する。黄金、象牙、香料、黒檀、石材などを産出し、古代エジプトの歴代王はヌビア経営を重要政策とした。多くの神殿や城塞が建てられ、アブシンベル神殿などの古代エジプト遺跡が残る。

ね

ネクベト　Nekhbet　エジプト神話に登場する先王朝初期の地方女神で、ネクヘブという都市の守護神であった（名前はネクヘブの意味）。王冠を被ったハゲワシの姿で描かれる。最終的には上エジプトの守護神となり、古代エジプトが統一された際には全エジプトの守護神の一つとなった。

は

ハトホル　Hathors　古代エジプト神話の愛と美の女神。また、天空の神でもある。しばしば世界を産み出した天の雌牛で表される。ホルスの母、妻ともされる。集合意識「ハトホル」とコンタクトしたトム・ケニオンの『ハトホルの書』がある。

ひ

光の評議会 Councils of Light　天界において、創造や再生を神々とアセンデッド・マスターが統括する会議のこと。ＪＪハータック著『エノクの鍵』の用語解説には次のように記述されている。「この銀河や遠く離れた宇宙のほかの領域を統括している九人、十二人、二十四人、百四十四人、十四万四千人の各評議会。〝光の評議会〟を、太陽系や惑星の短いサイクルの評議会と混同してはならない」。

ふ

フラワー・オブ・ライフ Flower of Life　十九個の円を二つの大きな円で囲んだ幾何学図形のことを指す。さらに、それらがすべて黄金比になっている究極のバランスを持った図形。ドランヴァロ・メルキゼデク著の『古代神聖幾何学の秘密　フラワー・オブ・ライフ』が詳しい。

へ

ベヌウ Benu　エジプト語の「ウェベン（立ち上がるもの）」に由来する名称とされる。主にヘリオポリスで信仰され、聖木として太陽信仰と結びつくイシェドの木に留まる聖鳥。アオサギの姿で描かれる。

ほ

ホルス Horus　古代エジプトの天空の神。太陽神ラーの息子であるとされ、また、オシリスとイシスの息子ともいわれる。イシスの無原罪懐胎で生まれた子ども。古代エジプトのシンボルである「ホルスの目」は、はやぶさの頭部を持つ天空神の目のこと。左目は月、右は太陽の象徴とされる。

ま

マーリン・タリエセン the Merlin Taliesen　マーリンはアーサー王伝説の登場人物で魔術師。モデルとなった人物は史実に残っている。タリエセンはアーサー王伝説にも触れた詩を残した詩人。史実としては別人で、親友であるともいうが、同一人物説、転生者などの伝説がある。

め

メタトロン Metatron　ユダヤ教の天使。旧約聖書、新約聖書、クルアーン（コーラン）のいずれにおいても、メタトロンに対する直接の記述はなく、タルムードにわずかばかり言及されているのみである。メタトロンについての主な記述はカバラなどの中世ユダヤ神秘思想や聖書外典において現れる。その姿は世界の広さにも等しい長身で、三十六対の翼と無数の目（三十六万五千との説も）を持つ「炎の柱」として表される。メタトロンの性格については様々な伝承があるが、「契約の天使」「天の書記」「神の代理人」「小ＹＨＷＨ（ヘブライ神）」などの異称を持ち、七十二もの異名を持つともいう。『エノク書』ではエノクが天上に昇りメタトロンになったと思わせる記述がある。神と同一視する声もある。

メルキゼデク Melchizedek 旧約聖書に登場する伝説的な祭司王。死海文書では四大天使の一人とされ、終末の救済と審判を告げる。ユダヤ教では、大天使ミカエルと同一視される。新約聖書では、イエスをメルキゼデクにも比せられる永遠の大祭司としている。メルキゼデクは、創世記で古代の神権の儀式を行っている。パンとぶどう酒を捧げたというもので、この儀式は、イエスが弟子たちとパンを分かち合った「最後の晩餐」でも再現された。

モン・サン＝ミシェル 古代ケルト文化圏における聖域であり、大天使ミカエルの降臨伝説からミカエルに捧げる礼拝堂や修道院が建てられた。フランスの太西洋岸。

や

ヤコブの福音書 イエスの幼年時代の物語を述べる外典福音書の一つ。原文はギリシア語で、この書に最初に言及しているオリゲネスでは「ヤコブの書」と称され、「マリアの誕生・ヤコブの啓示」「ヤコブの物語・神の母聖マリアの誕生」「われらの主と聖母マリアの誕生」などとも呼ばれる。種々の資料からの集成で、三世紀初期には成立したといわれる。作者はユダヤ人キリスト教徒と推定される。中世美術に影響を与えた。一五五二年ラテン語訳が出版された。

ら

ラー Ra 古代エジプトの太陽神。ヘリオポリスの古い太陽神アトゥムと習合し創造神となる。長楕円形のカルトゥーシュという枠で名を囲み、国家の守護神とされる。神々の王でもある。

わ

ワンネス oneness 「宇宙」と「私」が「一つ」に融合した状態。「ワンネス体験」とも呼ばれる。ジュリアン・シャムルワ著『ワンネスの扉』では、以下のように語られている。〝ワンネス体験のはじまりは、愛だ。愛は感動を生みだす。胸がいっぱいで涙を抑えられない。その愛はハートをつらぬく。人間である自分がこの愛で飽和状態になる。ハートが愛で満ちあふれる。この愛が、人間である僕の殻を破り、それを超える次元の体験をさせる。・・この愛は「私」が「生」を愛するのではない。「愛＝宇宙＝私」だ〟。エーテル用語集「一なるものの法則」参照。

著者について

クレア・ハートソングは、一九八六年に彼女の意識に内なる次元が開かれる前は、アイダホ州で家族を養い、ボイシ州立大学で教鞭をとっていた。その後、サン・ジェルマン、イエシュア、アンナとの重要な体験が展開されるようになる。シャスタ山に移り住み、そこでアンナから自分のストーリーを語るようにとの招待を受ける。十年にわたる強烈な準備のイニシエーションを経て、クレアとアンナは、一緒になり、『アンナ、イエスの祖母』を誕生させた。この献身的な愛の仕事は、一九九八年一月から二〇〇二年一〇月まで、絶えることなく続けられた。

クレアは、アンナ、イエシュア（イエス）、カルメルのエッセネ派によって示され、教えられた神秘的でグノーシス的なキリスト教の上に自分の経験を拡大したと感じている。アンナの本が完成した後、クレアは、自分のスピリチュアルな目覚めのプロセスの次のステップは、アンナのエーテル領域の教えを直接、体現するための助けとなる教師や教えを見つけることだった。クレアは、心の中でアンナの導きの声を聞き、チベット仏教の師との直接的で経験的な教えが、アンナが常に指示していた扉だと気づいた。二〇〇六年にスピリチュアル・パートナーであるロレンツォと出会って以来、クレアは世間の注目を浴びることがなくなった。二人はカリフォルニア州北部の人里離れた山の中の庵で、仏教の瞑想を実践し、瞑想する生活を送っている。二人は今生で覚醒し、すべての生き物に恩恵をもたらすことに取り組んでいる。

訳者あとがき　1

「特別な本との出会いが、次なる章の幕を開ける」という傾向が、私の人生ではあるようです。二十代の終わりにブライアン・ワイス博士の『前世療法』（Many Lives, Many Masters ）に出会ったときも、自分の中の何かが強く呼び起こされ、すぐに博士にコンタクトを取り、フロリダへ飛んでいき、心と魂のセラピストの道を歩むことになりました。本書に出会ったのは、キャリアも子育ても一山越えた四十代の終わり頃、二〇一六年の春でした。私がコヒーレンスという概念とハートマス研究所の存在を知るきっかけとなった「共感」の師、リタ・マリー・ジョンソン氏が熱く勧めてくださったのです。

早速注文し、手にしたその本の扉を開けると、私の意識は引き込まれ、文字を読むというより、まるで時空を超えて、その時代を体験するような感覚になりました。自分の内側に秘められていた大切なもののベールが解かれていき、夢中で読み切ったときは、読む前と後の自分の在り処が、明らかに変わっていたのです。読書というより、意識または存在との合流が起こり、強力に呼び出された感覚でした。

著者にコンタクトを取ろうとしたところ、クレア・ハートソングさんは隠居されていて、代理を務めていらしたキャサリン・アン・クレメットさん（二冊目の本の共著者）に連絡が取れ、お互いに同じヒプノセラピストであるとわかり、すぐに打ち解けました。翌年私は、彼女を中心とした、アンナに所縁ある数ヶ国からの仲間と共に、イスラエル巡礼の旅に赴いたのです。「いつか魂が呼ばれたら、マリア様に縁ある姉妹たちと一緒に、故郷なる地を踏みしめたい」という、心の奥にあった願いが叶った二週間でした。

その後も、この本を常に傍に置き、何度となく読み返し、それが自分の一部となっていくほどに、日本の人々と分かち合いたいという希望が増していきました。

二〇一九年に開催した大槻ホリスティック創業二十周年記念シンポジウムに、ナチュラルスピリット社の今井博揮社長が参加くださったことをきっかけに、日本語版出版への道が開けたのです。驚いたことに、今井氏はその本の存在をご存知で、十年ほど前に一度版権を取得したことがあるということでした。なんと、私が敬愛する翻訳家の大内博先生が、当時この翻訳を希望され、しかしながら着手する前に、ご自身が他界されてしまったという経緯を知りました。その時から保管されていたバトンが、然るべき時を待って渡されたように感じ、魂が震えました。

とはいえ、翻訳出版に関しては未経験であった自分が、世界的長編大河のような超大作を手がけるというのは、実に無謀な挑戦だとわかっていました。そのような時に、以前私の母が発信していたブログを通してSNSで知り合っていた、高橋守氏（スピリチュアル系出版社元社長）が「適任の人がいる。彼はビンゴかもしれない」とご紹介くださったのが北川隆三郎氏でした。

この分野における翻訳編集の重鎮たる北川氏はまさに救世主で、新たな共同作業が始まりました。私の役割は、セラピストとして人の心身魂、意識のさまざまなレベルや次元に接し、癒しと変容、生と死や再生のプロセスに立ち会ってきた経験値と感性を活かして、アンナの感覚や感情、ニュアンスやエネルギーを感じ取り、語られている概念、状況やプロセスを手に取るように理解し、そのエッセンスができるだけダイレクトに読者に伝わるように、日本語に置き換えていくことでした。そして私が訳したものを、北川氏がさらに、粗削りな部分を日本語として洗練させ、専門用語や固有名詞、歴史・地理・文化的背景に基づいた訳語などを見直し、他の関連書籍の訳語とも整合性を測り、読者に必要と思われる注釈や資料を付け加えてくださったのです。

ナチュラルスピリット社を通じてヘイハウスＵＫに日本語翻訳の承認を得た二〇二〇年から、三年以上を要した出産のプロセスは、訳者の私自身にとっても、大きなイニシエーションとなりました。今は、すべての出会いとタイミングが、必然で完璧であったとわかります。気候変動や戦争が激化する今この時に、本書を日本の皆さまにお届けする運びとなったことには、大いなる意図があるのでしょう。長きに渡り、このプロジェクトを支え応援くださった親愛なる皆さま、リーナ・エダ氏をはじめイスラエル巡礼の旅を共にした仲間たち、大門正幸氏、池川明氏をはじめとする諸先生方と、家族に感謝いたします。日本語版のための「まえがき」を書いてくださった著者のクレア・ハートソング氏、出版の機会を与えてくださったナチュラルスピリットの今井博揮社長と編集部の皆さま、ご縁を繋いでくださった高橋守氏、翻訳の共同作業を果たしてくださった北川隆三郎氏に、感謝しきれません。そして最後に、見守り導きくださった、あらゆる存在たち、故大内博氏とすべての計らいに、心からの敬意と感謝を捧げます。

キリストの祖母、アンナの存在とメッセージが、それを待ち望んでいる多くの兄弟姉妹に届きますように。そして人類の健やかな成長と、より調和した地球の未来を共創していく力となりますように。

大槻麻衣子

二〇二三年十月吉日

訳者あとがき　2

『アンナ、イエスの祖母』は、二〇〇二年に米国のSEE出版社から刊行された原題"Anna,Grandmother of Jesus"の全訳です。「イエス」とは、もとよりイエス・キリストのことであり、本書ではイエシュアと表記されています。「アンナ」は、イエシュアを産んだ聖母マリアの母親であり、イエシュアにとっては祖母ということになります。

著者のクレア・ハートソングは、物理次元の制約を超えて「オーバーソウル・アンナ」の意識体とチャネリングし、数々の情報やメッセージを受け取り、長期間にわたる熟慮瞑想の末に、この壮大なキリスト物語を織りあげました。序文でバージニア・エッセンが紹介しているように、今日、死海文書の登場によって、その存在が確実になっている原始キリスト教の敬虔な霊的共同体「エッセネ派」が、イエシュアの活動に舞台を提供したことは歴史的事実といえるでしょう。その福音の現場にいた祖母アンナによる迫真のレポートとなっているのが本書です。

カルメル山神秘学校は、とりわけ重要な舞台で、アンナが学校長を勤めイエシュアに「墓の儀式」などのイニシエーションを授けています。幼少期から青年期にかけての修行時代には、イギリスのケルト文化圏をはじめ、インド、エジプトなどで受けた修行の様子が詳しく語られています。神聖受胎（本書では光の受胎）や十字架刑と復活といったおなじみの奇跡の数々も、その意義と真相が明かされます。当時の社会的政治的背景も描かれ、歴史物語としても充実した内容になっています。

歴史ロマンとしての魅力にとどまりません。第1章の冒頭では、アンナが以下のように語ります。

「私はあなたに、二千年前に私の家族と私が歩いた、隠されたイニシエーション（秘教入門）の道をたどる旅に、ご一緒に出発しないかという招待状を送ります。私たちの出会いと旅は、この本のページを読み、あなたが想像力を駆使することで成し遂げられるでしょう。私の道と今日のあなた方の道の唯一の違いは、あなた方の現在の日常生活の場そのものが、イニシエーションのための神殿であり、神秘学校であり、あなたがあなた自身の主任教師、グル（霊的指導者）でもあるということです」

この本を読むこと自体がイニシーエションであり、読み進むことで、今日、私たちが遭遇する「地球アセンション」を通過する叡智を得ることができるとアンナは訴えています。

本書には、ところどころに難所が設けてあります。さまざまな状況の展開がもたらす極度の緊張や不安、秘教的伝統や最新科学の特殊な専門用語を駆使した論理展開、まばゆい光の氾濫やあいまいで象徴性に満ちた描写の中から、超古代に連なる神々や異次元存在が降臨出現するなど、作家クレア・ハートソングの巧みな技に、ふりまわされたり、不可解な落とし穴や罠などにはまりこむ場面もあります。イニシエーションの中で遭遇する各種の体験が物語に仕掛けられているのです。悟りやエンパワーメント（成就達成）の喜び、ニューエイジ版ハーレクイン・ロマンスとでもいいたくなる愛の物語の展開も待っています。アンナ＝クレアは、読者それぞれの許容範囲で、それらを受け取り、「形而上学的探偵」になったつもりで、調査し、検証するようにとうながします。

訳者としては、読書の流れをなるべく止めないようにと配慮し、訳注などを文中に入れることを極力避けました。難解な用語については、著者の作成した「エーテル用語集」、訳者作成の「用語解説」を巻末付録として収めました。また、登場人物の複雑な人物関係の理解の補佐に「アンナからイエシュアにいたる人物関係図」を付録に収めました。それでも理解不能なところもあるはずです。そんな所にはマークをつけるなどして読み飛ばし、物語の流れを追うことをおすすめします。その後で、巻末付録にあたり、スマホで調べてみたり、振り返り、考えるといいでしょう。後続の物語の展開の中で、いきなり不明なことの理解がおとずれたりします。物語の展開にイニシエーションの過程がトレースされ、段階的展開によって読者の理解がすすむように著者が仕掛けているのです。ある段階までの認識が来ると、一瞬にして全体の理解がすすむような仕掛けになっています。

本書は、最初の出版からすでに二十年以上が経過しています。英語圏のアマゾンなどのコメント欄を見ると今日でも着実に読者が増え、肯定的なコメントが寄せられています。また、この間にフランス語、スペイン語ほかの言語にも翻訳されています。アジア圏の言語では本書の版が初翻訳です。ジャンルを超えた支持が垣間見え、稀に見る高度に完成した作品であることを証明しています。

大槻麻衣子氏の「あとがき」にもあるように、近年は『日月神事』に関する作家でもある高橋守氏の紹介で筆者はこの仕事に加わりました。当初、大内博氏の企画だったことは知りませんでした。同氏とは、およそ三十年ほど前に『プレアデス+かく語りき』の翻訳出版でかかわりました。大内博氏なら『アンナ、イエスの祖母』は難なく翻訳されたことでしょう。未熟な筆者には大変ハードなイニシエーションになったことを告白いたします。どうにか「あとがき」を書く段階に到達できました。おそらくあちらの世界から大内博氏が目に見えない導きや守護、教えを下してくれたにちがいありません。黙して感謝です。

最後に大槻麻衣子氏とのコラボレーションは、本書のテーマでもある「男性性と女性性のバランスを取りもどすこと」の一事例なのかもしれません。この機会をつくってくれた大槻麻衣子氏、高橋守氏、ナチュラルスピリットの今井博揮社長をはじめ編集部のみなさまに感謝いたします。ありがとうございました。

北川隆三郎

令和五年十月新月過ぎ

■著者プロフィール

クレア・ハートソング（Claire Heartsong）

「魂の助産師」と称された活動で主にアメリカ西海岸で注目された存在。聖地巡礼、伝統儀式、独自の儀式などによるトランスパーソナル系リーダー、ファシリテーターとして活動。異次元の霊的存在をチャネルするチャネラー、レイキ・マスターの活動経歴もある。また、母親、祖母であり、人生を生きることに熱心な生徒でもある。財団顧問委員という肩書もある。その活動はニューエイジ系を中心に幅広い。本書では才能ある作家でもあることを証明している。

2002年に出版した『アンナ、イエスの祖母』は、英語版のほかにフランス語、イタリア語、スペイン語、フィンランド語他に翻訳され、世界的なベストセラーとなった。続編『アンナ、マグダラの声』（“Anna, the Voice of the Magdalenes”）はキャサリン・アン・クレメットとの共作で2017年に出版された。現在は基本的には公の活動からは身を引き、瞑想を中心とする隠遁生活に徹している。

本書を読むとその造詣の深さに驚く。ユダヤ・キリスト教神秘主義はもとより、超古代につらなる古代エジプト文明、ケルト、ドルイド、古代ギリシャ・ローマといった西欧文明の基層部、ゾロアスター教やイスラム教、ヒンズー、仏教、ヨガなどの東洋思想にも詳しい。アーサー王伝説をはじめとするヨーロッパ中世の騎士団物語、サン・ジェルマンとの出会いからうかがえる近代神智学との接点など、彼女の脳裏には、はかり知れない伝統の深みと、超古代、宇宙へとつらなる広がりがある。

（詳細については423ページを参照のこと）

■訳者プロフィール

大槻麻衣子（おおつき まいこ）

上智大学国際教養学部（旧比較文化学部）卒。臨床ヒプノセラピスト、ハートマス研究所認定トレーナー。大槻ホリスティック代表。NPO法人ホリスティックライフ研究所理事長、日本医療催眠学会副理事長。

著書『あなたはもっと幸せになれる』青春出版社、『前世からの子育てアドバイス』二見書房、『意識科学』（共著）ナチュラルスピリットほか。

URL：www.otsuki-holistic.com　Eメール：otsuki.holistic@gmail.com

北川隆三郎（きたがわ りゅうざぶろう）

中央大学文学部卒。80年代にトランスパーソナル心理学、ニューサイエンス、ニューエイジ運動を牽引したC＋Fに関わる。その後、精神世界系のライター、編集者として独立。多くの翻訳書、著作の出版にかかわる。サビアン・シンジケート代表。著書『精神世界がわかる事典』『日本の古代がわかる事典』日本実業出版社ほか。『プレアデス＋かく語りき』、『山田孝男全集』所蔵「瞑想法で心を強くする」ナチュラルスピリット、『意識のスペクトル』春秋社、『アトランティス』コスモ・テンほか企画出版に多数かかわる。訳者としては本書がデビュー作。

アンナ、イエスの祖母

●

2024年3月3日　初版発行

著者／クレア・ハートソング
訳者／大槻麻衣子、北川隆三郎

DTP／小粥 桂

発行者／今井博揮
発行所／株式会社 ナチュラルスピリット
〒101-0051 東京都千代田区神田神保町3-2 高橋ビル2階
TEL 03-6450-5938　FAX 03-6450-5978
info@naturalspirit.co.jp
https://www.naturalspirit.co.jp/

印刷所／創栄図書印刷株式会社

ISBN978-4-86451-465-1 C0014